U0858306

浙江省文化研究工程指导委员会

浙江文化名人传记精选修订丛书

原 主 编：万 斌

执行主编：卢敦基

蓟汉大师

章太炎传

张天杰 著

浙江人民出版社

图书在版编目（CIP）数据

蓟汉大师 ：章太炎传 / 张天杰著. -- 杭州 ：浙江人民出版社，2024. 12. -- ISBN 978-7-213-11796-1

Ⅰ. B259. 2

中国国家版本馆CIP数据核字第202427UP56号

蓟汉大师：章太炎传

DAOHAN DASHI ZHANG TAIYAN ZHUAN

张天杰　著

出版发行	浙江人民出版社（杭州市环城北路177号　邮编　310006） 市场部电话:(0571)85061682　85176516
责任编辑	金将将
责任校对	陈　春
责任印务	程　琳
封面设计	王　芸
电脑制版	杭州天一图文制作有限公司
印　　刷	杭州钱江彩色印务有限公司
开　　本	710毫米×1000毫米　1/16
印　　张	24.25
字　　数	368千字
插　　页	6
版　　次	2024年12月第1版
印　　次	2024年12月第1次印刷
书　　号	ISBN 978-7-213-11796-1
定　　价	98.00元

“浙江文化研究工程成果文库”总序

有人将文化比作一条来自老祖宗而又流向未来的河，这是说文化的传统，通过纵向传承和横向传递，生生不息地影响和引领着人们的生存与发展；有人说文化是人类的思想、智慧、信仰、情感和生活的载体、方式和方法，这是将文化作为人们代代相传的生活方式的整体。我们说，文化为群体生活提供规范、方式与环境，文化通过传承为社会进步发挥基础作用，文化会促进或制约经济乃至整个社会的发展。文化的力量，已经深深熔铸在民族的生命力、创造力和凝聚力之中。

在人类文化演化的进程中，各种文化都在其内部生成众多的元素、层次与类型，由此决定了文化的多样性与复杂性。

中国文化的博大精深，来源于其内部生成的多姿多彩；中国文化的历久弥新，取决于其变迁过程中各种元素、层次、类型在内容和结构上通过碰撞、解构、融合而产生的革故鼎新的强大动力。

中国土地广袤、疆域辽阔，不同区域间因自然环境、经济环境、社会环境等诸多方面的差异，建构了不同的区域文化。区域文化如同百川归海，共同汇聚成中国文化的大传统，这种大传统如同春风化雨，渗透于各种区域文化之中。在这个过程中，区域文化如同清溪山泉潺潺不息，在中国文化的共同价值取向下，以自己的独特个性支撑着、引领着本地经济社会的发展。

从区域文化入手，对一地文化的历史与现状展开全面、系统、扎实、有序的研究，一方面可以借此梳理和弘扬当地的历史传统和文化资源，繁荣和丰富当代的先进文化建设活动，规划和指导未来的文化发展蓝图，增强文化软实力，为全面建设小康社会、加快推进社会主义现代化提供思想保证、精神动力、智力支持和舆论力量；另一方面，这也是深入了解中国文化、研究中国文化、发展中国文化、创新中国文化的重要途径之一。如今，区域文化研究日益受到各地重视，成为我国文化研究走向深入的一个重要标志。我们今天实施浙江文化研究工程，其目的和意义也在于此。

千百年来，浙江人民积淀和传承了一个底蕴深厚的文化传统。这种文化传统的独特性，正在于它令人惊叹的富于创造力的智慧和力量。

浙江文化中富于创造力的基因，早早地出现在其历史的源头。在浙江新石器时代最为著名的跨湖桥、河姆渡、马家浜和良渚的考古文化中，浙江先民们都以不同凡响的作为，在中华民族的文明之源留下了创造和进步的印记。

浙江人民在与时俱进的历史轨迹上一路走来，秉承富于创造力的文化传统，这深深地融汇在一代代浙江人民的血液中，体现在浙江人民的行为上，也在浙江历史上众多杰出人物身上得到充分展示。从大禹的因势利导、敬业治水，到勾践的卧薪尝胆、励精图治；从钱氏的保境安民、纳土归宋，到胡则的为官一任、造福一方；从岳飞、于谦的精忠报国、清白一生，到方孝孺、张苍水的刚正不阿、以身殉国；从沈括的博学多识、精研深究，到竺可桢的科学救国、求是一生；无论是陈亮、叶适的经世致用，还是黄宗羲的工商皆本；无论是王充、王阳明的批判、自觉，还是龚自珍、蔡元培的开明、开放，等等，都展示了浙江深厚的文化底蕴，凝聚了浙江人民求真务实的创造精神。

代代相传的文化创造的作为和精神，从观念、态度、行为方式和价值取向上，孕育、形成和发展了渊源有自的浙江地域文化传统和与时俱进的浙江文化精神，她滋育着浙江的生命力、催生着浙江的凝聚力、激发着浙江的创造力、培植着浙江的竞争力，激励着浙江人民永不自满、永不停息，在各个不同的历史时期不断地超越自我、创业奋进。

悠久深厚、意韵丰富的浙江文化传统，是历史赐予我们的宝贵财富，也是我们开拓未来的丰富资源和不竭动力。党的十六大以来推进浙江新发展的实践，使我们越来越深刻地认识到，与国家实施改革开放大政方针相伴随的浙江经济社会持续快速健康发展的深层原因，就在于浙江深厚的文化底蕴和文化传统与当今时代精神的有机结合，就在于发展先进生产力与发展先进文化的有机结合。今后一个时期浙江能否在全面建设小康社会、加快社会主义现代化建设进程中继续走在前列，很大程度上取决于我们对文化力量的深刻认识、对发展先进文化的高度自觉和对加快建设文化大省的工作力度。我们应该看到，文化的力量最终可以转化为物质的力量，文化的软实力最终可以转化为经济的硬实力。文化要素是综合竞争力的核心要素，文化资源是经济社会发展的重要资源，文化素质是领导者和劳动者的首要素质。因此，研究浙江文化的历史与现状，增强文化软实力，为浙江的现代化建设服务，是浙江人民的共同事业，也是浙江各级党委、政府的重要使命和责任。

2005年7月召开的中共浙江省委十一届八次全会，作出《关于加快建设文化大省的决定》，提出要从增强先进文化凝聚力、解放和发展生产力、增强社会公共服务能力入手，大力实施文明素质工程、文化精品工程、文化研究工程、文化保护工程、文化产业促进工程、文化阵地工程、文化传播工程、文化人才工程等“八项工程”，实施科教兴国和人才强国战略，加快建设教育、科技、卫生、体育等“四个强省”。作为文化建设“八项工程”之一的文化研究工程，其任务就是系统研究浙江文化的历史成就和当代发展，深入挖掘浙江文化底蕴、研究浙江现象、总结浙江经验、指导浙江未来的发展。

浙江文化研究工程将重点研究“今、古、人、文”四个方面，即围绕浙江当代发展问题研究、浙江历史文化专题研究、浙江名人研究、浙江历史文献整理四大板块，开展系统研究，出版系列丛书。在研究内容上，深入挖掘浙江文化底蕴，系统梳理和分析浙江历史文化的内部结构、变化规律和地域特色，坚持和发展浙江精神；研究浙江文化与其他地域文化的异同，厘清浙江文化在中国文化中的地位和相互影响的关系；围绕浙江生动的当代实践，深入解读浙江现象，总结浙江经验，指导浙江发展。在研究力量上，通过课题组织、出版资助、重点研究基地建设、加强省内外大院名校合作、整合各地各部门力量等途径，形成上下联动、学界互动的整体合力。在成果运用上，注重研究成果的学术价值和应用价值，充分发挥其认识世界、传承文明、创新理论、咨政育人、服务社会的重要作用。

我们希望通过实施浙江文化研究工程，努力用浙江历史教育浙江人民、用浙江文化熏陶浙江人民、用浙江精神鼓舞浙江人民、用浙江经验引领浙江人民，进一步激发浙江人民的无穷智慧和伟大创造能力，推动浙江实现又快又好发展。

今天，我们踏着来自历史的河流，受着一方百姓的期许，理应负起使命，至诚奉献，让我们的文化绵延不绝，让我们的创造生生不息。

2006年5月30日于杭州

序

合上最后一页，花了好几天终于读毕张天杰教授三十多万字的《章太炎传》，这是一部沉重、厚实、精彩的传记，读罢让我感动不已。

这是一部标准的传记，以时间、事件为线索叙述人的一生，如此详尽，如此娴熟，如此公允，不再执着于历史的恩怨，摆脱了各种条条框框，为我们展现了一个真实而丰满的太炎先生，这样的《章太炎传》，无出其右。

太炎先生的年代是一段非常不易厘清的岁月，那时正处中国千年大变之初，新旧之争、中西之斗、帝制共和之交、权力之嬗、外患之入、救亡之愤，以及各种主张、思潮、主义、流派、人物、冲突层出不穷。时局瞬息万变，很多是是非非转眼就成了陈谷子烂芝麻的事，无人理会，不了了之。我们这个国度如果变得缺乏反思与总结，宝贵教训就会流失殆尽。

我作为太炎先生后人，有幸参与整理出版他的著作，也拜读过无数这方面著述，而张天杰教授所作的传，着实让我敬佩。无人不知太炎先生文字晦涩，词章深奥，让人望而却步。而张教授如履平地，深谙奥义，如一个“精灵”带我们回到太炎先生的年代，娓娓详述当年的史实：先生的早年岁月、思想源流；与康梁、宋恕、孙宝瑄、张之洞、孙中山、袁世凯、黎元洪及章门弟子的种种复杂关系；从《訄书》到《章氏丛书》，从君主立宪到改良革命，从《苏报》到《民报》，从《华国月刊》到《制言》，等等。张教授用当年书信、日记、著作、报刊、对话等史料，对前述内容一一加以还原。他始终如云端上的“精灵”，为我们忠实复原历史，加以客观的评述，成就了这部不可多得的佳作。

今夏，我在桐乡第一次正式与张天杰教授见面，过去他并不以“章学”研究著称，因而未曾想到他对这段历史研究得如此深入。张教授对明清历史、文化、哲学很有研究，真是将一生全部献给了学术。承他厚爱，将《章太炎传》稿本示我，我阅过一半，惊讶地发现水平过人，于是在他嘱我赐以短序时，我说：“会放在心上！”当读毕全文，则义不容辞为之作序。历史从来河出图、洛出书，后生层出，后生可敬，一代胜过一代矣！

章念驰

2023年8月14日

中夏赫赫五千年，
文物讫今失统绪。
天秩将颓道术裂，
爰有葯汉为之补。
博综首在理民言，
猗欤雅颂各得所。
岂但运往晤其微，
悠悠来兹如可睹。
火尽薪传穷变化，
鼓以雷霆润风雨。
谁云道大不能容，
匪兕匪虎率旷野。

——居觉生：《葯汉大师颂》

目录

第一章　潜龙：1868—1896

乾之初九："潜龙勿用。"

章太炎出身于晚清江南一个渐趋没落的书香门第，父、祖几代虽都是读书人，但并没有在仕途上获得大的成功。正因为如此，章太炎才没有被常见的官场习气所熏染。其祖父因故开始学医，不料中医后来也成为章氏国学的重要组成部分；其父原本是县学训导，受到"杨乃武与小白菜"一案的牵连而被革职，无奈另谋他职，恰好成为诂经精舍的"监院"。后来章太炎因病放弃科考，正好自然而然去受学，又正好成了经学大师俞樾的弟子。等他出山，进入上海报界时，"潜龙勿用"，已经潜修整整三十年了。

从"杨乃武与小白菜"案讲起

1869年1月12日，按农历是清同治七年十一月三十，章太炎出生于浙江杭州府余杭县（今杭州市余杭区）东乡的仓前镇。章家故居的四进院落位于仓前镇街市的中段，坐北朝南，门前就是大街，街的对面就是余杭塘河，即余杭县城至杭州的运河。章家世代读书业儒，在镇上也算有名的士绅家族。

就在章太炎出生后的第五年，仓前镇上发生了一桩后来被列入清末四大奇案之一的“杨乃武与小白菜”案。[①]该案之所以值得一说，是因为章太炎的父亲章濬被卷入其中并因此改变了命运，无意之中对章太炎的人生道路也产生了重要的影响。

“杨乃武与小白菜”案，也是中国首例受媒体影响重大的案件，故而成为晚清著名疑案之头条。同治十二年（1873），仓前镇上豆腐店的伙计葛品连暴毙。其妻毕秀姑，长相清秀且爱穿绿衣白裙，被叫作“小白菜”。葛品连、毕秀姑曾经租住过新科举人杨乃武（1841—1914）家，故毕秀姑与杨乃武被诬指因谋奸而毒杀葛品连。衙门以刑讯逼使毕秀姑承认奸情，又以酷刑迫使杨乃武认罪，遂酿成冤案。当时创刊不足一年的《申报》，深度介入此案，持续报道三十多次，爆出官府对毕秀姑施以铁丝烧红穿乳、锡龙开水浇背等酷刑，对杨乃武施以跪钉板、跪火砖、上夹棍等酷刑，从而引发朝野关注。杨乃武的家属到北京上诉，直至两宫太后。到三年后真相大白时，杨乃武已倾家荡产，毕秀姑出家为尼，受到牵连的官员多达一百三十多人，其中就包括了时任县学训导章太炎的父亲章濬。

这一案子表面看是普通的冤案，然实则另有隐情，据杨乃武的女儿杨濬回忆：

> 余杭仓前镇，距县城十余里，地临苕溪，舟运畅达，当年是漕米集中的地方。百姓完粮，陋规极多，交银子有火耗，交粮米有折耗，量米时还要用脚踢三脚，让米溢出斛外，溢出的米不许农民扫取。受欺的都是一些

---

① “杨乃武与小白菜”一案后来因被改编成各种戏剧、小说而影响深远，其中最为重要的改编有：李翰祥执导，李丽华、关山等主演的戏曲电影《杨乃武与小白菜》，1963年上映；李莉执导，陶慧敏、孙启新、张闽、汪俊、魏宗万等主演的古装电视剧《杨乃武与小白菜》，1990年播出；高阳：《小白菜》，台湾皇冠出版社1978年版。戏曲、小说往往作艺术加工，较为准确的案件记录当属杨乃武之女杨濬的《记我父杨乃武与小白菜的冤狱》，载《文史资料选辑》编辑部编：《文史资料精选》（第1册），中国文史出版社1990年版，第45—66页。案件原本简单，但因为官绅矛盾而变得复杂，除涉及的几个关键问题外，为节省篇幅，仅抄下杨濬记录的小标题以便了解其中大概：构怨由来、小白菜与葛品连、流言是怎样起来的、案情发端、县官初讯、知府再审、按察巡抚会审、两上北京告御状、钦差会审、提审起解、刑部大审、海会寺开棺验尸、统治集团内部的争吵、终是官官相护、虎口余生。参见吴莹岗主编：《近代报刊中的余杭文学作品选辑·散文卷》，上海辞书出版社2018年版，第3—10页。

中小粮户，他们叫苦连天。我父亲代他们交粮米，又代他们写状子，向衙门陈诉粮胥克扣浮收，请求官府剔除钱粮积弊，减轻粮户额外负担。①

杭州城西、距离西湖约二十千米的余杭仓前镇，古称灵源，南宋绍兴二年（1132），街北建起了临安府便民仓，古以南为前，遂称仓前街。其地形为山水相嵌，西南有宋家山、万金山，东北有寡山、吴山，又有苕溪与余杭塘河穿境而过，仓前镇交通便利，物产丰富，原本就是浙江漕米的集中地，但百姓完粮多有陋规，而杨乃武经常为百姓交粮米、写状子，向衙门陈诉胥吏们克扣浮收的现象，请求剔除相关积弊。正因为如此，便得罪了余杭县令刘锡彤（1806—1877）。加之当初葛品连、毕秀姑租住在杨家时，曾有市井无赖散布流言，说毕秀姑与杨乃武有不正当关系，为了避嫌毕秀姑夫妇不得不搬出杨家，于是刘锡彤等人，便在葛品连暴毙后，诬陷杨乃武。余杭县初审之后，杭州府复审。杭州知府陈鲁与刘锡彤本是儿女亲家，受到刘锡彤先入为主的影响，先是断定毕秀姑的供词无误，后又严刑拷打杨乃武，迫使其承认是他将毒药交给毕秀姑，至于毒药从何而来，杨乃武被迫承认是从仓前镇仁爱堂药铺买得，店主名钱宝生，此事又进一步牵涉同为仓前士绅的章濬。杨濬在提及此事时说：

刘锡彤在传讯钱宝生之前，恐怕钱宝生不肯承认，就和一个曾任杭州府幕客的仓前人章濬（即章纶香）相商。章纶香曾做幕客多年，当时是余杭的训导，为余杭绅士中的一个头儿，平日与我父亦合不来，我父写的谤诗中也曾骂过他。章纶香当即向刘锡彤献计，由他先写信通知钱宝生，叫他大胆承认，决不拖累。如果不承认，有杨乃武亲口供词为凭，反而要加重治罪。②

由此可知，杨乃武与章濬同为仓前士绅，章濬因为担任县学训导，故而与

① 杨濬：《记我父杨乃武与小白菜的冤狱》，载《文史资料精选》（第1册），第46页。
② 杨濬：《记我父杨乃武与小白菜的冤狱》，载《文史资料精选》（第1册），第53页。

知县刘锡彤友善，再加上曾在杭州府内做过多年幕僚，也就与喜好同官府“作对”的杨乃武不合，杨乃武也曾写谤诗骂过章濬。于是，章濬卷入此案，并在刘锡彤的授意之下，联系钱宝生令其承认卖给杨乃武毒药等事。

之后，因为参与“杨乃武与小白菜”案，章濬被革去训导之职，他百感交集，作《长夏偶成》一诗：

我有一间屋，不共热客逐。松棚生阴凉，柴门少剥啄。
清风徐徐来，枕书还倦读，把卷自科头，微吟便坦腹。
课儿居其中，犹之牛舐犊。所志在岩阿，余情乐莛轴。
不种曼倩桃，不植陶潜菊，屋后四围桑，门前千亩竹。
汲鲜奉高堂，横经启家塾，能却户外喧，时散炉中馥。
高卧侣羲皇，静坐休贪沐，夜凉明月生，飞过几蝙蝠。①

章濬“不共热客逐”“枕书还倦读”，优游松棚、桑竹之间，重启家塾课儿之际，正是其子章太炎发蒙的关键时期；又因为他本人刚被革去官职，才会同意章太炎不再从事科举之业。章太炎回忆其父时说：“晚岁里居，伯兄篯已成学，则亲课仲兄箴及炳麟读书。点窜文字，必躬亲之。”②故而我们不得不说，余杭仓前轰动一时的“杨乃武与小白菜”案，确实也是影响余杭章氏家族以及章太炎成长的重大事件。

余杭章氏

余杭章氏，是于明清之际从分水县（现属桐庐县）迁至余杭县仓前镇的，其家族的发达，则始于清嘉庆、道光之际。章氏家族经过数代积累而家资充盈，

---

① 〔清〕潘衍桐：《两浙輶轩续录》（第十六册），夏勇、熊湘整理，浙江古籍出版社2014年版，第4666—4667页。

② 章太炎：《先曾祖训导君先祖国子君先考知县君事略》，《章太炎全集》（九），上海人民出版社2018年版，第212页。

成了仓前镇上的富户。据章太炎的回忆，至其曾祖章均之时，“承累世业绪，废居田畜，赀产至百万”[①]。遗憾的是，发达后不久，便遭遇了太平天国运动，东南板荡而家产倾覆，此时已是章太炎之父章濬当家，好不容易恢复过来，又遭遇“杨乃武与小白菜”案。此案对家族的影响不算太大，但对章濬个人则影响颇深，也当是他在临终之际撰写《章氏家训》的原因所在。

章太炎的曾祖名章均（1769—1832），字安圃，一作安溥，号治斋，县学增广生，后担任海盐县学训导。章均善于经营家业，又朴素节俭，力戒华丽衣服与酒食等嗜好。道光七年（1827），他与侄子章锦一起捐资，创办苕南书院，让族中后辈和贫寒子弟前来受业。章锦（？—1860），字目山，县学廪生，捐资为四品盐运使，后来在太平军攻打杭州的战乱中遇难。苕南书院也毁于战火。即便经历了战乱，当年的章氏宗族却也多达三百余人，彼时当家的章濬等人又购置田产，设立章氏义庄，族中孤寡废疾老弱者，可以按月赡米；贫者婚丧以及子弟入学之际则给予资助。章均共有六个儿子，章太炎的祖父章鉴是最小的儿子。

章鉴（1801—1863），字聿昭，号晓湖，自幼擅长经算，后入县学为附生，并按例获得国子监生资格，然一生安于平淡，不求仕宦，喜好藏书，积累的宋元明善本多至五千卷。中年之时，因妻子之病为庸医所误，于是开始购藏大量医学典籍，钻研历代中医名方三十多年，后来常为自家亲族及周边穷人免费治病。太平军占领杭州之际，章鉴迁徙躲避，不得已而以行医为生，还一度担任太平天国设置的乡官，为一将领治愈顽疾后，因不想卷入战争旋涡，辞官返乡。章鉴共有四个儿子，章太炎的父亲章濬是其长子。

章濬（1825—1890），字楞香，又作轮香，一作纶香，廪生，曾多次应试，然未能中举，太平天国运动之际，曾带着《章氏家谱》陪同父亲四处躲避。章家原本家境殷实，因战乱而逐渐衰败，“家无余财，独田一顷在耳”。

“濬献地图，并陈善后策，颇见用。先是，濬祖均捐田千亩建义庄，燹后券

① 章太炎：《先曾祖训导君先祖国子君先考知县君事略》，《章太炎全集》（九），第211页。

册尽毁，濬悉心钩稽，得七百余亩复之，家谱、宗祀以次修辑。”[①]余杭章家，经过章濬多年的惨淡经营，渐渐重新找回部分家产。章濬的发达与左宗棠（1812—1885）相关。同治初年，左宗棠率军入浙与太平天国军队作战，章濬曾献上地图并进言善后之策，且大多被采纳。同治六年（1867），同为湖南人的谭钟麟（1822—1905）任杭州知府，聘章濬为幕僚，后谭钟麟升迁河南按察使，章濬不愿离乡，遂以母亲年高为名辞职。回到余杭县后，他担任县学训导，后来又出任包括诂经精舍在内的杭州多个书院的监院一职。他还热心家乡水利，同时传承父业，为周边穷人免费治病。

章濬的一生，前遭战乱，后因“杨乃武与小白菜”案被革职，种种经历促使他特意在去世之前，撰写了《章氏家训》，对于子孙如何培养德行与学业等问题都作了详细交代。章太炎晚年将其亲手抄录一遍，刊于《制言》。他时常回忆其中内容，父亲的训导对其一生有着重大影响。先看其中对于德行的要求：

> 妄自卑贱，足恭谄笑，为人类中最傭下者。吾自受业亲教师外，未尝拜谒他人门墙，尔曹当知之。
>
> 人心妬娼，常不能绝，上者忌功害能，其次以贫贱富贵相校，常生忮心，甚乃闻人丧败，喜溢眉宇，幸灾乐祸，祸亦随之。夫以高才不过发愤刺世者，犹多失于中道，况人己相衡，本无短长乎。吾德量不足言，独于此脱然。[②]

所谓“未尝拜谒他人门墙”，即不为谋求职位而向清廷卑躬屈膝，章氏几代先人都可为榜样。“妄自卑贱，足恭谄笑”，不可有嫉妒之心、忮求之心，这样的训诫也影响着章太炎。至于“以高才不过发愤刺世”，章太炎似乎还是很难克制。“人己相衡，本无短长”的道理看似简单，落到实处却是很难。若就章濬自身之成败来说，得失参半，所以说德量之“脱然”，实在不易。关于学业，章濬

---

① 汤志钧编：《章太炎年谱长编（增订本）》上册，中华书局2013年版，第2页。

② 〔清〕章濬：《章氏家训》，载张钰翰编注：《章太炎家书》，上海人民出版社2020年版，第327页。

指出：

吾家旧有藏书，遭兵散尽，今不过千卷书耳。然群经四史、周秦诸子、《文选》等，亦尚完具，少年读书，得此粗足也。

精研经训，博观史书，学有成就，乃曰名士。徒工词章，尚不足数，况书画之末乎？然果专心一艺，亦足自立，若脱意为之，以眩俗子，斯所谓斗方名士，慎勿坠入。①

章氏家族的藏书，在太平天国运动之际散失不少，但还有上千卷之多，一般的经、史以及诸子之书与《文选》都还完备，这为少年章太炎的发蒙提供了方便。另外，章濬还强调“徒工词章”或“书画之末”等文人习气并不可取，虽说“专心一艺，亦足自立”，但以此炫耀，则是“斗方名士”，格局不免太小。真正的“名士”，还当“精研经训，博观史书”，关键在于“学有成就”。章濬在《章氏家训》中还指出：

曲园设教诂经精舍，吾尝为之监院，相处数岁。今闻其茹蔬念佛，贤士晚节，往往至此。吾中年颇好禅学，比者结习都尽，然未能廓如也。尔观昌黎《原道》诸书，遂若牢不可破者，所谓知其一不知其二。②

他特别提到任诂经精舍监院之时，曾与俞樾（曲园）相处多年。俞樾（1821—1907）晚年喜好佛学，章濬也曾“颇好禅学”，但从韩愈（昌黎）《原道》等书中体会到，若知晓佛禅其中深意，则应当自觉远离。章太炎后来确实研习过佛学，最终则是回归儒学，恰好符合其父的教导。最后章濬还谈及对于医学的态度：

① 〔清〕章濬：《章氏家训》，载张钰翰编注：《章太炎家书》，第327页。

② 〔清〕章濬：《章氏家训》，载张钰翰编注：《章太炎家书》，第330页。

> 吾家世授医术，然吾未能工也。薛大使宝田、仲征君学辂，皆精解汉唐方论，故治病多效。尝记在粮储署，有一吏夫患伤寒甚笃，吾断为结胸，而不敢下药，令求薛君，一服即愈。视其方，乃直录大陷胸汤。仲君为人治霍乱，亦不过四逆理中。夫诊断明白，方书具在，人能用而吾不能用者，以素未精治，惧其冒昧耳。[①]

章太炎的祖、父两代都精通医术，不过章濬自以为不太擅长。此处提到薛宝田擅长“精解汉唐方论”，曾采用“大陷胸汤”这一中医古方治疗结胸之症；仲学辂擅长治疗霍乱，采用的也不过“四逆理中汤”的古方。所以说，若是诊断得明白，对各种古方也熟悉，敢不敢用药，关键在于实践。章濬因为实践不多，即便诊断明白也不敢轻易用药，后来的章太炎对医学依旧兴致颇高，曾经专门考证《伤寒论》，但不敢轻易为人治病，与其父一样，都是擅长理论而难以落于实践了。

章濬的长子早殇；次子章炳森（1853—1928），字寿人，号椿伯，后改名章篯，举人，曾任嘉兴儒学训导；三子章炳业，字钟铭，后改名章箴，举人，曾任中学教员、浙江图书馆馆长。其另有两个女儿，长女早殇；幼女章炳芹（1871—1940），嫁于同里张荫椿。张荫椿（1969—1922），字砚孙，进士，曾任吏部福建司主事，又精于书画，著有《周金文存》，其子张大壮，是海派花鸟画名家。

章太炎是章濬的四子，初名学乘，后改名炳麟，字枚叔，一作梅叔，后因仰慕顾炎武（1613—1682，初名绛）与黄宗羲（1610—1695，字太冲）之为人，遂改名绛，别号太炎。章太炎还有众多的别名、笔名，主要有章燐、章缁、绛叔、西狩、日本西狩祝予、末底、戴角、独角、菿汉阁主、台湾旅客、知拙夫、陆沉居士、支拉夫、支那夫、刘子政私淑弟子、刘子骏之绍述者、萧海琳等。[②]学者们则尊称其为余杭先生、菿汉大师。

“菿”字音“倬”，章太炎本人在与夫人汤国梨的书信中说：“吾寓称‘菿汉

---

① 〔清〕章濬：《章氏家训》，载张钰翰编注：《章太炎家书》，第330页。

② 汤志钧编：《章太炎年谱长编（增订本）》上册，第1页。

章寓’，‘菿’字音‘倬’。”①章太炎自号“菿汉”，有“振大汉之天声”之意，与其自幼便存于心中的“华夷之防”有关。

“华夷之防”的酝酿

“华夷之防”是自宋代以来流行于士大夫之间的老话题，在明清之际则转换为民族与文化的异同问题，并在有清一代近三百年之中，反复被人讨论。章太炎本人与外祖父的家族，似乎也受到“华夷之防”的深刻影响，在此风气影响之下成长起来的章太炎，自幼便“酝酿”了这一思想，这种思想当时不可显露，却在他后来的各种回忆中出现了许多不同的说法，这又是什么原因呢?

1933年秋，章太炎在苏州国学讲习会上的演讲中回忆说：

> 余成童时，尝闻外祖父朱左卿先生言：“清初王船山尝云，国之变革不足患，而胡人入主中夏则可耻。”……及读《东华录》至曾静案，以为吕留良议论不谬，余遂时发狂论曰：“明亡于满清，不如亡于李自成，李自成非异族也。”②

由此可知，当章太炎还在孩童之时，就受到外祖父的教诲，特别是在王夫之（号船山，1619—1692）“胡人入主中夏则可耻”一句的启发下，开始有了“华夷之防”的思想。后来他读了《东华录》中的曾静案，觉得曾静（1679—

① 章太炎：《与汤国梨・七十一》，《章太炎全集》（十三），第719页。另据弟子沈延国解释：“考‘菿’字有两音读：一音到，……一音倬，考《诗・小雅・南田》‘倬彼南田’，《韩诗》作‘菿彼南田’。菿倬古通，是为明证。《注》：‘菿，卓也。’《笺》：‘明大貌。’……菿汉应读倬汉，不当读为到汉。先师从事民主主义革命，反对清朝贵族统治阶级，自名菿汉，有‘振大汉之天声’之意。世人称为‘菿汉大师’。”参见沈延国：《章太炎先生在苏州》，载陈平原、杜玲玲编：《追忆章太炎（修订本）》，生活・读书・新知三联书店2009年版，第306页。按，常见的字典“菿”字仅有“到”的读音；班固《封燕然山铭》：“躡冒顿之区落，焚老上之龙庭。上以摅高、文之宿愤，光祖宗之玄灵；下以安固后嗣，恢拓境宇，振大汉之天声。”

② 章太炎：《民国光复》，《章太炎全集》（十五），第540页。

1736）所述吕留良（1629—1683）的议论很有道理，再联想到明清之际，因为民族之异同，若是李自成入主中夏，也比清朝入主更好。然而章太炎在《自定年谱》之中的陈述则略有不同，在九岁条中，他提到了外祖父朱有虔对他的影响：

外王父海盐朱左卿先生讳有虔来课读经。时虽童稚，而授音必审，粗为讲解。课读四年，稍知经训。暇亦时以明清遗事及王而农、顾宁人著述大旨相晓，虽未读其书，闻之启发。①

朱有虔（1815—1885），浙江海盐人，一名有泉，字左卿，一字秉如，号修来居士，庠生，曾外出做过幕僚，著有《双桂堂诗文集》《秋芳馆漫录》等。其父朱锦琮曾任东昌（今山东聊城）知府，故朱家在海盐一带也算是显宦之家。章家与朱家开始交往以及结为姻亲，当始于章均在海盐做县学训导之时。朱有虔向少年章太炎讲授明清之际的历史，以及王夫之（而农）、顾炎武（宁人）的学术，太炎虽然不能完全领悟其中深意，但还是受到启发，并埋下了“伏根”。对于王夫之、顾炎武的认识，章太炎在苏州的那次讲演中说：

顾亭林《日知录》中解《中庸》“素夷狄行乎夷狄”，见目录而解义删去。然见钞本《日知录》中说曰：“居处恭，执事敬，与人忠，虽之夷狄，不可弃也，是之谓素夷狄行乎夷狄。非谓可仕于其朝也。”又解《论语》“管仲不死子纠”，谓“君臣之分，所关者在一身；华夷之防，所系者在天下。故夫子之于管仲略其不死子纠之罪，而取其一匡九合之功。”即见亭林之志矣。王船山亦谓：“一朝之变革不足论，惟宋之亡于夷狄，则中国失其为中国矣。”又云：“种族不能自保，何仁义之云云。”二先生学问极大，见地独高，故彰明于世，学者宗之。而草野户牖中诸儒，与二先生论调同而

① 章太炎：《自定年谱》，《章太炎全集》（十一），第751页。

名不显者，不知几何也。[①]

顾炎武（亭林）《日知录》钞本、刻本条目多有异同，“夷狄”相关条目见于钞本，而其关键的思想则是“华夷之防”，以及“亡国”与“亡天下”的区别。当年管仲被孔子认可，忽略其不为公子纠而死的节义问题，就是因为其“一匡九合”保护华夏文明之功。王夫之（船山）则对“宋之亡于夷狄”特别感叹，也就是“崖山之后无中国”的意思。章太炎在此讲演中对顾、王思想，以及吕留良、曾静案和清朝如何通过《四库全书》工程禁毁图书等的阐发，说明其“华夷之防”思想“酝酿”经过之复杂，“种族”问题也曾经反复于其内心多年。至于当年为什么朱有虔会特别关注夷夏问题，则与其家在浙西之海盐有关。清初的庄廷鑨明史案狱、查嗣庭试题狱以及吕留良、曾静案，这些在浙西发生的文字狱案件，成为朱有虔等士人心中的隐痛，所以朱有虔在论及王夫之、顾炎武之后，也极有可能提及吕留良、曾静案，但太炎与此类文字狱的真正接触则是始自阅读《东华录》。他在《自定年谱》的十三岁条中，提及外祖父在章家四年后回海盐去了。此后父亲章濬亲自督导其功课，正好书架上有《东华录》一书：

外王父归海盐，先君躬自督教。架阁有蒋良骐《东华录》，尝窃窥之，见戴名世、吕留良、曾静事，甚不平，因念《春秋》贱夷狄之旨。先君不知也。[②]

他看到家中所藏的蒋良骐编撰的《东华录》，便自己取来观看，由此而加深了“华夷之防”的认识。当他读到戴名世案与吕留良、曾静案之时，想到汉族士人被清朝打压的种种，心中顿生不平，由此而想起了《春秋》“尊诸夏，贱夷狄”之旨。吕留良受到曾静案的牵连，去世近五十年还被“斫棺判尸”，其后人

① 章太炎：《民国光复》，《章太炎全集》（十五），第539—540页。

② 章太炎：《自定年谱》，《章太炎全集》（十一），第751页。

一百多口被流放东北，其著作《四书讲义》被逐条摘驳而成《驳吕留良四书讲义》一书，成为有清一代影响最大的文字狱案件。关于吕留良“华夷之防”的思想，有必要引述其重要著作《四书讲义》中的一段话，这是关于《论语》“子贡曰管仲非仁者与”，也即顾炎武也非常关注的“管仲不死子纠”的讨论：

> 圣人此章，义旨甚大。君臣之义，域中第一事，人伦之至大，此节一失，虽有勋业作为，无足以赎其罪者。若谓能救时成功，即可不论君臣之节，则是计功谋利，可不必正谊明道。开此方便法门，乱臣贼子，接迹于后世，谁不以救时成功为言者，将万世君臣之祸，自圣人此章始矣。看“微管仲”句，一部《春秋》大义，尤有大于君臣之伦，为域中第一事者，故管仲可以不死耳。原是论节义之大小，不是重功名也。①

在吕留良看来，“华夷之防”的《春秋》大义，大于“君臣之伦”，“为域中第一事”，但其中需要讲明的还是节义大小，这是其出发点；“君臣之义”，也是“人伦之至大”，君臣而后父子、夫妇，至于“华夷之防”与“君臣之义”的选择，也就在于节义大小的分辨，而不在于事功大小的分辨。故吕留良此章还说：“此章孔门论出处事功节义之道，甚精甚大……后世苟且失节之徒，反欲援此以求免，可谓不识死活矣。”②也就是说，就管仲而言，事公子纠而不死是小节，匡扶华夏是大节，比的是节义大小，而不是事功大小。故此章真正需要辨析的就是节义与事功之别，节义大小必须辨析，而事功大小则要服从于节义大小，若不重节义反重事功，就会被失节之徒给误用了。曾静就是读到此条之后，将华夷问题作了凸显。据《大义觉迷录》可知曾静《知新录》中的观点：

> 如何以人类中君臣之义，移向人与夷狄大分上用？管仲忘君事仇，孔子何故恕之，而反许以仁？盖以华夷之分，大于君臣之伦。华之与夷，乃

---

①〔清〕吕留良撰，〔清〕陈鈜编：《四书讲义》中，俞国林点校，中华书局2017年版，第401页。

②〔清〕吕留良撰，〔清〕陈鈜编：《四书讲义》中，第401页。

人与物之分界，为域中第一义，所以圣人许管仲之功。[①]

这些看法就是从吕留良之说而推论出的，然而推得越来越远，“华之与夷，乃人与物之分界”一句，其实或已偏离了吕留良节义与功名的论述，一味指向“华夷之辨”了。

章太炎声称自己无意于举业，也与其对“华夷之防”的认识有关。关于此点，朱希祖（1879—1944）记录得更为翔实：

余十一二岁时，外祖朱左卿名有泉，海盐人。授余读经，偶讲蒋氏《东华录》曾静案，外祖谓夷夏之防同于君臣之义。余问前人有谈此语否？外祖曰：“王船山、顾亭林已言之，尤以王氏之言为甚。谓历代亡国，无足轻重；惟南宋之亡，则衣冠文物亦与之俱亡。”余曰：“明亡于清反不如亡于李闯。”外祖曰：“今不必作此论。若果李闯得明天下，闯虽不善，其子孙未必皆不善。惟今不必作此论耳。”余之革命思想即伏根于此。依外祖之言观之，可见种族革命思想原在汉人心中，惟隐而不显耳。[②]

朱希祖既是章太炎的弟子，又是他外祖父朱有虔的族人，或许正因为亲戚关系，章太炎才会与朱希祖谈及当年外祖父对自己的影响。也就是说，包括读《东华录》中的“曾静案”，以及了解到王夫之、顾炎武关于“历代亡国”与“南宋之亡”的差别所在，都是在朱有虔的指引下完成的。或许《东华录》一书，先是朱有虔偶有讲起，后是章太炎自己研读，故前后回忆略有出入。朱有虔指出，明亡于清，与宋亡于元一样，乃是因为“衣冠文物亦与之俱亡”，在这些新王朝的统治之下，汉文化势必受到打压，即便不是“与之俱亡”，也会改变色彩。更何况相比于元代，清代还有文字狱的打压，“夷夏之防同于君臣之义”一句就来自吕留良、曾静。另外，清代汇编《四库全书》之际大量禁书、毁书，

① 〔清〕爱新觉罗·胤禛：《大义觉迷录》卷2，载沈云龙主编：《近代中国史料丛刊》第36辑影印清刻本，文海出版社1973年版，第172页。

② 章太炎：《口授少年事迹》，载张九思编：《章太炎自述》，上海人民出版社2021年版，第1页。

许多带有“华夷之防”色彩的书籍早已消失不见，吕留良的书就在禁毁之列。当时他们还讨论到李自成的事例，且更为详尽：假如李自成（闯王）得了天下，即便其本人因为素质局限，而不能很好地统治，等到传位给子孙之后则未必不好。故当时他们祖孙二人的对话，还是颇有深意的：亡国，或者亡本民族之文化的隐痛，一直在汉人，特别是士大夫心中，最终成为“伏根”。另外就是章太炎十九、二十岁的时候，研读明末的各种稗史，共计十七种之多，如此大量地研读明清之际的历史，自然也因其已有“伏根”，此后，此根也必会更加蓬勃地发展。

章太炎提及“华夷之防”的还有多处，如清光绪二十九年（1903）7月6日《狱中答〈新闻报〉》说：“自十六七岁时读蒋氏《东华录》、《明季稗史》，见夫扬州、嘉定、戴名世、曾静之事。”[①]此处将十三四岁开始读《东华录》到十九、二十岁读《明季稗史》折中了一下，说的是一个大略的时间。再如《东京留学生欢迎会上之演讲》说：

兄弟少小的时候，因读蒋氏《东华录》，其中有戴名世、曾静、查嗣庭诸人的案件，便就胸中发愤，觉得异种乱华，是我们心里第一件恨事。后来读郑所南、王船山两先生的书，全是那些保卫汉种的话，民族思想渐渐发达。[②]

此条没有明确时间，却加入了查嗣庭案，又特别强调“异种乱华，是我们心里第一件恨事”，另外提及读郑思肖（所南）的书，当指其《心史》。还有1913年的一篇文章中说：

余年十三四，始读蒋氏《东华录》，见吕留良、曾静事，怅然不怡，辄言“以清代明，宁与张、李也”。弱冠睹全祖望文，所述南田、台湾诸事甚

① 章太炎：《狱中答〈新闻报〉》，《章太炎全集》（十），第240页。

② 章太炎：《东京留学生欢迎会上之演讲》，《章太炎全集》（十四），第1页。

> 详，益奋然，欲为浙父老雪耻。次又得王夫之《黄书》，志行益定。而光复会初立，实余与蔡元培为之尸，陶成章、李燮和继之。总之，不离吕、全、王、曾之旧域也。①

此处也说章氏十三四岁的时候读《东华录》，从而受到吕留良、曾静案的影响；后来还读到了全祖望关于张煌言（1620—1664）抗清失败隐居南田、郑成功（1624—1662）据台湾而抗清等明清之际史事，还有王夫之《黄书》的相关论述；再后，谋划成立光复会；可说其思想基础大体就来自明清之际"华夷之防"相关的事件与论述。至于明清之际，宁可张献忠、李自成取代明朝的说法，或许还是朱有虔先有其观点，然后成为章太炎本人的认识，故而前后回忆略有异同。

值得特别注意的是，章家世代相传有"华夷之防"的思想认识。章太炎为章濬所写的传记里说，其父临终之际曾说："吾家入清已七八世，殁皆用深衣敛。吾虽得职事官，未尝诣吏部。吾即死，不敢违家教，无加清时章服。"②入清之后，汉人死后入殓时，依旧可以遵从明朝旧制，将辫子盘在顶上，穿汉人衣冠，即"生降死不降"。关于这一习俗，《清稗类钞》的记载说：

> 国初，人民相传，有生降死不降，老降少不降，男降女不降，妓降优不降之说。故生必从时服，死虽古服无禁；成童以上皆时服，而幼孩古服亦无禁；男子从时服，女子犹袭明服。盖自顺治以至宣统，皆然也。③

这种降与不降，主要表现在服饰、发饰上，男子在社会上活动，必须得按照清廷的要求，穿时服以及剃发，但死后装殓时却可以穿汉人服饰，幼儿、女子也一样。僧、道也可以不改服饰、发饰。不知是否是受过章太炎的影响，鲁迅先生在1921年写过一篇《"生降死不降"》的文章，其中提及晚清革命党：

---

① 章太炎：《〈光复军志〉序》，《章太炎全集》（三），第640页。

② 章太炎：《先曾祖训导君先祖国子君先考知县君事略》，《章太炎全集》（九），第212页。

③〔清〕徐珂：《诏定官民服饰》，《清稗类钞》第十三册，中华书局2010年版，第6146页。

“你看，汉族怎样的不愿意做奴隶，怎样的日夜想光复，这志愿，便到现在也铭心刻骨的……只是汉人有一种‘生降死不降’的怪脾气，却是真的。”[①]不愿意做奴隶、日夜想光复，这类志愿恐怕仅少数汉人会有，只有诸如“生降死不降”之类的习俗，才会在一部分士人家族之中成为代代相传的“怪脾气”，并且会在特殊的机缘下生根发芽。

章太炎从事革命之后，与出生于广东的孙中山（1866—1925）等人相似，特意称颂了广东人洪秀全。因为“华夷之防”的思想在清朝稳定之后渐渐销声匿迹，直到一百多年之后的洪秀全（1814—1864）等人兴起太平天国运动才再次起兴。章太炎为《洪秀全演义》所作的序中说：

> 余惟满洲人据中国全土，且三百年，自郑氏亡而伪业定，其闲非无故家遗民推刃致果，然不能声罪以章讨伐，虏未大创，旋踵即仆，微洪王，则三才毁而九法斁。洪王起于三七之际，建旗金田，入定南都，握图籍十二年，旂旄所至，执讯获丑，十有六省，功虽不就，亦雁行于明祖……夫家国种姓之事，闻者愈多，则兴起者愈广……昔人有言：“舜何人也？予何人也？”洪王杇矣，亦思复有洪王作也。[②]

《洪秀全演义》，作者为黄世仲，原名小配，别署禺山世次郎，广东番禺人，此书光绪三十一年（1905）在香港的《唯一趣报》（又名《有所谓报》）上连载，光绪三十四年在香港中国日报社出版，共五十四回，模仿《三国演义》与《史记》之笔法，对于宣传反清思想有着重要的意义。章太炎说洪秀全“雁行于明祖”，此次起义对于“种姓之事”，对于中国文化之传承有着重要的作用，接续了明清之际郑成功及其故家遗民的反清事业。

其实，章太炎在光绪二十八年（1902）拟定《中国通史》目录时，就计划设置《洪秀全考纪》；[③]此外，在为日本革命者白浪庵滔天（宫崎滔天）所著的

① 鲁迅：《“生降死不降”》，《鲁迅全集》（八），人民文学出版社2005年版，第121页。

② 章太炎：《〈洪秀全演义〉序》，《章太炎全集》（十），第262—263页。

③ 章太炎：《〈中国通史略例〉附目录》，《章太炎全集》（三），第337页。

《孙逸仙》一书所作的题辞中也说“掩迹郑洪为民辟”[①]，而所谓“郑洪”就是郑成功与洪秀全。1903年的《〈革命军〉序》也讨论了洪秀全起义等问题：

> 夫中国吞噬于逆胡，二百六十年矣。宰割之酷，诈暴之工，人人所身受，当无不昌言革命。然自乾隆以往，尚有吕留良、曾静、齐周华等持正义以振聋俗，自尔遂寂泊无所闻。吾观洪氏之举义师，起而与为敌者，曾、李则柔煦小人。左宗棠喜功名、乐战事，徒欲为人策使，顾勿问其䞦非枉直，斯固无足论者。乃如罗、彭、邵、刘之伦，皆笃行有道士也。其所操持，不洛、闽而金溪、余姚，衡阳之《黄书》，日在几阁。孝弟之行，华戎之辨，仇国之痛，作乱犯上之戒，宜一切习闻之。卒其行事，乃相紾戾如彼。材者张其角牙以覆宗国，其次即以身家殉满洲，乐文采者，则相与鼓吹之。无佗，悖德逆伦，并为一谈，牢不可破。故虽有衡阳之书，而视之若无见也。然则洪氏之败，不尽由计画失所，正以空言足与为难耳。[②]

章太炎强调清朝260多年的统治“宰割之酷，诈暴之工”，更大兴文字狱，使吕留良、曾静、齐周华等人遭受迫害。齐周华为吕留良辩护一案，最初也发生在雍正朝，但到了乾隆朝他还在为吕留良申辩以至于旧案复发，最后被凌迟处死，更增加了士人对文字狱的畏惧以及对清政府的仇恨。此后直到洪秀全起义，相当长一段时间无人再敢声张，“寂泊无所闻”。至于对抗太平天国的曾国藩（1811—1872）以及罗泽南（1808—1856）等人，本是汉族士人，且服膺于程朱或陆王的学术，对王夫之的《黄书》也多有关注，更强调“孝弟之行，华戎之辨，仇国之痛”，主要是以儒家思想来对抗拜上帝教，还是效忠于清朝。虽然曾国藩等人曾经刊刻王夫之的书，但已“视之若无见”。当然，章太炎即便对太平天国运动推动“华夷之防”思想的传播多有肯定，但也指出其失败乃是咎由自取，“计画失所”以及各种“空言”无法再鼓舞百姓，起义之初的道义担当

① 章太炎：《〈孙逸仙〉题辞》，《章太炎全集》（十），第248页。

② 章太炎：《〈革命军〉序》，载《章太炎全集》（十），第232—233页。

早就不复存在了。

综合而言，章太炎从事的反清革命事业，“华夷之防”的思想主要受到浙江士人最为关注的吕留良、曾静文字狱案的影响。而在追随明清之际郑成功以及清末洪秀全这一点上，章太炎其实与出生于广东的孙中山等革命志士，立场基本一致。至于前后不一的各种回忆，则正好说明太炎“华夷之防”思想之“酝酿”，有一个漫长的过程，这就要从他独特的学业之路说起了。

浏览周秦汉氏之书

章氏家族虽然并不热衷于做官，但也按部就班，叮嘱子弟读书科考，唯独章太炎是个例外，竟然可以在十六岁就决意不再举业，开启不同于常人的学业之路，这其中也别有缘故。

据章太炎自己的回忆，他六岁开始读书，九岁至十三岁，家中请其外祖父朱有虔前来为外孙上课，后来则在其父章濬的指导下涉猎科举之书，但时间并不长。他在其《自定年谱》中说：

> 家故藏书，遭乱散尽，先君时举目录示之。稍课律诗及科举文字，余慕为古文辞，见天启、崇祯人制义，稍可之，犹以为易。先君诲之曰：“尔文思倜傥，学古非难也。以入制义，则非童子所应为。”由是稍就绳墨，然终不喜。[①]

当时章家藏书不多，但盛时的目录还在。太炎在父亲的指导下，学习律诗与科举考试的八股文。所谓八股文，即写文章需要分成八段，所谓八比，讲究起承转合，相对传统古文，规则繁多而文气拘束。当时的章太炎喜好古文辞，父亲却告诫说古文的笔法并不适合童子试所应作的八股文字。当然因为颇具古文功底，故而对于天启、崇祯年间的科举文章也算能够欣赏，但研习之下，依

① 章太炎：《自定年谱》，《章太炎全集》（十一），第751页。

旧不喜欢。

十六岁时，章太炎第一次参加科举考试，“先君命赴县应童子试，以患眩厥不竟，先君亦命辍制义”[①]。因为考试之时突发眩晕之病，也即癫痫病，加之本心使然，实在不想走祖父、父亲等人的老路，于是中断了学业。若推究其父的考量，一则因其身体原因，另一则因其两位兄长科举已有小成，所以才不再要求其从事科举之学。这一转折，当是章太炎能够走上独特学术道路的关键因素之一。此后章太炎依靠章家几代积累的藏书，使得自己早年的治学，恰好接续到了非常纯正的清代汉学的传统。

关于治学历程的重大转折，章太炎本人在光绪二十四年（1898）给李鸿章的信中也有论及：“幼诵六籍，训诂通而已。然于举业，则固绝意不为。年十七，浏览周、秦、汉氏之书，于深山乔木间，冥志覃思，然后学有途径，一以荀子、太史公、刘子政为权度。”[②]也就是说，他自幼就熟读“六经”，大体能够读通各类经典，但对于科举八股则“绝意不为”。于是开始读周、秦、汉之间的书，也就是指诸子百家以及两汉之学，并且常常苦思冥想。至于攻读经学、诸子学则参照荀子、太史公、刘向（子政）的方法，大体而言是参考了荀子《显学》篇以及司马迁《史记》中的诸子相关传记与刘向《别录》所指引的目录之学。

关于其治学路径与方法，另外还有其晚年的自述：

> 余家无多书，年十四五，循俗为场屋之文，非所好也。喜为高论，谓《史》、《汉》易及，揣摩入八比，终不似。年十六，当应县试，病未往。任意浏览《史》、《汉》，既卒业，知不明训诂，不能治《史》、《汉》，乃取《说文解字》段氏注读之。适《尔雅》郝氏义疏初刊成，求得之。二书既遍，已十八岁。读《十三经注疏》，暗记尚不觉苦。毕，读《经义述闻》，始知运用《尔雅》、《说文》以说经，时时改文立训，自觉非当。复读学海

① 章太炎：《自定年谱》，载《章太炎全集》（十一），第752页。

② 章太炎：《与李鸿章·一》，《章太炎全集》（十二），第33页。

堂、南菁书院两《经解》皆遍。[1]

章太炎的祖父、父亲等人都是县学生员，但并非科举成功人士，家族也并非藏书丰硕的人家，故而太炎说“余家无多书”，不过三代以上的藏书，也足够使得他在少年时代之前就能开始研读经史。十四五岁时，章太炎按照传统惯例，开始学习“场屋之文”，科举考试的八股文，对于“喜为高论”的少年太炎来说，终究无法入其轨道，故“终不似”。十六岁那年，本来有县学考试，正巧发病，于是未能完成考试。

错过科举恰好促使太炎走上新的道路，开启了其自由攻读经史的阶段。若仔细抽绎其研习经史之路，则有三大转折。其一，当太炎读完了《史记》与《汉书》之后，因为不能明白训诂之学，而无法进一步钻研，就由史学转向了小学，开始自觉攻读段玉裁的《说文解字注》，以及刚刊行的郝懿行《尔雅义疏》，这两种书相辅相成，正好可以将解释文字的训诂之学大体掌握，然后再去熟读、暗记阮元主持编校的《十三经注疏》，就不会因为读不懂而困扰了。其二，再度攻治经史，开始自觉模仿《经义述闻》。该书收录了王念孙以及王引之考证经典的具体案例，结合这些案例以及《尔雅》与《说文》的训诂之学来研究经典，常会有改动经典原文而建立新说的状况发生，太炎自觉这样做并不合适。其三，拓展学习的范围，转而攻读阮元主持编刊、后藏刻板于广东学海堂的《皇清经解》与王先谦主持编刊、后藏刻板于江苏南菁书院的《皇清经解续编》，这两种丛书收录的都是清人注疏的“十三经”，相比《十三经注疏》，汇聚了清人考证经典的新方法，这意味着此时太炎开始主动探索清人之经学，开始接续清代汉学的传统。

另外，其《自定年谱》中说，十六岁，“颇涉猎史传，浏览《老》《庄》矣”；十七岁，“初读四史、《文选》、《说文解字》”；十八岁之时更是开启了全面研读清代汉学经典著作的自学之路：

---

① 诸祖耿：《记本师章公自述治学之功夫及志向》，载陈平原、杜玲玲编：《追忆章太炎（修订本）》，第66页。

> 初读唐人九经义疏。时闻说经门径于伯兄篯，乃求顾氏《音学五书》、王氏《经义述闻》、郝氏《尔雅义疏》读之，即有悟。自是一意治经，文必法古。眩厥未愈，而读书精勤，晨夕无间。逾年又得《学海堂经解》，以两岁细览卒业。①

章太炎以个人自学为主，父亲与长兄偶加指导的学术历程，从攻读《老子》与《庄子》开始，再到前四史与《昭明文选》《说文解字》，然后更加系统地研读经学著作。就其治学门径而言，其兄章篯的指引也颇为关键。研读唐人的九经义疏，或有不懂之处，故转而去读顾炎武的《音学五书》、王引之的《经义述闻》、郝懿行《尔雅义疏》，等到十九岁到二十岁的时候，又读完了《学海堂经解》。

等到光绪十四年（1888），21岁的章太炎自以为大体读完了重要的经史、诸子之学，有了撰写著述的兴趣，"紬读经训，旁理诸子史传，始有著述之志"②。弱冠之年的章太炎，虽可继续以自学为主研经读史，并开始著述，但缺乏名师指引，终究难以成就大才。当然，其父章濬对幼子的学术道路也早有规划。不到两年，就在光绪十六年之初，章濬在病逝之前，就命章太炎前往诂经精舍，从学于当时著名的经学家俞樾先生。

回顾章太炎早年的学术历程，大体来说，少年之时有着良好的蒙学基础，十六七岁时因病得福，不必像绝大多数士子那样年复一年地从事科举考试、写作八股文章。此后的章太炎，在父兄的指引以及自学之下，一面研读文字、音韵之类的小学，一面研读诸子学、史学以及清代汉学家的经学著作，不知不觉之间已接续了乾嘉汉学的传统，然终究还有点"孤陋而寡闻"。

---

① 章太炎：《自定年谱》，《章太炎全集》（十一），第752页。

② 章太炎：《自定年谱》，《章太炎全集》（十一），第752页。

诂经精舍之七年

光绪十六年（1890），章太炎二十三岁之时，进入杭州著名学府诂经精舍，从《诂经精舍七集》所载课艺来看，他于此年就已参加了书院考课。[①]这段求学经历前后达七年之久，正好弥补其早年“独学而无友”之弊，奠定了扎实的学术功底。据章太炎本人回忆：

> 肄业诂经精舍。时德清俞荫甫先生主教，因得从学。并就仁和高宰平先生问经，谭仲修先生问文辞法度。[②]

当年章太炎请益学问的除了诂经精舍主教俞樾，以及高学治（宰平，1814—1894）与谭献（仲修，1832—1901），还有黄以周（1828—1899）与孙诒让（1848—1908），除谭献外，其他四人去世后章太炎都曾为之立传，以表其孺慕之情。

章濬曾经担任过敷文书院、紫阳书院以及诂经精舍的监院，监院的主要工作就是负责书院或精舍的日常庶务，并协调老师与生徒的关系。章濬一度负责诂经精舍考课的组织工作，在《诂经精舍三集》《诂经精舍四集》之中，他皆以监院的身份名列于校刊名录。[③]也正是因为有此便利，章太炎才能在其父去世后，家中无人指引学问之际，来到了杭州诂经精舍，成为俞樾的弟子，且与其他多位老师都能十分友善。需要指出的是，除父亲的关系外，章太炎也顺利通过了俞樾亲自主持的测试。

俞樾，字荫甫，号曲园，浙江德清人，道光年间进士，曾任河南学政，被革职后一心学术，著有《群经平议》《诸子平议》《古书疑义举例》等，还曾讲学于杭州、苏州之间，培养了众多弟子。关于俞樾对浙江学子的影响，章太炎

---

① 〔清〕俞樾：《诂经精舍七集》卷（一），光绪二十一年刊本，第13页b。

② 章太炎：《自定年谱》，《章太炎全集》（十一），第752页。俞荫甫即是俞樾。

③ 鲁小俊：《清代书院课艺总集叙录》（上），武汉大学出版社2015年版，第22、34页。

在《俞先生传》中写道："先是浙江治朴学者，本之金鹗、沈涛，其他多凌杂汉、宋。邵懿辰起，益夸严。先生教于诂经精舍，学者乡方，始屯固不陵节。""浙江朴学晚至，则四明、金华之术茀之，昌自先生，宾附者，有黄以周、孙诒让。"[①]浙江朴学（汉学）比吴、皖二派则略晚，后来又顺着宋代四明、金华之学发展而来，到了晚清之时变得笃实而谨严，出现了黄以周、孙诒让等名家，这与诂经精舍之创立，以及俞樾的倡导有着重要的关联。

关于诂经精舍，俞樾曾说：

> 昔阮文达公之抚浙也，悯俗学之苟且，慨古训之失传，爰于西湖孤山之麓，创建诂经精舍，俾两浙之士，挟册负素，讽诵其中。沿流以溯源，因文以见道，而又惧流传既久，失其初意，或且以世俗之学，羼并拾驱，特奉许郑两先生栗主于精舍之堂，用示凯式，使学者知为学之要，在乎研求经义，而不在乎明心见性之空谈，月露风云之浮藻，斯精舍之旧章，文达之雅意也。[②]

嘉庆二年（1797），时任浙江学政的阮元在西湖孤山南麓构屋五十间，集全省通经之士纂辑《经籍籑诂》。三年后升任浙江巡抚，便将此辟为诂经精舍，以便浙江学子读书。当年的精舍，专门祭祀许慎、郑玄两先生，使得学者知道为学之要，关键就在"研求经义"，而不在"明心见性之空谈"与"月露风云之浮藻"，即确立了乾嘉汉学的典范，反对宋儒理学以及词章之学。俞樾所提及的杭州另外三大书院敷文、崇文、紫阳，与诂经精舍完全不同，此三大书院大体还是为了应举而课士，诂经精舍则专以经义课士。诂经精舍汇编的文章，也以古体为主而不是趋时，进入这样的学府，正好符合了章太炎的心志。

俞樾本人早年曾入曾国藩幕府。曾国藩说："高邮王怀祖先生父子，经学为

---

① 章太炎：《俞先生传》，《章太炎全集》（八），第217、218页。

② 〔清〕俞樾：《诂经精舍志初稿》，载王国平主编：《西湖文献集成》第20册，杭州出版社2004年版，第712页。

本朝之冠，皆自札记得来。”①俞樾受曾国藩影响，也接续王念孙、王引之父子之学，讲究“正句读、审字义、通古文假借”以及札记之学，他说：“本朝经学之盛，自汉以来未之有也。余幸生诸老先生之后，与闻绪论，粗识门户，尝试以为治经之道大要有三：正句读，审字义，通古文假借。得此三者以治经，则思过半矣。”②俞樾本人的经学、子学之“平议”以及《古书疑义举例》在体例上与王氏父子的《读书杂志》与《经义述闻》非常接近，这一学脉也传承到了章太炎那里，故太炎早年多有札记类著作。这也使他后来受到西方传来的新学的影响时，能够跳脱出来，建构起新的学术思想体系。

俞樾虽然担任诂经精舍的主教，但他常年不在杭州而在苏州，有时一年就来一两次，有时整年都不来，即便来杭州也不常住，因此章太炎以及其他精舍的生徒，都没有什么机会直接向俞樾问学。不过，章太炎本人也是时常不在精舍，有时他回到仓前老家，有时则租住在杭州。③

自光绪十九年（1893）起章太炎才得以向俞樾问学较多。章太炎的自述中说：“二十五岁始居杭州，肄业诂经精舍，俞曲园先生为山长，余始专治《左氏传》。”④他在给老师的信中说：“自逮门下，星历三移，猥以蟠木恒材，得蒙雕饰。而僻居下邑，拥蔽朴愚，未得一侍董帷，亲奉几杖，岂直怅惘，负咎实深。”⑤他还说此时“日积月累，得《左传读》八百余条”。此后，章太炎时常写书信给老师，其中说：

> 三月间以《左传读》尘览，旋受诲函，教以无守门户，且谓立说纤巧，甚难实非，读之不禁汗下……侧闻精舍高材，十阙其二，尔来文宗垂意，未遇其人，以麟驽钝，自愧捷足。惟受经门下，先后四稔，邪理之木，匠

---

①〔清〕曾国藩：《谕纪泽》，载《曾国藩家书》上册，岳麓书社2015年版，第389页。

②〔清〕俞樾：《序目》，《群经平议》卷首，王其和整理，凤凰出版社2021年版，第2页。

③ 刘明：《章太炎肄业诂经精舍考》，《近代中国》第32辑，上海社会科学院出版社2020年版，第350页。

④ 朱希祖：《本师太炎先生口授少年事迹笔记》，载陈平原、杜玲玲编：《追忆章太炎（修订本）》，第63页。

⑤ 章太炎：《与俞樾·一》，《章太炎全集》（十二），第1页。

石未弃。[①]

当时精舍高材生也不多，章太炎能够经常与老师书信往来，也算是“匠石未弃”，颇为难得。他当时经常参加诂经精舍的考课，常名列前茅，写信是希望俞樾能向学政推荐其为高材生，从而增加膏火费的收入。

值得注意的是，此时章太炎也非常关注西学。光绪二十二年（1896），章太炎再次写信给俞樾，其中谈及读西学的体会：“举世谈西学者，无阮仪征、魏邵阳之识，吾道孤矣。漆室悲时，端忧多暇，复取周秦诸子笼罩西书，除张力臣《瀛海篇》所疏，又得二十许条，匏瓜徒县，无裨宙合，聊以张汉赤帜，亦俟秋日呈之。”[②]他担忧当时举世皆谈西学，但是没有阮元（仪征人）与魏源（邵阳人）的见识，最后多半只是空谈，所以他又取了周秦之间的诸子学，用以“笼罩西书”，也就是像此处提及的《瀛海篇》一样，将诸子学中的相关论述比附于西书，用以“张汉赤帜”，这种“西学中源”的观念晚清之际颇多，章太炎与俞樾有一段时间或也有类似的想法。

光绪二十四年（1898），章太炎在上海写信给俞樾，信中说：“昨阅日报，知瞿学使已于廿三日试毕，此件想可转致……谭、廖两公处，未识已发函否，二公干济虽不逾人，幸一系本省大吏，一亦颇有渊源，或免于如水投石。”[③]章太炎在报纸上看到瞿鸿禨（1850—1918）时任江苏学政，正在苏州，希望老师能够推荐自己，还提及请老师也向廖寿丰（1836—1901）与谭钟麟推荐自己，因为廖时任浙江巡抚，谭则曾经特别器重章太炎之父章濬，颇有渊源。俞樾后来确实给瞿鸿禨写过多通书信，还将章太炎的著作转给他，并称赞章太炎为诂经精舍的高材生，可见其对章太炎非常欣赏，也十分关心其发展。为了谋职，章太炎还请同为俞樾弟子的宋恕（1862—1910）写信给俞樾：“同门余杭章枚叔（炳麟），悱恻芬芳，正则流亚，才高丛忌，谤满区中。新应楚督之招，未及一

① 章太炎：《与俞樾·二》，《章太炎全集》（十二），第2页。

② 章太炎：《与俞樾·五》，《章太炎全集》（十二），第5页。

③ 章太炎：《与俞樾·七》，《章太炎全集》（十二），第6页。相关考证参见俞国林、朱兆虎：《章太炎上曲园老人手札考释》，《文献》2016年第1期。

月，绝交回里，识者目为季汉之正平，近时之容甫。今湘抚陈公，爱士甚，师可为一言乎？私切愿之！非所敢请也，非所敢不请也。”[①]宋恕认为章太炎“悱恻芬芳，正则流亚”，但“才高丛忌”，故而刚刚从张之洞（1837—1909）那边听说湖南巡抚陈宝箴（1831—1900），正在招揽士人，便请俞樾推荐。此后宋恕还有书信写给俞樾：“枚叔来自师门，杖履康强，询慰私祝！”[②]遗憾的是虽然俞樾极力推荐章太炎，但到处都得不到回音。

7月《昌言报》创刊后，聘章太炎为主笔，宋恕再次写信给俞樾时说：“枚叔频见，师谕已先后袖示。此君持论颇有明于理而昧于势之病，然其志行之高，文章之雅，风尘物色，难得其伦。”[③]由此可知，俞樾前次曾有回信给宋恕，并提及章太炎，且他对章太炎的政论也有意见，认为其“明于理而昧于势”，不过对其志行、文章都非常欣赏。

戊戌政变后，章太炎因名列《时务报》而受到牵连，不得不避难台湾。当年十二月，宋恕写信给俞樾：“枚叔孤怀高论，与世不谐，负累千金，无计偿补。近应东人之聘，笔削台北《官报》，闻府主意气颇投，与谋开大书藏以辟人荒。”[④]此信当是代章太炎告知一下其行踪，只是还说到他在台北与日本官员“意气颇投”等，估计俞樾会有不满。

光绪二十六年（1900），章太炎归国后一度避居仓前故里，俞樾还曾写信给章太炎索要和诗，他在写给宋恕的信中说到“曲园先生适作《秋怀》四首索和”[⑤]。第二年，章太炎去苏州东吴大学任教之时前往曲园看望老师，然因为政见不同被严厉批评，于是章太炎写了《谢本师》一文，其中说：

> 余十六七岁始治经术，稍长，事德清俞先生，言稽古之学，未尝问文辞诗赋。先生为人岂弟，不好声色，而余喜独行赴渊之士。出入八年，相

---

① 宋恕：《上俞曲园师书》，载胡珠生编：《宋恕集》上册，中华书局1993年版，第588页。
② 宋恕：《又上俞师书》，载胡珠生编：《宋恕集》上册，第588页。
③ 宋恕：《又上俞师书》，载胡珠生编：《宋恕集》上册，第592页。
④ 宋恕：《又上俞师书》，载胡珠生编：《宋恕集》上册，第596页。
⑤ 章太炎：《与宋恕·三》，《章太炎全集》（十二），第28页。

得也。顷之，以事游台湾。台湾则既隶日本。归，复谒先生，先生遽曰："闻而游台湾。尔好隐，不事科举，好隐，则为梁鸿、韩康可也。今入异域，背父母陵墓，不孝；讼言索虏之祸毒敷诸夏，与人书指斥乘舆，不忠。不孝不忠，非人类也。小子鸣鼓而攻之可也。"盖先生与人交，辞气陵厉，未有如此甚者！[①]

章太炎回顾其向老师问学八年，以及赞扬老师"为人岂弟，不好声色"之后，记录下老师的话——出游当时已被割让给日本的台湾则为"入异域"，背弃父母陵墓为不孝；在报刊上发表"索虏之祸毒敷诸夏"的文章，则为不忠。既然老师如此对待"独行赴渊"的弟子，那就只能公开断绝师生关系了。六年后俞樾去世，章太炎又写了一篇《俞先生传》，对老师的道德文章依旧极为推崇，后来每每论及自己的治学经历，也不忘诂经精舍一段所受的教诲。此外，章太炎的《谢本师》，本为特定历史时期的特殊政治语境下之产物，其实际用意，一方面是与老师撇清干系，避免连累到老师，另一方面则是向世人公开表明自己的政治主张。当然时过境迁，师徒一场，自然还是值得珍惜的。

综合来看，诂经精舍七年，起初章太炎不常在杭州，但因为课艺优秀而给俞樾留下了深刻印象，后来章太炎通过书信，渐获亲炙，还曾协助老师校勘书院课艺集以及《春在堂全书》部分书稿。

俞樾去世前曾写了十首回忆杭州，其一为《别俞楼》："占得孤山一角宽，年年于此凭栏杆。楼中人去楼仍在，任作张王李赵看。"[②]不知他所谓"张王李赵"是否包括了弟子章太炎。

黄以周，字元同，号儆季，浙江定海（今舟山市定海区）人，其父黄式三（1789—1862）就是著名学者，父子二人皆擅长中国古礼的考订，黄以周更是搜集由汉至清的典章制度，撰成《礼书通故》一百卷，以礼学来救治汉学与宋学末流之弊。黄以周曾受学于诂经精舍，章太炎得以结识，或与俞樾的引荐有关。

---

① 章太炎：《谢本师》，《章太炎全集》（十），第230页。

② 〔清〕俞樾：《别俞楼》，《俞樾全集》（第十七册），浙江古籍出版社2017年版，第763页。

此外，黄以周当时在宁波辨志书院任教职，宁波辨志书院组织的课艺比赛称“辨志文会”，章太炎至少参加了七次[①]，故也有可能通过文会活动方才得以结识并前往问学。后来章太炎为其所作的传中说：

> 余少时从本师德清俞君游，亦数谒先生。先师任自然，而先生严，重经术，亦各从其性也。清世大人称程、朱者，多曲学结主知，士民弗触，则专重汉师，抑洛、闽。其贤者诚孔毅，知质文之变，而末流依以游声技，愈小苛，违道益远，夷为食客而不知耻。先生博文约礼，躬行君子，独泊然如不与世俗成污者。[②]

黄以周则为人谨严，虽然都重视经学，但汉、宋兼采，因为称程、朱或重汉师都有其弊病，所以关键在于从历代典章制度之学当中探明先儒不决之义。这一学术理路，对于章太炎有着重要影响。章太炎讲国学有三，语言文字、典章制度、人物事迹，对于典章制度之学的关注，对于均田制以及礼俗沿革的关注，还有重视“三礼”以及勤读《通典》，可以说都来自黄以周当年的教诲。

高学治与谭献都是杭州人，故章太炎在诂经精舍期间得以前往拜谒。高学治，字宰平，浙江仁和（现属杭州）人，读书广而学术杂，擅长“三礼”与“四家诗”学，还有宋明儒学，晚年又颇喜收藏金石。章太炎回忆起问学之时的情景：

> 炳麟见先生，先生年七十五六矣，犹日读书，朝必写百名，昼虽倦不卧也。问经事，辄随口应……炳麟由是说经益谨。先生语炳麟，惠戴以降，朴学之士，炳炳有行列矣，然行义无卓绝可称者，方以程朱，侻也。视两汉诸经师，坚苦忍形，遁世而不闷者，终莫能逮。夫处陵夷之世，刻志典籍，而操行不衰，常为法式，斯所谓易直弸中，君子也。小子志之！炳麟

① 熊月之：《章太炎早年参加书院课艺活动钩沉》，《史林》2017年第4期。

② 章太炎：《黄先生传》，《章太炎全集》（八），第221页。

拜受教。[①]

当时的高老先生已经七十多岁，依旧每天读书写字，问他《逸周书》等经书也能对答如流。在高学治看来，清儒惠栋（1697—1758）与戴震（1724—1777）等朴学大师学术虽有所成，但在清朝高压之下，“行义无卓绝可称者”，远不如两汉经师之“坚苦忍形，遁世而不闷者”，如今则更是内忧外患陵夷之世，如何保持“操行不衰”而成就君子，就更难了。这些话章太炎一生都牢记在心，所以，高学治对章太炎的影响不止学术，更有德行。

相比高学治，当年章太炎向谭献问学更多。谭献，原名廷献，字仲修，号复堂、仲仪，浙江仁和人，他既是学者又是词人，其著作为《复堂类集》，包括文、诗、词、日记等。在谭献的日记之中，有多条与章太炎相关的记载，比如：光绪二十二年丙申（1896）十一月朔：“章生枚叔来谈，迫暮去。”光绪二十四年戊戌（1898）正月元日：“拜年客来谢之，惟章生枚叔来入室长谈。”[②]章太炎自己回忆说：“时乡先生有谭君者，颇从问业。谭君为文，宗法容甫、申耆，虽体势有殊，论则大同矣。”[③]在他看来，谭献师法的是骈文名家汪中（容甫）与编有《骈体文钞》的李兆洛（申耆），虽然在文体上略有不同，但都主张汉宋兼采。章太炎后来追求文体古奥，特别喜欢魏晋等五朝文体，当与谭献转手的汪、李文体有一定的关联。章太炎后来在上海任职《时务报》时，与康有为弟子发生冲突，他曾写书信给谭献，讲了冲突的经过，想要撰述驳斥康有为《新学伪经考》的专书，以及对于当时新出的孙诒让著作的看法：“《新学伪经考》前已有驳议数十条，近杜门谢客，将次第续成之。《墨子间诂》，新义纷纶，仍能平实，实近世奇作。”[④]

孙诒让是让章太炎佩服的另一浙籍学者，或因为同治经学、诸子学。孙诒让，字仲容，浙江瑞安人，著作颇多，以《周礼正义》《墨子间诂》最为著名，

① 章太炎：《高先生传》，《章太炎全集》（八），第215—216页。

② 〔清〕谭献：《复堂日记》，范旭仑、牟晓朋整理，河北教育出版社2001年版，第383、392页。

③ 章太炎：《自述学术次第》，《章太炎全集》（十一），第500页。

④ 章太炎：《与谭献·三》，《章太炎全集》（十二），第14页。

有“晚清经学后殿”之称。孙诒让去世后，章太炎作有《瑞安孙先生伤辞》：“当是时，吴越间学者，有先师德清俞君，及定海黄以周元同，与先生三，皆治朴学，承休宁戴氏之术，为白衣宗。先生名最隐，言故训，审慎过二师。”[①]在他看来，俞樾、黄以周、孙诒让三人共同传承戴震之学而成为朴学大家，其中孙诒让是“名最隐”者，在训诂上超过俞、黄二人。另外，章太炎还作有《孙诒让传》，其中说：

> 诒让学术，盖龙有金榜、钱大昕、段玉裁、王念孙四家，其明大义，钩深穷高过之……叔世士大夫，狃于外学，才得魄莫，视朴学若土梗。诒让治六艺，旁理墨氏，其精专足以摩掇姬、汉，三百年绝等双矣！遭时不淑，用晦而明，若日将暮，则五色柳谷愈章。而学不能传弟子，勉为乡里起横舍，古以裂余见称于世。悲夫！[②]

在他看来，孙诒让的学术，就“钩深穷高”一面，超过了段玉裁、王念孙等朴学大家，就其经学、墨学而言则可直追两汉，故“三百年绝等双”。遗憾的是一生科举不利，故大半生专心学术，晚年在瑞安算学书院、温州师范学校等任教，其学不能传弟子，令人遗憾。章太炎因为结识了宋恕等温州士子，才与孙诒让多有书信往来。孙诒让在读了章太炎《新方言》初稿后曾在回信说：“大著略读数条，精审绝伦。容再细读寻绎。或有剩义，当续录奉质。弟桑榆暮景，意思萧械，脑力大减，不耐深沉之思。近惟以研究古文大篆自遣……附以金文奇字为《名原》七篇，俟写定，当寄质大雅。”[③]章太炎在回复孙诒让的第二通书信中就提及收到孙诒让《周礼正义》后“再捧以受”，还收到其“古文三条”关于大篆的研究札记，信中讨论了《说文》相关问题，还提到了他本人的《新

① 章太炎：《瑞安孙先生伤辞》，《章太炎全集》（八），第230页。

② 章太炎：《孙诒让传》，《章太炎全集》（八），第219—220页。

③ 孙诒让：《答章太炎书》，载张宪文辑：《孙诒让遗文辑存》，浙江人民出版社1989年版，第154页。

方言》修订稿即将印行“便当就正”。[1]此外，章太炎在《瑞安孙先生伤辞》中也提及当初《訄书》草稿完成后呈上请教，孙诒让说此书“《淮南鸿烈》之嗣也，何有于仲长氏”，也即堪比仲长统；当他读完《周礼正义》准备复信，“辅存微学，拥护民德，远不负德清师，近不负先生”之时，却传来孙诒让去世消息，只得感叹“四维丧，国灭亡；颓栋梁，民安乡？”[2]由上可知，二人虽是书信论学，但孙诒让确实是除俞樾外对其学术影响最大的人。

在诂经精舍期间，章太炎撰写了大量的治学笔记。后来成为章太炎友人与论辩对手的梁启超（1873—1929）就曾总结说：“大抵当时好学之士，每人必置一‘札记册子’，每读书有心得则记焉。盖清学祖顾炎武，而炎武精神传于后者在其《日知录》。”[3]章太炎最为敬仰的前辈学者顾炎武就是由笔记而成著作的大家，故而通过笔记来治学成为他早年的常态，其中最为重要的则是《膏兰室札记》和《春秋左传读》。《膏兰室札记》现存三卷，共四百七十四条，其中有多篇明确为诂经精舍的课艺；《春秋左传读》共九卷，叙录一卷，其中也有多篇为诂经精舍的课艺。[4]

《膏兰室札记》主要包括《诗经》《礼记》《周礼》《仪礼》以及诸子学与史学，《春秋左传读》则为专门研究《左传》的笔记。再说前者，多有摘录西学条目，值得特别注意，姜义华先生曾对《膏兰室礼记》稿本加以统计：“手稿最后一册，有三四十条之多，引用赫士《天文揭要》、雷侠尔《地学浅释》、韦廉臣《格物探原》等书，借助于它们所介绍进来的天体运动学说、星球演化学说、生物进化学说、分子原子与物质结构学说、光的运动学说、化合与分解学说、地层与考古学说等，否定上帝的存在，否定冥冥在上的天的存在，将人类的形成确定为自然发展的结果。”[5]另外，就在光绪二十二年（1896），章太炎曾三次参加上海格致书院举办的课艺征文，虽未获奖，但都名列一等。这三次课艺征文

① 章太炎：《与孙诒让・二》，《章太炎全集》（十二），第265页。
② 章太炎：《瑞安孙先生伤辞》，《章太炎全集》（八），第231—232页。
③ 梁启超：《清代学术概论》，俞国林校，中华书局2020年版，第105页。
④ 刘明：《章太炎肄业诂经精舍考》，《近代中国》第32辑，第350页
⑤ 姜义华：《章炳麟评传》（下），南京大学出版社2011年版，第306页。

的主题涉及中外条约、万国公法、西书翻译、修筑东三省铁路、数学、物理学、海关税则等问题，征文充分说明他对于西方传入的各种各样新知识的关注，能够撰文参赛，也说明他在西学上已经有了一定的基础。[①]

再说《春秋左传读》，可以说是章太炎的成名之作，初稿完成后曾请老师俞樾指正，其他师友之间也多有流传，章太炎也就渐渐被人视为专攻《左传》之学者。关于此书的缘起，章太炎自己说：

> 《春秋左传读》者，章炳麟著也。初名《杂记》，以所见辄录，不随经文编次，效臧氏《经义杂记》而为之也。后更曰《读》，取发疑正读为义也。盖籀书为读，紬其大义曰读，紬其微言亦曰读。《左氏》古字古言，沈、惠、马、李诸君子既宣之矣……可知刘子政呻吟《左氏》（见《论衡》），又分《国语》（见《艺文志》），实先其子为古学，故《说苑》、《新序》、《列女传》三书，孤文犆字，多有存者。惠氏稍稍道及之，犹有不葴，故微言当紬，一矣……夫《左氏》古义最微，非极引周、秦、西汉先师之说，则其术不崇；非极为论难辨析，则其义不明。故以浅露分别之词，申深迂优雅之旨，斯其道也。大义当紬，二矣。紬微言，紬大义，故谓之《春秋左传读》云。[②]

《春秋左传读》需要解决的问题有二：一为“紬微言”，也即解决文字训诂的问题，他所指的“沈、惠、马、李诸君子”，即著有《春秋左传小疏》的沈彤，著有《春秋左传补注》的惠栋，著有另一种《春秋左传补注》的马宗琏，著有《春秋左氏传贾服注辑述》的李贻德，他认为这几位学者对《左传》的“古字古言”多有发明，但未能关注到刘向（子政）《说苑》《新序》《列女传》等经典中保存的“孤文犆字”，仅有惠栋“稍稍道及”，故还有许多文字还当再加考证。其二为“紬大义”，也即解决义理问题，他认为《左传》的“古义最

---

① 熊月之：《章太炎早年参加书院课艺活动钩沉》，《史林》2017年第4期。

② 章太炎：《春秋左传读叙录·序》，《章太炎全集》（二），第758页。

微”，故而必须引用“周、秦、西汉先师之说”，进行“论难辨析”，用“浅露而分别”的语言，将其中“深迂优雅”的微言大义加以阐明，也就是说明其体例、叙事立论之义理等。也正因为有“紬其大义曰读，紬其微言亦曰读”，两方面的“读”，所以此书即名为《春秋左传读》。此外，章太炎还辨明《左传》并非刘歆所伪造，不过此是针对康有为的《新学伪经考》，只是并未明说而已。

关于这一阶段的学术历程，章太炎《自定年谱》也有一番总结：

> 迁居会城，作《左传读》。余始治经，独求通训故，知典礼而已；及从俞先生游，转益精审，然终未窥大体。二十四岁，始分别古今文师说……专慕刘子骏，刻印自言私淑。其后遍寻荀卿、贾生、太史公、张子高、刘子政诸家《左氏》古义，至是书成，然尚多凌杂。中岁以还，悉删不用，独以《叙录》一卷、《刘子政左氏说》一卷行世。[①]

章太炎早年在仓前独自治经，仅仅解决训诂与典礼的认知而已，到了诂经精舍并师从俞樾之后方才“转益精审”，但要能“窥大体”则需要专门的研究，便开始研读《春秋左氏传》一书，当时私淑于刘歆（子骏），然后寻找荀子、司马迁、刘向等各家著作来研究《左传》。此书为其少作，故中年之后只将《春秋左氏读叙录》与《刘子政左氏说》两卷刊行于《章氏丛书》之初编。

从十六七岁开始，一直到走出诂经精舍，这十多年间，章太炎几乎过着衣食无忧、无所干扰，为读书而读书的生活，这在同时代人当中也是少有的，可以说是章太炎之所以成为一代国学大师的关键之所在。至于能够问学于俞樾以及黄以周、高学治、孙诒让、谭献等浙江朴学与文学名师，有了一般人难以企及的高起点，则是另一关键之所在。

---

① 章太炎：《自定年谱》，《章太炎全集》（十一），第753页。

第二章　见龙：1897—1899

乾之九二："见龙在田，利见大人。"

甲午战争，惊醒了所有有道义担当的中国人，章太炎也不例外，随着康有为、梁启超等人维新变法活动的展开，学有所成的章太炎再也坐不住了，他走出诂经精舍，进入《时务报》报馆，开启了以报刊为主，宣扬革命与传播学术的一生。然而就在这短短三四年间，章太炎对于维新变法的热情渐渐耗尽，随之而来的是从"革政"到"革命"的思想蜕变，而身边环绕的"大人"，也从梁启超以及宋恕、孙宝瑄等人，转换成了孙中山与宋教仁，其中也可看出戊戌之后知识界的种种分化。

任职《时务报》及与康门弟子的冲突

甲午战争前两年，章太炎的家人为其纳妾王氏，次年生长女章㸚，四年后生二女章叕，再隔两年幼女章㠭生。据章叕后来回忆，光绪二十五年（1899）章太炎在日本时生病，正怀着幼女的王氏带着两个女儿前去照顾，还说："婚后父母感情笃厚，相敬如宾，一如孟光梁鸿的故事，父亲在母亲体贴入微的照料下，不几年，他的癫痫也不治而愈，不再复发。父亲为了解脱母亲不受封建礼教之约束，每天晚上总要抽出时间教母亲读书，并且常常讲解那些古代名人事迹。”[1]章太炎的癫痫病渐愈，又是一个拖家带口的人，如何谋生成为其人生的重要议题。走出诂经精舍，也是必然的选择，只是没有科举功名，无法像父兄那样去官场任职，那么他到底应当去往何处？

饱读诗书的章太炎，其实更在意的还是国家危亡，他在光绪二十三年（1897）8月发表的文章中吐露心声：

> 文武恬熙，举事无实，枭狐窃柄，天与之昏，是为大乱之将作，而不得比于大乱之既成。于斯时也，是天地闭、贤人隐之世也。虽然，目睹其肢体骨肉之裂而不忍，去之而不可，则惟强力忍诟以图之。[2]

在他看来，此时“文武恬熙，举事无实”，国家即将大乱，“天地闭、贤人隐”，他“目睹其肢体骨肉之裂而不忍”，所以必须“强力忍诟以图之”。而对于一介书生来说，最好的办法就是从事报刊事业，呼唤变革。

光绪二十一年（1895）的夏天，康有为（1858—1927）与梁启超等人开始积极从事维新变法，公车上书之后，就在北京成立了强学会。沈曾植、文廷式（1856—1904）等比较开明的官员表示支持，梁鼎芬、汪康年（1860—1911）、张謇（1853—1926）、黄遵宪（1848—1905）等新派士人则加入了强学会。章太炎当时还在杭州诂经精舍，但已经注意到了报刊上的各种社会政治新动向，当他看到上海强学会成立的消息，立即寄去会费银十六圆，加入了强学会。在此之前，康有为的代表作《新学伪经考》已经问世，在路过杭州时，康有为曾以此书拜谒俞樾，章太炎也便对此多有关注，他在《自定年谱》中回忆道：

> 初，南海康祖诒长素著《新学伪经考》，言今世所谓汉学，皆亡新王莽之遗；古文经传，悉是伪造。其说本刘逢禄、宋翔凤诸家，然尤恣肆。又

① 章叕：《忆先父章太炎》，载余杭县政协文史资料委员会编：《余杭文史资料》第二辑《章太炎先生专辑》，1986年，第20页。

② 章太炎：《变法箴言》，《章太炎全集》（十），第23页。该段文字最初为《变法箴言》后半部分，后又与《独居记》合并为《明独》收录《訄书》初刻本及重订本，文字略有出入。

以太史多据古文，亦谓刘歆之所羼入。时人以其言奇谲，多称道之。祖诒尝过杭州，以书示俞先生。先生笑谓余曰："尔自言私淑刘子骏，是子专与刘氏为敌，正如冰炭矣。"①

康有为（原名祖诒，号长素）此书"其言奇谲，多称道之"，刚出来时还是得到了相当多人的称道，虽然也有诸如湖南学者群体汇编《翼教丛编》来加以批评。在章太炎看来，该书承继的其实就是刘逢禄、宋翔凤等今文学派，认为古文经学为东汉刘歆所伪造，目的是为王莽建立新朝服务，故称之为"新学伪经"。这一类观点在当时被认为"奇谲"，在思想界刮起了狂风，从而为政治变革张本。在俞樾与章太炎看来，康有为此书是与刘歆以及古文经学为敌，那么康、章二人学术也就"正如冰炭"了。

光绪二十二年（1896）8月9日，当时的维新人士汪康年、黄遵宪、夏曾佑（1863—1924）等人在上海创办了《时务报》，由汪康年担任《时务报》报馆总理，成立董事会后又任董事，聘请梁启超担任撰述，也即主笔，背后的主要支持者有张之洞、邹代钧等人。该报的主要栏目有"论说""谕旨""奏折录要"以及京外近事、域外报译等，其中最吸引人的就是"论说"一栏，梁启超那种议论新颖、文字通俗而极有感染力的文体，所谓"饮冰体"，就是在那时形成的，这种文体非常适于报刊思想的传播，引起时代共鸣。黄遵宪对梁启超的报刊政论评价道："惊心动魄，一字千金，人人下笔所无，却为人人意中所有，虽铁石人亦应感动，从古至今文字之力之大，无过于此者也。"②另外，吕思勉曾谈及其最初读到报刊时候的感受：

予之知读报也，自民国纪元前十七年上海之有《时务报》始也。是时海内情势，晦盲否塞，政俗之有待改革日亟，而莫或能为之倡者。《时务报》出，风运甚速，销数至万七千份，此在今日诚不足为异，然在当时，

① 章太炎：《自定年谱》，《章太炎全集》（十一），第753—754页。

② 〔清〕黄遵宪：《致饮冰主人书》，转引自丁文江、赵丰田编：《梁任公先生年谱长编（初稿）》，中华书局2010年版，第138页。

则创举也。读《时务报》者，虽或持反对之论，究以赞成者居多，即反对者，亦咸知有改革之说矣。记曰："运会将至，有开必先。"时势造英雄，开创之功，固亦因乎运会，然其奋起而图开创，其功卒不可没也。[①]

在《时务报》之前，虽然早就有传教士办的《万国公报》以及英商办的《申报》等，但还没有中国知识人士自己主办的报刊。强学会虽然在北京曾经办过《强学报》，然维持时间较短，也未形成自己特色。《时务报》则是有着鲜明的政治改革方向以及文体特色的第一份报刊，确具开创之功。

光绪二十三年（1897）1月，章太炎应汪康年等人之邀，前往上海的《时务报》，与梁启超一样担任撰述一职。对章太炎的这一选择，俞樾并不赞成，章太炎后来回忆说：

祖诒后更名有为，以公车上书得名。又与同志集强学会，募人赞助，余亦赠币焉。至是，有为弟子新会梁启超卓如与穗卿集资就上海作《时报》，招余撰述，余应其请，始去诂经精舍，俞先生颇不怿。然古今文经说，余始终不能与彼合也。[②]

康有为、梁启超等人成立强学会，章太炎对他们的维新变法主张表示赞同，《时务报》的创办人中还有太炎熟识的夏曾佑（字穗卿），因而也就对《时务报》更加属意。据其《自定年谱》，他在光绪二十年（1894）就与夏曾佑订交："与穗卿交，穗卿时张《公羊》、《齐诗》之说，余以为诡诞。"[③]去《时务报》担任撰述，也就意味着章太炎不能接续老师传承，一心于学术，故俞樾当时颇有不快，事实上当时的俞樾也在多方为太炎寻找类似书院教职之类的合适出路。

当然，这一转型，并不表示章太炎认同康、梁的学术，章太炎后来曾说：

---

① 吕思勉：《追论五十年来之报章杂志》，《吕思勉全集》（12），上海古籍出版社2016年版，第815页。

② 章太炎：《自定年谱》，《章太炎全集》（十一），第754页。

③ 章太炎：《自定年谱》，《章太炎全集》（十一），第753页。

“中岁主《时务报》，与康、梁诸子委蛇，亦尝言及变法。”[①]可见，他与康、梁大体还是虚与委蛇，因为《新学伪经考》而引发的古今文经说之异同“始终不能与彼合”，能合的只是那段时间的政治主张以及对于报刊的热情。为了共同的政治目标，可以放下具体观点之异同，这也是章太炎一生的处事特点，无论与康有为、梁启超一系，还是与孙中山等人，其实都是如此。

就章太炎所处时代而言，诂经精舍是成就学术的最好平台，《时务报》报馆则是成就报人的最好平台，章太炎出此而入彼，确实是很好的选择，虽然进入报馆之后发表的文章并不多，但也令他一朝成名。尽管时人对其文风有褒有贬，但此后的太炎一直受到报刊界的重视，一直都在从事报刊宣传，最终成了革命家。

汪康年，初名灏年，字梁卿，后改名康年，字穰卿，浙江钱塘（今属杭州）人，甲午年进士，曾任内阁中书、学部咨议。事实上，因为章家与汪家本就是姻亲，故在前一年读到《时务报》后，章太炎就写信给汪康年，谈了对于办报宗旨的看法：

> 大箸宗旨，不欲臧否人物，䟽非教令，斯诚定、哀微辞，言者无罪。抑商榷法制，无过十端，数册以往，语欲屈竭，则绣其鞶帨矣。刍荛之见，谓宜驰骋百家，掎摭子史，旁及西史，近在百年，引古鉴今，推见至隐。昔太冲《待访录·原君》，论学议若诞谩，金版之验，乃在今日。[②]

在太炎看来，报刊就应当臧否人物、商榷法制，想要长久办下去，还要广泛涉及诸子百家之学，并将中国古史与西史结合起来，从而实现“引古鉴今，推见至隐”。他所欣赏的还是黄宗羲《明夷待访录》讨论君主、学校等篇的议论，也积累了不少类似的文章，投身于《时务报》正好十分契合。

光绪二十三年（1897）2月，章太炎在《时务报》上发表了《论亚洲宜自

① 章太炎：《狱中答〈新闻报〉》，《章太炎全集》（十），第240页。
② 章太炎：《与汪康年·一》，《章太炎全集》（十二），第15页。

为唇齿》一文：

> 使中国生其霸心，发愤图自强，综核名实，使卒越劲，使民悫愿，使吏精廉强力，日本将亲睦之不暇，而又何寇焉？使中国不生其霸心，不发图自强，不新制度，随俗雅化，惟旧章之守，虽无日本，犹蚕食于俄罗斯，何耻之可雪？
>
> ……为今之计，既修内政，莫若外昵日本，以御俄罗斯……无相负弃，庶黄人有援，而亚洲可以无蹶。①

当时的章太炎，受到江浙士人圈的影响，认为世界政治矛盾的根源就是黄种人与白种人之间的种族冲突，他后来还在多篇文章中阐述相关观点：从中国所处的国际环境以及近代外交形势来看，除当前内部危机外，中国还面临着以沙皇俄国为代表的白种人国家的侵略威胁，于是提出中国应当团结同属黄种人国家的日本，中日两国互为唇齿之盟。这种观点有一定的道理，毕竟俄国是当时侵占中国土地最多的邻国，晚清之时还在不断入侵中国东北。然而李鸿章等人则主张以俄国制衡日本，也即采用传统的“以夷治夷”的办法，故章太炎特别提出另一主张，即学习日本并与日本在政治、军事上结盟，然后渐渐变法图强。当然这种主张有一定的时代局限性，即对于日本学者在“同文同种”“唇亡齿寒”等说法之下所掩盖的向中国侵略的意图，尚未有足够的认识。

光绪二十三年（1897）3月，章太炎在《时务报》发表了第二篇文章，即《论学会有大益于黄人亟宜保护》，其中指出：

> 政府不能任，而士民任之，于是奔走展转，搜述索偶，以立学会。推其用意，凡民有丧，匍匐救之，所谓以绳墨自矫，而备世之急者，以诚豪俊成学之任，而非童龀彪蒙所与能也。宜有以纠之合之，礼之养之，宣之

① 章太炎：《论亚洲宜自为唇齿》，《章太炎全集》（十），第5—6页。

> 布之，使比于宾萌，上说下教，以昌吾学，以强吾类。[①]

章太炎认为，政府无所作为，只是依靠士人、百姓担负起责任，进行“绳墨自矫”。他还指出，以往中国的士绅往往缺乏团结协作的习惯，也就难以形成有凝聚力、有影响力的政治力量，所以应当效仿黄宗羲《明夷待访录》中学校的职能，成立“学会”，将有志之士团结协作，“上说下教”，倡明学术，革新图强。此外在同年8月发表的《变法箴言》中，他也表达了类似的看法，认为当时大多数中国人并不具备现代政治素养，朝野上下严重缺乏政治共识，如贸然组织议会，而将政治议题诉诸公论，或许会造成政治动荡，故而先建立“学会”，通过报刊加以宣讲，才是合适的途径。[②]他最后还强调：“变郊号，柴社稷，谓之革命；礼秀民，聚俊材，谓之革政。今之亟务，曰：以革政挽革命。”[③]变国号等属于革命，教化民众、培养人才等属于“革政”，当时最为迫切的就是“以革政挽革命”，可以认为，章太炎此时是与康、梁等人一致认同变法改革的。

密切关注报馆动向的《时务报》同人黄遵宪，在给汪康年的书信中说：

> 馆中新聘章枚叔、麦孺博（任父盛推麦孺博，弟深信其言）均高材生。大张吾军，使人增气。章君学会论甚雄丽，然稍嫌古雅。此文集之文，非报馆文。作文能使九品人读之而悉通，则善之善者矣。然如此既难能可贵矣，才士也。[④]

章太炎与麦孟华（字孺博，1875—1915）加入《时务报》，让黄遵宪等人非常高兴，只是太炎的问题在于其文雄丽之中显得“古雅”，属于“文集之文”而

---

① 章太炎：《论学会有大益于黄人亟宜保护》，《章太炎全集》（十），第11页。

② 章太炎：《变法箴言》，《章太炎全集》（十），第21页。

③ 章太炎：《论学会有大益于黄人亟宜保护》，《章太炎全集》（十），第12页。

④〔清〕黄遵宪：《黄遵宪致汪康年・二十七》，载上海图书馆编：《汪康年师友书札》（三），上海古籍出版社1986年版，第2351页。

非“报馆文”，这与风格上与梁启超的“饮冰体”正好相反，“报馆文”还得照顾到更多读者才是“善之善者”。当然黄遵宪还是推崇太炎之才的“难能可贵”，所以在后面的书信中特别强调：“章氏之文亦颇惊警，一二月中亦可录一二篇。”[①]不过，彼时是章太炎初次接触报刊文写作，故而在文章做法上有些不太适应。

另外，维新派的谭嗣同在读到章太炎文章之后，曾写信给汪康年与梁启超：“贵馆添聘章枚叔先生，读其文，真巨子也。大致卓公似贾谊，章似司马相如。”[②]

虽然与梁启超等人在政治立场上颇为一致，但章太炎任职时务报馆不过三个月就辞职了。究其原因，主要还是在学术思想上，与梁启超等康门弟子依旧势若冰炭：

> 时新学初兴，为政论者辄以算术、物理与政事并为一谈。余每立异，谓技与政非一术，卓如辈本未涉此，而好援其术语以附政论，余以为科举新样耳……康氏之门，又多持《明夷待访录》。余常持船山《黄书》相角，以为不去满洲，则改政变法为虚语。宗旨渐分，然康门亦或谗言革命，逾四年始判殊云。[③]

在太炎看来，算术、物理之类的“技”与“政”应当有所区分，而康门弟子则大多有所谓“好援其术语以附政论”的弊病。加之康有为《新学伪经考》就是借助刘歆“伪经”之说，阐发改制之政论，所以太炎对他们的学术多有质疑，对他们的种种行事风格也有不满，故而特意与他们相反。比如康门弟子宣传黄宗羲《明夷待访录》，章太炎其实也欣赏此书，却故意特别宣传王夫之《黄书》，还强调“不去满洲，则改政变法为虚语”，标榜学术宗旨的不同。不过太炎在当时还是认同变法主张的，故在某些政论文章当中也偶有使用今文经学的

① 〔清〕黄遵宪：《黄遵宪致汪康年·三十》，载《汪康年师友书札》（三），第2358页。

② 〔清〕谭嗣同：《致汪康年梁启超》，《谭嗣同集》，岳麓书社2012年版，第557页。

③ 章太炎：《自定年谱》，《章太炎全集》（十一），第754—755页。

概念，比如《论学会有大益于黄人亟宜保护》就有提及“通三统”之说。太炎最终与康门弟子直接闹翻，还是因为他们的孔教风气，《自定年谱》中说：

春时在上海，梁卓如等倡言孔教，余甚非之。或言康有为字长素，自谓长于素王，其弟子或称超回轶赐，狂悖滋甚。余拟以向栩，其徒大愠。①

康有为还有《孔子改制考》一书，还提倡“孔教”，致力于将儒家学说改造成为具有西方色彩的宗教，甚至康有为本人“长于素王”，弟子超越颜回、轶迈子贡（端木赐）等说法，这些说法在章太炎看来非常狂悖。不过，学术上的分歧是深层的原因，表面的原因还是行事风格，章太炎对康有为以及康门弟子私下里的批评，使得康门弟子非常生气，于是双方发生了激烈的冲突。在光绪二十三年（1897）4月与谭献的信中，章太炎详细描述了冲突：

麟自与梁、麦诸子相遇，论及学派，辄如冰炭。仲华亦假馆沪上，每有论议，常与康学抵牾，惜其才气太弱，学识未富，失据败绩，时亦有之。卓如门人梁作霖者，至斥以陋儒，诋以狗曲（面斥之云狗狗）。麟虽未遭奚诟，亦不远于辕固之遇黄生。康党诸大贤，以长素为教皇，又目为南海圣人，谓不及十年，当有符命，其人目光炯炯如岩下电，此病狂语，不值一笑。而好之者乃如蛣蜣转丸，则不得不大声疾呼，直攻其狂……三月十三日，康党麇至，攘臂大哄，梁作霖复欲往殴仲华，昌言于众曰：昔在粤中，有某孝廉诋諆康氏，于广坐殴之，今复殴彼二人者，足以自信其学矣。噫嘻！长素有是数子，其果如仲尼得由，恶言不入于耳邪？遂与仲华先后归杭州，避蛊毒也。《新学伪经考》前已有驳议数十条，近杜门谢客，将次第续成之。②

---

① 章太炎：《自定年谱》，《章太炎全集》（十一），第754页。
② 章太炎：《与谭献·三》，《章太炎全集》（十二），第13—14页。

章太炎在详细回顾冲突的过程中强调，双方冲突的根源在“论及学派，辄如冰炭”，无论章还是梁、麦，毕竟都是学者，故而平时议论多有涉及学派，故往往抵牾。章在与友人孙荣枝（字仲华，1854—1912）批评梁、麦之师康有为“才气太弱，学识未富”之时，梁启超的门人梁作霖正好来，斥责二人是陋儒、狗曲。而康门弟子视康为教皇、圣人，还有“符命”之说等，在章太炎看来则都是狂语，但因为有人相信，他也就不得不大声疾呼去攻击了。到了该月13日，康门弟子群聚，估计梁启超、麦孟华以及梁作霖等人都在，于是再度与章、孙二人争执，“攘臂大哄”，当有动手挥拳的情况发生。梁作霖还说起在广东之时殴打诋毁康有为的某孝廉，如今殴打章、孙也是表示对康学的自信。在章太炎看来，康的这些弟子似乎在做孔门之子路，然实际是堵塞视听而已。冲突之后，章太炎与孙荣枝回了杭州。去上海前，章太炎曾撰写了《新学伪经考》的驳议数十条，回到杭州之后便计划“杜门谢客”完成一部“驳议”之书。谭献收到章太炎书信后，对其当有劝慰，主要是劝其不必对康有为的书加以“驳议”。章太炎在光绪二十五年（1899）发表的《今古文辨义》之中，较为系统地批评了廖平的经学观，当时学界皆知康氏之书大多继承廖氏而来，即便文中不曾点出康有为之名，太炎此文也可看作是对《新学伪经考》的回应。

孙诒让也劝章太炎不必“驳议”，他曾在给汪康年的书信中说：

> 康氏学术之谬，数年前弟即深斥之。去年致章枚叔孝廉书，亦曾及之。然其七八上书，则深钦佩其洞中土之症结，于卓如则甚佩服其变法通议之剀切详明，不敢以其主张康学之执拗而薄之。①

孙诒让认为，康有为《新学伪经考》等学术著作多有乖谬之处，不过给光绪皇帝的上书却洞悉中国政治的症结，梁启超在《时务报》上发表的《变法通议》系列也“剀切详明”，所以不能因为他主张康有为之学说而有所菲薄。孙诒让言此之意，猜测当与其对章太炎的规劝相似。

① 〔清〕孙诒让：《孙诒让致汪康年·四》，载《汪康年师友书札》（二），第1474页。

在谭献、孙诒让等人的劝阻之下，章太炎放弃了撰写《新学伪经考驳议》的计划，后来也与康、梁等人有一定的合作，虽然终其一生，他都在将康、梁二人作为自己论学的重要假想敌。

关于章太炎与康门弟子的冲突，孙宝瑄在日记里记载："十四日，晴。章枚叔过谈。枚叔以酒醉失言，诋康长素教匪，为康党所闻，来与枚叔斗辨，至挥拳。"[①]宋恕的日记中也有明确记载："15日，枚叔辞时务报馆。"[②]综合来看，3月13日发生了"斗辨"与"挥拳"，至15日，章太炎就离开了时务报馆。当然，此时的章太炎，已经意识到新式报刊才是当时最为有力的政治思想宣传武器，故而回到杭州之后寻找新的机会，继续参与各种报刊相关的活动。

创办《经世报》与《实学报》

光绪二十三年（1897）8月，章太炎回到杭州不久，就与宋恕等人一起创办了《经世报》，此外，他们还创立了一个联系全省同志，具有一定政治抱负的"兴浙会"。

在章太炎看来，当时浙江之俗多有流弊：

> 方今浙江之俗，稍益选懦，而隐居求志者，盖时见于山樊。然或讼言时务，而不能深探其本；或以旧学为城堞，其学不足以经世。离群涣处，莫相切厉，卒迷阳而不返。[③]

章太炎认为，浙江士人多有"隐居求志"，其余或不懂时务，或不能经世，故必须重新振作。他还在《兴浙会序》中，历数浙江历代先贤并表彰其学术遗产，其中特别表彰五人：刘基（文成）、于谦（忠肃）、王阳明（文成）、黄宗羲（太冲）、张煌言（忠烈）：

---

① 孙宝瑄：《孙宝瑄日记》上册，中华书局2015年版，第98页。

② 宋恕：《丁酉日记摘要》，《宋恕集》（下册），第939页。

③ 章太炎：《兴浙会序》，《章太炎全集》（十），第31页。

> 盖秉狼弧之威，致届胡酋，使肉食之兽，窜身橧窟，华夏故鼎，反于磨室，论功最高，莫若刘文成。宗稷既危，援立奥主，戈铤所指，北虏震栗，钩日于悲泉、蒙谷，而反之于榑桑，尊攘之绩，莫若于忠肃。
>
> 探赜索隐，定天下之吉凶，成天下之亹亹，神阉不能鳌，逆藩不能触，终戮刑天，以奠王室，若王文成者，学与政兼之矣。
>
> 有师文成之学，而丁时不淑，功不得成。知君相之道，犹守令与丞簿，不敢效便嬖臧获之殉身其主，于是比迹箕子，以阐大同。斯虽不足以存明社，而能使异于明者，亦不能久存其社。乌乎伟欤！吾未见圣智摹虑如黄太冲者也。乃夫支天所坏，功败身歼，而后世尤悲其志者，则莫如张忠烈。①

值得注意的是，挽回“华夏故鼎”而在明初“论功最高”的刘基，与挽救“宗稷既危”而在明中叶成就“尊攘之绩”的于谦，都是抗击胡酋、北虏，也即蒙古的谋臣，特意表彰此二人实际暗含某种意味；而王阳明是“学与政兼之”，黄宗羲则“师文成之学，而丁时不淑，功不得成”，终将“君相之道”等政论寄托于后世，写成《明夷待访录》，实际更是“圣智摹虑”。此前康门表彰王夫之，故章太炎特意举出黄宗羲。最后还有“功败身歼，而后世尤悲其志”的抗清志士张煌言，则又呼应了刘基与于谦，故此文已经表达了强烈的民族情绪与政治诉求。

后面所附的《兴浙会章程》继续讲到了学问之道，进一步说明举此五人之意：“刘、于、王、黄、张五公，文学勋业，风节行谊，于浙中为特著，而时代亦最近，故举之为职志。”《章程》中还提及了浙东学派之永嘉、金华二派：“浙学旧有永嘉、金华二派，一流为夸诞，一失诸迂阔，不逮阳明、黎洲远甚。然独至之论，多可寻绎。素传是学者，由此见道，亦一涂径。惟不可终守筊钥，

① 章太炎：《兴浙会序》，《章太炎全集》（十），第31页。

遂忘进取。”[①]由此可知，章太炎当时虽与宋恕等浙东学子交往，但仍认为浙东学术是“夸诞”“迂阔”之学，远不如王阳明、黄宗羲（黎洲），只是因为其也有“独至之论”，才可以作为发明圣人之道的途径之一。值得一提的是，章太炎在《章程》中也讲到了“经世之学”，强调“法后王”：“格致诸艺，专门名家；声光电化，为用无限……大抵精敏者宜学格致，驱迈者宜学政法。官制、兵学、公法、商务，三年有成，无待炸掌。且急则治标，斯为当务。”就此看来，章太炎说的“法后王”，其实包括了西学，或者说特别看重西学，认为诸如官制、兵学、公法、商务等都应当学西方，且可三年有成，而政法则最适宜有经世之志者去学，且为“急务”——“急则治标，斯为当务”。在提及方舆之学时，他更是提出应该通过重新绘制地图等来对浙江地理环境加以认识，以及引入“德国军制，寓兵于农，文武自将”来改变浙人文弱气质等。[②]

章太炎所作之序文与《章程》，可以说是其政论主张的一次较为完整的表达，学习西方，改造政治、军事等方面都已在其考虑之中。此二文在《经世报》的第二、第三册上刊发之后，最早的筹办人之一胡道南致信宋恕，认为章太炎写的《兴浙会序》“欠含蓄”而导致“入会者少”。[③]于是，兴浙会在《经世报》刊登“告白”，说《兴浙会序》及《章程》措辞欠妥，并重新刊发《续拟兴浙学会章程》，放弃了弘扬刘基等“五公”民族精神的宗旨，又将“兴浙会”改为“学会”，将其定义为研讨振兴浙江实业的学术团体。至此，兴浙会与章太炎实际已经划清界限，他也就只能愤然离去。

光绪二十三年（1897）8月之后，章太炎回到上海，参与《实学报》的创刊，担任总撰述。该刊的创办人之一为江苏吴县人王仁俊（1866—1913），曾与章太炎一样受业于俞樾，后又入张之洞幕府，擅长辑佚考订之学，曾编撰《格致古微》一书（俞樾为之作序），广引中国古籍而以强行比附的方式论证“西学中源说”。他邀请章太炎撰稿，当属同门之谊。《实学报》分为天、地、人、物四纲，广译各国报刊文章，且强调学术性。章太炎作为总撰述，撰写了《〈实

---

① 章太炎：《兴浙会序》，《章太炎全集》（十），第31页。

② 章太炎：《兴浙会序》，《章太炎全集》（十），第32—33页。

③〔清〕童亦韩、〔清〕胡钟生：《童亦韩、胡钟生来书》，载《宋恕集》上册，第586、587页。

学报〉叙》，从批评那些"不欲居浅陋"而道听途说之徒说起："闻格致矣，以希腊、巴比伦之古教炫之；闻古教矣，以佛说炫之……综其所论以施之西学，则正负乱；以施之中学，则名实乱。"接着指出办报刊之意义：

曩者纂《格致古微》，以廓《畴人传》、《瀛海论》之义，既拭之木觚以询贤哲矣。今欲一言而揄赤县，是惟报章。大阪之报，一日而籀读者十五万人；《泰晤士报》，一日而籀读者三十万人。以中国拟之，则不可倍蓰计已。①

章太炎以王仁俊的《格致古微》一书为例，指出此书推广了《畴人传》等书，进而延伸至今，认为想要广播新知识于全国，只有通过报刊，日本、英国的报刊每天读者几十万，那么中国可以增加数倍，可见当时他已经全心于报人的角色，并以此传播自己的思想，此后，章太炎也成为东南报界闻人了。

在《实学报》上，章太炎陆续发表了《儒道》《儒兵》《儒墨》《儒法》《儒侠》等系列学术文章，修订之后收录于《訄书》之中，可以说，这段时间的报人生涯，是其代表作《訄书》完成的关键节点。不过，章太炎依旧对康有为等人的变法有所支持，这与王仁俊一心翻译西学的主张有所冲突，后来王仁俊在《实学报》上发表反对变法的文章，章太炎不再参与《实学报》，当是因为政治观点不同的缘故。

同一时期，章太炎还参与创办《译书公会报》并担任总撰述。译书公会原名"译书中西书籍公会"，附设于《实学报》，王仁俊为主要发起人、主持人，会址在上海英大马路泥城桥的实学报馆。后来江苏常州人董康（1867—1948）等发起上海译书公会，并创办《译书公会报》，章太炎在《译书公会叙》中说：

五大洲之册籍，吾不能博发而扬诩之，吾则瞀矣。且新理日出，岁无留故，一息炭养更，其事立变，若乔木之移阴，若蛇蚹蜩翼之移壤，而吾

① 章太炎：《〈实学报〉叙》，《章太炎全集》（十），第28页。

> 犹守旧译，以成世之暗忽，其焉能与之终古？……五十年以往，士大夫不治国闻，而沾沾于声病分隶，戎士视简阅仅若木熙，无一卷之书以教战者。怀安饰誉，其祸遂立见于今日……一旦变易，官无其法，法无其人，人无其书，终于首施两端，前却失据……然则是译书会者，安知不如微虫之为珊瑚，与嬴蛤之积而为巨石也。呜呼！斯又夸父、精卫之志也。①

章太炎关注到了五大洲的典籍之丰富，还有各种信息之发展，然而鸦片战争后，士大夫依旧沉溺于声病分隶等诗文学问，并不关心翻译西方政法等书籍，一旦有变易发生，无书可以依据，所以他认为成立译书公会便是类似夸父、精卫之志，做日积月累之功。

《译书公会报》的栏目主要有西报汇译、东报汇译、各国报译、外报选译、交涉纪事本末、各国人物等，主要是外国报刊的中译与选摘，对于开拓中国人视野有着重要意义。另外还系统翻译西方著作，比如《交涉纪事本末》以及《拿破仑兵败失国记》《威灵吞大事记》等。该报共出版20期，光绪二十四年（1898）5月停刊。

与此同时，章太炎也在不断寻找新的机会，光绪二十四年（1898），也即戊戌政变那一年，章太炎迎来了他一生之中最为波折的一年。

从武昌、台湾到日本

初出茅庐的章太炎，因为对《左传》深有研究，更因为在《时务报》《经世报》上发表了多篇发人深省的政论，成为一时闻人。不少封疆大吏想将其招入麾下，张之洞便是其中之一，不料最终却成了一场闹剧。

彼时李鸿章权势极盛。光绪二十四年（1898）2月，章太炎上书李鸿章，建议联合日本，以阻遏德、俄、英、法瓜分中国。他也知道李鸿章因为甲午之战对日本的仇恨情绪，故而主张与沙俄结盟：

① 章太炎：《译书公会叙》，《章太炎全集》（十），第43—44页。

论者必曰：等是盟也，自甲午而前，则谓之修好；自甲午而后，则谓之乞哀。虽然，苟有益也，虽乞哀何损？且吾惟推诚布公于日本，加之以恭谨而得一当焉。其与夫羁絷于西人，而为之臧获牧圉者，其荣辱为何如耶？人亦有言，一惭之不忍，而终身惭乎！①

在章太炎看来，必须与日本推诚布公，与其与西方结盟，不如与日本结盟，其中得失其实是很清楚的。甲午战争确实让许多中国人警醒，民间一度兴起日本留学潮。章太炎还说“念今世足以定天保者，无过相国”，然李鸿章无意关心章太炎的上书也属必然，何况太炎当时没有提出可以使其信服的特别完善的政治方略。

同年春天，章太炎转而投靠另一清朝大员。他在陈衍（1856—1937）、夏曾佑等人的推荐之下，离开上海，赶赴武昌拜谒以开明稳健自许的湖广总督张之洞。与李鸿章不同，张之洞特别喜欢招揽士人。

3月28日，章太炎赶赴武昌，因为张之洞及其幕僚也想办报，故而引进曾在上海办报，颇有经验的章太炎。他们希望创办的是《正学报》，章太炎到了之后就撰写了一篇“缘起”，其中说：“求所以正心术、止流说者，使人人知古今之故，得以涵泳圣涯，化其颛蒙而成其悬恻，于事为便。惟夫上说下教，古者职之撢人，而今为报章之属。”②因为他当时还有支持康有为等人的变法主张之意，故而与表面支持变法，实则颇为保守的梁鼎芬等人产生矛盾。于是，在该年8月前后，他又离开武昌，重回上海。对于这段经历，章太炎后来也有总结：

余持《春秋左氏》及《周官》义，与言今文者不相会。清湖广总督南皮张之洞亦不喜《公羊》家，有以余语告者，之洞属余为书驳难。余至武昌，馆铁政局。之洞方草《劝学篇》，出以示。余见其上篇所说，多效忠清

① 章太炎：《与李鸿章·一》，《章太炎全集》（十二），第36页。
② 章太炎：《〈正学报〉缘起并例言》，《章太炎全集》（十），第53页。

室语，因答曰“下篇为翔实矣”。[①]

其实，创办《正学报》的目的之一，就是与康有为等公羊学家驳难。张之洞虽然也认同维新，但持保守渐进态度，对康有为等人的激进的变革并不认同。张之洞当时正好完成的《劝学篇》便十分清楚地表达了他的政治主张。在章太炎看来，此书上篇“多效忠清室语”，其下篇比较翔实故而更好：

> 张之洞始为《劝学篇》以激忠爱、摧横议，就余咨度。退则语人……古之谟训，上思利民，忠也；朋友善道，忠也；憔悴事君，忠也。今二者不举，徒以效忠，征求氓庶，且乌桓遗裔，蹂躏吾族几三百年，茹毛饮血，视民如雉兔。今九世之仇纵不能复，乃欲责其忠爱，忠爱则易耳，其俟诸革命以后！闻者皆怒，辫发上指栋。或椓之张之洞。[②]

就《劝学篇》上篇来说，确实多有忠君思想，但在章太炎看来，只是“忠君”而没有对于“利民”与“朋友”之忠，就不够全面，更何况清政府“蹂躏吾族几三百年”，所以说章太炎认为，对于国家的忠爱需要等到革命之后。他的这些言论或许传到了张之洞那里，从而失去了张之洞的信任。但主要原因还是他与梁鼎芬等人相互议论，因为学术异同而发生严重冲突：

> 梁鼎芬者，尝以劾李鸿章罢官，在之洞所，倨傲，自谓学者宗……一日聚语，鼎芬颇及《左氏》、《公羊》异同。余曰：“内中国，外夷狄，《春秋》三家所同。弑君称君为君无道，三家亦不有异。实录之与虚言，乃大殊耳。”他日又与俦辈言及光复，鼎芬惎焉。未几，谢归。[③]

太炎论学原本就有些自傲，面对学问不如他的梁鼎芬“自谓学者宗”，自然

---

① 章太炎：《自定年谱》，《章太炎全集》（十一），第755页。

② 章太炎：《艾如张、董逃歌序》，《章太炎全集》（八），第246—247页。

③ 章太炎：《自定年谱》，《章太炎全集》（十一），第755页。

要出言驳斥了。因为当时是与公羊家辩难，故讨论的是《春秋》三家异同，太炎特别强调三家以同为主，不同之处在于《左传》为“实录”而《公羊传》为“虚言”，这些议论或许让梁鼎芬等人很难堪。而太炎流露出的主张，更是引发梁鼎芬等人更大的不满。关于章太炎与梁鼎芬的分歧，冯自由记录的一段章、梁对话颇为生动：

两湖书院山长梁鼎芬一日语章，谓闻康祖诒欲作皇帝，询以有所闻否？章答以“只闻康欲作教主，未闻欲作皇帝。实则人有帝王思想，本不足异；惟欲作教主，则未免想入非非”云云。梁大骇曰：“吾辈食毛践土二百余年，何可出此狂语。”怫然不悦。遂语张之洞，谓章某心术不正，时有欺君犯上之辞，不宜重用。[①]

冯自由的说法或许来自传闻，毕竟康有为只想做教主而不想做皇帝，太炎也确实会说一个人有帝王思想不足为异，但在清朝统治之下，这样的观点自然是大逆不道的。所以说，章太炎与张之洞以及梁鼎芬，从学术再到政见皆是背道而驰，也就只能离开武昌了。这次冲突似乎比时务报馆那次更为严重，因为涉及的不只是学术，还有政见，故章太炎后来与张之洞或梁鼎芬等人再也没有来往。

至1924年，章太炎还在其《救学弊论》一文中特意批评张之洞：

张之洞少而骄蹇，弱冠为胜保客，习其汰肆，故在官喜自尊，而亦务为豪举。以其豪举施于学子，必优其居处，厚其资用，其志固以劝人入学，不知适足以为病也。自湖北始设学校，其后他省效之。讲堂斋庑备极严丽，若前世之崇建佛寺然，学子家居无是也……推学者丧志之因，则张之洞优养士类为之也。[②]

---

① 冯自由：《中华民国开国前革命史》第十四章《壬寅支那亡国纪念会》，转引自汤志钧编：《章太炎年谱长编（增订本）》上册，第38页。

② 章太炎：《救学弊论》，《章太炎全集》（九），第92—93页。

张之洞在湖北兴办新式学堂以及各种洋务，在当时确是得风气之先，然而其宗旨并不是发明民智，而是为朝廷培养官吏，因此会有“优其居处，厚其资用”的情况发生，这在清末也属常见。就此来看，章太炎的批评也可以说是苛责，其背后的原因可能与当年在武昌的不良观感有关。

光绪二十四年（1898）8月，从武昌回到上海的章太炎参与了汪康年等人创办的《昌言报》。当年6月，因为原《时务报》改为官办，故汪康年在上海《申报》与天津《国闻报》上刊登《上海时务昌言报馆告白》：“康年于丙申秋创办《时务报》，延请新会梁卓如为主笔，至今二年。从七月初一日起，谨遵六月初八日‘据实昌言’之谕，改为《昌言报》。”需要指明的是，《昌言报》与此前的《时务报》一样，其后台都是张之洞，甚至刊物之名也出于张之洞的手笔。不过实际负责人还是汪康年，并且依旧在拥护朝廷的基础上支持变法，故章太炎也安之若素。

在《昌言报》上，章太炎发表了《书汉以来革政之狱》，以及《蒙古盛衰论》《回教盛衰论》等政论文章，但其更多的精力还是投入到与曾国藩之孙曾广铨合译近代英国学者斯宾塞（章译作“斯宾塞尔”）的文集。其操作流程是，曾广铨先作摘编并译出初稿，章太炎修订润色，他们的翻译精简地展现了斯宾塞的“综合哲学体系”，从观念到内涵，再到政治社会思想的外延等整体面貌，这也是斯宾塞重要著作的首次较为完整的翻译。同严复（1854—1921）一样，章太炎参与此次翻译的过程，既是传播的过程，也是再造斯宾塞的过程，其中充满了中西之间的对话。[①]早在光绪二十一年（1895），严复就在《原强》一文中介绍过斯宾塞的学说，并将其与救亡图存、自立自强等观念相互结合。斯宾塞的社会有机体学说常被中国士人拿来论证“合群保种”的重要性，对于中国近代思想界有着举足轻重的意义。[②]

光绪二十四年（1898）秋，戊戌政变爆发，谭嗣同、康广仁（1867—1898）

---

① 参见彭春凌：《章太炎译〈斯宾塞尔文集〉研究、重译及校注》，上海人民出版社2021年版。

② 傅正：《斯宾塞“社会有机体”论与清季国家主义：以章太炎、严复为中心》，《近代史研究》2017年第2期。

等六人被清廷杀害。章太炎悄悄写下了《祭维新六贤文》，其中自称为“支那布衣”：“孰有不死，天柱峨峨。上为赤熛，下为大波。洞庭之涛，与君共殂。”[①]光绪二十五年（1899）9月，他还作有《杂感》一诗：

血书已群飞，倘踵前王武。
何不诵大明，为君陈亥午。
嗟嗞论甘生，闻辛先病舌。
宁为牛后生，毋为鸡口活。
抱此忠义怀，扬灵盟白日。[②]

太炎在感叹之余，嘲笑那些一听说变法失败就不敢抛头露面的士人，从容阐明自己敢于怀抱忠义而一往无前的精神。对于谭嗣同等人的学术与政见，太炎并不完全认同，但对他们的牺牲精神却是由衷钦佩，这些诗文后来发表于在日本刊行的《清议报》，他的反清意识应当也是从此时开始更加明确的。

戊戌政变之后，清廷发布了逮捕章太炎的命令，章太炎后来在《自定年谱》中说：“康有为得清主宠任，以变政获罪。清廷称朝野论议政事者为新党，传言将下钩党令，群情惶惕。日本人有与余善者，招游台湾。九月，携家南渡。”[③]马叙伦《太炎先生自定年谱补遗》说：“章太炎丈《自定年谱》，其记三十一岁避钩党，至台湾，谓为日本人所招，然彼时清廷实有命逮炎丈，黄仲弢丈绍箕得讯以告孙颂容丈诒让，容丈告其从妹夫宋平子先生恕，宋先生以告余师陈介石先生黻宸，师与宋先生皆炎丈友也。即促炎丈避地，乃应日本人之招耳。”[④]宋恕之妻，为曾任翰林院侍读学士孙锵鸣（1817—1901）之女，而孙锵鸣是孙诒让之叔父，所以时任湖北提学使的黄绍箕（字仲弢，1854—1907）告知了孙

① 章太炎：《祭维新六贤文》，《章太炎全集》（十），第64页。

② 章太炎：《杂感》，《章太炎全集》（十），第193页。

③ 章太炎：《自定年谱》，《章太炎全集》（十一），第755页。

④ 马叙伦：《太炎先生自定年谱补遗》，转引自汤志钧编：《章太炎年谱长编（增订本）》上册，第43页。

诒让（颂容），孙诒让又告知其堂妹夫宋恕（平子），宋恕与陈黻宸（介石，1859—1917）、章太炎都是好友，便力促太炎躲避。

若就章太炎在《昌言报》上发表的《书汉以来革政之狱》等文章来说，并没什么不妥，但熟悉历代党祸的人还是能一眼就看出其背后借古喻今，影射"六君子事件"的意味，故章太炎会被归入康、梁一党，也就在所难免了。为了躲避清朝政府的追捕，章太炎在《亚东时报》的负责人、日本诗人山根立庵等人的协助下，前往台湾，这是他首次体会到政治流亡的滋味。

12月4日，章太炎抵达台北。甲午战争中国战败后，台湾被割让给了日本。日本陆军中将儿玉源太郎和后藤新平，将警察与保甲制度相结合，密切监视台湾社会，大肆捕杀抗日人士，造就了台湾近代史上恶劣的"警察政治"时代。对于此时来台的大陆名士章太炎，他们采取笼络政策，希望能够以此在台湾本地读书人群体中收买人心。

章太炎抵台后居住在台北龙山寺附近的剥皮寮一带，[①]不久就被聘至《台湾日日新报》，在该报上发表了多篇文章，其中部分被收入《訄书》。章太炎当时的关注点还在清政府对变法运动的镇压上，他在《论亚东三十年中之形势》一文中提议中国与日本结盟，并且通过大力经营长江流域，发展经济，从而抵御沙皇俄国侵略中国北方的野心。[②]此外，《书清慈禧太后事》一文追溯了慈禧的种种罪状，不过大多为戊戌之际捕风捉影的传闻。事实上，就戊戌政变的众多叙事来说，康有为、梁启超建构的叙事影响最大，特别是《戊戌政变记》，影响最为深远。章太炎在台湾发表的《俳谐录》追溯袁世凯（1859—1916）出卖维新志士，与《书清慈禧太后事》一样，都是受到康、梁影响下的一种情绪宣泄。

章太炎还在此时写给汪康年的信中，谈及自己的在台见闻，说在这里有几位日本学者与自己相谈甚欢，其中以馆森鸿（1862—1942）最为相契，后来馆

① 杨儒宾：《剥皮寮中的章太炎》，载邓秉元主编：《新经学》第九辑，上海人民出版社2022年版，第300页。

② 章太炎：《论亚东三十年中之形势》，《章太炎全集》（十），第108—110页。

森鸿还两次到上海拜访章太炎。[①]馆森鸿对中国典籍非常熟悉，他与章太炎一样，对清代考据学的开山人物顾炎武非常推崇，这使得章太炎产生了知己之感。他们订交之后，一起讨论中国学术，通过馆森鸿，章太炎也对近代日本的汉学有了一定的认识。

后来馆森鸿整理日本汉学家照井泉都（又作照井全都）的遗著，章太炎特为之撰写序文。章太炎对照井著作评价："余友馆森子渐始得其遗书，其《礼乐》、《汤武》、《封建》诸论，矩则荀子，最为闳深，以是洞通古义，而挹注九家，以说《庄子》，以训四书，不易其轨。尽自嬴吕以至于今，有照井全都，然后荀子由糵于东海。"[②]在他看来，照井泉都的几篇论文，都是从荀子思想生发出来的议论，故能"洞通古义"，且他结合荀子而解说《庄子》与四书，所以荀子之学能在日本广泛传播。章太炎还在其《封建》等四论之后再作题跋："先生生二千年后，独能抗希大儒，仔肩绝学，信秦、汉后一人哉！"[③]这么高的评价，主要是因为当时的章太炎正致力于诸子学，特别是荀子因为学术旨趣相近，章太炎一度视照井泉都为异邦知音。

光绪二十五年（1899）6月10日，章太炎在馆森鸿等人的陪同下，于台湾基隆搭船到日本，在神户、名古屋、京都等地游览，然后到达东京。关于此次行程之中的沿途见闻以及章太炎与日本学者的笔谈，馆森鸿曾有记录稿《似而非笔》一文，后来发表在《台湾日日新报》，文中还收录太炎的诗六首及笔谈答语凡九十则。[④]在日本，章太炎寄宿在梁启超位于东京大学附近小石川的寓所。前一年的12月，梁启超主编的《清议报》在日本横滨创刊，章太炎此时对康有为、梁启超都有所同情，曾分别给他们写信，也得到热情的回复，康有为在回

---

① 汤志钧：《章太炎和馆森鸿》，载王仲荦主编：《历史论丛》第3辑，齐鲁书社1983年版，第19页。

② 章太炎：《〈照井氏遗书〉序》，《章太炎全集》（十），第210页。

③ 章太炎：《题〈封建〉〈礼乐〉等四论之后》，《章太炎全集》（十），第212页。

④ 林俊宏、［日］大山昌道：《十九世纪末中日学术交流的一幕：以馆森鸿〈似而非笔〉为中心》，《鹅湖》2010年第6期。

信中称章太炎为“豪杰”“同志”。[①]章太炎在收到此回信后，说自己与康有为“论学虽殊，而行谊政术自合也……论辩者，特《左氏》、《公羊》门户师法之间耳，至于黜周王鲁，改制革命，则亦未尝少异也”[②]。至于梁启超，在接到章太炎信后，就向他发出邀请，而章太炎也立即决定到日本去支持梁启超的报刊救国大业，他们一度也恢复到了时务报馆初相见时期的感情。

此前汪康年与梁启超因为《时务报》的管控权益而发生分歧，章太炎到日本之后，就写信给汪康年，希望二人能冰释前嫌：

> 伯鸾旧怨亦既冰释，梁于弟更谢血气用事之罪。松柏非遇霜雪，不能贞坚。斯人今日之深沉，迥异前日矣。竹林旧好，公宜一修。伯鸾尝问弟曰：“穰卿果何如人？”答曰：“洛、蜀交讧，而终不倾人。章、蔡视木居士何如耶？”自是伯鸾亦念君。[③]

章太炎以“伯鸾”指代梁启超，说梁启超已为其当年在时务报馆与章太炎发生冲突一事主动道歉，指出其经历戊戌政变之后，心境已变得深沉起来，主动邀约自己以及联系孙中山等就是证明。章太炎还特意说起梁启超曾询问汪康年（穰卿）其人如何，自己以北宋洛、蜀党争而不相互坑害等例子来作答，且此时的梁启超态度如此谦恭，主动表达对汪康年的思念之情。

章太炎到达东京之后，又在梁启超等人的引荐之下，认识了日本学者井上哲次郎等人，他们之间曾有多次交谈，讨论东西洋思想的融通、亚洲的连带以及德国哲学。章太炎也在井上哲次郎的影响之下，开始阅读其主编的《哲学丛书》，并关注他周边的姉崎正治、井上圆了等学者。有学者指出，井上哲次郎之于太炎就如同一个捕鱼的篾篓，章太炎由此得以框定重要阅读对象，并融汇佛教与德国的形而上学。但章太炎从这些对象那里采择支撑或组建自身思想的元

---

① 康有为：《致枚叔书》，载姜义华、张荣华编校：《康有为全集》第五集，中国人民大学出版社2007年版，第46页。

② 章太炎：《识康有为复书》，《章太炎全集》（十），第104、105页。

③ 章太炎：《与汪康年·五》，《章太炎全集》（十二），第21页。

素，在“转俗成真”之后，其认识论和伦理观，与井上哲次郎竟大相径庭，这一点当是太炎后来几乎不提井上哲次郎的原因所在。[①]此外，值得一提的是，在井上哲次郎及其周边学者的影响之下，章太炎成为中国最早使用“哲学”一词的学者之一，比如，他在给梁启超的信中就说：“来教谓译述政书为第一义……鄙意哲学家言，高语进步退化之义者，虽清眇阔疏，如谈坚白，然能使圆颅方趾，知吾身之所以贵，盖亦未始不急也。”[②]

章太炎还在梁启超引荐之下，在横滨第一次见到了闻名已久的孙中山。他在写给汪康年的信中谈及此事：

> 兴公亦在横滨，自署中山樵，尝一见之。聆其议论，谓不瓜分不足以恢复，斯言即流血之意，可谓卓识。惜其人闪烁不恒，非有实际，盖不能为张角、王仙芝者也。[③]

孙中山所谓“不瓜分不足以恢复”，意即必须经过流血牺牲，才能真正恢复中华，这在章太炎看来“可谓卓识”，可见这一时期他已经明确了革命意识。不过对于孙中山的主张，他并不十分认同，“闪烁不恒，非有实际”，甚至将其与张角、王仙芝之类古代农民起义领袖相提并论，这也许受到当年在时务报馆之时梁启超言论的影响：

> 是时上海报载广东人孙文于英国伦敦为中国公使捕获，英相为之担保释放，余因询孙于梁氏，梁曰：“孙氏主张革命，陈胜、吴广流也。”余曰：“果主张革命，则不必论其人才之优劣也。”[④]

---

① 彭春凌：《章太炎与井上哲次郎的交往及思想地图》，《杭州师范大学学报（社会科学版）》2020年第4期。

② 章太炎：《与梁启超·一》，《章太炎全集》（十二），第59页。

③ 章太炎：《与汪康年·五》，《章太炎全集》（十二），第21页。

④ 章太炎：《民国光复》，《章太炎全集》（十五），第540页。

光绪二十二年（1896）9月30日，孙中山（孙文）在英国被清政府驻英国使馆人员秘密逮捕，通过友人在英国活动，英国政府迫于舆论压力，要求使馆释放孙中山。此一事件在某种程度上使得孙中山获得了更多的关注度，其中就有章太炎等人。梁启超本是广东人，故比章太炎早了解孙中山其人其事，他对太炎说孙中山之主张革命，也就相当于陈胜、吴广之流而已。

此外，章太炎对孙中山的认识，也与当时的江浙士绅有关。孙中山并非世家子弟，也无科举功名，且他在光绪二十一年（1895）领导的广州起义，参与者大多为会党与绿林人士，看起来似乎与古代的农民起义相差不大。由于多方面因素的影响，在传统的士绅看来，孙中山就是一位江湖游侠，这就很难获得充分的认可。这种情况直到章太炎于光绪二十六年以后与留日中国学生广泛接触之后，方才有了明显改变。[①]

除梁启超邀请章太炎去日本外，钱恂也曾邀请章太炎到日本。当时，钱恂受张之洞委派，出任湖北留日学生监督，章、钱二人早就认识，在武昌之时也多有交往，于是章太炎赴日后一度暂住在钱恂的官邸。

光绪二十五年（1899）8月，国内政治局势有所松弛，章太炎回到了上海，此次他仅在日本停留两个月。对于章太炎来说，避祸之行的辗转，最大的收获还是在交游之中，认识了馆森鸿、井上哲次郎等许多日本学者，这些人也在后来成为他漂泊日本的重要人脉。至于与梁启超表面上的重归于好，以及结识孙中山，则更是影响其后来人生道路的重要环节。不过就论学取友而言，对他最为重要的还是宋恕与孙宝瑄二人。

宋恕与章太炎的论学

在上海参与报刊宣传阶段，章太炎认识了多位浙江士人，其中有杭州人孙宝瑄，以及温州人宋恕与陈黻宸，他后来回忆说："唯平子与乐清陈黻宸介石持论稍实，然好言永嘉遗学，见事颇易。余所持论不出《通典》、《通考》、《资治

① 桑兵：《清末新知识界的社团与活动》，北京师范大学出版社2014年版，第279—307页。

通鉴》诸书，归宿则在孙卿、韩非。"[①]章太炎对宋、陈二人所持的永嘉事功之学不太认同，因为他当时的学术归宿在于荀子与韩非子，政论也多由诸子学而转出，章、宋之间有过多次争论，然观点不同却并未影响二人的友谊。

对章太炎来说，对他一生影响最大的姓宋的朋友有两人——宋恕与宋教仁，故在这二人去世之后，他专门写了《对二宋》一文以表怀念。文章开头中说："章炳麟初壮，则交平阳宋恕；在东国，则交桃源宋教仁；皆六七年。二宋者，尽好言大事。"[②]宋教仁（号渔父，1882—1913）与太炎相识于日本，后来共同从事革命，遗憾的是辛亥革命成功后不久，宋教仁就被暗杀，友人之冤死，让太炎耿耿于怀了大半辈子。

宋恕，原名存礼，字燕生，后改名恕，又改名衡，字平子，浙江平阳人。宋恕与章太炎一样同时在光绪十六年（1890）拜入俞樾门下，但他并未就学于诂经精舍，章、宋二人结识要到章太炎任职时务报馆之际。宋恕的代表作《六字课斋卑议》，在光绪十八年完成、光绪二十三年修订并刊行之际，曾请俞樾教正，俞樾便为其作了《书后》，其中说：

> 尝读《后汉书·王符仲长统传》所载《潜夫论》、《昌言》诸篇，即叹诵不置，以为唐、宋以后无此作也，不图今日乃得之于宋子燕生。盖燕生所为《卑议》，实《潜夫论》、《昌言》之流亚也。其意义闳深，而文气朴茂，异时史家采辑，登之国史，亦可谓"宁固根柢，革易时弊"者矣！惟《变通篇》三十七章，鄙意以为宜缓出之：其造端闳大者，固未必即能见之施行；琐屑诸端，不知者且谓妨于政体。[③]

俞樾认为此书类似于王符《潜夫论》与仲长统《昌言》，"意义闳深而文气朴茂"，可以采辑为国史，对于革除时弊多有帮助。但其中的《变通篇》，部分内容不容易施行，部分内容还妨碍政体，在拥护清朝的他看来，宋恕讨论变法

① 章太炎：《自定年谱》，《章太炎全集》（十一），第754—755页。

② 章太炎：《对二宋》，《章太炎全集》（三），第612页。

③〔清〕俞樾：《俞曲园师书后》，载《宋恕集》上册，第42页。

的那些主张大多不合时宜。

因为《六字课斋卑议》以及《治平通议》二书主张变法，章太炎对宋恕早有耳闻。宋恕最早了解到章太炎，则在光绪二十一年（1895）10月19日，夏曾佑向其介绍说“章枚叔通《左氏》”，两人正式见面则是在光绪二十三年4月3日，“枚叔是日来访”。[①]此后两人关系便极为密切，交往六七年间，相与论学，并共同组织兴浙会、创办《经世报》。章太炎结识孙诒让并多次问学，也是出于宋恕的引荐。而在他们共同的老师俞樾那边，宋恕也成为协调三人关系的纽带，章、宋二人组织兴浙会之时，宋恕还提出请俞樾出面来支持学会的建议。

值得注意的是，章、宋二人除都认为当时政治制度必须变革之外，也都不认同康有为及其今文经学。宋恕最初认为康有为还算“中智之士”，但深入了解之后就对其表示不满：“康长素侈然自大，实不过贴括变相。《公车上书》中议论可笑已极！其文亦粗俗未脱岑僚气，说经尤武断无理，乃竟能摇动天下，赤县民愚可谓极矣！”[②]其不满之处有三：一是康有为“侈然自大”的态度，二是《公车上书》等相关的议论，三是《新学伪经考》“说经尤武断无理”，这些看法与章太炎非常接近。章太炎与康门弟子发生冲突后，宋恕立即去信表示支持：“别怅时馆之事，恕与孙君仲玙、胡君仲巽等大为执事不平，极望别树正旗，摧彼骄敌。”章太炎离开时务报馆，宋恕与孙宝瑄等人都为其鸣不平，还劝他另立门户，再作论战。章太炎在给宋恕的回信中说：

> 麟，鄙人也，于经术、文章未有一得。昨见手札，过蒙藻饰，许以俞门第一流。揣揣自惧，力小任重，久将覆悚。顾既与康党相左，亦有骑虎难下之势。非得君之规诲，异时一有蹉跌，一身不足惜，亦为浙学贻羞。[③]

这是章太炎给宋恕的第一通回信，宋恕称赞其为“俞门第一流”，他便“揣揣自惧”，如今与康门弟子之争“有骑虎难下之势”，幸亏得到宋恕的规劝、教

① 宋恕：《乙未日记摘要》《丁酉日记摘要》，《宋恕集》下册，第935、938页。

② 宋恕：《又复胡、童书》，《宋恕集》上册，第578页。

③ 章太炎：《与宋恕·一》，《章太炎全集》（十二），第25页。

诲，方才避免了“为浙学贻羞”。事实上，太炎与康门弟子之争，主要努力通过创办报刊、撰写政论来实现，而不是停留在意气之争，而这与宋恕等友人的支持有着重要的关联。

当然，章、宋二人，在学术见解也并非完全契合，他们都对秦汉以来的政治制度有过反思，但章太炎喜欢诸子学，并对法家表示认同；宋恕却对法家非常反感，认为法家正是造成秦汉以来各种乱象的罪魁祸首之一。章太炎曾总结其学术次第说：“遭世衰微，不忘经国，寻求政术，历览前史，独于荀卿、韩非所说，谓不可易。”[①]对于荀子、韩非子以及商鞅学说的不同看法，当是章、宋二人论辩的焦点，宋恕曾在其日记中说：“与枚叔争商鞅及鄂帅不合，大辩攻。”[②]后来他还写信给章太炎，表示要暂时“绝交”：

> 仆交区三：曰论交、曰心交、曰迹交。论交以见，心交以品，迹交以事。见离吾宗则绝论交，品离吾宗则绝心交，是仆外交之私律也。君守节忤献忠，可为品合吾宗之据，心交其终古乎！……商鞅灭文学，禁仁孝，以便独夫，祸万世，此最仆所切齿痛恨，而君乃有取焉，此尊见之大离吾宗者又一也。君高文博学，素讲仁孝，意前言岂戏耶？钝根疑上乘，庸耳惑咸池耶？暂绝论交，勉卒心交，其可矣！[③]

宋恕所谓“绝交”，是从其交往的三类出发的，因为具体事务而交往为“迹交”，因为人品欣赏而交往为“心交”，因为见解认同而交往为“论交”。章太炎当初坚持己见而不惜忤逆于张之洞（以张献忠代指），故宋恕因为欣赏其人品而“心交其终古”；但就对法家的认识而言，章太炎因为认可荀子、韩非子，附带对商鞅也有所取，其《訄书》更有《商鞅》一篇为其辩护，然商鞅为宋恕“切齿痛恨”，所以宋恕偏离其宗旨，不得不提出“暂绝论交”，以免影响他们之间的“心交”。此信最后也说“论交虽绝，心交依然”，章、宋之间的友谊之后还

---

① 章太炎：《菿汉微言》，《章太炎全集》（七），第69页。

② 宋恕：《戊戌日记摘要》，《宋恕集》下册，第941页。

③ 宋恕：《答章枚叔书》，《宋恕集》上册，第590页。

是一直维持着。

关于宋恕这种突然就表示“绝交”的性情，章太炎曾在《对二宋》之中有过生动的描绘：

> 恕字平子。性狂狷，任意气。不遇，反为嗛退。与人处，长揖沓跽，正言若反。数变更名字，衣服弊垢，盛夏履犹褚木绵，常若玩世。然其文辞，多刺当世得失，常闭置竹笼中，而尽出其曲谨伪言。遇炳麟，未尝不尽，然不以良书示也，且约文辞不得叙己名。[①]

章太炎《瑞安孙先生伤辞》提及宋恕时说道：“平子麻衣垢面，五六月著绵鞋，疾趣世之士如仇雠。外恭谨，恂恂如鄙人。夸者多举平子为笑，平子无愠色。及与人言学术，刚棱四注，谈者皆披靡。”[②]应该说，宋恕之性情与太炎颇为相近，二人都有一股“狂狷”之气，衣服、鞋袜之类毫不讲究，撰文或言辞也都喜欢讽刺当世人物，与友人讨论学术也往往独占风头。不过太炎比宋恕更加大胆，宋恕那些讥讽文章“常闭置竹笼中”，虽遇太炎等友人“未尝不尽”，但出示他人则为“曲谨伪言”，太炎则将之发表于报刊而不顾招致祸害。此外宋恕为人恭谨嗛退，常改名字以求匿名，也是与太炎不同的。

宋恕给章太炎带来的知识与思想大多与日本有关：

> 宋恕在清时语章炳麟曰：吾尝游日本，见其人民之勤，田畴之辟，士好学术，而官长贵族不骄。不窥其军旅财赋，知其完强也。今中国言变法者多矣！料简细故，利害相牵，得失或不相庚偿耳。诚欲尽善，宜以大议属之庶人，则天下欢应，湔其旧污。所谓宪政者，如执辔然，总御不纷，而驷骈如舞焉。此所以为易简也。今世安用慕远西邪？若日本则可矣。[③]

① 章太炎：《对二宋》，《章太炎全集》（三），第612页。

② 章太炎：《瑞安孙先生伤辞》，《章太炎全集》（八），第230页。

③ 章太炎：《对二宋》，《章太炎全集》（三），第613页。

当时，章太炎还未去过日本，宋恕则刚从日本回国。在宋恕的印象中，日本人民勤劳，士人喜好学术，官长与贵族都不骄傲。他对近代日本明治维新以来的发展评价很高，认为中国的变法完全应该借鉴日本经验，不必“慕远西”去向欧美学习。与章太炎、孙中山一样，宋恕也曾上书李鸿章，其中说道：

盖欲化文、武、满、汉之域，必自更改官制始；欲通君、臣、官、民之气，必自设议院始；欲兴兵、农、礼、乐之学，必自改试令始。三始之前，尚有一始，则曰：欲更官制、设议院、改试令，必自易西服始。[①]

由此可知，宋恕所认为的效法日本，当是全盘的效法，从改换官吏制度、设置议院、学校考试三个方面开始，作彻底变革。而在这“三始”之前，还有“一始”，就是改服饰——脱下长衫改穿西服。宋恕还认为，就如何变法而言，“宜以大议属之庶人”，必须广开言路，若就如何施行宪政改革的各种细节，能够得到充分的议论，也就能够较为简易地开展起来了。

虽然章太炎也认为应该向日本学习，但宋恕主张学习日本的君主立宪，章太炎则主张通过革命来彻底改变中国的政治制度，这一点上二人的立场存在着明显的分歧。对于自己的革命主张，章太炎在《对二宋》之中作了详细的辨析：

察今之病，陆贽所谓时弊，非法弊也……独其官吏狃习为奸，苞苴上流，虽良法只以益蠹，此曰时弊。今不课吏人贞邪，徒曰立宪可以定之，建议可以已之，此所谓以《孝经》治黄巾也。是故处今之世，不诛锄旧吏，去其泰半，其佗不悛。然是又非习常所能就也，须于光复则大黜之耳。不戮其人，纵令立法踊于日本，终不可以为善国矣。[②]

当时的中国，在章太炎看来是“时弊”而不是“法弊”，因为官吏及其背后

① 宋恕：《上李中堂书》，《宋恕集》上册，第502页。
② 章太炎：《对二宋》，《章太炎全集》（三），第614页。

的政治制度已经彻底腐朽，通过君主立宪来变法已经无法挽救，必须通过革命去除大半旧吏，进行制度上的重建，不如此而只是向日本求得新法，好比是“以《孝经》治黄巾”，是完全行不通的。除反对宋恕向日本学习君主立宪之外，章太炎还对宋恕推崇日本的汉学表示反对，太炎汉学功底深厚，看到了日本汉学之中存在的诸多问题。

事实上，章、宋二人在上海交往颇多的那个阶段，宋恕对章太炎最为重要的影响不是关于日本以及变法的认识，而是关于佛学典籍的认识。论交后不久，章太炎在收到宋恕劝其“专读佛书”的信后，就开始研读所藏的佛经，然后在回信中详细谈及自己对佛学的认识：

> 足下来书云“专读佛书”，仆以为牟尼之智，其过于基督、穆罕默德诚不止数万倍。如《华严》《宝积》等经，尤于格致独邃，然究少实验，未观世界迹层，不知草木鱼鸟人类之渐化，则虚想此灵魂或有渐化之理，盖亦通人之一蔽矣！[①]

太炎高度评价释迦牟尼的智慧，认为其超过耶稣基督、穆罕默德数万倍，但佛学也有弊病，相比西学而言“究少实验”，对草木鱼鸟人类的进化缺乏认识，佛学之中的轮回、灵魂等学说，若是与西学加以比较则很难接受。章太炎对中国传统学术与佛学、西学进行比较而取舍，探索其中共通之处，在哲学上确实有着同时代人所不具有的高度。

不过就接引佛学的契机来说，宋恕的影响确实非常重要，章太炎后来回顾自己的学术人生的时候就说：

> 余少年独治经史、《通典》诸书，旁及当代政书而已，不好宋学，尤无意于释氏。三十岁顷，与宋平子交，平子劝读佛书，始观《涅槃》、《维摩诘》、《起信论》、《华严》、《法华》诸书，渐及玄门，而未有所专精也。遭

① 章太炎：《与宋恕·二》，《章太炎全集》（十二），第27页。

> 祸系狱，始专读《瑜伽师地论》及《因明论》《唯识论》，乃知《瑜伽》为不可加。既东游日本，提倡改革，人事繁多，而暇辄读藏经，又取魏译《楞伽》及《密严》诵之，参以近代康德、萧宾诃尔之书，益信玄理无过《楞伽》、《瑜伽》者。[①]

太炎少年时代虽然钻研了各类经史以及《通典》等书，也涉及当时政治制度之类的书，但不太喜好宋明理学，因而也不曾留意跟宋明理学密切相关的佛学。一直到30岁时结识了宋恕，在其力劝之下才开始认真研读各种佛学典籍。不过当时他主要还是从事政论文章之写作，对佛学仅有初步的认识，真正有所精进则是因苏报案而被关入监狱的三年，出狱后在日本又继续攻读佛经，并将之与西方的康德哲学等相互参照，进而发现就玄理而言西学并不超过佛学。在其《自定年谱》中也有一段相关的记载：

> 会平阳宋恕平子来，与语，甚相得。平子以浏阳谭嗣同所著《仁学》见示，余怪其杂糅，不甚许也。平子因问："君读佛典否？"余言："穗卿尝劝购览，略涉《法华》、《华严》、《涅槃》诸经，不能深也。"平子言："何不取三论读之？"读竟，亦不甚好。时余所操儒术，以孙卿为宗，不喜持空论言捷径者。偶得《大乘起信论》，一见心悟，常讽诵之。[②]

谭嗣同《仁学》书中多有引用佛学，但对其的评价"杂糅"一词，是当时人共同的观感，《仁学》虽有建构体系的努力，但因为作者自身学养以及打磨修订的火候不够，故"杂糅"的弊病还未去除。故而宋恕提出要先读点佛经，然后才能理解《仁学》。其实在宋恕之前，夏曾佑（穗卿）就曾劝太炎读过，只是太炎并不能读进去，于是宋恕告知其当从"三论"入手，也即《中论》《十二门论》《百论》，这些是印度佛教简明扼要且影响很大的经典。只是太炎沉溺于荀

---

① 章太炎：《自述学术次第》，《章太炎全集》（十一），第494—495页。

② 章太炎：《自定年谱》，《章太炎全集》（十一），第754页。

子为宗的笃实政论之学，对于“持空论言捷径”的学说无法进入，后来还是偶然读了《大乘起信论》方才有所心悟，渐渐入门。

章太炎在少年以及诂经精舍时期，其实与外界接触不多，故对于人情世故多有生疏，脾气、性格也多有古怪之处，宋恕劝其读佛经，其实也有劝其修养性情之用意，没想到的是最终对太炎性情的作用并不大，反而对其学术发展的作用甚大。后来章太炎研究诸子学而创立自己的哲学体系，其《齐物论释》一书所用的方法，大体为“以佛解庄”，佛家的玄理与道家的玄理之间的融通，成为此书最为关键的创获。

章、宋之间，总的来说，还是惺惺相惜的知己，彼此间常有诗歌赠答，比如宋恕《束发篇——答枚叔〈幽人行〉之赠》中说：“踽踽素臣身，栖栖大泽滨，殷勤再三赠，强饭抑酸辛。缄口密复密，鴟鸮警骚人。”[①]后来章太炎避祸去国，光绪二十四年（1898）11月，宋恕有《送余杭东渡——调寄〈买陂塘〉》一词：

骇啼鹃、洛城春尽，徐郎求药东去。古来三岛栖真所，骑鹤啸俦知数。留客住，秋不到、琪花瑶草蓬壶路。临岐无语。愿勉把前尘，姒悲姚恨，付与一天絮。

人间世，好事千龄几误。黄龙高会天妒。声声白雁兰成赋，哀怨两猿谁诉？休起舞，君不见，故乡钱赵空抔土。林荒雾苦。莫复忆西湖，伤心极目，先辈射潮处。[②]

宋恕知晓清政府即将抓捕章太炎，故力劝其东渡日本。后来章太炎先去台湾，再去日本，他们还有书信往来。宋恕另有寄赠章太炎一诗：

甬东一夜猿声断，终古《黄书》泪万行。

① 宋恕：《束发篇——答枚叔〈幽人行〉之赠》，《宋恕集》下册，第814页。

② 宋恕：《送余杭东渡——调寄〈买陂塘〉》，《宋恕集》下册，第818页。

借问幼安无寸土，欲将何术拯姬姜？
儒风侠行盛扶桑，文物衣冠水一方。
闻说尚存唐乐舞，北条功德最无量！[①]

此诗作于光绪二十五年（1899）7月，当时章太炎还在日本，宋恕知晓日本尚存中国唐代乐舞等遗风，中国的儒侠行风与文物衣冠也有传播，故而希望章太炎安心在日本，学到新学之术，回来拯救中国。等章太炎回国后，这种交往还在继续，比如光绪二十六年8月，章太炎割辫明志时，宋恕作诗一赠："削发欲何之？区中不可为，赠君无别语，莫作稼轩词！"[②]对于章太炎公开与清政府决裂的态度，宋恕自然是不认同的，但无奈之下也只能护送他四处躲避。光绪二十五年底，宋、章二人曾经同住过一个月，宋恕继续劝说章太炎不要反清，分别之际还写了《赠别章太炎》二诗，他在序中说：

太炎先生，评人论事与仆多歧，偏怒偏悲性亦稍异，或遇使然！乃其精于左、荀、贾氏，博览如子政、子云，善思如仲任、子玄，文章则且汗流籍、湜，心诚折之！折故珍，珍故惧，夫惧故规，忘其数矣！

顷同居一月，吐怀益畅，闻又将远游，不觉黯然，敬赋此赠别，二六时中，幸存区区！[③]

在宋恕看来，太炎性格"偏怒偏悲"，或许与其遭遇不顺有关；还指出其善《左传》《荀子》以及贾逵之学，学识之博则如刘向（子政）与扬雄（子云），思想之精则如同王充（仲任）与刘知幾（子玄），文辞之美则如阮籍、皇甫湜，所以"心诚折之"。也正因为佩服，所以珍惜，故而对其多次规劝，同居一月更是"吐怀益畅"，此次章太炎再次远游，心中也就不觉黯然了。

宣统二年（1910），宋恕去世不久，当时还在日本的章太炎，曾写信向弟子

① 宋恕：《寄余杭》，《宋恕集》下册，第820—821页。
② 宋恕：《送章枚叔别》，《宋恕集》下册，第837页。
③ 宋恕：《赠别章太炎》，《宋恕集》下册，第844页。

钱玄同问起宋恕的情况：

> 其乎死，深可惜。著述不知有何种？前次曾刻《卑议》一书，多言政事，想政事外当别有作。其乎天性畏祸，其言政事者，固宜秘不示人，然他种学问，亦皆深藏不出，未知何意。平生持论有余，考证或未详密，又深信日本人书，是其所短。[①]

“其”即宋恕，此信另外还提及宋恕厌恶宋儒以及严复等，宋恕虽然喜好谈论政事，但“秘不示人”，其他的学问也深藏不出，在章太炎看来属于“持论有余，考证或未详密”，大多著作属于未完成状态，故而不太见其著述，且宋恕太过相信日本人的书籍，缺乏批判精神。总的来说，源于当年在杭州、上海阶段相与论学的经历，章太炎对这位昔日同窗之死，还是感到非常惋惜。

辛亥革命之后，章太炎仔细回忆与宋恕的交往以及对其学术主张的看法，特意写作《对二宋》一文并收入《检论》，在章太炎走出诂经精舍的最初阶段而言，宋恕当是其在学术上棋逢对手的论辩对象，也是对他情谊深重的重要友人。

孙宝瑄日记中的章太炎

章太炎在上海的日子里，交往最多的其实另有其人，这就是孙宝瑄。孙宝瑄对章太炎的才学非常佩服，形象地称其为“寒梅独鹤”[②]。他保留了比较详尽的日记，其中不乏太炎论世、论学、论仁的记录，保留了章太炎许多鲜活的思想。后来因为政见不同，特别是苏报案的发生，二人渐行渐远，但在他人“痛诋”之时，孙宝瑄还是会为章太炎辩护。从孙宝瑄的日记中，可以看到章太炎

---

① 章太炎：《与钱玄同·二十二》，《章太炎全集》（十二），第177页。

② 孙宝瑄：《孙宝瑄日记》上册，第298页。

作为“海上报人”那几年在朋友眼中的日常形象。[①]

孙宝瑄（1874—1924），浙江钱塘（今属杭州）人，出身仕宦之家，其父孙诒经光绪时曾任户部左侍郎，岳父即李鸿章之兄、曾任两广总督的李瀚章，其兄孙宝琦晚清时曾任驻法、德两国公使，民国时则任国务总理。孙宝瑄本人曾在晚清任工部、邮传部、大理院等职；民国初年，一度还担任过宁波海关监督。

据孙宝瑄的《忘山庐日记》记载，他与章太炎的第一次见面，当在光绪二十三年（1897）二月初三日“诣《时务报》馆，见枚叔及仲华”，大约此次之后，他们就经常往来了；该年三月初二日的日记记载了他们的一次小聚，“日中，谭甫生至，纵言佛理……甫生小坐去。俄，章枚叔过谈。晡，诣一品香，坐有汪穰卿、谭甫生等四人”[②]。章太炎与孙宝瑄、汪康年（穰卿）、谭嗣同（甫生）在一品香饭馆小聚，当时谭嗣同的兴趣正好在佛学上，“纵言佛理”，对于初涉佛学的章太炎也有所影响。

接着，就是著名的章太炎与康有为的弟子“斗辩至挥拳”一事。此事发生在三月十四日，第二日章太炎从上海回杭州，孙宝瑄特意前去相送。到了四月初十，孙宝瑄回杭州家中，十六日又特别前去拜访，“访章枚叔于横河桥北，板屋数椽，亦雅洁。枚叔读书其中，殊静。予小坐片时，檐溜正急。旋诣春卿，即还”。章太炎当时常在杭州活动，就租住在横河桥北河岸。该月十八日，“章枚叔过谈”，也即去了孙宝瑄家闲谈。[③]

光绪二十三年（1897）十月，章太炎又到上海，住在译书公会。初十日，孙宝瑄“访章枚叔于译书公会”。十四日下午，章太炎与宋恕一起拜访孙宝瑄，“作竟日谈，上烛乃去”，孙的日记还详细记录了太炎的话：

三代上，授田法行，故其民自称食毛践土，以皆其君所开辟，而民安

---

① 章太炎与孙宝瑄谈到的话题极多，其中篇幅较长的有七则：古代授田之法、中国古代科举、灵魂之有无、哀乐及知致、杨朱墨子及孟子、论曹操、中国古代议院之法，今人从此日记中摘录后收入《章太炎文录补编》，载《章太炎全集》（十），第45、49、50、51、60、61、63页。

② 孙宝瑄：《孙宝瑄日记》上册，第85、94页。因为原书的记录为阴历，故引用此书相关文献的年月日也都保持阴历，并都写作汉字以示区别。

③ 孙宝瑄：《孙宝瑄日记》上册，第98、99、108、109页。

享之也。北魏、唐初，虽亦授田，而地非所辟，故其君自称衣租食税。自是而降，直为君者践民之土、食民之毛而已。反以是误责吾民，不亦颠乎！与余意不谋而合。论水火之原，余谓太虚中不过流定二质而已，水成于气之相合，火生于物之相摩，是水原于流质、火原于定质无疑。①

太炎当时喜读历史，谈及古代授田法影响之下的君、民关系的变迁，认为三代以上、北魏及唐初、唐代以后，从君主开辟土地而民众安享，而到“君者践民之土、食民之毛”，这一思考与后来章太炎对土地制度的看法有密切的关系。他还另外谈及水、火两种物质，以及“水成于气之相合”与“火生于物之相摩”等认识，当是受到西方科学的影响。十一月二十八、二十九、三十日他们两人都曾一起聚饮。十二月初七日，“枚叔过谭，夜深乃去”，孙宝瑄详细记录了章太炎谈论的内容，这次主要是讨论进化问题：

治格物家有言，世间无所谓化生者，蚊蚋之类亦有卵，但细微，目不能见耳。或云：蚊乃水变，实不然。愚谓此知其一，不知其二也。夫所谓化生者，盖以此种变他种，如雀入大水为蛤，沙鱼化鹿，蚕变蛾，此类是也。蚊未必有卵，盖皆水中微生物所变，故谓化生。若湿生者，恐即为水质所变，亦未可知。《楞严经》注云：湿以合感，化以离应。离者即以此化彼之谓也。合者当为两种质相配而成。谓之湿生，殆水气之分质也。②

受西学进化论的影响，太炎对佛学中的“化生”与“湿生”有了新的认识，值得注意的就是他如何将西学与佛学结合起来。比如关于蚊子，古人认为水变的，西学则说蚊子有卵但细微，若说化生则蚊子为水中微生物所变，若说湿生则蚊子为水质所变，对此问题太炎并未下结论。此外，该月十二日、十八日，孙宝瑄日记还有另外两次聚会的记载。

① 孙宝瑄：《孙宝瑄日记》上册，第157、158页。
② 孙宝瑄：《孙宝瑄日记》上册，第173页。

光绪二十四年（1898），春节过后，章太炎回上海，二人继续相与论学，直到太炎前往武昌。正月二十七日，孙宝瑄在日记里写了“枚叔至自杭”，也就是章太炎从杭州回来了。二月初三日，孙、章二人聚谈终日：

> 枚叔过谭终日，与争灵魂之有无，久之不能决。枚叔谓：灵魂不能离质点而存，如电气之因摩擦而见在质点之中，无质点斯无电气，灵魂亦然。其始也，因男女精血相摩而生，成形之后，复因血脉流动相摩而存。血脉停滞，则无相摩，遂无灵魂，而人死矣。言似有理，余骤未能难也。①

关于灵魂有无，章、孙二人多有论辩。太炎认为灵魂就相当于物质摩擦而在某种质点中的电气，必须借助质点才能保存，灵魂则是男女精血摩擦而生，通过血脉流动而保存，这种观点其实与后来认为人的意识与神经细胞之间生物电的流动有关等理论比较接近，有一定的科学性。二月初四日，孙宝瑄“又至译书公会晤枚叔，晚归”。此月的十三日、二十二日、二十四日，他们也都有聚谈。三月初二日，二人畅谈之后，孙宝瑄在日记里记录了太炎的高论：

> 枚叔过谭，谓皇侃《论语义疏》，其于颜渊死子哭之恸注，称圣人本无哀乐，其哀乐也，盖从众而不骇俗之意，为斯语者，疑别有见。
>
> 枚叔又云：《大学》物格而后知致，知致而后意诚。数语今益验矣。如内典所言，自格致家出而皆征实，征实则知所言不虚，而信力坚定，非意诚耶！②

太炎认为圣人本当没有哀乐是因其恸哭为从众之故；还有《大学》的格物与诚意可与佛学（内典）相互论证，关键是“信力坚定”而非“意诚”。该月十四日，“枚叔于月初七日应鄂督张香涛之聘，乘轮西上，濒行未话别，故以诗见

---

① 孙宝瑄：《孙宝瑄日记》上册，第190、192页。

② 孙宝瑄：《孙宝瑄日记》上册，第203—204页。

寄也”[①]。章太炎应张之洞（香涛）之邀，乘轮船西去，来不及话别，只得寄给孙宝瑄一诗，也即五律《九江舟中寄怀》。

章太炎在湖北并未停留太久，闰三月二十四日就又回了上海，对此孙宝瑄有记录：“枚叔来，余尚卧，闻之始披衣下楼，盖伊于昨日由鄂归也，纵谈至晡，枚叔方去。”该月二十六、二十八两日，孙宝瑄都有记录章太炎之“竟日谈”，也都是独到的见解：

> 过午，访枚叔谈，燕生俄至，纵论古今。枚叔谓：伯夷近杨，伊尹近墨。孟子尊伯夷、伊尹而辟杨、墨者，因杨、墨以是立教，则惧有流弊。若独行其是，斯皆有坚卓独到之境，非不可贵也。
>
> ……
>
> 枚叔来作竟日谈，折简招燕生，俄亦至，纵论酣畅。枚叔于国朝古文家最折服恽子居、汪容甫，于人品最折服李穆堂、孙文定。其所痛恶者方望溪之文、李安溪之为人，盖实有卓见也。晡，枚叔索酒饮，遂命苍头市一壶至。时案头芍药盛开，三人于花下对酌，意兴豪美。[②]

接下来的二十九日，“过午，燕生偕一温州志士陈介石过谭。介石主持阳明、梨洲之学者。晚雨，招枚叔及燕生、介石谈燕于西酒楼。枚叔谓：曹孟德于中国非无功，惜其弑伏后杀皇子也”[③]。这是陈黻宸（介石）与章太炎的初次会面，三人一同聚于酒楼，论及王阳明、黄宗羲以及曹操等古人，章太炎认为曹操对中国还是有功的。

四月初二日、二十日、二十九日，他们还一同游历西湖、西溪，“泛舟至高庄”。五月二十二日、二十六日，章太炎与孙宝瑄、宋恕等人在上海一起聚谈，该月的二十八日，孙宝瑄还与章太炎一起去张园看烟火，“诣枚叔谭，偕至张

---

① 孙宝瑄：《孙宝瑄日记》上册，第206页。

② 孙宝瑄：《孙宝瑄日记》上册，第221—222页。

③ 孙宝瑄：《孙宝瑄日记》上册，第222—223页。

园。夜观烟火，奇妙”。六月初四日，“枚叔走谭，论谭甫生《仁说》”[①]。接下来的六月初七日、十三日、十六日、十九日、二十四日，七月初三日，“夜，枚叔过谭。余谓中国今日如不图富强，但开议院，修内政，或可自保种类。枚叔谓然”[②]。此时的孙宝瑄表示赞同立宪制度，认为只要“开议院、修内政”，就能够实现国家富强。而此时的章太炎，对于革命的态度还不是很坚决，故而也对此主张表示赞同。再接着的初五日、初六日、十四日、十七日、十八日、二十八日，以及八月初八日、十三日、十九日、二十八日，九月二十四日、二十六日、二十九日，十月初二日，孙、章二人也有相聚。孙宝瑄九月二十四日的日记记载：“枚叔过谈。今日中国之反覆小人，阴险巧诈者，莫如两湖总督张之洞为甚。民受其殃，君受其欺，士大夫受其愚，已非一日。自新旧党相争，其人之罪状始渐败露，向之极口推重者，皆失所望。”[③]此处章太炎认为张之洞反复阴险，主要是由于戊戌政变前后张之洞对维新党人的态度，当时士人确实渐渐对张之洞失望了。

光绪二十五年（1898）、二十六年，章太炎为躲避清廷的抓捕，又在上海短暂停留，等到光绪二十七年（1901），他又与孙宝瑄开始密切接触。三月四日，孙宝瑄在中外报馆遇见章太炎，因为此时有宗仰禅师来访，“遂同下至客室纵谈”。该月的六日、二十四日、二十六日“偕游张园”，二十八日“至金谷香燕饮”。四月二日，章太炎为孙宝瑄书写扇面“元规尘污人”五大字。四月十二日，五月四日，他们还有聚谈。孙宝瑄在五月四日的日记里说：“余尝论史分五种：曰国史，曰年史，曰政史，曰事史，曰人史。枚叔于政史之下，为增学史。彦复于国史之上为增地史。合为七史，史学该备矣。”[④]第二日孙宝瑄的日记，记录了孙宝瑄、章太炎、吴保初（彦复）等人一次园林之游：

五日，阴。晡，诣石芝谭，遂游张园，枚叔、彦复皆在。余与枚叔在

① 孙宝瑄：《孙宝瑄日记》上册，第233、253、256页。

② 孙宝瑄：《孙宝瑄日记》上册，第267页。

③ 孙宝瑄：《孙宝瑄日记》上册，第296页。

④ 孙宝瑄：《孙宝瑄日记》上册，第385页。

其旧园之楼舍中纵谭。俄雨霏微下，游人未散也。久之雨止，晚阳斜射，平茵如洗，林木晴鲜，景态丽绝。暮归。[①]

到了五月八日，孙、章等人依旧在张园相会。二十日，则与其他友人偕至酒楼，“沉饮尽醉”。[②]该月的二十七日、二十九日，孙宝瑄都曾与章太炎一起闲谈，再据孙宝瑄七月六日日记，“明日枚叔将赴苏州，彦复亦在彼设潇饯行，余亦陪饮”，可知次日章太炎将去苏州东吴大学任教，于是吴保初（彦复）特意为其饯行，而孙宝瑄则作陪。

此后，章太炎的“华夷之防”思想越来越明确，孙宝瑄则主张君主立宪并依旧支持清政府，二人渐行渐远，但从其日记来看，他对太炎依旧非常关心。在该年八月二日的日记中，孙宝瑄对章太炎的思想作了一番批评：

枚叔深于小学，力持逐满之议，以夷狄为非人类……然向来人多称东夷、西羌、南蛮、北狄，称东貉者殊少。如以东夷而论，则《说文》夷从大，大，人也，不得与羊犬虫相比。又云夷俗仁，仁者寿，有君子不死之国……满洲处东方，正是东夷，则自古称仁人，称君子，岂在当逐之列乎？余素无种族之见，因枚叔善言小学，严种类之辨，故即据小学与之争。[③]

章太炎将夷狄看作“非人类”，于是孙宝瑄结合《说文》来争辩，特别强调满洲处东方，“自古称仁人”，自然不可以说是“非人类”，也就不属于“当逐之列”，由此可知孙宝瑄是不赞同章太炎的革命观念的。到了八月十日，孙宝瑄日记中记载其答章太炎的信中说：“法果变，公再谈逐满，当以乱民相待。”[④]若是清政府自己的变法成功，那么章太炎所倡导的革命就是“乱民”了。九月十四日则记录了章太炎的来信被友人毁掉，晚上在想如何答复太炎，得四字句：

---

① 孙宝瑄：《孙宝瑄日记》上册，第386页。
② 孙宝瑄：《孙宝瑄日记》上册，第392页。
③ 孙宝瑄：《孙宝瑄日记》上册，第424页。
④ 孙宝瑄：《孙宝瑄日记》上册，第428页。

扶桑一姓，开国至今。
谈革命者，犹所不禁。
宗旨不同，各行其志。
伍员包胥，不闻绝交。
前言戏之，公毋怒我。[①]

孙宝瑄宣布二人政见不同，如同春秋时期的伍子胥与申包胥一般，故只能“各行其志”。正是基于这一观念，等到光绪二十八年（1902）正月初九，他就在日记里说章太炎的著作将会“造孽无穷”。

接着就是光绪二十九年（1903），闰五月十九日，他记录了章太炎被逮捕一事，“著书一生，穷愁潦倒，致陷此恶果，岂不哀哉”，似乎在为友人这一结局而惋惜。[②]孙宝瑄实际上又是一个特别清醒的人，等到六月八日，正式审判的时候，其日记中有一番议论值得特别注意：

余杭章炳麟，一布衣耳。而政府疆臣至以全力与之争讼，控于上海会审公堂。清政府延讼师，章亦延讼师，两造对质。无论胜负如何，本朝数百年幽隐不可告人事，必被章宣播无遗。盖讼词一出，俄顷腾走五洲，满人之丑无可掩矣，章虽败亦何恨？昔饮冰主人撰《李文忠事迹》曰：甲午之役，西人皆谓日本非与中国战，乃与李鸿章一人战也。以一人敌一国，鸿章虽败亦豪哉！今章炳麟亦以一人与一政府为敌，且能任意侮辱之，使不复得伸眉吐气，炳麟虽败亦豪哉！[③]

章太炎以一介布衣，与清政府打官司，双方都有律师而“两造对质”，无论胜负如何，清政府压迫汉族的那些“幽隐不可告人事”，都将被宣传出来，章太

① 孙宝瑄：《忘山庐日记》（上），上海古籍出版社1983年版，第413页。
② 孙宝瑄：《孙宝瑄日记》中册，第757页。
③ 孙宝瑄：《孙宝瑄日记》中册，第766页。

炎“以一人与一政府为敌”，“虽败亦何恨”，孙宝瑄也不得不佩服章太炎之盖世豪气。类似的还有同年七月五日，众人推许梁启超文章比章太炎的好的时候，孙宝瑄又站出来为章太炎辩驳：

余盛推章枚叔文章在梁卓如之上。盖卓如之文，枚叔能为之；枚叔之文，卓如不能为也。且枚叔偶然降格为卓如之文，其气味渊雅，远在卓如上，故枚叔真不可及也。卓如文章，人人优为之。虽然，此以文论文也。若发人之蔀，浚人之智，鼓动风气，则卓如一派文有用，而枚叔之文，人不能解也。①

孙宝瑄认为，梁启超（卓如）能写的文章，章太炎也能写；而章太炎能写的则是梁启超所不能的，若是章太炎“降格”去写梁启超那种风格的文章，更是能够“气味渊雅”，远远超过梁启超，所以说“真不可及”。不过他也说，像梁启超那种风格的文章，能够鼓动风气，属于有用之文，反而是章太炎的某些文章太过古奥而令人不解，失去了宣传的意义。孙宝瑄在欣赏章太炎文章渊雅之余，其实也是希望章太炎多写点容易理解的文章。这种表态，似乎又回到了当年二人在上海初相见时候的知音之感。七月十五日的日记里说：

人人惟知痛诋章炳麟，语及学校则动色相戒，以为此最坏人心风俗之事，无非教子弟皆效章之所为而已。忘山曰：枚叔所为过激，然彼固以鼓动风气自任者也。孰知适足塞人聪智，阻人之开明，始愿不及此也。噫！②

在他看来，章太炎在报刊上的那些政论文章，确实是“以鼓动风气自任”，确实有点过激，也许会堵塞人的聪明才智，可见孙宝瑄相比章太炎比较保守的态度。

① 孙宝瑄：《孙宝瑄日记》中册，第778—779页。
② 孙宝瑄：《孙宝瑄日记》中册，第783页。

这之后，章太炎身陷囹圄三年，然后前往日本，继续革命的伟大事业。孙宝瑄则去了北京。光绪三十一年（1905），清廷宣布开始“立宪”，孙宝瑄赞成立宪而诋毁革命。于是，孙宝瑄与章太炎再没有交集，其日记里也未见其他记载。但就日记所记的那几年来看，他们应该算是无话不说的好友，孙对章极为佩服的，有多处以较长篇幅记录太炎纵论正在思考的学问。他们合作以《红楼梦》中人物比拟该时代之人物也颇为有趣。

以《红楼梦》戏拟当世人物

在孙宝瑄日记之中，还记录有一段他与章太炎发表的独特议论。就在光绪二十七年（1901）的六月十二日，他们在酒席之间，将《红楼梦》（《石头记》）中人物分别戏拟当世人物。其中涉及对于当时重大政治事件以及诸多名人的认识，以及章、孙等人与这些名人的相关交往，加以考辨可以对章太炎早年思想与行迹有进一步的认识。[①]一方面反映这些人物与时代的关系以及各自的性格特征，另一方面则反映了章太炎与孙宝瑄等人与他们的交往以及各自观感，这对于理解章太炎及其时代，还是很有意义的。孙宝瑄的日记中记载如下：

> 日中，访叔雅。昳，与偕至金谷香，因邀彦复、枚叔及张冠霞至小谈。枚叔辈戏以《石头》人名比拟当世人物，谓那拉，贾母；在田，宝玉；康有为，林黛玉；梁启超，紫鹃；荣禄、张之洞，王凤姐；钱恂，平儿；樊增祥、梁鼎芬，袭人；汪穰卿，刘老老；张百熙，史湘云；赵舒翘，赵姨娘；刘坤一，贾政；黄公度，贾赦；文廷式，贾瑞；杨崇伊，妙玉；大阿哥，薛蟠；瞿鸿玑（禨），薛宝钗；蒋国亮，李纨；沈鹏、金梁、章炳麟，焦大。余为增数人曰：谭嗣同，晴雯；李鸿章，探春；汤寿潜、孙宝琦，薛宝钗；寿富，尤三姐；吴保初，柳湘莲；宋恕、夏增佑、孙渐，空空

① 此处主要结合章太炎对政治中人物的认识来谈戏拟的意义，具体相关人物生平及其更多比拟的合理性，参见沈治钧：《章太炎戏拟〈红楼梦〉中人诠疏》，《红楼梦学刊》2021年第1期。

道人。[①]

当时一群人在上海英租界四马路金谷香番菜馆聚会，除章太炎与孙宝瑄，还有丁惠康、吴保初与张冠霞。丁惠康（1868—1909），字叔雅，号惺庵，其父为曾任江苏、福建巡抚丁日昌；吴保初（1969—1913），字彦复，号君遂，其父为淮军名将吴长庆；张冠霞，艺名三盏灯，昵称三郎，京剧花旦。丁惠康、吴保初与陈三立、谭嗣同合称“清末四公子”，此次聚会“四公子”中有两位列席，孙宝瑄与章太炎也是当时风云人物，所以由他们来对“当世人物”作一品评，还是有一定代表性的。当然，其中的核心人物，还是最为诙谐的章太炎，对这些人物品评，也主要来自章太炎，小部分则来自孙宝瑄，丁惠康、吴保初、张冠霞也参与部分意见，故品评多半来自章太炎对这些人在时代之中的地位、作用，以及他们与章太炎关系的远近亲疏。

以《红楼梦》中的人物来比拟，就核心人物来看，非常贴切，那拉（慈禧）比作贾母，在田（也即光绪皇帝载湉，取《周易》“见龙在田”谐音之义）比作贾宝玉，康有为、梁启超分别比作林黛玉、紫鹃，军机大臣荣禄、湖广总督张之洞一个在朝一个在野，对于清朝政治的稳定关系重大，故比作贾府当家人王熙凤。戊戌变法时期，慈禧及其得力助手荣禄为一派，康、梁与光绪皇帝为另一派，而张之洞则是骑墙派，这种情形确实与《红楼梦》中描述的十分相似。

再看钱恂比作平儿。钱恂（1853—1927），字念劬，在清末曾多次出使欧洲及日本，他的弟弟是钱玄同，儿子是后来担任北京图书馆馆长的清华大学教授钱稻孙。钱恂当时就与章太炎相识，介绍章太炎去张之洞处办报一事，身为张之洞幕僚的钱恂也有参与。若就张之洞对钱恂的信任程度来看，他们之间的关系确实如同王熙凤与平儿，后来张、钱之间的政见颇有差异，也如同王熙凤与平儿一般了。

至于梁鼎芬、樊增祥比作花袭人，则是因为他们都与张之洞关系密切。梁鼎芬，字伯烈，一字星海，号节庵，时任武昌知府、湖北按察使署布政使。樊

---

① 孙宝瑄：《孙宝瑄日记》上册，第401—402页。

增祥（1846—1931），字嘉父，号云门，曾任江苏及陕西布政使，二人都是张之洞的门生。徐珂《清稗类钞》记载二人与张之洞的轶闻："张文襄有侍姬二，一名远山，一名近水，皆得宠幸。及薨，某部郎作挽联云：'魂兮归来乎，星海云门同怅惘；死者长已矣，远山近水各凄凉。'盖以梁星海、樊云门均为其得意门生也。"[①]他们二人对张之洞忠心耿耿，确有袭人的风范。再者，樊增祥著有《樊山集》，前后《彩云曲》脍炙人口，世称樊美人，但他有才无行、有文无品的作派，似乎与当时《红楼梦》的读者厌恶袭人的心态也可以关联起来。再看梁鼎芬，据说曾经殴打过章太炎，据《世载堂杂忆》记载：

> 庚子事变后，康、梁公羊改制说盛行。张之洞本新派，惧事不成有累于己，乃故创学说，以别于康、梁。在纺纱局办楚学报，以梁鼎芬为总办，以王仁俊为坐办，主笔则余杭章太炎炳麟也。太炎为德清俞曲园高足弟子，著有春秋左传读一书，之洞以其尚左氏而抑公羊，故聘主笔政……仁俊先生曰："他日梁节菴与章太炎，必至用武；梁未知章太炎为革命党，其主张奴视保皇党，岂能为官僚作文字乎？"楚学报第一期出版，属太炎撰文，太炎乃为排满论，凡六万言，文成，钞呈总办；梁阅之，大怒，口呼反叛反叛、杀头杀头者，凡百数十次。急乘轿上总督衙门，请捕拿章炳麟，锁下犯狱，按律治罪。予与朱克柔、邵仲威、程家柽等闻之，急访王仁俊曰：先生为楚学报坐办，总主笔为张之洞所延聘，今因排满论酿成大狱，朝廷必先罪延聘者，是张首受其累，予反对维新派者以口实。先生宜急上院，谓章太炎原是个疯子，逐之可也。仁俊上院，节菴正要求拿办；仁俊曰：章疯子，即日逐之出境可也。之洞语节菴：快去照办。梁怒无可泄，归拉太炎出，一切铺盖衣物皆不准带，即刻逐出报馆；命轿夫四人，扑太炎于地，以四人轿两人直肩之短轿棍，杖太炎股多下，蜂拥逐之。[②]

① 〔清〕徐珂：《远山近水各凄凉》，《清稗类钞》第四册，第1825—1826页。

② 刘禺生：《章太炎被杖》，《世载堂杂忆》，钱实甫整理，中华书局1960年版，第126—127页。

这里说的“庚子事变后”当为戊戌变法前，《楚学报》当为《正学报》，还有说“排满论”有六万言也是过于夸张。章太炎的革命思想，多半私下已有所传播，但在梁鼎芬等人看来却是杀头的大罪，只是无奈章太炎为张之洞邀请而来，只得悄悄打出去了事。清朝灭亡后，梁鼎芬被武汉革命军强行剪掉辫子，只能去哭陵彰显节操，这种愚忠也类似于袭人。

与之相关的，还有文廷式比作贾瑞。文廷式，字道希，号芸阁，曾任侍读学士署大理寺正卿，原本与梁鼎芬为莫逆之交，但当时盛传他与梁夫人龚氏有染，吴沃尧《二十年目睹之怪现状》第一百二回“温月江义让夫人”，温月江暗指梁鼎芬，武香楼隐喻文芸阁；曾朴《孽海花》第十三回，说闻韵高“有个闺中谈禅的密友，却是个刎颈至交的娇妻”，闻韵高谐音文芸阁。[①]或许是章太炎太过厌恶梁鼎芬，故借用了这个戴绿帽子的传闻，将文廷式比作觊觎嫂子王熙凤的贾瑞。再者，文廷式的政见也与保守派的梁鼎芬不同，他是瑾妃、珍妃的师傅，属于帝党，还曾公开支持变法。

将汪康年（穰卿）比作刘姥姥，确实有待解释。汪康年是章太炎的老东家，他创办的《时务报》《中外日报》《京报》《刍言报》等影响极广，这也与他热情好客的性格有关，据记载：

> 汪穰卿舍人康年好客，出于天性。尝分校两湖书院，凡名士之客于张文襄者，无不结纳。光绪戊戌，设《时务报》于上海，则凡寓公之于政治、学术、艺能、商业负有声誉与夫道沪者，无不踵门投刺。穰卿闻其来，亦无不迎候访问，夕则设宴以款之，相与谈天下大计，或咨询其所长，或征求其所闻见，故于各省之人情风俗与夫其人性情品行之奚若，无不明了于胸。[②]

汪康年老于世故，惯能逢凶化吉、遇难呈祥，这一特点确实类似刘姥姥，

---

①〔清〕吴趼人：《二十年目睹之怪现状》（下），人民文学出版社2000年版，第966页；〔清〕曾朴：《孽海花》，上海古籍出版社2001年版，第105页。

②〔清〕徐珂：《汪穰卿好客》，《清稗类钞》第八册，第3624页。

而刘姥姥本就是《红楼梦》中难得的老少皆宜的人物，故这一比拟其实体现出的是章太炎对汪康年的认可。

还有张百熙，被比作了史湘云。张百熙（1847—1907），字埜秋，官至尚书，曾弹劾李鸿章、举荐康有为，还曾主持制订并颁布《钦定学堂章程》并出任管理大学堂事务大臣。当时有“二张”——张百熙与张之洞，二人口才上差距很大：“张性缓，而又拙于言语。南皮在京之日，时过张谈。南皮口若悬河，滔滔不竭，张唯唯而已，故一时有‘快嘴张’‘哑巴张’之谣。然其心地朴诚，一无诈伪，非时流所能及也。”[①]张百熙，即“哑巴张”，他晚年全心致力于发展教育，奖掖后进，因其“心地朴诚，一无诈伪”，故章太炎将之比作史湘云也颇有道理。

不太好理解的是将赵舒翘比作赵姨娘。赵舒翘（1848—1901），字展如，曾任刑部尚书、军机大臣兼顺天府府尹，此人官声尚佳，但晚年撺掇慈禧太后招安义和团，直接导致庚子事变，最后成为此事的替罪羊，就其愚蠢得最后被当作替罪羊一事而言，比作赵姨娘也有道理，当然都姓赵，也是将二者联系起来的原因之一。

同样是封疆大吏的刘坤一，比作了贾政。刘坤一（1830—1902），字岘庄，曾任两江总督、两广总督兼南洋通商大臣，他是湘军名将，也是洋务领袖，比较同情维新变法，在清朝危亡之际，成为与张之洞一样的维稳名臣。将其比作贾府维稳的关键人物贾政，也比较合适。

有了贾政，还有贾赦，章太炎将特别熟悉的黄遵宪比作贾赦。黄遵宪，字公度，曾任湖南长宝盐法道署按察使以及外交官，还是著名诗人，晚清风行的《人境庐诗草》就是他的作品。黄遵宪与章太炎曾经一同在汪康年处办报，与梁启超也非常熟悉。章、黄二人年龄差距较大，政见也不一，黄遵宪当时属于保皇党。黄遵宪曾写信给汪康年指出章太炎文风上的问题：“章君学会论甚雄丽，然稍嫌古雅。此文集之文，非报馆文。作文能使九品人读之而悉通，则善之善

① 李伯元：《南亭笔记》，山西古籍出版社1999年版，第251页。

者矣。”[1]因此之故，二人难免心存芥蒂。在章太炎眼里，黄遵宪近似老糊涂虫贾赦。而黄喜谈风月，时涉艳情，也难入章的法眼，遂归入老色鬼之流。

还有将杨崇伊比作妙玉，杨崇伊（1850—1909），字思大，曾任监察御史、汉中知府补浙江候补道。他曾参奏文廷式、弹劾赵舒翘，也曾巴结李鸿章，特别善于奉承慈禧太后，属于后党人物。章太炎以慈禧比贾母，那么杨崇伊的行径，也就类似于“栊翠庵茶品梅花雪”一回中妙玉小心翼翼地奉承贾母。

他还将大阿哥比作薛蟠，这位大阿哥溥儁（1885—1942），本是端郡王载漪的儿子，载漪曾被慈禧太后立为同治皇帝的义子，故溥儁被称作大阿哥，当时发生了“已亥建储”事件，慈禧想要废黜光绪皇帝而立溥儁，彼时溥儁十五岁，同薛蟠出场的年龄一样。庚子事变后，载漪父子被指为“首祸”，溥儁被褫夺大阿哥之名位。他本来就是膏粱纨绔，后来又捧戏子、抽鸦片等，比作“呆霸王”薛蟠也无不妥。

再看瞿鸿禨比作薛宝钗，以及蒋智由比作李纨。瞿鸿禨，字子玖，曾任军机大臣、外务部尚书、协办大学士，位尊势重，但阴柔自私，颇遭物议。瞿鸿禨思想僵化，对清朝愚忠，所以章太炎将他比作薛宝钗。瞿鸿禨有《节庵归自焦山属为海西庵僧慧松写诗因作此》一诗：“辟世高人故隐居，瓜牛今日更无庐。石门夜话寻禅榻，一苇江天纵所如。”[2]这首诗中高人隐居的态度也与薛宝钗相近，至于此处的“节庵”则是梁鼎芬，瞿鸿禨交好梁鼎芬，也与薛宝钗交好花袭人相近。

蒋智由（1865—1929），原名国亮，字观云、星侪、心斋，中举后授曲阜知县而辞去不就，先后任天津育才馆教习以及《新民丛报》主编等职，他曾受到康梁的感召而主张立宪保皇，也赞同当世的“诗界革命”，将他比作李纨，大概还是因其淡泊、稳重的名声。

章太炎还将沈鹏与金梁比作焦大。沈鹏（1870—1909），字诵棠，曾任翰林院编修，他最著名的就是弹劾李莲英、荣禄、刚毅为“三凶”，当时沈鹏返乡途

---

① 黄遵宪：《黄遵宪致汪康年·二十七》，载《汪康年师友书札》（三），第2351页。

② 瞿鸿禨：《节庵归自焦山属为海西庵僧慧松写诗因作此》，载张翰仪编：《湘雅摭残》（九），岳麓书社2010年版，第453页。

中路过天津，就将奏稿投寄《国闻报》，奏稿登报后举世震惊。后来他在狱中作诗：“沸鼎火难烧口舌，彤缨味不若桁杨。好将隔户鞭笞响，来试孤臣铁石肠。”[①]这种精神，确实与章太炎气味相投。金梁（1878—1962），字锡侯、息侯，满洲正白旗人，苏完瓜尔佳氏，曾任内阁中书、监察御史，清亡后以遗老自居，但他在戊戌变法之际，上过万言书，因为此事，金梁与沈鹏并列为忠义之士，故章太炎将他们称为贾府之焦大。

章太炎的诙谐之谈结束后，孙宝瑄兴犹未尽，又增补了若干重要人物，使得他们的游戏有了更加完满的结局。谭嗣同比晴雯、李鸿章比探春，确实非常妥帖。谭嗣同确实如晴雯，“心比天高，命比纸薄”。至于李鸿章，则被称为“东方俾斯麦”，在清朝大厦将倾之际，李鸿章还在力挽狂澜，也近于“才自精明志自高，生于末世运偏消”的贾探春。

还有将汤寿潜、孙宝琦与瞿鸿禨同样比作薛宝钗。汤寿潜（1856—1917），字蛰先、蛰仙，在清末曾任安徽青阳令、云南按察使，后来则是政治活动家兼实业家，促成东南互保，在东南一带影响颇大。孙宝瑄佩服他的才干，故将其比作薛宝钗。孙宝琦是孙宝瑄的兄长，清末出任驻外公使、外交总长、国务总理等职，在孙宝瑄看来也是才干过人，所以是薛宝钗一类。

至于寿富比作尤三姐、吴保初比作柳湘莲，也颇为有趣。寿富（1865—1900），字伯茀、伯福，满洲镶蓝旗人，爱新觉罗氏，曾任翰林院庶吉士、大学堂分教习。他在庚子事变时，曾上书荣禄，建议解散拳民，后来八国联军进入北京，他不愿逃走，自题绝命词并贻书同官：“国破家亡，万无生理。乞赴行在，力为表明。侍已死于此地，虽讲西学，未尝降敌。”然后与其弟寿蕃及一妹一婢并投缳而死，年仅36岁。[②]因其壮烈气魄，故孙宝瑄将其比作尤三姐。吴保初在寿富殉国之际，曾有《哭伯福学士》：“成仁未竟平生志，背义终伤后死情。”自注：“甲午之役，约城破同死，今君竟践言矣。余以丁酉罢归，殊觉负

① 郑逸梅：《梅庵谈荟》，黑龙江人民出版社1985年版，第31页。

② 《清史稿》卷四百六十八，中华书局1977年版，第12780页。

君于地下矣。”[①]此事件后人在其传记中说：

> 先生性笃于友朋，不避危难，当戊戌八月之变，方角巾乡里，有《哭六君子诗》云：“圣朝不杀士，尼父吊三仁。西市诸君子，东林旧党人。涓涓流碧血，扰扰窜黄巾。未必逢天怒，阴霾黯紫宸。”盖二杨刘林康皆旧识，故伤之也。黄巾句，庚子拳乱竟验。尝学诗于礼部侍郎宗室宝宗伯廷，与其子寿富以道义文学相切磋。迨寿富死庚子之难，先生哭之甚哀，时恤其孤。[②]

吴保初支持戊戌变法，“六君子事件”后，特意写了诗歌凭吊。他与杨锐等人都是旧时相识，与寿富则关系更为密切，寿富死后不但作诗凭吊，还帮助抚养其孤儿。孙宝瑄将寿富比作尤三姐，连带而将吴保初比作柳湘莲，当是吴保初本人很欣赏的。

最后则是将宋恕、夏曾佑以及孙宝瑄本人比作了空空道人。宋恕在清末只是担任天津水师学堂教习、杭州求是书院总教习、山东学务处议员等职，虽曾经支持变法运动，但比较谨慎，就其学者才华而言，也相当于空空道人。夏曾佑，曾任礼部主事、泗州知州、教育司长、京师图书馆馆长等职，后来著有《中国历史教科书》，是著名的学者兼诗人，就旷达的态度而言，确实可以比作空空道人。至于孙宝瑄本人，其书斋为忘山庐，自视甚高，所以自比为空空道人。

以《红楼梦》比拟人物，在当时是常见的游戏。比如同样喜好的还有吴宓，他在其日记中曾将叶公超比王熙凤、冯友兰比薛宝钗、萧公权比贾探春以及自比为贾宝玉，章太炎、吴宓都是固守文化传统之人，但对白话小说《红楼梦》较为推崇。另外，红学史上有索隐派，章太炎的戏拟略带有索隐派的形式，其本质则截然不同，大体属于酒桌上的即兴之作，说过算过，幸好还有喜好写日

---

① 吴保初：《哭伯福学士》，《北山楼集》，孙文光点校，祖保泉、刘学锴审订，黄山书社1990年版，第57页。

② 陈诗：《吴北山先生家传》，载《北山楼集》，第144页。

记的孙宝瑄的记载，让我们在感叹其神似之余，可以更加充分地了解章太炎对当时政治事件以及相关人物的认识，反过来对这个具有“焦大”色彩的章太炎本人有了更多的了解。

第三章　惕龙：1900—1910

乾之九三："君子终日乾乾，夕惕若厉，无咎。"

章太炎在民国前的十年，已经决然走上革命的道路，虽遭苏报案而被拘于上海近三年，却也因此将革命思想广为宣传，出狱后东渡日本执掌《民报》，更是成为革命的吹鼓手。不过，革命之路依旧是前途未卜的荆棘路，更何况还有小兄弟邹容之死。那十年之中的章太炎，一边革命，一边讲学，一直处于"终日乾乾，夕惕若厉"的紧张之中。好在革命之势渐渐强盛起来，在无数仁人志士的奋斗之下，最终取得了胜利。

割辫明志

辫子，在清代是一件大事。清初，因为剃发令而发生"扬州三屠""嘉定十日"，这些惨案直到清末，依旧是许多中国人的梦魇，辫子在鲁迅的小说、散文里也成为特殊的道具。章太炎以及当时的进步人士其实早已有了割辫的想法，光绪二十四年（1898），康有为还上过《请断发易服改元折》。

1900年的庚子事变，可以说是中国历史上一次重大政治事件。章太炎在《自定年谱》中说："清自诛窜康、梁以后，与外人尤相忌，刚毅用事，遂有义和团之变。"[①]戊戌政变后，清政府对于外国势力入侵中国十分忌惮，在处置中

① 章太炎：《自定年谱》，《章太炎全集》（十一），第756页。

外关系时又接连败退，民怨沸腾，最终导致了义和团运动。光绪二十六年（1900）春夏之交，义和团进入北京、天津、保定，西方列强组织了八国联军，7月14日占领天津，8月14日攻入北京，慈禧带着光绪帝出逃。

目睹了一连串不可思议的事件之后，章太炎等人算是彻底看清了慈禧等人的自私与无能，从而放弃清政府会自行变革的念头，开始重新思考中国的未来。此时，章太炎想到的还是那些汉族大员。光绪二十六年（1900）6月21日，清政府向列强宣战，东南各省督抚如刘坤一、李鸿章、张之洞、袁世凯，拒绝接受朝廷“乱命”实行“东南互保”，联名要求朝廷镇压义和团。此时，章太炎第二次上书李鸿章，其中说：

> 乃者读公《谕粤中士民书》，自以八十衰翁，不惜縻顶，壮哉言乎！北方縻烂且两月，奸回倒柄，强敌乘间，衅起畿甸，波及东南。某等所望于公者，则明绝伪诏，更建政府，养贤致民，以全半壁，不仅以奋蹈危难期也。①

李鸿章当时担任两广总督，其《谕粤中士民书》中表现出的“不惜縻顶”保卫家国的气概，确实是壮言。但章太炎认为，当时北方縻烂，内有奸党、外有强敌，京畿之地已有战乱，故必须“明绝伪诏，更建政府”，若是要保全南方的半壁江山，就必须重建政府。在当时议论纷纷之中，说这话的不止章太炎一人，不过从中也可以看出他对于清政府合法性的不认可已经更加明确，且在南方另立一个政府有一定的可行性。此时他参与了在避祸台湾前就认识的日本友人安藤阳洲、山根虎臣在上海创办，由唐才常主持的《亚东时报》的编辑事务。

唐才常（1867—1900），字黻丞，后改佛尘，湖南浏阳人，他是谭嗣同的好友，自“戊戌六君子”之后就在思考如何为其复仇。前一年他在日本时曾拜会过康有为，又去找孙中山，商讨如何共同合作，在两湖一带发动起义等事宜。

① 章太炎：《与李鸿章·二》，《章太炎全集》（十二），第37页。

回到上海之后，他设立东文译社作为秘密机关，又发起“正气会”筹划武装勤王，后来改名“自立会”，并悄悄成立“自立军”。唐才常本来就在会党中有着重要地位，便决定以会党作为起义的基本力量，数月之间，长江流域以及南方各省的会党、农民以及清兵纷纷加入自立会，号称十余万。唐才常的好友林圭组建约两万人的自立军七军，并在汉口租界设立了指挥机关。

1900年7月26日，北方混乱之际，唐才常邀请上海各界名流，在英租界的张园召开成立大会，发起了建立“国会”（后改为“中国议会”）的倡议，计划利用慈禧太后出逃，北京无主的时机，尝试重建政府。章太炎评价为“广纠气类，期有大功，士人多和之者”[①]，至于“国会”，章太炎在给夏曾佑的信中说：

> 海上党锢，欲建国会。然所执不同，与日本尊攘异矣。或欲迎跸，或欲□□，斯固水火。就迎跸言，信国欲借力东西，铸万欲翁、陈坐镇，梁公欲密召昆仑，文言欲借资鄂帅。志士既少，离心复甚，事可知也。[②]

在章太炎看来，当时上海的士绅们观点不一，他们都反对端郡王载漪（1856—1922）以及刚毅（1834—1900）等满族大臣，但就如何才能将光绪皇帝单独救出来，也即所谓“迎跸”，则看法不同，如文廷式希望借助国际势力，唐才常希望借助翁同龢（1830—1904）或陈宝箴等人的势力，汪康年认为必须借助张之洞，另有人提出召回康有为等，所以是“离心复甚”。由此可知，当时的士绅群体，尚未形成政治共识，且来源也极其复杂，在如何对待清政府之中不同派系、如何实现救亡等问题上，有着不同的分歧，并不具备建立政治团体的基础。

“国会”成立大会选举容闳（1828—1912）为会长，严复为副会长，但他们对于所谓“国会”并没有真正的信心。副会长严复更在此期间指出：

---

① 章太炎：《自定年谱》，《章太炎全集》（十一），第756页。

② 章太炎：《与夏曾佑·三》，《章太炎全集》（十二），第72—73页。信国指的是文廷式，铸万指唐才常，翁、陈分别指翁同龢和陈宝箴，梁公指狄楚青，昆仑指康有为，文言指汪康年，此处鄂帅指的是张之洞。

> 变法之事前固不为，乃今则愿为而不知所为。虽然，朝廷与大夫士所以盛谈变法者，以不知变法真面耳！假使知之，方且峻拒，安肯附和？故今日所变只是末节。依此做法，国势既不能强，民财亦不能富，即民智亦不能开。后之视今，亦犹今之视昔耳！……中国今日情事，与俄、日本皆不同，与雍、乾间之法兰西却有相似。[①]

戊戌以来的所谓变法，从“不为”到“不知所为”，盛谈变法之人并不知道变法的实质，多为细枝末节，根本不能使得国势强盛、民财富强、民智开启。严复又特别指出，当时中国的国情，与即将变革之前的俄国、日本不同，倒是与大革命前夕的法国类似，政府的统治合法性在不断地丧失，人心涣散，危机四伏。会长容闳也在当时用英文撰写的中国议会对外宣言中直言以告，“大清朝势必覆亡”，“大清癫狂始终，愚不可及”，认为需要另立新政府，施行君主立宪制。[②]

与会者大多数赞同尊光绪帝并设法营救，从而保障中国法统的完整性等，但章太炎对这些主张都不赞同。他在会上散发了一个说帖，表示中国议会必须严拒满人和蒙古人加入，要建立一个纯粹由汉人组成的新国会，具体的主张与随后发表在兴中会创办的《中国旬报》上的《请严拒满蒙人入国会状》一文一致：“本会为拯救支那，不为拯救建虏；为振兴汉族，不为振起东胡；为保全兆民，不为保全孤偾。是故联合志士，只取汉人东西诸贤可备顾问，若满人则必不容其阑入也。”[③]章太炎明确表示，他主张的是“革命”，而非唐才常等人的所谓“勤王”。当时成立大会的与会者，对于革命的主张自然不会附和，于是章太炎愤而退会。

8月3日，章太炎“割辫与绝”，并脱去长衫改穿西装，他还写信给孙中山

---

① 严复：《手批〈沈瑶庆奏稿〉》，载汪征鲁、方宝川、马勇主编：《严复全集》（卷10），福建教育出版社2014年版，第369页。

② 唐越：《容闳中国国会〈宣言〉足本全译并注》，《徐州师范大学学报（哲学社会科学版）》2012年第4期。

③ 章太炎：《请严拒满蒙人入国会状》，《章太炎全集》（十二），第80页。

说："闻先生名，乃知海外自有夷吾，廓清华夏，非斯莫属。"并将《解辫发说》一文寄给孙中山，孙中山将此文发表在《中国旬报》上，并作后记说："章君炳麟，余杭人也，蕴结孤愤，发为罪言，霹雳半天，壮者失色，长枪大戟，一往无前。有清以来，士气之壮，文字之痛，当推此次为第一。"[①]《解辫发第六十三》一文中说："愤东胡之无状，汉族之不得职，陨涕涔涔曰：'余年已立，而犹被戎狄之服，不违咫尺，弗能剪除，余之罪也！'""余固吴越闲民，去之，亦犹行古之道也。""会执友以欧罗巴衣笠至，乃急断发易服。"[②]"断发易服"，可以说是章太炎公开宣布自己走上了革命道路。

不久之后，清政府转而开始和谈，李鸿章被任命为直隶总督兼北洋通商大臣，北上主持和谈，最后在该年9月7日签署了《辛丑条约》。张之洞在听闻和谈开启之后，就于8月21日派兵包围了武昌自立会机关，将准备"勤王"起义的自立军首领唐才常、林圭等二十多人逮捕并当夜处死。章太炎因为参加中国议会，以及自立军失败的牵连，加之其《訄书》初刻本及其发表在报刊上的相关文章，故也受到了通缉，不得不逃往余杭。此时的章太炎，略有些心灰意冷，因为唐才常、孙中山接连失败，于是他便躲起来修订《訄书》，准备出版言论更为激烈的重订本。他自己回忆说：

> 未几，才常于夏口就戮，钩党甚亟，其徒皆窜日本，余亦被连染。然以素非同谋，不甚惬惧。是岁，孙逸仙亦起兵惠州，旋败退。
>
> ……
>
> 才常既败，余归乡里度岁。正月朔旦，友人庐江吴保初君遂遣力急赴余宅曰："踪迹者且至矣，亟行。"余避之僧寺，十日，知无事，复出上海。平子及诸友皆相见慰问，君遂终以明哲保身相勉。余曰："辫发断矣，复何言！"平子笑曰："君以一儒生，欲覆满洲三百年帝业，云何不量力至此，得非明室遗老魂魄冯身耶？"余亦笑。会苏州东吴大学求教员，君遂言：

① 孙中山：《章炳麟来书后记》，《中国旬报》1900年8月9日第19期。

② 章太炎：《解辫发第六十三》，《章太炎全集》（三），第351页。

“是有美洲教士任事，君往就之，或得其力。”乃赴苏州。[①]

正月初一，吴保初（君遂）派人告知章太炎，清政府正在追捕他，章太炎不敢住在家里，躲到了仓前镇边的一所寺庙中。过了十来天，发现并未出现追捕者，于是又回到上海。章太炎割辫与写作《訄书》，都为清政府所忌，吴保初劝其明哲保身，宋恕则批评其“以一儒生，欲覆满洲三百年帝业”，何其自不量力。8月，吴保初介绍章太炎前往苏州的东吴大学担任中文教员，他们认为东吴大学是美国人所办的教会大学，或许可以为章太炎提供特殊的庇护。正因为众多友人们的帮助，章太炎方才得以出版了他一生之中最为重要的著作——《訄书》的初刻本与重订本。

《訄书》初刻本与重订本

早在光绪二十五年（1899）8月底，章太炎到上海后不久，就又返回杭州居住，直至光绪二十六年春，章太炎大多时间在杭州、余杭之间，“时徘徊湖上，间亦至余杭小驻，行踪诡秘”[②]，因为当时清政府对维新党人的抓捕还未结束。

乘此间隙，章太炎将自己这几年来，在各类报刊上发表的文章进行统一修订，然后精选出五十篇结集，托友人在苏州刊印，约在光绪二十六年（1900）2月正式出版，这就是《訄书》初刻本。封面题字者为梁启超，当是章太炎前一年在日本的时候，特意请其题签的。“訄”字的意思为逼迫，章太炎想说明的是，此书的文章都是在国家危亡之际被逼迫而发出的声音，这意味着该书有着强烈的忧患意识。《訄书》中的文章，大多数曾经发表于报刊，在收入书中之时又经过了反复修订。其中最早的一篇为《明独》，初稿完成于光绪二十年9月，最晚的一篇完成并发表于光绪二十六年1月，包括诂经精舍后期的学术著作与

① 章太炎：《自定年谱》，《章太炎全集》（十一），第756—757页。

② 章太炎：《与汪康年・六》，《章太炎全集》（十二），第22页。

上海报人时期的政论文章，是代表其早期思想精华的第一部个人自选集。[①]

《訄书》初刻本所收文章，主要包括三大类，一是讨论中国历代学术得失，体现作者作为朴学传人的一面；二是以西方的自然科学与社会科学知识来讨论人类社会形态；三是具体围绕当时中国政治与社会变革相关的问题提出自己的看法。后两类中，既有中国传统学术，又有西方传入的新学。

《訄书》初刻本的文章大部分为章太炎到上海成为报人之后所撰写，故有着强烈的政治关怀，部分文章更蕴含着支持变法图强的思想，特别是《客帝》与《分镇》这两篇文章。《客帝》的最早版本为光绪二十五年（1899）3月发表在《台湾日日新报》上的《客帝论》，所谓"客帝"一词，源自春秋时期的"客卿"，章太炎认为应当虚尊"孔氏"，也即孔子的后代为"支那之共主"，而清朝皇帝"引咎降名，以方伯自处"，故称之为"客帝"。"且夫今世则又有圣明之客帝，椎匈啮臂，以悔二百五十年之过矣。彼疏其顽童，昵其地主，以百姓之不得职为己大耻，将登荐贤辅，变革故法，使卒越劲，使民果毅，使吏精廉强力，以御白人之侮。"若是清朝皇帝成为"圣明之客帝"，为其过错"椎匈啮臂"，然后励精图治，"变革故法"，就能够消除矛盾，共同抵御西方白人的入侵，从而使得中国走出内忧外患的特殊时期。[②]

至于《分镇》，由光绪二十六年（1900）1月发表在《五洲时事汇报》上的《藩镇论》而来，然修订较多，这是章太炎基于咸丰以来地方督抚势力坐大、内轻外重之局而提出的："今方镇苶弱，而四裔乘其敝，其极至于虚猲政府，使从而劫疆吏，一不得有所阻挠，割地输币无敢有异义。"若是地方政府太弱，那么周边的外国势力乘机攻击，虚弱的地方政府无法自保，中央政府也会被迫签订卖国条约。若是地方督抚拥有独立的行政权，成为一方藩镇，那么各地都能从维护地方利益出发，主动对抗外国的侵略，即使中央政府签订的条约，也可以置之不理，也即"外人不得挟政府以制九域"。鉴于"分镇"也有可能造成地方割据的局面，章太炎指出："瓜分而授之外人，孰与瓜分而授之方镇？"也就是

① 朱维铮：《章太炎与近代学术》，上海人民出版社2022年版，第43—50页。

② 章太炎：《客帝第二十九》，《章太炎全集》（三），第65—69页。

说，他认为，在特殊时期，还是需要两害相权取其轻。[①]

光绪二十六年（1900）2月左右，《訄书》初刻本才出版不久，章太炎便对其中的内容有所不满了。于是就在该年的夏秋，他又做了“补佚”，补上了《辨氏》与《学隐》二篇，于是《訄书》初刻本的再版版本便是增加此二篇的版本。这两篇文章，已经透露出他对清政府态度的转变，《学隐》多有指责魏源媚清之句，《辨氏》则说：“独有生女真与新徙塞内诸蒙古，犹自为妃耦，不问名于华夏。其民康回虐饕，墨贼无艺，有圣王作，倘攘斥之乎？攘斥而不既，流蔡无土，视之若日本之视虾夷，则可也。”[②]《辨氏》一篇后改名为《序种姓》，“生女真”也改成了“满族”，而在最后的《检论》之中则删除了“流蔡无土，视之若日本之视虾夷”之语也，可见在辛亥之后，章太炎为了民族团结有所调整。[③]

《訄书》初刻本虽然对清朝多有维护，但还是引起了不小的震动。章太炎曾在给吴保初的书信中说：“平阳为弟谋一译润之局，而居停虚寄，无下榻处安定，以《訄书》刻后，谣诼颇多，嘱勿寓彼宅中，致遭侦捕。”[④]此时宋恕（平阳人）想帮太炎谋求一个职务，却因为《訄书》相关的“谣诼”而变得困难，他还嘱咐太炎不要住在自己家中，以免被清政府抓捕。孙宝瑄也在日记里说“菿汉所著书出，颇鼓动一世，造孽无穷”[⑤]，指的就是《訄书》初刻本，可见此书“鼓动”与“造孽”的力量，已经引起多方关注。

到了光绪二十八年（1902）秋冬之间，章太炎开始全面重订《訄书》，一则增加新的篇章，也即《訄书》结集之后的新作；另一则对旧作加以彻底的修订。然而修订完成不久，就发生了著名的苏报案，清廷下发了对章太炎的逮捕令，不过光绪二十九年初，章太炎或许就知道此书无法在国内出版，故已交付日本东京翔鸾社。光绪三十年4月，《訄书》重订本在日本以铅印本顺利出版。初刻本封面题字为梁启超，重订本则为邹容，似乎表明章太炎已经不再认可梁启超

① 章太炎：《分镇第三十一》，《章太炎全集》（三），第72—75页。
② 章太炎：《辨氏》，《章太炎全集》（三），第111页。
③ 章太炎：《序种姓下》，《章太炎全集》（三），第382页。
④ 章太炎：《与吴君遂·一》，《章太炎全集》（十二），第111页。
⑤ 孙宝瑄：《忘山庐日记》（上），第470页。

为友。光绪三十二年章太炎到了东京，他检阅误字、脱字、倒字十多处，列成勘误表，附于该年七月的再版本，9月，又根据他本人的意见，再次推出无圈点的新版本。①

《訄书》重订本共列五十八题，收录文章六十三篇、附录四篇，除了篇目上的增加之外，与初刻本的具体差别主要有以下几个方面。

首先，章太炎对《訄书》进行重订之时，在卷首专门加入《客帝匡谬》《分镇匡谬》两篇。之所以如此安排，是为了检讨当初对清政府还抱有幻想而撰写的《客帝》《分镇》二文，通过"匡谬"来作自我批评，强调自己今后将会于革命事业上一往无前。他在《客帝匡谬》中指出：

> 故联军之陷宛平，民称"顺民"，朝士以分主五城，食其廪禄，伏节而死义者，亡一于汉种，非人人阘茸佣态。同异无所择，孰甘其死？繇是言之，满洲弗逐，欲士之爱国，民之敌忾，不可得也。浸微浸削，亦终为欧美之陪隶已矣。②

太炎提及八国联军攻入北京之际，官吏纷纷自称"顺民"。也就是说，清政府已经完全无法鼓舞民众同仇敌忾、保家卫国，长此以往，中国终究沦为"欧美之陪隶"，即列强的殖民地。不过，章太炎虽主张驱逐满人，却并非仇视满人。就在武昌起义爆发后，还在日本的章太炎当是最早注意到必须团结满人的革命者，他曾写信给留学日本的满族学生，劝他们不必恐慌，更不必援助外兵与中国革命为敌：

> 武昌义旗既起，人心动摇，贵政府岌岌不遑自保，君等滞在海东，岂无眷念？援借外兵之志，自在意中，此大误也。所谓民族革命者，本欲复我主权，勿令他人攘夺耳，非欲屠夷满族，使无孑遗，效昔日扬州十日之

① 朱维铮：《章太炎与近代学术》，第49—57页。

② 章太炎：《客帝匡谬》，《章太炎全集》（三），第120页。

为也；亦非欲奴视满人不与齐民齿叙也……君等满族，亦是中国人民，农商之业，任所欲为，选举之权，一切平等，优游共和政体之中，其乐何似？我汉人天性和平，主持人道，既无屠杀人种族之心，又无横分阶级之制，域中尚有蒙古、回部、西藏诸人，既皆等视，何独薄遇满人哉！[①]

清政府岌岌可危之际，有许多满族学生在日本，借助诸如日本等外国势力支援清政府，当是其中一种声音。然而革命之势摧枯拉朽，即便外国势力有心也无力。满人当然也担心汉人的报复，甚至有出逃海外之类的声音。故章太炎特别指出，汉族人不会效仿“扬州十日”，也不会“奴视满人”，而是会将满族与蒙古族、回族、藏族等一起平等对待、平等择业、平等参政，这就是“五族共和”的先声之一。由于章太炎曾经主持过《民报》，他的声音在革命党人当中影响巨大，当时不但安抚了人心，也对于推进民国时期的民族政策多有助力。

其次，增加了以西方近代社会科学理论分析人类社会形态与中国古今变迁的内容，据姜义华先生统计，“《訄书》中直接注明作者与书名的，就有英国人类学泰斗泰勒（章氏译作梯落路）的《原始人文》，芬兰哲学家、人类学家韦斯特马克的《人类婚姻史》（章氏译作威斯特马科《婚姻进化论》），美国著名社会学家吉丁斯（章氏译作葛通哥斯）的《社会学》，日本著名社会学家有贺长雄的《族制进化论》，日本文学家涩江保的《希腊罗马文学史》、语言学家武岛又次郎的《修辞学》、宗教学研究者姊崎正治的《宗教学概论》。书中引述的，还有瓦伊知的《天然民族之人类学》，载路的《民教学序论》，白河次郎、国府种姓的《支那文明史》，远藤隆吉的《支那哲学史》，桑木严翼的哲学著作，以及培根、洛克、卢梭、康德、斯宾塞等人的许多观点”[②]。引用这些著作与观点，其实都是为了说明中国社会必须进行重大变革，从现代学术的理论上论证革命的必要性。其中姊崎正治《上世印度宗教史》一书也被《訄书》所引用，他对章太炎的影响一直持续到主持《民报》时期，甚至对《齐物论释》的创作也多

① 章太炎：《与满洲留日学生》，《章太炎全集》（十二），第395—396页。

② 姜义华：《章太炎思想研究》，中国人民大学出版社2009年版，第120页。

有影响。[①]

再次，增加、修改了关于中国历史与现实的内容，从而使其议论更有针对性。章太炎特别关注诸如王莽改革等中国历史上涉及土地相关的问题，故专门加入关于如何进行土地分配的《定版籍》一篇。该文采取别致的对话体，回顾了当年在横滨之时与孙中山讨论中国土地现状的对话，指出："田不均，虽衰定赋税，民不乐其生，终之发难。有器庙而不足以养民也。"最后还附上草拟的《均田法》，其中规定"凡土，民有者无得旷"，有土地的人不能任由土地荒废；"凡露田，不亲耕者使鬻之，不雠者鬻诸有司"，不能亲自耕种的土地应当由政府负责出售。[②]究其用意，皆是为了防止因为土地兼并而造成土地闲置，因为大量农民失地会激化社会矛盾、引发社会动荡，中国古代的许多农民起义，就是以土地为号召，章太炎反复阐明土地制度，显示出其明显的革命意图。

然后，还有关于历史的一组文章，如《尊史》《征七略》《哀焚书》《哀清史》，特别值得注意的就是《哀清史》，其中指出："自黄帝以逮明氏，为史二十有二矣（除去复重《旧唐书》、《旧五代史》二种）。自是以后，史其将斩乎？"[③]接着说"今清室之覆亡，知不远矣"。他为"清史"担忧，主要是因为有清一代种种文字狱，故"虽有良史，将无所征信"，接着还在此篇中批评清朝的政治、食货、礼乐等各种弊端。但章太炎并不想撰写"清史"，而是希望编撰一部《中国通史》。

在《訄书》重订本中，章太炎在《哀清史》一文后附录了一篇《中国通史略例》与《中国通史目录》，就其体例而言，大体与传统的纪传体正史相似，共分为五个部分："表"五种、"典"十二种、"记"十种、"考纪"九种、"别录"二十五种。其中的"表"包括"帝王表""方舆表""职官表""师相表""文儒表"，使得"悉数难尽""繁文难理"的信息不必再通过传记呈现，从而节省篇幅。"典"类似正史之"志"，太炎强调："诸典所述，多近制度。及夫人事纷纭，非制度所能限，然其系于社会兴废，国力强弱，非眇末也。""记"之中特

① ［日］小林武：《章太炎与明治思潮》，白雨田译，上海人民出版社2018年版，第53—65页。

② 章太炎：《定版籍第四十二》，《章太炎全集》（三），第278—279页。

③ 章太炎：《哀清史第五十九》，《章太炎全集》（三），第329页。

设“革命记”，宣传革命的用意很明显。《考纪》与《别录》都是传统的人物传记，章太炎说希望以此“振厉士气，令人观感”，特别是“洪秀全考纪”一篇与“清三帝考纪”并列，革命之意尤为明确。[①]

章太炎的《中国通史》计划，曾在光绪二十八年（1902）与梁启超的通信中做了详细的陈述，这应当与前一年梁启超曾在《清议报》发表《中国史叙论》有关。章太炎说：

> 窃以今日作史，若专为一代，非独难发新理，而事实亦无由详细调查。惟通史上下千古，不必以褒贬人物、胪叙事状为贵，所重专在典志，则心理、社会、宗教诸学，一切可以熔铸入之。典志有新理新说，自与通考会要等书徒为八面锋策论者异趣，亦不至如渔仲《通志》蹈专己武断之弊。然所贵乎通史者，固有二方面：一方以发明社会政治进化衰微之原理为主，则于典志见之；一方以鼓舞民气、启导方来为主，则亦必于纪传见之。[②]

章太炎之所以放弃编撰“清史”，一则是因为难以阐发新理，二则是因为事实繁杂而无法详细调查，只有“通史”可以不褒贬人物或者详述事实。他的“通史”重点在“典志”，也即典章制度，可以使用西方的心理、社会、宗教等学科解释历史，主要目的是“发明社会政治进化衰微之原理”。另一重点在“纪传”，目的是“鼓舞民气、启导方来”。该信后面还附录了具体目录，分为五个部分：五表、十二志、十记、八考纪、二十七别录，与《訄书》重订本所附的《目录》有很大的差异。

最后，增加了多篇讨论中国传统学术流变的文章，比如《订孔》《学变》《学蛊》《王学》《颜学》《清儒》等；还删除了部分与今文经学相关的内容，比如《尊荀》一篇。特别需要说明的就是《订孔》一文，开篇引述日本学者远藤隆吉之语，并说：

① 章太炎：《哀清史第五十九》附《中国通史略例》，《章太炎全集》（三），第333—336页。

② 章太炎：《与梁启超·二》，《章太炎全集》（十二），第61页。

六艺者，道、墨所周闻……异时老、墨诸公，不降志于删定六艺，而孔氏擅其威。遭焚散复出，则关轴自持于孔氏，诸子欲走，职矣。《论语》者暗昧，《三朝记》与诸告饬、通论，多自触击也。下比孟轲，博习故事则贤，而知德少歉矣。[①]

章太炎此说并不是出于文献之考证，也不是想讨论“六艺”“诸子”与“王官之学”的关系，只是强调孔子“删定六艺”其意义并不大，而孔子之学则与老子，以及从王官“征藏故书”有关系。他认为，《论语》一书多有暗昧不通之处，现被收录于《大戴礼记》的《孔子三朝记》近似告饬、通论，无甚高论。孔子本人与孟子相比，只不过“博习故事”上有贤能，而在“知德”上则甚至少歉了。于是章太炎强调“孔氏，古良史也”，这是与其后的“六经皆史”等论述是相似的。他还说：“夫孟、荀道术皆踊绝孔氏，惟才美弗能与等比，故终身无鲁相之政，三千之化。”[②]孟子、荀子在道术上都超过了孔子，孔子在先秦儒家当中，真正可以称道的只有“才美”与“博习”而已。此时章太炎正在努力研究诸子学，他认为，要将孔子以及儒家由独尊而回归诸子百家之列，此外，他对历史上儒家独尊以及儒家信徒沉溺利禄等都有具体的批评。许之衡当时就说：“余杭章氏《訄书》，至以孔子下比刘歆，而孔子遂大失其价值，一时群言多攻孔子矣。”[③]与《订孔》一文相关，章太炎关于诸子学的系统研究，进一步揭示了孔子以及儒家的弊病：

儒家之病，在以富贵利禄为心……其教弟子也，惟欲成就吏材，可使从政……孔子干七十二君，已开游说之端，其后儒家率多纵横者……然则

① 章太炎：《订孔第二》，《章太炎全集》（三），第132页。
② 章太炎：《订孔第二》，《章太炎全集》（三），第133页。
③ 许之衡：《读〈国粹学报〉感言》，载桑兵等编：《国学的历史》，国家图书馆出版社2010年版，第53页。

> 孔子之教，惟在趋时，期行义从时而变……用儒家之道德，故艰苦卓厉者绝无，而冒没奔竞者皆是。[1]

《论语》中的孔子形象，与其教导弟子从政，周游列国是分不开的。然而就谋求富贵利禄而言，孔子强调的是“义”，反对“不义而富且贵”，所以章太炎之说是有些片面的。不过因为儒家积极从政的思想，也导致少了“艰苦卓厉者”，多了“冒没奔竞者”，章太炎的这些批评，虽不完全符合实际，但仍有一定道理，对于反思儒家在诸子百家之中的地位，重新认识中国传统思想，有着振聋发聩的作用。

章太炎《訄书》重订本出版之后，在日本的华侨群体之中，造成了巨大反响，《警钟日报》说“印本一出，风行一时”，“轰震海内”而被誉为“杰作”。[2]尤其是光绪三十年（1904）10月第二版的圈点本，更受欢迎，多次重印。任鸿隽回忆：“虽然艰深难懂，但在一个暑假中我也把它点读一过。从此对于太炎先生的思想文笔我是五体投地地佩服的。”[3]从此之后，作为革命家的章太炎，影响世人最大的著作就是在危难之际出版的《訄书》重订本。该书有多篇文章较为系统地论证了革命的思想主张，在当时宣传革命的著作之中，也是影响最大的书之一。

苏报案发

光绪二十八年（1902）2月22日，章太炎因为革命言论，再次成为清政府抓捕的目标，为此他先是再次东渡日本，然后又悄悄潜回国内继续从事革命，直到苏报案发而入狱三年。

关于第二次东渡，章太炎后来回忆说：

---

① 章太炎：《论诸子学》，《章太炎全集》（十四），第52—53页。

② 《章炳麟〈訄书〉再版已到》，《警钟日报》1904年10月16日。

③ 任鸿隽：《记章太炎先生》，载陈平原、杜玲玲编：《追忆章太炎（修订本）》，第210页。

> 去冬自苏州返乡里。正月朔旦，君遂又遣力走赴余宅曰："闻君在东吴大学，言论恣肆。江苏巡抚恩铭赴学寻问，教士辞已归，惧有变，亟往日本避之。"于是东渡。时孙逸仙方在横滨。湖南秦遁力山者，故唐才常党，事败东走，卓如不礼焉，往谒逸仙，与语，大悦。余亦素悉逸仙事，偕力山就之。逸仙导余入中和堂，奏军乐，延义从百余人会饮，酬酢极欢。自是始定交。①

这次又是吴保初（君遂）派人前往仓前告知章太炎，说他在东吴大学的言论引起了江苏巡抚恩寿（《自定年谱》误作"恩铭"）的关注，为防有变，督促他再往日本避祸。关于此事，章太炎的弟子沈延国曾有记录，说章太炎当时"不好经史课生，高论民族大义训迪后生，诱导学生走光复的道路，收效甚巨。课题有《李自成胡林翼论》，保皇派惊惶相告"，于是恩寿前往查问，要求逮捕章太炎，方才有传教士通知吴保初告知等事。后来沈延国在第二档案馆查到张之洞曾密函两江总督端方（岘帅），端方再密函恩寿前去查问：

> 江苏巡抚恩寿赴学校查问，晤英美籍校长，谓有"乱党"章某借学校煽惑学生作乱，"言论恣肆"，要求许予逮捕。传教士急遣使通知介绍人吴君遂，吴又遣力走赴余杭，告以苏抚寻问，因倡言革命，拟追捕。惧有变，亟往日本避之……先生东吴执教，鼓吹民族大义，确惊动了清朝大吏，近检得张之洞致端方密函：章炳麟事，前面托沈道到金陵密告岘帅筹之。顷沈道归言：岘帅已密函致恩中丞，沈也赴苏面陈。恩已与东吴大学堂两洋人商允，今年不请章入该堂矣。②

章太炎再到日本之际，梁启超已将《清议报》旬刊停刊，创刊《新民丛报》半月刊。2月28日，章太炎到达横滨，与上次一样，还是先暂住在梁启超的报

① 章太炎：《自定年谱》，《章太炎全集》（十一），第757页。
② 沈延国：《章太炎先生在苏州》，载陈平原、杜玲玲编：《追忆章太炎（修订本）》，第292页。

馆。他写信给吴保初，说起此事："《丛报》已出二册。任公宗旨较前大异，学识日进，头头是道。总之，以适宜当时社会与否为是非之准的。报中亦不用山膏詈语以招阻力。大约此报通行，必能过于《清议》也。"[①]此前，章太炎在《清议报》上发表过多篇文章，对梁启超的办报宗旨之调整多有关注，探讨适宜社会变革之是非问题，正是章、梁二人所共同关注的焦点。几天后，章太炎去了东京，入住牛込区天神町六十五番中国留学生公寓，有空也会写文章寄给梁启超，让他发表在《新民丛报》上，"回忆三年前至此，相知惟有任公、念劬，今则留学生中，旧识有十数人，稍不寂漠也"[②]。上次在日本，太炎只认识梁启超（任公）与钱恂（念劬），这次在留学生之中发现了许多旧识，又认识了一些新朋友，比如唐才常的好友秦力山，更与孙中山（逸仙）一起"会饮酬酢"，孙、章之正式定交，便是在此时。

4月26日，也即阴历三月十九日，正是明崇祯皇帝自缢身亡之日，章太炎与秦力山等人计划在日本东京举行"支那亡国二百四十二年纪念会"。然他们的计划太过张扬，清政府驻日公使蔡钧得知计划，便要求日本警察出面禁止。当遇到警察询问"清国何省人"时，章太炎说"非清国人，支那人也"[③]，此前章太炎就"著书用周召共和纪年，而摈清帝年号，闻者骇为悖逆狂惑"[④]，"割辫明志"之后，更明确了"光复汉族"为职志，也就不再承认清朝了。由于受到阻挠，数百位与会者无法进入预订的会场东京上野精养轩，无奈而改在横滨永乐酒楼补一个纪念酒会，召集在日华侨兴中会及中和堂会员多人，孙中山任主席，章太炎宣读纪念词。此篇纪念词后发表于香港的《中国日报》，在香港、澳门以及广州等地产生很大影响。其中说：

愿吾滇人，无忘李定国；愿吾闽人，无忘郑成功；愿吾越人，无忘张

---

① 章太炎：《与吴君遂・五》，《章太炎全集》（十二），第114页。

② 章太炎：《与吴君遂・六》，《章太炎全集》（十二），第115页。

③ 章士钊：《疏〈黄帝魂〉》，载《辛亥革命回忆录》第一集，文史资料出版社1961年版，第222页。

④ 李植：《余杭章先生事略》，载张九思编：《章太炎自述》，上海人民出版社2021年版，第113页。

煌言；愿吾桂人，无忘瞿式耜；愿吾楚人，无忘何腾蛟；愿吾辽人，无忘李成梁……庶几陆沈之痛，不远而复，王道清夷，威及无外。①

在章太炎看来，明清之际的中国大地，四处都是抗清的仁人志士，他们都感受到了“陆沈之痛”。列举各地的历史人物以及英雄事迹，就是希望能够激发各地百姓对于清政府的不满。相对于略显艰涩的民族主义理论，中国传统思想之中的“华夷之防”以及明清之际的人物与事迹则更容易被接受，更何况相关的人与事，早就被汉族士人详细记录，且大多就发生在自己的周边，借此宣传革命也是当时革命者的一种普遍选择。比较典型的一个例子就是朱峙三，他曾在日记中记载了他通过阅读《扬州十日记》与《嘉定屠城记》，以及其他革命党人编撰的关于明清之际的历史读物，心生反清的念头，渐渐开始支持革命的转变。②

章太炎与孙中山、秦力山等人就革命与建国讨论了许多问题，又购置了日本出版的哲学、社会科学的许多著作。光绪二十六年（1900）7月，章太炎回国，后来译述了日本学者岸本能武太的《社会学》，并在广智书局出版。他还与人合译了井上圆了的《妖怪学讲义》部分内容，蔡元培后来对本书做了更为完整的翻译，并于光绪三十二年在商务印书馆出版。

光绪二十九年（1903）3月，章太炎应蔡元培（1868—1940）之邀，任教于上海爱国学社。爱国学社则由蔡元培、叶瀚、蒋智由、黄宗仰等人发起成立的，中国教育会协助创办，原本是为接济因为抗议校方无理开除学生而发起学潮、退学的二百多名原南洋公学学生，随后卷入退学风潮的四十多名原南京陆师学堂学生也加入其中。因为经济纠纷，爱国学社的学生对蔡元培等中国教育会负责人有所不满，又因为苏报案牵连，最后爱国学社于当年6月解散。章太炎当时任三、四年级国文教员。在任教的三个月内，他要求每个学生写一篇“本纪”，将每个人的编年史都称作“本纪”，与帝王平起平坐，还要学生闯过

① 章太炎：《中夏亡国二百四十二年纪念会书》，《章太炎全集》（八），第193—194页。

② 胡香生辑录、严昌洪编：《朱峙三日记（1893—1919）》，华中师范大学出版社2011年版，第127、129、158、207页。

“纪孔”“保皇”二关，这些教学内容显然带有反清的意味。[1]他在写给吴保初的信中说：

> 亦谓全学社中宜毁弃一切书籍，而一以体操为务。如是三年，其成效必有大过人者。不然，汤盘孔鼎，既不足为今世用；西方新学，亦徒资窃钩发冢，知识愈开，则志行愈薄，怯葸愈甚。[2]

章太炎认为，爱国学社的学生不应一味读书，而应该更加重视体操，因为中国旧学“不足为今世用”，西方新学有时候也只是助人为非作歹，所以知识丰富并不见得真正有利于国家。在当时的章太炎看来，最为关键的就是革命。他在爱国学社任教，其实为宣传革命提供了便利。

爱国学社的学员都是学潮的积极分子，具有爱国热忱，他们反对法国出兵广西，反对俄国在《辛丑条约》签订后仍不从中国东北撤军，发起了拒法、拒俄运动，倡导军国民教育运动，一时之间，声势浩大。光绪二十九年（1903）4月27日，爱国学社发起上海各界在张园召开拒俄集会；4月30日，一千多人集会并成立了国民总会，倡导保全国土国权，接着学生们还成立了中国学生同盟会。学社成员章太炎、邹容等人也借此机会发表演说，宣扬政见。此时，一份本不知名的小报——《苏报》，也借着高涨的民情，走到了历史的前台。

《苏报》原本是中国人借日本人的名义创办的一份市井小报，知名度也有限，后来被陈范买下。陈范（1860—1913），号梦坡，湖南衡山人，其兄陈鼎（1854—1904）为光绪初年进士，后任翰林院编修、军机处行走，戊戌政变后，因同情康、梁而被监禁。陈范本人曾靠捐官做过江西铅山知县，后因处置教案不力而被免官。这些原因使得他对清政府不满，甚至生出倾覆清朝之志。光绪二十八年（1902），《苏报》开辟了“学界风潮”一栏，发表了不少批判清政府，带有革命色彩的文章。第二年，《苏报》聘请爱国学社成员章士钊（1881—

① 章太炎：《与陶亚魂、柳亚子》，《章太炎全集》（十二），第124页。
② 章太炎：《与吴君遂·十二》，《章太炎全集》（十二），第121页。

1973）担任主笔，聘请章太炎等人担任撰述。

彼时正好在日本留学的张继与邹容，因反对清政府驻日学生监督姚文甫而剪掉其辫子，并悬挂于留学生会馆示众，被清政府公使及日本外务省逼迫，不得不愤然回国，他们加入了爱国学社，邹容则与章太炎同寓。“二章”以张、邹四人日日聚会，因为意气相投而结为异姓兄弟。据章士钊回忆：“一日，先生挈钊与继、容同登酒楼，开颜痛饮，因纵论天下事，谓吾四人，当为兄弟，僇力中原。继首和之，一拜而定。自是先生弟畜钊，而钊以伯兄礼事先生唯谨。”①章士钊，字行严，湖南善化（今属长沙市）人，曾任司法总长兼教育总长、国民参政会参政员等职。张继（1882—1947），字溥泉，河北沧县人，曾在早稻田大学修读政治经济，后参与创立华兴会，加入同盟会后任司法部判事及《民报》编辑人兼发行人，晚年则担任国民党党史史料编纂委员会主任委员、国史馆馆长。邹容（1885—1905），又名威丹、蔚丹，四川巴县（今重庆市巴南区）人，自费留日期间完成了《革命军》一书。不久之后，《革命军》就在上海大同书局出版，此书的内容相当驳杂，大体来自当时各类出版物，比如谭嗣同《仁学》以及梁启超发表在《新民丛报》与《国民报》上的政论等，经过邹容激越、犀利的笔调，这些内容整合成为一个更加适宜传播的小册子。②

《革命军》出版之后，章太炎为之作序，此序与邹容的自序都发表在《苏报》上。《革命军》传播了大量新鲜的政治理念，吸引了众多关注祖国前途命运的青年，于是这个小册子一时间不胫而走，一年之间重印二十多次，发行量超过百万。《革命军》开篇就说：

> 呜呼！我中国今日不可不革命；我中国今日欲脱满洲人之羁缚，不可不革命；我中国欲独立，不可不革命；我中国欲与世界列强并雄，不可不革命；我中国欲长存于二十世纪新世界上，不可不革命；我中国欲为地球

① 章士钊：《伯兄太炎先生五十有六寿序》，载陈平原、杜玲玲编：《追忆章太炎（修订本）》，第30页。

② 唐文权：《关于〈革命军〉的借资移植问题》，载《中国文化研究集刊》第5辑，复旦大学出版社1987年版，第506—518页。

上名国，地球上主人翁，不可不革命……革命者，天演之公例也。革命者，世界之公理也。革命者，争存争亡过渡时代之要义也。革命者，顺乎天，而应乎人者也；革命者，去腐败而存良善者也。革命者，由野蛮而进文明者也。革命者，除奴隶而为主人者也。①

这种带有口号色彩的文字，气势磅礴，摧枯拉朽，再加之“地球上主人翁”“天演之公例”“世界之公理”等概念，确实极易煽动人心。再看章太炎之《序》最后指出：

抑吾闻之，同族相代，谓之革命；异族攘窃，谓之灭亡；改制同族，谓之革命；驱除异族，谓之光复。今中国既灭亡于逆胡，所当谋者光复也，非革命云尔。容之署斯名，何哉？谅以其所规画，不仅驱除异族而已，虽政教学术、礼俗材性，犹有当革者焉，故大言之曰革命也。②

太炎辨析了革命、光复二词的差异，特别强调还需要做政教学术、礼俗材性等方面的变革，故而直接称其为“革命”。章、邹二人的这些言论，极大地宣传了革命思想，引起了巨大反响。

引起时人以及清政府特别关注的，还有章太炎与康有为的争论。光绪二十八年（1902）5月，康有为在《新民丛报》上先后发表了多篇文章，其中《与同学诸子梁启超等论印度亡国由于各省自立书》以印度沦为英国殖民地为证据，名义上是专为告诫梁启超等人，实际则是在教训倾向革命的海内外中国人，只许立宪不可革命；至于《答南北美洲诸华商论中国只可行立宪不能行革命书》则直接将自己的政治主张亮了出来：“公理未明，旧俗俱在，只可以立宪，不可以革命。”③此外还强调中国民众因为素质有限，故必须经过君主专制、君主立

① 邹容：《革命军》，冯小琴评注，华夏出版社2002年版，第7—8页。

② 章太炎：《〈革命军〉序》，《章太炎全集》（十），233页。

③ 康有为：《答南北美洲诸华商论中国只能行立宪不能行革命书》，《康有为全集》第六集，第312—333页。

宪、民主立宪三个阶段，光绪皇帝颇有励精图治之心，若除去慈禧与荣禄等守旧派，就可以实现君主立宪。此时有康门弟子将这两篇文章编印成《南海先生最近政见书》，然后大量翻印，到处散发，在国内外造成极大的思想混乱。对于并不同意此说的章太炎来说，必须撰文反击，这就是著名的《驳康有为论革命书》，该文部分内容就发表在《苏报》上。其中说：

> 长素以为中国今日之人心，公理未明，旧俗俱在，革命以后，必将日寻干戈，偷生不暇，何能变法救民，整顿内治？夫公理未明，旧俗俱在之民，不可革命，而独可立宪，此又何也？岂有立宪之世，一人独圣于上，而天下皆生番野蛮者哉？……人心进化，孟晋不已。以名号言，以方略言，经一竞争，必有胜于前者……然则公理之未明，即以革命明之；旧俗之俱在，即以革命去之。革命非天雄、大黄之猛剂，而实补泻兼备之良药矣！①

针对康有为（长素）的观点，章太炎指出，若是因为“公理未明，旧俗俱在”而不可革命，那么立宪又能解决什么问题呢？更何况人心是在不断进化、竞争的，公理可以进行宣讲，旧俗可以进行改革，故而必须通过革命手段，才能改造中国。文中还指出：“满、汉两族，固莫能两大也。今以满洲五百万人，临制汉族四万万人而有余者，独以腐败之成法愚弄之、锢塞之耳。使汉人一日开通，则满人固不能晏处于域内。”针对康有为说光绪皇帝励精图治，章太炎特意指出“载湉小儿，不辨菽麦”，于是清政府再也坐不住了。章太炎的观点引起了热烈的讨论，同盟会江苏省分会会长、南社发起人之一的高旭作有《题太炎先生驳康氏政见》一诗，正好写出了章太炎驳书在当时社会上引发的热烈反响：

> 豪杰不可睹，夸士莽纵横。
> 岳岳章夫子，正义不可倾。
> 种祸日益棘，忧患曷有程？

① 章太炎：《驳康有为论革命书》，《章太炎全集》（八），第182—185页。

蚩尤幻作雾，天地谁肃清？
当头一棒喝，如发霹雳声！
保皇正龙头，顿使吃一惊。
从此大汉土，日月重光明。①

光绪二十九年（1903）的五六月间，清政府商约大臣吕海寰致函江苏巡抚恩寿，建议其逮捕在上海宣传革命的人。恩寿于是命上海道台袁树勋照会各国领事，点名逮捕章太炎、蔡元培、陈范等人；又命袁树勋要求上海租界工部局会同查封《苏报》。由于该案发生在租界，袁树勋出于过往经验，为避免旁生枝节，并不愿与租界当局过多交涉，时任两江总督的魏光焘态度也不积极。真正声称必须严办的是另外两位地方大员——端方和张之洞，他们极力煽动舆论，并敦促清政府下令严惩苏报案相关人员。

于是魏光焘、恩寿派遣江苏候补道俞明震，专门赶赴上海，协同袁树勋办理此事。俞明震（1860—1918），字恪士，祖籍浙江山阴（今绍兴），曾经支持康、梁变法，后转任南京江南水师学堂兼附设矿务铁路学堂总办，鲁迅去日本之前曾受过他的提携。俞明震之子俞大纯是章士钊的友人，故而他对于办理此案并不积极，反而对爱国学社与苏报馆多有庇护，吴稚晖（1865—1953），便是在俞明震的嘱咐下逃脱了此次追捕。蔡元培也从租界领事那边听闻风声之后，辗转青岛、日本等地避祸，陈范也在此时悄悄逃走。

光绪二十九年（1903）6月29日，工部局派警探先去苏报馆，带走了报社账房程吉甫。章太炎也听到了风声，本有机会躲避，但疏于警戒，加之强烈的志士仁人心态，依旧坚持留在爱国学社，他曾说："革命没有不流血的，我被清政府查拿，现在已经第七次了。"面对警探，他指着自己的鼻子说："余人俱不在，要拿章炳麟，就是我。"②

① 高旭：《题章太炎近著》，载郭长海、金菊贞编：《高旭集》，社会科学文献出版社2003年版，第33—34页。原作《题太炎先生〈驳康氏政见〉（癸卯十月）》，登载于1904年8月10日的《警钟日报》，署名剑公，收入诗集时有改动。

② 汤志钧编：《章太炎年谱长编（增订本）》上册，第99页。

章太炎曾“七被追捕”：第一次在光绪二十四年（1898），因为参加强学会以及担任过《时务报》主笔，宣传维新变法而被清政府通缉，只得避居异地；第二次在光绪二十六年2月，慈禧宣布立端郡王载漪之子溥儁为大阿哥，并准备废掉光绪皇帝，上海电报总办经元善联合上海商绅及各界名流共1231人通电反对，废立之举失败后，章太炎等通电人士便被通缉，后在上海隐藏；第三次在光绪二十六年8月，因受到唐才常自立军失败的牵连而被通缉，在余杭隐藏；第四次在光绪二十七年初，吴保初派人到余杭，告知章太炎，因为发表《正仇满论》等文章以及出版《訄书》，官方即将前来抓捕，于是到寺庙躲藏；第五次在光绪二十八年2月，因为继续倡言革命以及在东吴大学的言论而被通缉，第二次避居日本；第六次在光绪二十八年底从上海秘密潜回余杭之后，被官方侦得动向前来抓捕，只得再到镇西龙泉寺躲藏；第七次即光绪二十九年6月的苏报案。现在到了第七次，再也不想躲躲藏藏了。[①]

于是章太炎终被工部局逮捕。7月1日，本已迁居至虹口，又与苏报馆并无往来的邹容，因收到章太炎共同赴难的来信，为了彰显兄弟义气与英雄气概，选择了主动投案。英、美、日驻沪领事与清政府派遣的官员组成会审公廨，在租界内组织额外公堂，于7月15日与7月21日，对章太炎、邹容两次审讯。清政府委托律师提出控诉，控辩双方及其律师在庭上展开辩论。据章太炎后来在狱中与吴保初等人的书信所说：

> 南洋法律官带同翻绎，宣说曰“中国政府到案”；曰“中国政府控告苏报馆大逆不道，煽惑乱党，谋为不轨”；曰“中国政府控告章炳麟大逆不道，煽惑乱党，谋为不轨”；曰“中国政府控告邹容大逆不道，煽惑乱党，谋为不轨”。乃各举书报所载以为证，贼满人、逆胡、伪清等语，一切宣读不讳。噫嘻！彼自称为中国政府，以中国政府控告罪人，不在他国法院，而在已所管辖最小之新衙门，真千古笑柄矣。[②]

---

① 杨法宝：《章太炎“七被追捕”考略》，《炎黄春秋》1999年第4期。

② 章太炎：《与吴君遂・十二》，《章太炎全集》（十二），第122页。

“中国政府”竟然和两位“罪人”同台辩论，确实成了“千古笑柄”，这是清代两百多年来闻所未闻之事，此番经过中外报刊的广泛宣传，不仅扩大了章太炎、邹容等人的知名度，也使得他们关于革命的思想广为人知，对于清政府则更生了不屑之感。所以说，苏报案，向上呼应了吕留良、曾静案，某种程度上变相传播了其所倡导的革命思想。[①]章、邹二人的友人黄宗仰，也就是那位倡议成立爱国学社，既讲授佛学又宣传革命，被誉为“革命和尚”的乌目山僧，当时就作了两首诗表达对章太炎、邹容从容不迫地与清政府对抗的壮举的感叹。其二说：

大鱼飞跃浙江潮，雷峰塔震玉泉号。
哀吾同胞正酣睡，万籁微闻鼾息调。
独有峨嵋一片月，凛凛相照印怒涛。
神州男子气何壮？义如山岳死鸿毛。
自投夷狱经百日，两颗头颅争一刀。[②]

关于苏报案的中外交涉，主要包括两个方面。一方面，因为该案原本发生在租界内，故牵涉治外法权。清政府要求租界将章太炎与邹容交出来，由中国人自己来审理；租界当局则主张该案必须在租界之内审理，正好可以彰显其管理体制之“文明”与“法治”，于是拒绝交人。当然，他们也知道，若是章、邹二人落入清政府之手，便是与谭嗣同等人同样的下场。另一方面，当时出现了国际舆论的干预，也就不需要直接以治外法权为借口了。各国列强有着各自的考量。英国政府出于维护在租界的地位的考虑，坚决反对将章、邹二人移交给清政府，并介入该案的审理过程；法国与俄国开始时支持清政府的诉求，希望

① 具体可参见相关研究专著：王敏：《苏报案研究》，上海人民出版社2010年版；徐中煜：《清末新闻出版案件研究（1900—1911）：以苏报案为中心》，上海古籍出版社2010年版。

② 黄宗仰：《再寄太炎、威丹》，载沈潜、唐文权编：《宗仰上人集》，华中师范大学出版社2000年版，第165—166页。原载1903年9月21日《江苏》第6期，署名中央。

换取一些利益，后来法国在英国的游说下改变了态度；至于日本，它与英国本为同盟关系，故在表面上与英国态度一致，背后则与清政府单独交涉，透露出不会庇护章、邹二人的意思。①

12月3日开始，又有多次公审，清政府指出章、邹著书“实欲使通国之人皆无尊君亲上之心，扰乱国事，莫此为甚”，12月24日，法庭宣判章、邹二人“永远监禁”。②报刊公布结果后舆论哗然，领事团也提出异议，最终，该判决被宣布无效。光绪三十年（1904）5月21日，清外务部会通各国驻华公使共同签署判决书，判处章太炎监禁三年、邹容监禁两年，《苏报》被永久停刊。

章士钊是苏报案的亲历者，关于此案的影响，他说：

> 前清末造，士夫提倡革命，其言词之间，略无忌讳，斥载湉为小丑，比亲贵于贼徒者，惟香港、东京之刊物能为之，在内地则不敢，抑亦不肯。洵如是者，词锋朝发，缇骑夕至，行见朋徒骇散，机关捣毁，所期者必不达，而目前动乱之局亦难于收摄也。此其机缄启闭，当时明智之士固熟思而审处之。然若言论长此奄奄无生气，将见人心无从振发，凡一运动之所谓高潮无从企及。于是少数激烈奋迅者流，审时度势，谋定后动，往往不惜以身家性命与其所得发踪指示之传达机构，并为爆炸性之一击，期于挽狂澜而东之，合心力于一响，从而收得风起云涌，促成革命之效。《苏报》案之所由出现，正此物此志也。③

晚清之时，士人想要提倡革命，必须注意言词，诸如“载湉小丑”之类原本只能在香港、东京的报刊上发表，如今利用《苏报》在内地发表，自然就会发生“词锋朝发，缇骑夕至”以及“朋徒骇散，机关捣毁”等变故。然而若是

---

① 王敏：《西方列强与苏报案关系述论》，《历史研究》2009年第2期，第119—132页；王敏、甘慧杰：《苏报案交涉中的日本》，《学术月刊》2021年第4期，第119—132页。

② 汤志钧编：《章太炎年谱长编（增订本）》上册，第105—109页。

③ 章士钊：《〈苏报〉案》，转引自金冲及、胡强武：《辛亥革命史稿》第一卷，上海人民出版社1980年版，第280页。

人人都“熟思而审处之”，言论“奄奄无生气”，人心“无从振发”，革命运动之高潮也就无法到来，故而必须要有像章太炎这样的“激烈奋迅者”，不惜以身家性命“为爆炸性之一击”，才能收到“风起云涌”的效果。从这个角度来说，苏报案的爆发，对于革命事业的推动是极大的。更何况在苏报案审判期间，国内外各式报刊大多对此进行了报道并发表相关评论，使得该案成为重大的社会事件，在许多青年之间获得了巨大反响。清政府堵塞言论的行为反而适得其反，许多人因此知道了章太炎与邹容的大名，主动去寻找与阅读《訄书》《驳康有为论革命书》《革命军》，从而加快了革命思想的传播。

光绪二十九年（1903），章太炎因苏报案入狱，他在狱中时，开始担心文化传统的断绝：

> 上天以国粹付余，自炳麟之初生，迄于今兹，三十有六岁。凤鸟不至，河不出图，惟余亦不任宅其位，繄素王素臣之迹是践，岂直抱残守阙而已，又将官其财物，恢明而光大之。怀未得遂，累于仇国，惟金火相革欤？则犹有继述者。至于支那闳硕壮美之学，而遂斩其统绪，国故民纪，绝于余手，是则余之罪也！①

虽说当时章太炎是革命家的一面为人所知，但他心底里还是保持着“国粹”“国故”之传承人的一面。《论语》中孔子说：“凤鸟不至，河不出图，吾已矣夫！”孔子以上古至周的文化传人自居，章太炎引孔子的话，其实也是以文化传人自居，而且他并不只想“抱残守阙”，还想“恢明而光大之”，也就是“继述”，继承并创新，铸就新的中国文化。他当时入狱，面临生命的威胁，所以担心中国文化“闳硕壮美之学，而遂斩其统绪”，从顾炎武、戴震到俞樾的这一文脉若被斩断，章太炎便感觉自己也有罪过了。

章太炎与邹容在提篮桥畔西狱中被罚做苦工。章太炎被罚做裁缝，“缝袜底一也，犯人衣上，编号写字二也。最后先生升一美缺，曰烧饭……厨房派八犯

① 章太炎：《癸卯狱中自记》，《章太炎全集》（八），第145页。

人，各司其事，混言之曰烧饭，先生职实称饭也”[①]。二人常常苦中作乐，一边坚持读书，一边作诗唱和，鼓舞人心。章太炎有诗题赠邹容：

邹容吾小弟，被发下瀛洲。
快剪刀除辫，干牛肉作餱。
英雄一入狱，天地亦悲秋。
临命须掺手，乾坤只两头。[②]

邹容被章太炎视为小兄弟，邹与章一样，剪去发辫，并参加了革命党，写作《革命军》之后回国，却因为苏报案发而入狱。“英雄一入狱，天地亦悲秋”，愿意为革命事业而献身，天地之间唯有头颅而已，这种精神既是邹容的，又是章太炎本人的。邹容也有答诗：

我兄章枚叔，忧国心如焚。
并世无知己，吾生苦不文。
一朝沦地狱，何日扫妖氛？
昨夜梦和尔，同兴革命军。[③]

章太炎另外还有《狱中闻沈禹希见杀》一诗，同样慷慨激昂：

不见沈生久，江湖知隐沦。
萧萧悲壮士，今在易京门。
螭魅羞争焰，文章总断魂。

① 张篁溪：《章太炎先生在狱佚闻录》，载陈平原、杜玲玲编：《追忆章太炎（修订本）》，第201页。

② 章太炎：《狱中赠邹容》，《章太炎全集》（十），第242页。

③ 邹容：《狱中答西狩》，载戴逸主编：《辛亥烈士诗文选》，巴蜀书社2011年版，第7页。

中阴当待我，南北几新坟。[①]

沈禹希（1872—1903），原名荩，字禹希，湖南善化（今属长沙）人，当时积极参与维新运动，戊戌变法失败之后留学日本，开始走上革命道路。光绪二十六年（1900）回国秘密组织反清活动，光绪二十九年通过特殊渠道获取中俄关于移交东三省的丧权辱国的密约的消息，并将其发表于《新闻报》，于是被清廷逮捕并杖毙于刑部狱中。章太炎大约是在日本的时候认识了沈禹希，听闻他被杀后，便做了此诗，此外还作有《祭沈禹希文》一篇，另有为章士钊编撰的《沈荩》一书作序。“不见沈生久”，本是模仿杜甫“不见李生久”，在太炎看来，沈禹希是与李白一样的人物，或是“江湖知隐沦”，一度沉寂于东瀛，或是“萧萧悲壮士”，一度又壮怀激烈地从事革命，无奈清廷的爪牙四布，终被杀害，于是还在狱中的太炎只得感叹“南北几新坟”，等到革命成功之日，不知还要牺牲多少同志之士！当时同在监狱的邹容也有和诗，他们在感叹之余，也担心自己可能被清政府杀害，各外国政府同样有此忧虑，他们害怕舆论压力，没有将章、邹等人引渡给中国政府，苏报案的审理也就依旧在租界内继续进行。《狱中闻沈禹希见杀》一诗，邹容也有和诗一首，其中说：“一瞑负多疚，长歌招国魂。”[②]遗憾的是邹容最后惨死于狱中，壮志未酬，长歌之招，竟也属于他自己了。

章太炎出狱之后，作有《狱中与威丹唱和诗》一文，详细回顾他与邹容在狱中做诗唱和并联句《绝命词》以及与狱卒斗争等情形，其中说：

狱事既决，狱卒始不以人道相待，时犹闭置空室，未入铁槛，视狱卒陵暴状，相与咋舌裂眦……因复议引决事，时刀索金环毒药诸物既被禁绝，惟饿死。威丹曰：“饿死，小丈夫事也。”余曰：“中国饿死之故鬼，第一伯夷，第二龚胜，第三司空图，第四谢枋得，第五刘宗周。若前三子者，吾不为；若后二子，吾为之。”因作绝命词三首……既入铁槛，余断食七日不

① 章太炎：《狱中闻沈禹希见杀》，《章太炎全集》（十），第243页。

② 邹容：《和西狩〈狱中闻沈禹希见杀〉》，载《辛亥烈士诗文选》，第6页。

死……余复谓威丹曰："食亦死，知必死，吾有处之之道。"自是狱卒陵藉，余亦以拳拟之，或夺其椎。固自知力不逮，亦太史公所谓知死必勇者……余复受梏三次，由今思之，可以致死者数矣。威丹略解英语，稍与委蛇，未罹斯酷。

……

威丹既殁，白人稍善视余，使任执爨之役，因得恣意啖食。余之生，威之死为之也。[①]

当时的狱卒多有陵暴，章太炎曾以绝食抗拒，并历数古代绝食而死之人，不想做伯夷，而想做刘宗周，于是作了《绝命词》。但他"断食七日不死"，于是又以武力抗拒，所谓"知死必勇"，经历多次致死的危险。遗憾的是，邹容虽通过英语与狱卒周旋，并未遭受太多酷刑，却突然暴卒。此事一经公布，素不相识的徐锡麟担心章太炎被害，特意从日本回上海"为奔走调护"。[②]迫于舆论，狱卒让章太炎改任厨房工作，为犯人称饭，生活状况有所改善。章太炎为邹容之死耿耿于怀，怀疑是清政府买通下毒。出狱之后，他曾为邹容作传，并在自己的书房中悬挂邹容遗像[③]，后来还专门去邹容家乡拜祭英灵。

《民报》主笔及革命、立宪二派的笔战

光绪三十二年（1906）6月29日，章太炎终于结束上海三年牢狱的日子，被驱逐出境，蔡元培、于右任（1879—1964）、柳亚子（1887—1958）等人与同盟会总部从东京派来的代表一起迎候他出狱，还有各地发来的十多通电报祝贺其出狱。他在中国公学稍事休息，就在同盟会的安排之下，于当晚离开上海。到达日本东京之后，太炎就加入了同盟会，并担任同盟会机关报《民报》的主编，

① 章太炎：《狱中与威丹唱和诗》，转引自汤志钧编：《章太炎年谱长编（增订本）》上册，第111—112、117页。

② 章太炎：《徐锡麟陈伯平马宗汉传》，《章太炎全集》（八），第224页。

③ 厉鼎煃：《章太炎先生访问记》，载陈平原、杜玲玲编：《追忆章太炎（修订本）》，第397页。

入住牛込区新小川町二丁目八番地的民报社。此次，他在东京待了五年多，这是他一生中流亡海外最长的一段日子，其间围绕《民报》而发生的斗争，也极为精彩。

此前，光绪三十年（1904）冬，以浙江、江苏、安徽为主的革命者成立了光复会，推举蔡元培为会长，因其不善于实际组织工作，同为绍兴人的陶成章（1878—1912）逐渐接替蔡元培而成为光复会的实际领袖，当时还在狱中的章太炎也积极参与了光复会的组建；光绪三十一年8月20日，中国同盟会在日本东京成立，孙中山担任总理，同盟会为原先由孙中山创办的兴中会与黄兴创办的华兴会以及光复会等革命团体联合而成，是一个全国性的革命政党，确定了推翻清王朝、建立共和国家以及平均地权等纲领。后来，章太炎与孙中山、黄兴等人一起制定了《革命方略》，具体包括《军政府宣言》《军政府与各处国民军之关系》《对外宣言》等十多件文告，强调“前代为英雄革命，今日为国民革命。所谓国民革命者，一国之人皆有自由、平等、博爱之精神，即皆负革命之责任，军政府特为其枢机而已”①。

光绪三十二年（1906）7月15日，东京的中国留学生为了欢迎章太炎，举行盛大的酒会，这日虽是雨天，仍有两千余人前来一睹章太炎的风采。在欢迎会上，章太炎作了演讲：

> 独有兄弟却承认我是疯癫，我是有神经病，而且听见说我疯癫，说我有神经病的话，倒反格外高兴。为甚么缘故呢？大凡非常古怪的议论，不是神经病人，断不能想，就能想也不敢说。说了以后，遇着艰难困苦的时候，不是神经病人，断不能百折不回，孤行己意。所以古来有大学问成大事业的，必得有神经病才能做到……近来有人传说，某某是有神经病，某某也是有神经病，兄弟看来，不怕有神经病，只怕富贵利禄当面现前的时候，那神经病立刻好了，这才是要不得呢！……但兄弟所说的神经病，并

① 孙中山：《中国同盟会革命方略》，《孙中山全集》第一卷，中华书局1981年版，第296页。

> 不是粗豪卤莽，乱打乱跳，要把那细针密缕的思想，装载在神经病里。[①]

他从外人说他“疯癫”与“神经病”出发，反其道而行之，强调为了革命不得不发出“非常古怪的议论”，常人不敢想、想也不敢说的那些话，也就只能由所谓“疯癫”之人说出；常人遇着艰难困苦，往往退缩，也就只能所谓“疯癫”之人一意孤行，百折不回。如果是为了革命而“被神经病”，就并不可怕，可怕的是每逢革命陷入低谷之时，被收买而“神经病”立刻好了。最后他还强调，关键是在“疯癫”之中，要有“细针密缕”的思想，既要有“疯癫”的革命行动，又要有细密的革命思想，不求富贵利禄，不畏艰难困苦，才是真正伟大的革命者。

章太炎认为，革命的关键在于“民德”，在于具有一种道德精神，需要用勇猛无畏、头陀净行、惟我独尊、力戒诳语来对治怯懦、浮华、猥贱、诈伪之心，才能成为革命者。这在他分析《民报》“本杂志的主义”六条中即有体现：

> 《民报》所谓六条主义者，能使其主义自行耶，抑待人而行之耶？待人而行，则怯懦者不足践此主义，浮华者不足践此主义，猥贱者不足践此主义，诈伪者不足践此主义。以勇猛无畏治怯懦心，以头陀净行治浮华心，以惟我独尊治猥贱心，以力戒诳语治诈伪心……庶几民德可兴。而六条主义得人而弘道。[②]

在讲演之中章太炎还特别强调两件事：“第一，是用宗教发起信心，增进国民的道德；第二，是用国粹激动种性，增进爱国的热肠。”就第一点，他说：“要在普度众生，头目脑髓，都可施舍与人……一切有形的色相，无形的法尘，总是幻见幻想，并非实在真有……要有这种信仰，才能勇猛无畏，众志成城，方可干得事来”。就第二点，他说：“不是要人尊信孔教，只是要人爱惜我们汉

---

① 章太炎：《在东京留学生欢迎会上之演讲》，《章太炎全集》（十四），第2—3页。

② 章太炎：《与梦庵·一》，《章太炎全集》（十二），第321页。

种的历史。这个历史，是就广义说的，其中可分为三项：一是语言文字，二是典章制度，三是人物事迹。"[①]说到宗教精神，可以说是章太炎自身所具有的一种独特精神特征，他自己曾在纵论孔子、老庄、佛学、王学以及西方的尼采超人学说之后总结说：排除生死，旁若无人，布衣麻鞋，径行独往，上无政党猥贱之操，下作懦夫奋矜之气。以此揭橥，庶于中国前途有益。[②]

章太炎本身就是带有"普度众生""勇猛无畏"的佛菩萨精神的革命者，从来不顾生死，也从来旁若无人，不畏政党权要，积极振作同路人，确实就是以宗教精神从事革命的典型。从《订孔》一文开始，他对于孔教的批评主要是指将儒学视为谋求功名利禄的工具，至于中国的历史，或者说文化则包括了语言文字、典章制度、人物事迹，这些都是可以唤起种族自信、增进爱国热肠的重要思想资源。

经过了前一阶段的革命斗争和牢狱生涯，章太炎此时特别重视革命者的道德问题，据许寿裳回忆，当时章太炎努力与革命同志相互砥砺，"松柏后凋于岁寒，鸡鸣不已于风雨"[③]。在监狱的三年，他怀疑自己是被所谓革命同路人的吴稚晖出卖，也看到了许多革命青年渐渐丧失斗志。

于是他在《民报》上发表《无神论》《建立宗教论》与《革命道德说》，强调在革命斗争之中，如果不具备良好私德，就难有合格的公德。章太炎强调"道德堕废者，革命不成之原"，至于培养什么样的道德？他指出：

一曰知耻，二曰重厚，三曰耿介，四曰必信。若能则而行之，率履不越，则所谓确固坚厉、重然诺、轻死生者，于是乎在。乌呼！端居读书之日，未更世事，每观管子所谓四维、孔氏所谓无信不立者，固以是为席上之腐谈尔。经涉人事，忧患渐多，目之所睹，耳之所闻，坏植散群，四海皆是。追怀往诰，惕然在心。为是倾写肝鬲以贻吾党。若曰是尚可行，则

① 章太炎：《在东京留学生欢迎会上之演讲》，《章太炎全集》（十四），第4、6、8页。
② 章太炎：《答铁铮》，《章太炎全集》（八），第393页。
③ 许寿裳：《章炳麟》，转引自汤志钧编：《章太炎年谱长编（增订本）》上册，第130页。

请与二三君子守此迂介。[①]

无论《管子》说的“礼义廉耻”，还是《论语》说的“无信不立”，往往被认为是迂腐之谈，然而经历人事、忧患，就知道知耻、重厚、耿介、必信这四条原则才是践行革命的根本所在。

这些观念的提出，与当时《民报》与《新民丛报》的论战有关，即主要是在回应梁启超。梁启超在《新民丛报》发表了《开明专制论》《申论种族革命与政治革命之得失》等文章，光绪三十二年（1906）4月28日的《民报》第三号号外，就宣布了《民报》与《新民丛报》“辨驳之纲领”十二项，讨论的主要问题就是要“共和”还是“开明专制”，以及国民与政府、民族革命与社会问题。接着就有文章针对梁启超的论点逐条驳斥，当时参与论战的主要有汪精卫（1883—1944）、胡汉民（1879—1936）、朱执信（1885—1920）、冯自由（1882—1958）、张继、汪东（1890—1963）等，章太炎接手《民报》后，也参与到论战之中。当时徐佛苏曾提议双方和解，两刊之间停止驳论，但《民报》一方不同意，每期都有半数以上的篇幅在批驳《新民丛报》相关文章。后来，孙中山和汪精卫、胡汉民离开日本去了南洋，又通过新加坡《中兴日报》继续展开论战，直到光绪三十三年8月《新民丛报》停刊之后，依旧还有批驳文章发表。至于章太炎的加入，他后来曾有总结说：“时孙逸仙与善化黄兴克强已集东京学子千余人设中国同盟会，倡作《民报》，与康氏弟子相诘难……入同盟会，任《民报》编辑。余以胡、汪诘责卓如，辞近诟谇，故持论稍平。”[②]相比胡汉民、汪精卫言词激烈的批驳，章太炎则语气平和，说理透彻，避免了人身攻击。

梁启超在《新民说》的“论私德”一节中说，革命者常沦为“瞎闹派”，因为他们往往不注意私德，将破坏视为快意逞能之事：“夫鼓吹革命，非欲以救国耶？人之欲救国，谁不如我，而国终非以此‘瞎闹派’之革命所可得救，非惟

① 章太炎：《革命道德说》，《章太炎全集》（八），第296页。

② 章太炎：《自定年谱》，《章太炎全集》（十一），第759页。

不救，而又以速其亡。”[①]面对康、梁为首的清末“新党”，章太炎在光绪三十二年（1906）作有《箴新党论》，其中说：“综观十余年之人物，其著者或能文章、矜气节，而下者或苟贱不廉与市侩伍，所志不出交游声色之间。人心不同，固如其面，吾亦不敢同类而共非之，特其竞名死利则一也。”[②]立宪派的好名好利，也是当时人所共见，那么革命党如何保持良好的道德，必然也是章太炎所特别强调的问题。

章、梁之间的笔战，其实早在1901年就发生过，那次笔战，除了道德问题，最为重要的论辩则围绕“排满”与“国体”展开。当时，梁启超在他主编的《清议报》上，陆续发表《戊戌政变记光绪圣德记》与《中国积弱溯源论》等文章，继续鼓吹君主立宪与变法改良，特别在后一文中强调“中国积弱之源，非必由于满人君天下”，将乾隆皇帝比作西方之路易十四，光绪皇帝则是“天心之仁爱中国而欲拯其祸也”，似乎只要除掉慈禧、光绪亲政，中国就有希望了。[③]但在章太炎看来，光绪皇帝的种种举措，不过还是为了保住满人的权位利益，在当时的形势之下，即使有心改革也很难成功。他在文中辩驳：

> 梁子既主立宪政体，又为《积弱溯源论》，曰：“真有爱国心而具特识者，未有仇视满人者也。”呜呼！梁子迫于忠爱之念，不及择音，而忘理势之所趣，其说之偏宕也亦甚矣。夫今之人人切齿于满洲，而思顺天以革命者，非仇视之谓也。屠剑之惨，焚掠之酷，钳束之工，聚敛之巧，往事已矣。其可以仇视者，亦姑一切置之，而就观今日之满人，则固制汉不足，亡汉有余，载其呰窳，无一事不足以丧吾大陆？[④]

梁启超反对“仇视满人”，当是出于对光绪皇帝的“忠爱之念”，而忘却了

---

① 梁启超：《新民说》，汤志钧、汤仁泽编：《梁启超全集》第二集，中国人民大学出版社2018年版，第645页。

② 章太炎：《箴新党论》，《章太炎全集》（八），第301页。

③ 梁启超：《中国积弱溯源论》，《梁启超全集》第二集，第273、275页。

④ 章太炎：《正仇满论》，《章太炎全集》（十），第222页。

“理势之所趣”，故太炎强调，如今的政权“制汉不足，亡汉有余”，几乎没有一件事能够办好，只会让大陆渐渐沦丧，故顺应天时则必须革命，这是出于爱国而不是出于“仇满”。章太炎还辩驳：

> 梁子又曰：“今之民贼，其在汉人者往往而有，非独满人然也。”夫汉人之有民贼，固也。彼思今之汉人，判涣无群，人自为私，独甚于汉、唐、宋、明之季者，谁致之而谁迫之耶？吾以为今人虽不尽以逐满为职志，或有其志而不敢讼言于畴人，然其轻视鞑靼以为异种贱族者，此其种性根于二百年之遗传，是固至今未去者也。①

针对梁启超说当时的“民贼”往往有许多是汉人，太炎认为，当时的汉人官吏“判涣无群，人自为私”，超过了汉、唐、宋、明，这是因为贵族特权逼迫所致，在政权高压之下，满、汉之间无法真正实现良好合作，满、汉之间“种姓根于二百年之遗传”至今未去，才是导致种种弊政的原因所在。所以，中国想要摆脱危局，实行君主立宪是不可行的，必须革命。

当时革命、立宪二派争论的另一焦点就是“排满”的正当性。梁启超在介绍西方民族学说时，提出“大民族主义”概念，以此攻击革命派为“小民族主义”：

> 吾中国言民族者，当于小民族主义之外，更提倡大民族主义。小民族主义者何？汉族对于国内他族是也。大民族主义者何？合国内本部属部之诸族以对于国外之诸族是也。大民族主义者何？合国内本部属部之诸族以对于国外诸族是也。中国同化力之强，为东西历史家所同认。今谓满洲已尽同化于中国，微特排满家所不欲道，即吾亦不欲道……合汉、合满、合蒙、合回、合苗、合藏，组成一大民族，提全球三分有一之人类，以高掌

① 章太炎：《正仇满论》，《章太炎全集》（十），第224页。

> 远跖于五大陆之上。此有志之士所同心醉也。[①]

以汉族对抗国内其他民族的思想是“小民族主义”，联合国内各个部族，特别是联合汉、满、蒙、回、苗、藏为一体，包括了当时全球三分之一的人类，这就是“大民族主义”，以此来论证中国的民族问题，似乎革命派“排满”的正当性也就丧失了，更何况“满洲已尽同化于中国”。此外，同为立宪派的杨度（1875—1931），也强调中国境内的民族，诸如汉、满之间有着共同的文化基础，可以视为同一民族，特别是“中华”二字，是从文化之高下来作区分：

> 中国自古有一文化较高、人数较多之民族在其国中，自命其国曰中国，自命其民族曰中华。即此义以求之，则一国家与一国家之别，别于地域，中国云者，以中外别地域远近也。一民族与一民族之别，别于文化，中华云者，以华夷别文化之高下也。即此以言，则中华之名词，不仅非一地域之国名，亦且非一学统之种名，乃为以文化之族名。故《春秋》之义，无论同姓之鲁、卫，异姓之齐、宋，非种之楚、越，中国可以退为夷狄，夷狄可以进为中国，专以礼教为标准，而无亲疏之别。其后经数千年混杂数千百人种，而称中华如故。以此推之，华之所以为华，以文化言，不以血统言，可决知也。故欲知中华民族为何等民族，则于其民族命名之顷，而已含定义于其中。与西人学说拟之，实采合于文化说，而背于血统说。华为花之原字，以花为名，其以之形容文化之美，而非以之状态血统之奇，此可于假借会意而得之者也。[②]

“中华”确实不仅指“地域之国名”，也不仅指“血统之种名”，还指“文化之族名”。就《春秋》而言，从同姓的国家，到异姓的国家，再到原非一个种族的国家，可以进而为“中国”，也可以退而为“夷狄”，其标准在于礼教，经过

---

① 梁启超：《政治学大家伯伦知理之学说（二）》，《梁启超全集》第四集，第214—215页。

② 杨度：《金铁主义说》，载刘晴波主编：《杨度集》，湖南人民出版社1986年版，第373—374页。

数千年，混杂数千百人种，因为同样的礼教文化认同故都可以称为“中华”，所以“中华民族”的命名带有本国、本民族文化的含义在其中。杨度反对以血统来说“中华”，转而从文化立说，确实很有道理，但这样做也消解了革命派“排满”的理由。

章太炎此时发表了著名的《中华民国解》，开篇即对“中国”与“中华”之区别作了分析：

> 中国之名，别于四裔而为言。印度亦称摩伽陀为中国，日本亦称山阳为中国，此本非汉土所独有者。就汉土言汉土，则中国之名以先汉郡县为界。然印度、日本之言中国者，举土中以对边郡，汉土之言中国者，举领域以对异邦，此其名实相殊之处。诸华之名，因其民族初至之地而为言。[①]

事实上“国”字的本义为“疆域”，“中国”也即疆域之中央，故印度、日本也有自己的“中国”，然就“汉土”而言，最早说“中国”指的“先汉郡县”，也即汉代中国的疆域。与印度、日本所指“中国”为“土中以对边郡”不同的是，“汉土”所说的中国主要是以本国的“领域”相对于“异邦”而言，也即将华夏民族最初定居生活的地域，与四周的“异邦”区分开来，故而更加确切的国家名称应该是“中华”。太炎接着说：

> 然神灵之胄自西方来，以雍、梁二州为根本……雍州之地东南至于华阴而止；梁州之地东北至于华阳而止，就华山以定限，名其国土曰华，则缘起如是也。其后人迹所至，遍及九州。至于秦汉，则朝鲜、越南皆为华民耕稼之乡，华之名于是始广。华本国名，非种族之号……正言种族，宜就夏称。《说文》云：“夏，中国人也。”“蛮夷猾夏”，《帝典》已有其文，知不起于夏后之世……夏本族名，非邦国之号，是故得言诸夏。[②]

---

① 章太炎：《中华民国解》，《章太炎全集》（八），第257—268页。

② 章太炎：《中华民国解》，《章太炎全集》（八），第257—268页。

华夏民族的根本在雍州、梁州，二州分别以华阴、华阳为止，即都是以华山为界限，此为其最初繁衍生息之地，然后遍及九州，甚至部分华民（华人）远及朝鲜、越南以及周边各地，再将“华”这个名号带到了世界各地。所以“华”本来就是国名而非种族之名号。就种族而言应该称“夏”，故历史上多以“诸夏”来称呼种族。最后，还有“汉”与“华”之间的区别，太炎说：

> 下逮刘季，抚有九共，与匈奴、西域相却倚，声教远暨，复受汉族之称。此虽近起一王，不为典要。然汉家建国，自受封汉中始，于夏水则为同地，于华阳则为同州，用为通称，适与本名符会。是故华云、夏云、汉云，随举一名，互摄三义。建汉名以为族，而邦国之义斯在。建华名以为国，而种族之义亦在。此中华民国之所以谥。[①]

汉朝建立之后，占据九州，声教传播到了西域，反过来被称为“汉族”，“汉”起源于“汉中”，这与“夏”起源于“夏水”，“华”起源于“华阳”，都是同一地域，可为通称，所以“华”“夏”“汉”三个名称可以只选其一而“互摄三义”，以“汉”名其族、“华”名其国，故章太炎就将来新的国家的名字，确定为“中华民国”。

此外，围绕杨度《金铁主义说》，章太炎主要从“未明于托名标识之事，而强以字义皮傅而言”“援引《春秋》以诬史义”“弃表谱实录之书而以意为衡量”三个方面作了批驳，其中有两个问题需要特别辩驳，一是针对“中华云者，以华夷别文化之高下也”这一观点，太炎指出：

> 夫华本华山，居近华山而因有华之称。后代华称既广，忘其语原，望文生训，以为华美，以为文明，虽无不可，然非其第一义，亦犹夏之训大，

① 章太炎：《中华民国解》，《章太炎全集》（八），第258页。

> 皆后起之说耳。[①]

从华山起源，然后越来越广，忘记了本原，但“华美”并非“华”的本义，就像“大”并非“夏”的本义一样，不能以后起之说混淆本义。也就是说，文化上的认同，并非“中华”的本义，不能因文化或文明的认同而忽视了其背后“以多数之同一血统者为主体”，一个民族繁衍生息、发展壮大的主体性必须重视。由此涉及另一问题，即异族之“同化”，应当如何看待满洲之“同化”，他接着说：

> 或曰：若如是，则满洲人亦居少数而已，稍相同化于我矣，奚不可与同中国？为答曰：所以容异族之同化者，以其主权在我，而足以翕受彼也。满洲之同化，非以受我抚治而得之，乃以陵轹颠覆我而得之。二者之不可相比，犹婚媾与寇之例。以婚媾之道而归女于吾族，彼女则固与吾族同化矣。以寇之道而据我寝宫，入我床笫，亦未尝不可与我同化，然其为怨为亲，断可识也。吾向者固云所为排满洲者，亦曰覆我国家，攘我主权之故。[②]

当年清朝入关，本是“攘我主权”，不是受汉人的“抚治而得之”，主权并不在汉人，反而是一种“陵轹颠覆”。这就是“婚媾”与“寇”的区别，“以寇之道而据我寝宫，入我床笫”，如此“同化”，是“怨”而不是“亲”。

在当时特定的历史背景下，章太炎才会反复强调所谓“排满”的重要性。他曾说：“排满洲者，排其皇室也，排其官吏也，排其士卒也。若夫列为编氓相从耕牧是满人者，则岂欲傳刃其腹哉！”[③]“排满”是排侵犯汉人主权的皇室、官吏、士卒，而不是“相从耕牧”的满人，满人还是将来“中华民国”的人民之一部分。至于到了清末民初，还有如何面对东西方列强的问题，他说：“今外

① 章太炎：《中华民国解》，《章太炎全集》（八），第259页。

② 章太炎：《中华民国解》，《章太炎全集》（八），第261页。

③ 章太炎：《排满平议》，《章太炎全集》（八），第276页。

有强敌以乘吾隙，思同德协力以格拒之，推其本原，则曰以四百兆人为一族，而无问其氏姓世系。”[①]域外之强敌来临，就需要所有“四百兆”中国人，无论汉、满、蒙、回、藏，成为一个“中华民族”，然后“同德协力”一起抗拒侵略。总之，章太炎对于各种代代相传并且影响深远的历史记录，进行“历史民族”论的全面辨析，最终就本国、本民族的认同感与参与感，政治与文化的向心力而得出国号当为“中华民国”的论证，及其不可替代的合法性，为辛亥革命之后的建国提供了理论支持。

双方争论的另一焦点就是君主立宪的“代议制”与民主共和的“总统制”之争。光绪三十一年（1905），清政府宣布实行“预备立宪”。光绪三十二年9月，清政府颁布九年预备立宪诏，正式开启预备立宪，于是康有为、梁启超等人开始策划成立政治团体，积极鼓吹君主立宪。在康、梁幕后组织下，由马相伯出面领导的政闻社于同年在日本东京成立，并于10月17日举行成立大会，当时还有日本人犬养毅等人参加大会表示支持，张继、陶成章等革命党人对立宪派如此大肆声张十分愤怒，赶往会场哄闹破坏。就此，章太炎作有《记政闻社员大会破坏状》发表在《民报》上，还专门给马相伯写信，劝其不要跟着梁启超等人搞立宪活动。后来，政闻社本部与马相伯一起从东京迁到了上海，再后来，清政府因为对康、梁的怨恨以及预备立宪本来就是虚应故事，于是禁止了政闻社的活动。

当时，梁启超在其主持创办的政闻社机关刊物《政论》上，发表了支持马相伯担任总务员的演说《政党之必要及其责任》，提出以“神我”为国家根本，强调宪政的必需与政党的必要。为此，章太炎撰写了《驳神我宪政说》并发表在《民报》上加以反驳。他还有《马良请速开国会》一文批评马相伯以及政闻社要求清政府早开国会等活动。梁启超在所撰写的《政闻社宣言书》中提出了四点纲领：一曰实行国会制度，建设责任政府；二曰厘定法律，巩固司法权之独立；三曰确立地方自治，正中央地方之权限；四曰慎重外交，保持对等的权

① 章太炎：《〈社会通论〉商兑》，《章太炎全集》（八），第348页。

利。[1]关于“国体”问题，梁启超在《政治学大家伯伦知理之学说》等文章之中，也都有所讨论。立宪派另一人物杨度则在日本东京成立了“宪政讲习会”，专门指导立宪党研究“国体”；江浙一带的张謇、汤寿潜、郑孝胥（1860—1938）等人则于光绪三十二年（1906）12月16日在上海成立预备立宪公会，该会为当时国内规模最大的立宪团体。一时之间，立宪派的势力大增，似乎国会的召开指日可待。此时，原先在革命与立宪之间摇摆的一大批政治活跃势力，极有可能倒向立宪派。

光绪三十四年（1908），为了回应立宪派的活动，章太炎发表了《代议然否论》。从多个不同的角度否定了在当时的中国推行西方代议制民主的可能性，认为若是不改变社会经济结构，贸然实行代议制，将会出现严重的后果。中国疆域广袤、人口众多，若是举行选举，被选出来的往往是当地土豪，因为土豪有足够的金钱产生影响力，让民众将选票投给自己，而贤良则完全无法与之竞争，而是资本与权力结合，必将对民众造成更大的压迫，“是故选举法行，则上品无寒门，而下品无膏粱。名曰国会，实为奸府，徒为有力者傅其羽翼，使得腰腊齐民，甚无谓也。”[2]然后他指出：

> 余固非执守共和政体者，故以为选举总统则是，陈列议院则非。总统之选，非能自庸妄陵猎得之，必其尝任方面与为国务官者，功伐既明，才略既著，然后得有被选资格。故虽以全国人民胪言推举，不至怐瞀而失其伦也……夫欲恢廓民权，限制元首，亦多术矣……总统惟主行政国防，于外交则为代表，他无得与，所以明分局也。司法不为元首陪属，其长官与总统敌体，官府之处分，吏民之狱讼，皆主之。虽总统有罪，得逮治罢黜，所以防比周也……总统任官以停年格迁举之，有劳则准则例而超除之，他不得用。官有专门者毋得更调，不使元首以所好用人也。在官者非有过失，罪状为法吏所报当者，总统不得以意降调，不使元首以所恶黜人也。[3]

① 梁启超：《政闻社宣言书》，《梁启超全集》第六集，第238—245页。

② 章太炎：《代议然否论》，《章太炎全集》（四），第313页。

③ 章太炎：《代议然否论》，《章太炎全集》（四），第317—318页。

在章太炎看来，革命之后必须实行“共和政体”，选举总统，总统必须是“功伐既明，才略既著”。然后“恢廓民权，限制元首”又有多个方面，比如国防与外交的分工，司法的独立，总统任免制度的建设，总统不得随意降调官吏，等等，章太炎认为就制度建设而言，共和制在许多方面必然优于徒有其表的代议制。

关于革命党与康、梁等人为首的立宪派之间的几次论战，章太炎后来曾有总结：“我们更可知学术的进步，是靠着争辩，双方反对愈激烈，收效方愈增大。我在日本主《民报》笔政，梁启超主《新民丛报》笔政，双方为国体问题辩论得很激烈，很有色彩，后来《新民丛报》停版，我们也就搁笔。”①学术的进步，政治的进步，都需要争辩，激烈的反对正是促进双方思考的动力。当年双方争辩的焦点是“排满”与“国体”，各种各样的问题都摆出来，对于国内外社会各界理解为什么要“排满”以及为什么是“民主共和”而非“君主立宪”才适合中国，理解清末民初中国的社会转型以及当时的国际形势，都有着积极的意义。光绪三十四年（1908）8月27日，清政府颁布了《钦定宪法大纲》并以九年为期预备立宪，立宪派对此大为失望。章太炎撰写了《虏宪废疾》六条，对《钦定宪法大纲》进行逐条批驳，使得在革命、立宪之间动摇的民众，转而支持以革命来推翻清王朝。

章太炎主持《民报》之际，除了与立宪派论战之外，一度还曾与巴黎的中国无政府主义者论战。褚民谊（1884—1946）曾撰文批评中国同盟会“驱除鞑虏，恢复中华”的民族主义观点，于是章太炎撰写《排满平议》与《定复仇之是非》等文章加以辩驳，认为无政府主义与中国国情不符，“为中国应急之方，言无政府主义不如言民族主义也”②。无政府主义者与立宪派针对革命党人理论上的某些偏颇之处的批评，也使得革命党人的民族主义纲领逐渐完善。

与无政府主义密切相关的有社会主义以及民族主义，这些主张往往纠缠在

① 章太炎：《国学十讲》，《章太炎全集》（十四），第331页。

② 章太炎：《排满平议》，《章太炎全集》（八），第269页。

一起，当时章太炎与日本以及印度、越南、韩国的革命者多有交往，其中多有讨论社会主义者，后来还推动成立联合亚洲各国革命运动的组织“亚洲和亲会”。

光绪三十三年（1907），张继、刘师培等人在东京发起“社会主义讲习会”，日本的社会主义者、无政府主义者，如幸德秋水、大杉荣、山川均、堺利彦等人，常被邀请讲座，章太炎与钱玄同曾经参加他们的活动。[①]章太炎本人曾在光绪三十三年9月22日，在社会主义讲习会第三次开会之际发表演说，痛斥国家学之荒谬及立宪之病民，后来还在光绪三十四年3月20日的集会上发表演说。[②]幸德秋水的著作如《二十世纪之怪物帝国主义》《社会主义广长舌》《社会主义神髓》等都被译成中文。后来幸德秋水翻译了德国罗列著的《总同盟罢工论》，白柳秀湖翻译了意大利马剌跌士达（今译马拉泰斯塔）著的《无政府主义》，张继都将这些书转译成中文，然后请章太炎作序，由此可知，章太炎对社会主义、无政府主义的行动纲领也有相当深刻的认识。[③]

就在章太炎此次到达日本东京后不久，印度法学家钵逻罕就来民报社拜访，二人谈到印度之衰微，印度国民协会即国民大会党的斗争等，深感相见恨晚。章太炎在《送印度钵逻罕保什二君序》中说：

> 印度法学士钵逻罕，自美利坚来，与其友保什走访余于东京……二君道印度衰微之状，与其志士所经画者，益凄怆不自胜！复问余支那近状。嗟呼！吾支那为异族陵轹，民失所庇，岂足为友邦君子道？顾念二国，旧肺府也，当斟酌其长短以相补苴。支那士人喜言政治，而性嗜利，又怯懦畏死，于宗教偶然无所归宿。虽善应机，无坚塙之操。印度重宗教，不苟求金钱储藏，亦轻生死，足以有为，独短于经国之术。二者相济，庶几其

① 郑医民：《社会主义讲习会与日本思想的关系》，《社会科学研究》2008年第3期。

② 汤志钧编：《章太炎年谱长编（增订本）》下册，第644页。

③ 章太炎：《总同盟罢工论序》，《章太炎全集》（八），第402—403页；章太炎：《无政府主义序》，《章太炎全集》（八），第403—404页。

能国乎？[①]

印度与中国当时同为列强所侵略，钵逻罕为印度的衰微凄怆之际，太炎也为中国的“异族陵轹，民失所庇”感叹。对比中、印二国的志士，中国人喜谈政治而功利心强，畏惧死亡而缺乏宗教精神与道德节操；印度人重视宗教，轻视金钱与生死，于是章太炎便认为印度人正因为其宗教与道德更胜一筹，故更足以有为。光绪三十三年（1907）4月20日，印度留日学生举行西婆耆王纪念会，章太炎应邀并撰写了《记印度西婆耆王纪念会事》，批评日本人美化英国在印度的统治，并对印度人民的斗争表示支持。

“亚洲和亲会”又名“东亚亡国同盟会”，成立于光绪三十三年（1907）的七八月间，首次集会在东京青山印度会馆，有中、日、印三国的革命者出席，第二次集会在东京九段下一所一神教教会，越南和菲律宾的革命者也加入其中，此后还有缅甸、马来亚、朝鲜等国革命者的加入。中国除了章太炎，还有张继、刘师培、苏曼殊（1844—1918）、陈独秀（1879—1942）等人，这个组织带有无政府主义、社会主义倾向。章太炎当时对这一组织寄托的希望，在与权藤成卿等的笔谈中有提到：

> 我所希望的是在亚洲各国凡有政府者同时革命，被征服者同时独立。宫崎君说中国革命一旦成功，日本也将带来变化。但我以为日本革命并非当务之急。我很希望让安南、印度、缅甸等地，从现在的悲惨境地中解脱出来。[②]

中国、印度以及其他亚洲各国若是同时举行革命，宣布独立，从悲惨的境地之中解放出来，对日本社会的变化也会有一定的帮助。于是章太炎起草了《亚洲和亲会约章》，指出：“百余年顷，欧人东渐，亚洲之势日微，非独政权兵

① 章太炎：《送印度钵逻罕保什二君序》，《章太炎全集》（八），第375页。
② 章太炎：《与权藤成卿、武田范之笔谈记录》，《章太炎全集》（十），第272页。

力，浸见缩朒，其人种亦稍稍自卑。”[①]讲述了亚洲各国文明的起源以及一百多年以来，在欧洲人，也即白种人的殖民侵略之下，所遭受的蚕食，故亚洲和亲会旨在“反抗帝国主义，期使亚洲已失主权之民族，各得独立”，中国作为一个亚洲的大国，其独立尤其重要：“幸得独立，则足以为亚洲屏蔽，十数邻封，因是得无受陵暴”[②]。这一思想，其实与之前章太炎认为黄种人应当联合起来，日本与中国应该合作等，都是一脉相承的。

亚洲和亲会会员包括了民族主义、共和主义、社会主义、无政府主义等反对侵略的各种主张的革命者，至于其义务则列出三项：

> 一、亚洲诸国，或为外人侵食之鱼肉，或为异族支配之佣奴，其陵夷悲惨已甚。故本会义务，当以互相扶助，使各得独立自由为旨。
>
> 二、亚洲诸国，若一国有革命事，余国同会者应互相协助。不论直接间接，总以功能所及为限。
>
> 三、凡会员均须捐弃前嫌，不时通信，互相爱睦，期于感情益厚，相知益深，各尽其心，共襄会务。且各当视为一己义务，以引导能助本会及表同情者使之入会；并以能力所及，建设分会于世界各国。[③]

《亚洲和亲会约章》还规定了会员每月聚会一次，不设会长、干事等职务，会员平均利权等。和亲会总部位于东京，各国设立分会。这个《约章》以中、英两种文字印刷分发，明确提出反对帝国主义侵略、争取各国独立自由与解放，在民族革命运动中具有其先进性。

然而，光绪三十四年（1908）1月17日，日本警察当局逮捕了堺利彦、山川均、大杉荣等人，张继也险些被捕，不得不去了法国。堺利彦、山川均后来被释放，但到了该年6月又再度被捕，警察的干预使得亚洲和亲会的活动受到严重影响，但章太炎依旧利用《民报》撰写了《印度中兴之望》《印度独立方

---

① 章太炎：《亚洲和亲会约章》，《章太炎全集》（十），第279页。

② 章太炎：《亚洲和亲会约章》，《章太炎全集》（十），第280页。

③ 章太炎：《亚洲和亲会约章》，《章太炎全集》（十），第281页。

法》《印度之观日本》《印度人之论国粹》《支那印度联合之法》等一系列文章，揭露西方列强的侵略、奴役亚洲各国的罪恶行径，鼓励各国人民争取国家的解放，进一步宣传亚洲和亲会的宗旨。此外，《民报》还转译《印度自由报》《印度社会报》《印度柯来因报》等报纸上的文章十多篇，并翻译印度小说等，这些内容成为《民报》后期的一大特色。除了印度，章太炎还与越南革命者阮尚贤交往密切，在《民报》上发表了《越南设法侬议员》一文，揭露法国的殖民侵略统治。

章太炎对于日本控制之下的朝鲜也十分同情。宣统元年（1909）10月26日，朝鲜革命者安重根在中国东北刺杀日本前首相、韩国统监伊藤博文，章太炎撰写了《安君颂》《吊伊藤博文赋》，并在《民报》上发表，“淳熙二年秋九月，元恶伊藤博文横厉辽左，清吏总督以下，皆蛾伏道周，如谒万乘……君自远道，诘旦駉驰……举发七丸，皆中要害……逮君考问，辞无盈余，风烈四播，义夫感愤。”[①]“嗟乎！假金版以制人兮，媚上帝于钧天，信作法之必毙兮，枬戟偃盾皆在前。矧佳兵之不祥兮，夫安免乎凶年……虽鬻身为舆台兮，伤夫子之不可赎。”[②]这两篇文章，讽刺了清政府总督以下官吏任由日本人横行中国东北的无能，歌颂了安重根的英勇无畏，揭露了伊藤博文为侵略卖命而“作法之必毙”。下一年，日本强行以“合邦”吞并朝鲜，章太炎又作了《哀韩赋》，指出其遭致亡国之教训，中国当引以为戒，“岂一都之足伤兮，忾吾伤于天下”[③]。对韩国之“哀”，又何尝不是对中国之“哀”呢！

就在章太炎全心全意致力于《民报》事业之时，革命形势瞬息万变，为宣传革命而创办的《民报》，也同样面临着变故。

同盟会的分裂与《民报》被查封

同盟会原本就由三方势力构成，故既能实现合作共赢，也可能会走向分裂。

① 章太炎：《安君颂》，《章太炎全集》（八），第241页。

② 章太炎：《吊伊藤博文赋》，《章太炎全集》（八），第244页。

③ 章太炎：《哀韩赋》，《章太炎全集》（八），第243页。

作为同盟会机关刊物的《民报》，其兴衰也由此被决定。对于同盟会的各派势力，章太炎曾有提及：

> 三年期满，出狱东渡，同盟会已由孙中山、黄克强等成立，以余主《民报》。初，孙之兴中会可号召南洋华侨，黄之华兴会可号召沿江会党，徐锡麟等之光复会可号召江、浙、皖士民。三党纠合为同盟会，惟徐锡麟未加入。黄克强系两湖书院出身，留学生亦多通声气，国内文学之士则未能生影响。自余主笔《民报》，革命之说益昌，入会之士益众，声势遂日张。[①]

孙中山兴中会一派在南洋华侨之中影响最大，黄兴（克强）的华兴会一派在湖南、湖北一带可以组织会党，还有徐锡麟等人的光复会则在江苏、浙江、安徽一带颇有号召力。组织同盟会之际，光复会的领导人陶成章等其他成员加入，唯独徐锡麟坚决不愿加入，这也为后来光复会从同盟会之中分裂出去埋下了伏笔。

再说《民报》之兴盛，确实主要就是依靠章太炎本人。黄兴出身于两湖书院，故在留学生当中颇有影响（两湖书院成绩优秀者可公费保送至日本留学），但在国内却影响不大。至于孙中山，更是与知识界一直都缺乏联络。而章太炎从《时务报》时期开始，一直都在担任各种报刊的主笔，在各大报刊上发表了许多极有影响力的文章，再加之《訄书》的出版，在当时国内外知识界中的影响力，自然不是孙中山、黄兴等人可比。加之此前的苏报案，引发国内外舆论轰动，使得太炎无论是在国内的知识界还是海外的华人圈，都被视为倡导革命学说的最有影响力的人物。可以说，《民报》成为名副其实的同盟会倡导革命的最为有力的武器，就是因为章太炎之故。

光绪三十二年（1906）9月，章太炎主持《民报》不久，刊于《复报》上的《民报广告》就说："本报以发挥民族主义、国民主义、民生主义，而主张种

① 章太炎：《民国光复》，《章太炎全集》（十五），第540—541页。

族革命、政治革命、社会革命为目的，创于去冬，兹已发行至七号，适遇余杭章炳麟枚叔先生出狱至东京，遂任为本报总编辑人。报事益展，销行至万七千余份。”[①]《民报》的影响力越来越大，报纸所宣扬的革命主张的宣传也越来越广，发行量最大的时候接近两万份，于是清政府下令严禁其在国内的传播，一度向日本交涉，要求查禁。而当时的日本政府希望在中国东北谋求更大的利益，便遵从清政府的要求，对在日本的中国革命党人加强了监视，对他们出版的刊物也加强了检查。

光绪三十三年（1907）初，日本政府开始驱逐孙中山，但伊藤博文等人不想与孙中山决裂，故授意右翼团体黑龙会的头目内田良平宴请孙中山，劝告孙中山离境，并赠给一笔资金以示抚慰。[②]此事在同盟会内部引发了不小的争议。华兴会副会长刘揆一（1878—1950）后来在《黄兴传记》中说：

> 丁未春间，日政府徇清公使杨枢之请求，劝孙总理出境，馈以赆仪五千金，日商铃木久五郎亦慨赠万元，孙总理受之，同人未喻其意，故颇不以为然。及潮州、惠州军事失利，反对者日众，欲开大会，改选公为总理，以揆一系庶务代行总理职权，纷纷催逼召集会事。揆一以孙总理受此款时，留给民报社维持费二千圆，余悉以供潮、惠党军急需，诚非得已，又深知公素以实行革命为务，绝不居此空虚总理之名。且方与孙总理共谋粤东首义，万一因总理二字而有误会，使党军前途顿生阻力，非独陷害孙、黄二公，实不啻全体党员之自杀，故力排众议。[③]

当时日本政府赠送五千圆、日本商人赠送一万圆，孙中山都接受了，同人有所不解，再加上还有黄冈、七女湖起义失败的消息传来，反对孙中山的革命党人越来越多，章太炎、陶成章等人提出孙中山应该引咎辞职，改选黄兴为同盟会总理，让暂时代替黄兴出任庶务的刘揆一召开特别会议。刘揆一则表示坚

① 汤志钧编：《章太炎年谱长编（增订本）》上册，第129页。

② 桑兵：《孙中山史事编年》第2卷，中华书局2017年版，第552—553页。

③ 刘揆一：《黄兴传记》，京津印书局1929年版，第29—30页。

决反对，告知众人孙中山接受资金“诚非得已”，是为了革命的需要，切不可随意更换“总理”之名等。[①]黄兴、刘揆一力排众议，避免了分裂危机。然而一万五千圆，只给民报社留下二千圆，其他都提供给潮州、惠州起义之用，但这两次起义又先后失败，于是章太炎等人更加不满，何况此后民报社因资金短缺而发生了许多困难。另据谭人凤回忆：

> 日政府派交涉员劝中山出境，送以程仪万金，中山受之，并于神户巨商铃木处借得万金，遂去日本。临行之际，招重要党员，宴会于歌舞伎座，颇尽欢。后章太炎先生闻中山得日赂，去时引党员宴会，以为一去不返之保证，颇不平。幸同人调停解释，表面尚得曲全，惟同志之精神，则由此稍形涣散矣。
>
> 东京为全国志士荟萃之区，《民报》又为同志总机关，最重要之处所。中山身为总理，橐贮多金，仅以五百金予之，以后遂听其自生自灭。异哉！且丈夫重意气，日政府既无理干涉，堂堂总理，受此万金何为？厥后日人对我党，日存鄙夷之见，何莫非因此事以启其轻侮之心耶？吁！可慨也矣。[②]

关于谭人凤，章太炎后来曾说起初相见的印象：“宝庆谭人凤石屏来。石屏于同志年最长，耆艾骨骾，有湘军风。”[③]谭人凤是同盟会早期的骨干，当时曾回国策应萍浏醴起义，起义失败后回到东京就读于法政学校。谭人凤所说的宴会歌舞伎座，当为黑龙会头目的安排，日本政府送程仪万金，当为五千圆，而给《民报》的五百金，则当为二千圆。

孙中山接受日方资金以及留给《民报》资金极少，谭人凤对此表示不解。章太炎虽然知道其资金主要用于潮、惠二州的起义，但并不认同其做法。因为前一年萍浏醴起义等一系列的失败，加之清政府所谓“预备立宪”等，都使得

---

① 饶怀民：《刘揆一与辛亥革命》，《西南民族学院学报》1991年第5期。

② 谭人凤：《石叟牌词》，载石芳勤编：《谭人凤集》，湖南人民出版社2008年版，第324—325页。

③ 章太炎：《自定年谱》，《章太炎全集》（十一），第760页。

革命渐趋低潮。孙中山虽然并不气馁，但在被驱逐出境之际接受馈赠，仍有损民族气节，至于不与同人协商，就将大部分资金用于起义，仅留极少资金给同盟会的机关报《民报》，确实有点“听其自生自灭”的样子，章太炎等人难免心生不满。据胡汉民所述，章太炎得知此事之后，曾将挂在民报社墙上的孙中山照片撕下，并题写几个大字：“卖《民报》之孙文应即撤去。”[①]关于孙、黄二人，章太炎在《自定年谱》中也说：

> 孙、黄之南也……不甚顾东京同志，任事者次第分散……遁初贫甚，常郁郁，醉即卧地狂歌，又数向《民报》社佣婢乞贷。余知其事，曰“此为东人笑也”。急取社中余资赒之。然资金已多为克强移用，报社穷乏，数电告逸仙，属以资济，皆不应。[②]

孙、黄都离开东京之后，与章太炎一起主持《民报》的主要有宋教仁（遁初）。因为黄兴（克强）挪用报社资金为起义之需要，报社难以为继。留在报社的宋教仁，甚至一度向在报社做事的日本女佣乞贷。报社多次电报告知孙中山（逸仙），请求筹措资金也没有消息，这些都加重了同盟会的分裂。

最为重要的问题其实是原光复会成员与孙、黄就起义应该在什么地方举行多有分歧，章太炎回忆当时与黄兴的争议：

> 其夏，克强袭破云南河口，旋败归，抵东京，遁初不往见。余谓克强曰：“吾在此以言论鼓舞。而君与逸仙自交趾袭击，虽有所获，其实不能使清人大创，徒欲使人知革命党可畏耳。愚意当储蓄财用，得新式铳三千枝、机关铳两三门，或可下一道数府，然后四方响应，借群力以仆之。若数以小故动众，劳师费财，焉能有功？”克强未应。
>
> 余又言：“遁初在稠人中，粗有智略。君来何不就与计事？”克强遽曰：

① 冯自由：《胡汉民讲述南洋华侨参加革命之经过》，载《革命逸史》第五集，商务印书馆1947年版，第212页。

② 章太炎：《自定年谱》，《章太炎全集》（十一），第761页。

“人云遁初狂，下视仆辈。闻其言曰：‘不杀孙、黄，大事不可就。’是何嫉我之深也？”余曰：“谗闲之言，何所不至？遁初诚狂，嫉君则未也。”克强乃稍与遁初计事。①

光绪三十四年（1908）5月，黄兴等人领导的云南河口起义失败，他回到东京之后，章太炎提出两点，一是与其在云南等边境起义，不如用言论鼓舞，革命党的几次小起义，劳师费财，没能使清朝受到大创，只是更加畏惧革命党而已；另一点，应当积蓄资金，购买“新式铳三千枝、机关铳两三门”，直接攻下“一道数府”，就可以四方响应。章太炎当时建议在两湖地区发起起义，因为此地会党众多，比边境更有群众基础。对于这些建议，黄兴都无动于衷。此外，当时黄兴与宋教仁有矛盾，宋教仁对黄兴避而不见，章太炎则强调宋教仁的智谋，黄兴则提及宋教仁的狂傲，宋教仁甚至说“不杀孙、黄，大事不可就”，这当然是一时气话，故章太炎请黄兴不要听信谗言。在章太炎的劝说之下，黄、宋二人言归于好，继续共商革命大计。

为什么孙中山并不看重《民报》事业？究其原因，不过是他希望将资金主要用于武装起义，此外，他还认为，只要有合适的机会，在哪里办报都可以，不必死守东京以及《民报》这一阵地。而且孙中山当时更欣赏与他亲近的汪精卫、胡汉民等人，此二人也擅长办报，所以革命宣传，也不是非章太炎不可。就在孙中山去南洋的光绪三十三年（1907）8月，《中兴日报》在新加坡创刊，主笔即胡汉民、汪精卫等人，此报也大有取代《民报》之势。就孙中山几乎放弃东京的同盟会总部一事，谭人凤曾有评价说：

中山本中国特出人物也，惜乎自负虽大而局量实小，立志虽坚而手段实劣。观其谋举事也，始终限于广州一隅，而未尝统筹全局；其用人也，未光复以前，视为心腹者仅胡汉民、汪精卫、黄克强三人，既失败而后，藉为手足者又仅陈英士、居觉生、田梓琴、廖仲恺辈，而不能广揽人才；

① 章太炎：《自定年谱》，《章太炎全集》（十一），第761页。

其办党也，又以个人为单位，始则放弃东京本部，专注重南部同盟，继则拒旧日同人，邀新进别开生面。[①]

孙中山对革命事业的立志与自负，为当时同人共同推崇，但格局有时候偏小，比如偏重广州等边境地区，而不注意全局；再比如用人上偏重胡、汪等人，后来又偏重陈其美（字英士，1878—1916）、居正（字觉生，1876—1951）等人，不善于广揽人才，至于放弃东京本部，转而重视南洋的同盟会，则更显出其格局偏小的一面。

孙中山去南洋之后，《民报》陷入经济困难，章太炎与陶成章等人协商之后，决定派遣陶成章前往南洋筹款，但南洋华侨与光复会向来缺乏沟通，无法展开工作。此时孙中山派遣过去的汪精卫等人也在南洋，他们看到陶成章来到南洋，就担心是来与自己“争地盘”的。

陶成章带着《浙案纪略》等在英荷属地广为宣传，孙中山、胡汉民等人则加以阻止。陶成章在宣统元年（1909）9月的信中提及“孙文妄指弟为保皇党及侦探之事，克公以为无有，而石公更以为无有”[②]，故而他在另一封信中说自己“与中山已不两立”[③]。当时还有人想要暗杀陶成章，在南洋的槟城担任同盟会分部负责人的李燮和不仅为陶成章辩白，还保护其安全。1909年11月，陶成章在《南洋总汇新报》上发表了《南洋革命党人宣布孙文罪状传单》（《七省同盟会员意见书》），将自己与孙中山等人的矛盾公之于众，罗列残贼、蒙蔽同志与败坏全体名誉三种“罪状”以及十二条事实、九条善后办法，要求开除孙中山“总理”之名，发布罪状遍告海内外。[④]此次冲突，埋下了陶成章后来被暗杀的祸根，也使得章太炎以及《民报》更为被动、更被排斥了。

至于当时章太炎的穷困境地，他的弟子们曾有过回忆。黄侃（1886—1935）说：“寓庐至数月不举火，日以百钱市麦饼以自度，衣被三年不浣。困厄如此，

---

① 谭人凤：《石费牌词》，《谭人凤集》，第333、334页。

② 陶成章：《致某某书》，《陶成章集》，第162页。

③ 陶成章：《致王若愚书》，《陶成章集》，第163页。

④ 陶成章：《南洋革命党人宣布孙文罪状传单》，《陶成章集》，第169—178页。

而德操弥厉。”。[①]朱镜宙（字铎民，1889—1985）则说：“先生东京，每星期仅能肉食一次，麦酒二斤。蜀弟子陈新彦、曾通一能自调味，每隔数日，即亲烹馔以献，先生乐之。”[②]另据吴玉章回忆，他在办《四川》杂志的时候，《民报》正遭遇经济困难，章太炎等人几乎有断炊之虞，于是他便向加入同盟会的四川留日学生募捐，有的官费生甚至将自己的官费折子拿去当铺当掉，换来钱款捐给民报社。[③]

最后导致《民报》被查封的直接原因，是清政府派遣的专使唐绍仪（1862—1938）的干预。1908年，唐绍仪担任“清美联盟”专使，即将赴美协商合作开发东三省以及建设联盟相关事宜。他在去美国的途中经过日本，此时的《民报》正好刊登了批评他的文章，唐绍仪得知此事，加上清政府原本就有查封《民报》之意，于是他就向清政府驻日公使与日本政府交涉，要求立即查封《民报》。日本政府担心“清美联盟”影响到日本的利益，故有意向清政府示好。10月19日，日本内务大臣平田东助下令封禁《民报》，于是日本警察总监龟井英三郎就以《民报》上发表的《革命之心理》一文败坏风俗、扰害秩序，《民报》进行有害日本的宣传为借口，对其进行封禁，不准继续刊行。章太炎接手《民报》，是从光绪三十二年（1906）9月5日的第七号开始，光绪三十四年10月10日的第二十四号，是他主编的最后一期。

章太炎对日本警察的封禁命令奋起抗争。10月20日，东京牛込区警察署传唤章太炎，并当场宣读了命令书，章太炎当场写下抗议书，还写信强调《民报简章》原本就得到日本内务省的认可，《民报》发表的文章也并无违反《简章》或者败坏风俗、扰害秩序的内容，日本政府受到唐绍仪以及清政府的要挟，查封之举则与日本政府的法律背道而驰，“本编辑人兼发行人宁为玉碎不为瓦全”等话。[④]

---

① 黄侃：《太炎先生行事记》，载陈平原、杜玲玲编：《追忆章太炎（修订本）》，第17页。

② 朱镜宙：《章太炎先生轶事（咏莪堂随笔）》，载陈平原、杜玲玲编：《追忆章太炎（修订本）》，第136页。

③ 吴玉章：《辛亥革命亲历记》，北京出版社2020年版，第67页。

④ 汤志钧编：《章太炎年谱长编（增订本）》上册，第164—165页。

其间日本当局暗示，可以出一笔钱，请黄兴、宋教仁劝说章太炎离开日本，章太炎对此表示不屑。清政府驻日使馆人员，曾派遣内奸在民报社的茶水中下毒，结果《革命之心理》的作者，参与创立同盟会的革命者汤增璧（1881—1948）不幸中毒，差点丧命。此事气得章太炎要去刺杀唐绍仪，然仅得玻璃（即下文所说“颇黎”）相框中的相片，便击碎以解气。他后来回忆说：“绍仪过日本，因胁日本当事封禁《民报》，使馆亦遣人潜入报社下毒。社员汤增壁饮茗，几死。余欲取绍仪，绍仪已去；因诣留学生总会馆，自颇黎函中得绍仪像，击堕地，蹴碎之。”①

另外，根据日本特务的监视报告，对于章太炎的不妥协态度，“黄兴、宋教仁等甚感其非，并曾设法制止。但章生性奇侠，不予采纳，宁愿单身上阵。据称章以外之领袖诚恐伤害日本朝野之感情，因而衷心感到忧虑”②。黄兴与宋教仁觉得章太炎“生性奇侠”，为《民报》只身上阵，言语激越，若是伤害了日本朝野的感情反而对革命党人有所不利。在接下来的几天里，黄兴、宋教仁与章太炎商量，决定将《民报》迁往他国，但在迁移之前，要筹款起诉日本政府的丑恶行径。

光绪三十四年（1908）11月26日，在东京地方法院裁判厅，章太炎与日本检事当堂对质，针对检事所谓《民报》倡导革命将对日本有害，影响到外交、政治等问题，章太炎的回答，后来有记录如下：

> 我语裁判长，扰乱治安，必有实证，我买手枪，我蓄刺客，或可谓扰乱治安，一笔一墨，几句文字，如何扰乱？厅长无言。
>
> 我语裁判长，我之文字，或煽动人，或摇惑人，使生事端，害及地方，或可谓扰乱治安。若二三文人，假一题目，互相研究，满纸空言，何以谓之扰乱治安？厅长无言。
>
> 我语裁判长，我言革命，我革中国之命，非革贵国之命。我之文字，

① 章太炎：《自定年谱》，《章太炎全集》（十一），第761页。

② 汤志钧编：《章太炎年谱长编（增订本）》下册，第672页。

即鼓动人，即煽惑人，煽惑中国人，非煽惑日本人，鼓动中国人，非鼓动日本人，与贵国之秩序何与？厅长无言。

我语裁判长，言论自由，出版自由，文明国法律皆然，贵国亦然，我何罪？厅长无言。

我语裁判长，我言革命，我本国不讳言革命，汤、武革命，应天顺人，我国圣人之言也。故我国法律，造反有罪，革命无罪，我何罪。厅长无言。①

章太炎强调：其一，扰乱治安，必须要有真凭实据，《民报》并无手枪之类，如何扰乱治安？其二，《民报》发表文章，主要就是“假一题目，互相研究”，如何扰乱治安？其三，讨论中国的革命而非日本的革命，即便煽惑、鼓动人也只限于中国人，与日本秩序又有何相干？其四，日本号称“文明国”，“文明国”法律都规定了“言论自由，出版自由”，办报撰文，又有何罪？其五，中国古代圣人都说“革命”，“造反有罪，革命无罪”，宣传革命，又有何罪？审批厅长无言以对。12月12日，法院判决《民报》停刊，并处罚金一百一十五日元。章太炎拒交罚金，被判罚服劳役，一天抵充一元，龚宝铨与周树人等人商量之后，请许寿裳挪用《支那经济全书》译本的部分印刷费代缴罚款，章太炎方才被赎了出来。此次为其第二次入狱。

与此同时，日本警察还封禁了刘师培、何震夫妇等人创办的《天义报》与《衡报》，还有《四川》《云南》等中国革命党人以及留日学生所办的刊物，也陆续被查封。

《民报》被迫停刊后不久，孙中山曾授意汪精卫等人筹备《民报》复刊事宜。汪精卫等人未与章太炎商议，就从巴黎的新世纪报社接受资金，然后出版了《民报》的第二十五、二十六两号两册，托名是在法国巴黎出版而实际则是在日本偷偷印刷。有意将章太炎等原留在东京民报社的编辑人员排斥在外。对于曾经为了《民报》封禁一事向日本政府激烈抗议的章太炎来说，这是完全无

① 张庸：《章太炎先生答问》，转引自汤志钧编：《章太炎年谱长编（增订本）》上册，第166页。

法接受的，几乎就是将章太炎等人弃若敝屣，无视其多年来在《民报》事业上所付出的心血。为此，章太炎发表了《伪〈民报〉检举状》：

> 《民报》之作，本为光复中华，宣通民隐，非为孙文树商标也。孙文……徒以惠州发难事在最初，故志士乐与援引。辛丑、壬寅之间，孙文寄寓横滨，漂泊无聊，始与握手而加之奖励者，即鄙人与长沙秦力山耳。自此以后，渐与学界通声气。四五年中，名誉转大。一二奋激之士，过自谦挹，奖成威柄，推为盟长。同人又作《民报》以表意见。时鄙人方系上海狱中，即以编辑人之名见署。出狱以后，主任《民报》，几及三年，未有一语专为孙文者也。惟汪精卫、胡汉民之徒，眼孔如豆，甘为孙文腹心，词锋所及，多涉标榜。自时孙文瑕衅未彰，故亦不为操切。而孙文小器易盈，遂借此自为封殖。在东京则言南洋有党与十万，在南洋则言学生全部皆受指挥，内地豪雄悉听任使。恃《民报》鼓吹之文，借同志拥戴之号，乘时自利，聚敛万端。遂于丁未之春，密受外贿，仓皇南渡，东方诸事，悉付诸一二私人。[①]

章太炎先是强调《民报》本为革命之报刊，并非孙中山一人之“商标”。接着说到孙中山正是最早在光绪二十六年（1900）就领导了惠州起义，才成为革命先驱，还说到孙中山在日本时期，先因为秦力山，后因为自己，经过他们的宣传才“渐与学界通声气”，遂于四五年间“名誉转大”，而被推为同盟会的总理。再说《民报》创刊之时，章太炎是著名报人，在狱中也被列为编辑人，出狱后负责《民报》，三年以来的主编工作都以革命为重，从未为孙中山刻意宣传。然后说到汪精卫、胡汉民二人，认为他们“眼孔如豆”，成为孙中山的腹心，也是因为多为其“标榜”。最后又补充说，孙中山在《民报》上鼓吹，在东京说南洋有十万党人，在南洋则说东京的留学生都受其指挥、内地的会党豪雄

---

① 章太炎：《伪〈民报〉检举状》，载朱维铮、姜义华编注：《章太炎选集（注释本）》，上海人民出版社1981年版，第492—493页。

都听其驱使，1907年却接受日本政府的贿赂，“仓皇南渡”。这里的所谓检举，大部分说的也是事实，不过对孙中山的描画则多有意气用事而片面理解，至于说其本为“少年无赖”等用词显然为刻意抹黑了。关于后来民报社的艰难，章太炎接着说：

> 萍乡变后，《民报》已不能输入内地，销数减半，印刷房饭之费，不足自资。而孙文背本忘初，见危不振。去岁之春，公私涂炭，鄙人方卧病数旬，同志遂推为社长，入社则饔飧已绝，人迹不存。猥以绵力薄材，持此残局。朝治文章，暮营经费，复须酬对外宾，支柱警察，心力告瘁，寝食都忘。屡以函致南洋，欲孙文有所接济，并差胡汉民或汪精卫一人东渡。邮书五六次，电报三四度，或无复音，或言南洋疲极，空无一钱。有时亦以虚语羁縻，谓当挟五六千金来东相助，至期则又饰以他语。先后所寄，只银圆三百而已。及河口兵兴，乃悉以军用不支为解……乃去秋有黎姓者，自新加坡来，云《民报》可在南洋筹款，即印刷股票数百份，属友人陶焕卿即陶成章带致孙处。而孙文坐视困穷，抑留不发。其冬《民报》被封，猝谋迁徙，移书告急，一切置若罔闻。乃复外腾谤议，谓东京同志坐视《民报》之亡而不救。乌呼，何其厚颜之甚乎！①

光绪三十二年（1906）12月的萍浏醴起义之后，清政府更加畏惧革命党人，于是加强了对革命报刊的管理，致使《民报》无法进入内地，于是《民报》原本接近二万的销量，减少大半，印刷、房饭等经费都无法保证。此时孙中山已去南洋，章太炎在病中接手《民报》，只得勉强支撑。关键是，章太炎要求孙中山接济，或派胡汉民、汪精卫等人东渡日本前来支援，但几次信件、电报都未有回复，或回复说“南洋疲极，空无一钱”，或是“虚语羁縻”，谎称友人带着五六千圆来东京，临期则又变卦，最终只是寄来了三百圆。后来云南河口起义，则更无消息了。还有就是陶成章去南洋一事，因为孙中山“抑留不发”，才

---

① 章太炎：《伪〈民报〉检举状》，载《章太炎选集（注释本）》，第495—496页。

使得筹款无果。等到《民报》被封禁之际，写信告急，也是置若罔闻，还在外面散布消息说东京的同志“坐视《民报》之亡而不救”。不仅不顾东京的同志，还创“伪《民报》”：

> 今精卫复伪作《民报》，于巴黎新世纪社印刷，思欲腾布南洋、美洲，借名捐募……今告诸君，今之《民报》，非即昔之《民报》。昔之《民报》为革命党所集成，今之《民报》为孙文、汪精卫所私有。

汪精卫等人之所以印刷新的《民报》，是为了“借名捐募”，然而新的《民报》，只是孙、汪之“私有”，而非以前的《民报》“为革命党所集成”。章太炎如此详细揭露孙中山、汪精卫等人围绕《民报》而作的种种，还有对孙中山本人的攻击，使得同盟会以及革命党人内部的分裂公开化，造成了严重的政治后果。

孙中山等人必然有所反击，其中黄兴相对温和，而且他原本就在某些问题上与孙中山看法不同。故黄兴仅在写给孙中山的信中说：

> 章太炎在《日华新报》登一伪《民报》之检举状，其卑劣无耻之手段，令人见之羞愤欲死。现东京之即非同盟会员者亦痛骂之。此新闻一出，章太炎之名誉扫地矣。前在《民报》所登之《与吴稚晖君书》，东京同志已啧有烦言，知其人格之卑劣，今又为此，诚可惜也。弟与精卫等商量，亦不必与之计较，将来只在《民报》上登一彼为神经病之人，疯人呓语，自可不信，且有识者亦已责彼无余地也。总观陶、章前后之所为，势将无可调和，然在我等以大度包之，将亦不失众望。①

《民报》封禁之前，章太炎与吴稚晖就有矛盾。章太炎在《革命评论》上发表的《邹容传》指出，苏报案之际，吴稚晖有向俞明震告密一事：“会虏遣江苏

① 毛注青：《黄兴年谱长编》，中华书局1991年版，第142页。

候补道俞明震检察革命党事，将逮爱国学社教习吴朓，朓故惎容、炳麟，又幸脱祸，直诣明震，自归，且以《革命军》进。明震缓朓，朓逸。遂名捕容、炳麟。”[①]吴稚晖（吴朓）看到后，在巴黎《新世纪》报上刊登了给章太炎的申辩信，章太炎又将自己的回信刊登在《民报》上，此后二人还有多通书信往来争辩，黄兴指出，章太炎与吴稚晖的论战已显示出章太炎“人格之卑劣”，[②]故不必因为检举状而相互计较，只要在《民报》上说章太炎是“神经病之人”，也就没有人会相信章太炎了。

宣统元年（1909）11月香港的《中国日报》与新加坡的《中兴报》共同刊载了一篇指责章太炎为“中国革命党之罪人，《民报》之罪人”的文章，对章太炎提出了五个方面的指控，这些指控也反映出孙中山和章太炎至少在这五个方面存在着原则性的分歧：

> 章与梁启超同办《时务报》以来，与保皇党之关系未尝断绝……《民报》与《新民丛报》笔战之时……章以与梁启超交厚故，未有一文之助力。
>
> 章炳麟以其一知半解、干燥无味之佛学论，占据《民报》全册之大部，一若以《民报》为其私有佛学之机关报者。
>
> 章炳麟创为《无神论》，以排斥耶稣之道，以致内外同志多疑《民报》为排斥耶稣之机关报，摇惑人心，莫此为甚。
>
> 章炳麟以个人私怨，竟借《民报》为攻城之具，日向《新世纪》宣战……伤害同志之感情，徒贻外人之笑柄。
>
> 《民报》出版以来，日政府绝不干涉，乃章炳麟倡言恢复台湾、朝鲜之义，又鼓吹暗杀，以挑动日人之恶感情，遂故有停止发行之命令。[③]

这些指控也并不完全真实。第一，说章太炎与保皇党的梁启超等人关系密

---

① 章太炎：《邹容传》，《章太炎全集》（八），第222页。此文又作《慰丹传》，文字略有异同。

② 吴稚晖：《回忆蒋竹庄先生的回忆》，载陈平原、杜玲玲编：《追忆章太炎（修订本）》，第171—199页。

③ 《为章炳麟叛党事答复投书诸君》，转引自姜义华：《章炳麟评传》，第109页。

切，或有道理，但说《民报》与《新民丛报》笔战之时，章太炎“未有一文”则完全是胡说了。第二，章太炎在《民报》上发表佛学文章太多，甚至占据“全册之大部”，让人感觉《民报》是一人“私有佛学之机关报”，这一点是对章太炎发表的佛学相关文章的片面认识。因为“用宗教发起信心，增进国民的道德”之主张，孙中山还在东京之际就已经提出，当时不反对，是因为知道以佛学增进道德以及宣传革命精神之意义，如今再来反对佛学文章，是强词夺理。第三，章太炎宣传无神论，带有排斥耶稣的意味，事实上无神论之说，并不见得排斥基督教，更不可能将《民报》引向“排斥耶稣之机关报”。第四，将《民报》作为解决个人私怨的“攻城之具”等，是基于章太炎与吴稚晖矛盾一事，就此一文而说其“伤害同志之感情”显然夸大其词了。第五，因为章太炎说到了“恢复台湾、朝鲜之义”以及鼓吹暗杀，才引发日本人封禁之举，显然是无中生有。总的来说，孙中山与章太炎之间其实没有私人矛盾，双方的相互指责基本属于政见差异，其背后的目标还是一致的，冲突的原因主要还是因为光复会与兴中会、光复会与华兴会之间的矛盾，而这又与各自原本的地域与群众基础有关了。[①]

此时被孙中山等人作为攻击章太炎借口的还有章太炎受刘师培夫妇蒙蔽一事。刘师培，字申叔，一度因主张赞成“光复”而改名光汉，江苏仪征人，出身经学世家，在《左传》上颇有家学渊源。章、刘二人早在1903年爱国学社时期就认识，当时就引为知己，经常在一起讨论学术，后来还有多通相互论学书信刊登在光绪三十一年（1905）创刊的《国粹学报》上。章太炎到日本后不久，就写信给刘师培书说：“独弦寡和，方更寂寥……吾辈生丁衰季，与郑、贾二公所遇殊绝。子漱江流，我迎日出，相距一苇，竟无遇期。方之前哲，又益悲矣。”[②]章、刘共治古文经学，故以东汉经学家郑众、贾逵自比，也颇为合适。后来太炎还在书信中说：“与君学术素同，盖乃千载一遇。”[③]

---

① 苏艳萍：《孙中山与章太炎》，南京大学出版社2020年版；华强：《章太炎与孙中山的政见分歧》，《近代中国》2011年第1期，第291—306页。

② 章太炎：《与刘师培・五》，《章太炎全集》（十二），第137页。

③ 章太炎：《与刘师培・七》，《章太炎全集》（十二），第140页。

光绪三十三年（1907）2月，当时在安徽芜湖皖江中学堂任教的刘师培，应章太炎之邀，与妻子何震等人一起赴日，加入同盟会并为《民报》撰稿。但他到日本后，又受到无政府主义的影响，还积极创办报刊，宣传无政府主义理论。光绪三十三年末，清政府“预备立宪”的影响传至海外，他又试图重新与清政府建立联系，并在妻子何震与姻弟汪公权的怂恿下，秘密投靠了两江总督端方。为了赢得端方的信任，刘师培夫妇提出，由端方向章太炎提供一笔钱，让当时正因同盟会分裂而忧愤不已的章太炎去印度出家为僧，从而退出革命的阵营。彼时章太炎确有去印度出家、潜心佛学的想法，甚至还专门学习过一段时间的梵文，故对于刘师培夫妇的建议，也就含糊答应。于是章太炎让由东京返回上海的刘师培代他与端方交涉，后来章、端之间为了经费的按月支给、先付三分之二或二分取一的差异，此事最终不了了之。此后，章太炎又从当时租住在刘师培夫妇那边的诗僧苏曼殊处听闻刘师培与端方关系并不正常，还发现何震与汪公权的私通，出于好心就提醒刘师培。然而对章太炎多有提防之心的刘师培，却因此恼羞成怒。得知孙中山等人正在攻击章太炎，刘师培夫妇一方面到处宣传章太炎放弃《民报》主笔，准备出家一事，另一方面则主动将章太炎写给端方的信拍成照片寄给吴稚晖，说章太炎已经投靠清政府，还伪造《炳麟启事》在《神州日报》上发表。吴稚晖如获至宝，将之广为宣传，在《新世纪》上发表了多篇批判章太炎的文章，刻意制造章太炎革命叛徒的形象，最终，章太炎落下了“背叛革命党”、充当“满洲鹰犬”的恶名。[①]孙中山还特意写信给吴稚晖，其中说：“陶乃以同盟会为中国，而章则以民报社为中国，以《民报》之编辑为彼一人万世一系之帝统。”[②]显然对于吴稚晖批判章太炎一事是支持的。清者自清，章太炎在东京以讲学等方式艰难度日，而刘师培夫妇则因出卖革命党一事败露，于宣统元年（1909）4月公开投靠了端方。刘师培投入端方麾下后，章太炎曾写信给他，希望其迷途知返；端方被杀后，章太炎公开通过报纸发声拯救刘师培，刘师培也向章太炎公开道歉，然多有自我辩护之词，

① 郑师渠：《章太炎刘师培交谊论》，《近代史研究》1993年第6期，第1—19页；张仲民：《私谊、舆论和政治：刘师培与章太炎关系再考察》，《近代史研究》2023年第3期，第20—32页。

② 孙中山：《复吴稚晖函》，《孙中山全集》第一卷，第429页。

不过他后来创办《国故》杂志，章太炎也有所支持。

在当时波谲云诡的斗争形势之下，不同革命党人对于革命方略存在一定的分歧亦属正常，再说同盟会内部原本就有多股势力，再度分合亦属正常。宣统二年（1910），光复会在日本东京建立总部，章太炎任正会长，陶成章任副会长。另外关于陶成章，章太炎曾说：

> 其党会稽陶成章焕卿时在日本，与余善，焕卿亦不喜逸仙。而李柱中以萍乡之败，亡命爪哇，焕卿旋南行，深结柱中，遂与逸仙分势矣。①

陶成章与蔡元培、徐锡麟、秋瑾等同为绍兴人，曾将徐、秋事迹汇编成书《浙案纪略》广为宣传。他原本就是光复会的实际负责人，光绪三十三年（1907）1月到日本之后就加入了同盟会，并担任留日会员中的浙江分会长。陶成章与龚宝铨也关系密切，龚宝铨在1910年娶了章太炎的大女儿章叕，成为章太炎的女婿。所以章太炎与陶成章之间，有着非同寻常的友情。就当时革命需要而言，主要还是宣传，故此次光复会推举章太炎担任了正会长，陶成章则为其副手。陶成章刚到日本之时，就与孙中山不太和睦，后来去南洋爪哇等地筹款之际，又与光复会成员李燮和（柱中）多有合作，于是章太炎与孙中山的矛盾进一步加深。

光复会之所以独立出来，主要还是因为其成员众多，在浙江、江苏、安徽一带有着良好的群众基础。加之当年的光复会成员徐锡麟、秋瑾曾经发起声势浩大的革命行动，成为辛亥之前最有影响力的革命战士，这些革命斗争使得光复会的名声变得极大：

> 是岁山阴徐锡麟伯荪刺杀清安徽巡抚恩铭。伯荪性阴鸷，志在光复，而鄙逸仙为人。余在狱时，尝一过省，未能尽言也。后以道员主安徽巡警

① 章太炎：《自定年谱》，《章太炎全集》（十一），第760—761页。

学堂，得闲遂诛恩铭，为虏所杀。[①]

光绪三十三年（1907）7月，徐锡麟在安庆起义，并刺杀了安徽巡抚恩铭，徐锡麟也被清政府杀害。接着，因为受到徐案的牵连，原本计划在浙江绍兴响应安庆起义的秋瑾，被清政府逮捕并杀害。徐锡麟、秋瑾都是光复会的会员，并且都是浙江人，当年章太炎在上海提篮桥监狱的时候，徐锡麟曾前来看望，并为改善章太炎的处境而多方奔走。于是章太炎在《民报》上发表了《祭徐锡麟陈伯平马宗汉秋瑾文》以及《秋瑾集序》等多篇文章，悼念革命先驱。当时光复会的成员，曾在浙江、江苏、安徽一带积极活动于会党之间，试图组织秘密会社来推动革命。为了探索如何更好地利用秘密会社宣传与组织革命，章太炎还催促日本学者平山周出版在中国调查研究的成果《中国秘密社会史》（《支那革命党及秘密会社》），并为此书撰写了序言，其中说：

> 日本平山周游中国久，数与会党往复，于中国之秘密结社，汇而志之。盖其情伪纤悉尽知之矣。余念会党各为部伍，符号仪式，所在互异，其人往往不相闻知。今欲集合会党，非直因成法利导之也，又将参而伍之，去其泰甚，补其缺遗。不有是书，将何以遍照哉！[②]

该书总结的除了白莲会、天地会、三合会、哥老会这些传统会社，还讲到了兴中会、同盟会、光复会。此外，章太炎还对当时江苏、浙江以及山东的民众收回路权斗争多有关注，在日本东京组织同乡会并发表演说，支持国内维护路权的斗争。

徐锡麟等人的行动虽然失败了，但其方向与宋教仁、谭人凤等人仍是一致的。他们对孙中山等人特别热衷于在边境地区起义的做法并不是太赞同，故而积极策划在长江流域组织起义。另据日本特务的记录，宋教仁当时就认为孙中

---

① 章太炎：《自定年谱》，《章太炎全集》（十一），第760页。

② 章太炎：《〈中国秘密社会史〉叙言》，《章太炎全集》（十），第358—359页。

山“已是落后于时代的人物，不足以指导革命的趋势”[1]。另据宋教仁在光绪三十三年（1907）2月28日的日记记载：

> 七时至民报社，与黄庆午言余辞职事，庆午不应。良久，庆午忽言欲退会，断绝关系，其原因则以□□□以己意制一新国旗，而庆午以为不善，请其改之。逸仙固执不改，并出不逊之言，故庆午怒而退会。时诸人均在，皆劝之。余则细思庆午不快之原因，其远者当另有一种不可推测之恶感情渐积于心，以致借是而发，实则此犹小问题。盖□□素日不能开诚布公、虚心坦怀以待人，作事近于专制跋扈，有令人难堪处故也。今既如是，则两者感情万难调和，且无益耳，遂不劝止之。[2]

此处提及的国旗一事，章太炎曾有回忆说：

> 逸仙自南洋还东京，作青天白日旗，张之壁上。克强欲作井字旗，示平均地权意。见逸仙壁上物，争之曰：“以日为表，是效法日本，必速毁之。”逸仙厉声曰：“仆在南洋，托命于是旗者数万人。欲毁之，先摈仆可也。”克强怒，发誓脱同盟会籍。未几，复还。[3]

孙中山制作“青天白日旗”，黄兴（即上文所指“庆午”与“克强”）认为白日图案“效法日本”，故不认同，孙中山坚持己见，甚至“出不逊之言”，使得黄兴非常生气，以至于想要脱离同盟会籍，不过被其他人劝阻了。在宋教仁看来，黄兴“不快之原因”，还有多年以来积累的不满之感，只是借国旗一事发端。为什么就连忠厚宽仁的黄兴，都会对孙中山不满呢？实事求是地说，作为领导人，孙中山也有不够团结同事，不能包容不同意见的一面。当然，黄兴后

---

① 《有关宋教仁之事》，载章开沅等主编：《辛亥革命史资料新编》6，湖北人民出版社2006年版，第234页。

② 宋教仁：《我之历史》，《宋教仁集》下册，第718页。此处缺字当为“孙逸仙”“孙文”。

③ 章太炎：《自定年谱》，《章太炎全集》（十一），第760页。

来还是为了革命党的大局着眼，继续维护孙中山的领袖地位，章太炎等人则依旧坚持己见，也就与孙中山等人矛盾依旧，但在革命的大局上，双方还是愿意合作的。

1911年7月，光复会在上海成立同盟会中部总会，宋教仁、谭人凤等人具体负责，后来还有李燮和的加入，他们的革命行动对于后来武昌起义的爆发、上海与江浙的独立，都起到重要的推动作用。章太炎后来也说：

> 始，同盟会兴，从事者贸贸然未有所适，或据岭海偏隅以相震耀，卒无所就其谋。自长江中流起者，则渔父与谭石屏策为多。武昌倡义，卒仆清廷，而渔父亦有宰相之望，惜其才高而度量不能尽副，以遇横祸。①

孙中山等人主张在“岭海偏隅”边境省份起义，而宋教仁（渔父）与谭人凤（石屏）等人则主张在长江流域起义，若就后来辛亥革命果因武昌起义而获得成功来看，则正好证明了后者的观点是正确的。所以章太炎称宋教仁有“宰相之望”也很有道理，可惜他遭遇袁世凯的暗杀，创始之初的民国在失去陶成章之后又失去一大员。

再就同盟会的分裂而言，章太炎本人还是有一定的责任的。虽然他善于宣传斗争，但在国内、国际复杂多变的形势之下，缺乏冷静的判断，即便有非常好的设想，却也难以真正落实。陶成章曾说：“章君太炎，其人并非无才之人，不过仅能画策，不能实行。”②在孙中山一度搁置《民报》之际，章太炎轻易下了不利于团结的判断，并急切发表言论，方才导致了裂痕的扩大。当然陶成章虽然比章太炎在实行上略胜一筹，但他在南洋的行动也有不够周详之处，也导致裂痕再度扩大。

不过章太炎本人的心迹，还是举世皆知的。当时槟榔屿《光华日报》的“评论之评论”，发表了载铁厓的《哀章太炎》一文，其中提及《天铎报》另一

---

① 章太炎：《宋教仁〈我之历史〉序》，《章太炎全集》（十一），第572页。

② 陶成章：《致李燮和、王若愚书》，《陶成章集》，第159页。

佚名人士对章太炎当时遭遇的评论，然后生发“西山薇蕨，千古高风”的感叹：

> 《天铎报》有短评曰：《哀某文豪》，其言曰：“文豪某，轩辕黄帝之肖子也，抱冤禽之隐痛，羁旅海外，十余易寒暑，近闻穷途潦倒，将至断炊。呜呼！天何酷我文豪至于此极也。虽然，彼亦有所自取焉。（以彼文章声誉。）苟能少为推移，揣摩时尚，（高官厚禄，何患不予取予携。）乃牢抱（高尚主义），与俗相违，几于（穷饿而死），得不令当世之所谓通人名士笑汝拙乎。子舆氏有言：富贵不能淫，贫贱不能移，文豪之所为无负文豪，则亦以此。”其言盖指章太炎也。数年嫉恶太炎者，每诬其致书端方求官，（道高毁来。）自古然矣。旁观之公论如此。太炎之心，夫岂汩乎。嗟乎！西山薇蕨，千古高风，愈穷饿而伟人之心迹愈昭著焉矣。[①]

因为同盟会内部的分裂，一代文豪章太炎，“羁旅海外”之际，竟然“穷途潦倒，将至断炊”，而且这还是他自己的选择。因为就章太炎的“文章声誉”而言，若愿意苟且一些“少为推移，揣摩时尚”，趋炎附势的话，他早就获取高官厚禄了。所以如今的下场，完全是因为独抱“高尚主义”，与热趋利禄的世俗不同，方才至于几乎穷饿而死，甚至让那些所谓“通人名士”嘲笑。章太炎真正做到了孟子所说的“富贵不能淫，贫贱不能移”。与章太炎对立者，诬陷其向端方求官，显然是误会，章太炎其实真如“不食周粟”的伯夷一般，具有浊世难得的高风亮节，愈是穷饿愈是昭著的，真是章太炎的“伟人之心迹”！

当然，章太炎不愿成为饿死于首阳山的伯夷，于是就像周游列国之后的孔夫子一样，开始专心于讲学活动了。

东京讲学

追随孙中山从事革命活动的日本人宫崎滔天，对于《民报》时期的章太炎

---

① 汤志钧编：《章太炎年谱长编（增订本）》上册，第203页。

有过这样的描述：

在江户川大拐弯附近有一座挂着黄兴题名的“平等居”的房子。这就是民报社……几个（或许是十几个）议论纷纷互相争论的青年之中，还可发见一个胖胖的举止老成、悠悠然隐士模样的人物，此人就是章炳麟。听说他的生活方式，每天除了思索和读书写作以外，余事一概不闻不问，似乎让人一看便觉得像是老子。①

章太炎从上海的监狱出来的时候，就微微有些发胖，到了民报社之后，成为众多革命青年众星捧月的对象。当时的太炎虽然还不到40岁，但在他人看来却像是老人了，一方面因其举止老成，另一方面则是因为他除了思索和读书写作以外，其他事情一概不闻不问，如同隐士一般。值得特别注意的就是太炎尤其爱思索，有着独立思想的气质。另一位日本人，近代东洋学代表人物内藤湖南也对此时的章太炎多有留意：

章太炎大力鼓吹《左传》。此人是非常特别的人，在东京的留学生中非常有人望、有势力。他执笔的《民报》杂志在中国留学生中大受欢迎。这给最近的思想界以很大的影响，使得对孔子为中心的崇拜意识渐渐淡薄起来。②

内藤湖南精通中国的汉学，所以特别注意到了章太炎擅长《左传》之学，也注意到了在东京的留学生群体之中，章太炎所具有的独特的人望、势力。执笔《民报》与讲学活动，这二者相互结合，使得太炎在当时的思想界产生了很大的影响。此外，据当时也在日本的汪东回忆：“其文虽非尽人能解，但大家觉得学问这样高深的人也讲革命，再配合着他在东京讲学，收了不少门人，影响

---

① 汤志钧编：《章太炎年谱长编（增订本）》下册，第631页。

② ［日］内藤湖南：《中国史通论》，夏应元、钱婉约等译，九州出版社2018年版，第764页。

是很大的。”[①]

光绪三十二年（1906），章太炎在担任《民报》主编之余，开始创办“国学讲习会”。在他看来，当时留日的青年学生，很有必要提升中国学术。与章太炎同在日本的结拜兄弟章士钊，提前为其撰写了“国学讲习会”的招生广告——《国学讲习会序》：“吾闻有国亡而国学不亡者矣，而吾未闻国学先亡而国仍立者也。故今日国学之无人兴起，即将影响于国家之存灭，是不亦视前世为尤岌岌乎？”这种思想，应当是“二章”的共同看法，他们将国学之存亡，上升到国家之存亡的高度，还批评了传统科举制度之下，士子们为了功名利禄而治学，受此不良风气的影响，攻读西方传入的新学也是为了功名利禄，留学海外成了另一种形式的科举。新学热，致使国学更被视为无用之学。此序中还说：

> 真新学者，未有不能与国学相挈合者也。国学之不知，未有可与言爱国者也，知国学者，未有能诋为无用者也。作《訄书》之章氏者，即余杭太炎先生也。先生为国学界之泰斗，凡能读先生书者，无不知之。今先生避地日本，以七次逋逃，三年禁狱之后，道心发越，体益加丰，是天特留此一席以待先生，而吾人之欲治国闻者，乃幸得与此百年不逢之会。同人拟创设一国学讲习会，请先生临席宣讲，取为师资，别为规则，附录于后，先生之已允为宣讲者，一中国语言文字制作之原；一典章制度所以设施之旨趣；一古来人物事迹之可为法式者。[②]

章士钊指出，若是想要领悟新学之真，就必须知晓国学，从而将新旧学术结合起来。章士钊强调章太炎的名著《訄书》，以及章太炎“七次逋逃，三年禁狱”的人生际遇，使得章太炎作为国学泰斗“道心发越”，正好可以组织“百年不逢之会”。具体的课程则分三种：语言文字、典章制度、人物事迹，这也是章太炎本人一直强调的中国学术最为根本的三个方面。序中还指出，将来会“编

① 汪东：《同盟会和〈民报〉片断回忆》，载《辛亥革命回忆录》第6集，中国文史出版社2012年版，第22页。

② 章士钊：《国学讲习会序》，《章士钊全集》第七卷，文汇出版社2000年版，第179页。

为讲义，月出一册”，可见当时章太炎计划进行系统的授课，准备整理讲义，将他想要传授的国学广泛传播。光绪三十二年（1906）9月，日本秀光社出版的《国学讲习会略说》，收录章太炎的《论语言文字之学》《论文学》《论诸子学》三篇文章，应当就是当时讲习会的讲义之一。

除了章士钊的这篇序，宋教仁在1906年9月的日记里也记录了讲习会初期的情形：

> 至《民报》社访章枚叔……枚叔言国学讲习会已经成立，发布章程，其科目分预科、本科，预科讲文法、作文、历史，本科讲文史学、制度学、宋明理学、内典学。又言诸君意欲请君讲宋元理学一科，可担任否？余谓余于宋元理学尚未入门，派别亦不清楚，至于区分学别，折衷古今，则更不能矣，此责实不能任也。枚叔又言及作文一科无人担任，且此科无善法可教，作文之善否，不可以言喻，又无一定之法则者也……余又言中国宗教亦讲否？枚叔言亦于文史学中略讲一二，但中国除儒、释、道三教外，余皆谓之异教，不能知其教理若何。[①]

此时国学讲习会已经成立并发布章程，具体科目则分预科、本科，预科为文法、作文、历史三门，本科为文史学、制度学、宋明理学、内典学。课程种类丰富，国学泰斗章太炎无法一人讲授。特别是其中的宋明理学一科，他就自觉无法担任，于是问宋教仁，宋也自觉尚未入门，对其中的学派以及如何“折衷古今”都无法把握；此外还有作文一科，也无人担任，且觉得作文“无善法可教”，因为写作文章“无一定之法则”。宋又问起中国宗教的问题，章计划结合文史学“略讲一二”，其实原本安排有内典学，也即佛学，道家的老子、庄子又可归入诸子学，而儒、释、道之外都是“异教”，无法把握其教理，也就不必专门讲授了。就钱玄同与朱希祖的日记来看，讲习会所讲的内容主要包括《说文解字》以及《庄子》《楚辞》《文心雕龙》《汉书》《文史通义》等，大体还是

① 宋教仁：《我之历史》，《宋教仁集》下册，第654页。

按照章程讲的，只是无法涉及宋明理学与各种宗教等问题了。

至于国学讲习会具体有哪些人前来听讲，任鸿隽的一段回忆值得注意：

> 听讲的人以浙人、川人为多，浙人中有沈士远、兼士兄弟，马裕藻、马叔平、朱希祖、钱玄同、龚味（未）生等；川人中有曾通一、童显汉、陈嗣煌、邓胥功、钟正楙、贺孝齐、李雨田及我与我的兄弟任鸿年等。还有晋人景耀月、景定成，陕人康宝忠，这些人大概是每讲必到的，所以还记得。[①]

这里搜集的人名相对完整，其中浙江人居多，正是这批深受章太炎影响的浙江学者，回国之后通过同为浙江人的蔡元培，转而成为北京大学等高校的文科名师，影响了新文化运动前后的中国学术。此外，在任鸿隽的记忆里，听讲的四川人也不少，通过这批人，太炎学说对四川人也产生了不可忽视的影响。[②]另外还有山西、陕西等省份的学生，都是每讲必到的忠实弟子。此外，讲习会的具体讲学场所，其实也是经常变迁的，据朱希祖日记记载，讲习会先是在清风亭，后至帝国教育会，再移至大成中学，地点几经辗转。[③]章太炎写给钱玄同的信也谈到了讲会地点的问题：

> 讲习会设在帝国教育会中，闻每月需费二十五圆，此难为继。弟近已租宅小石川大冢町五十番地（风景最佳，如在园林中），书籍行囊，业已迁入（陶望潮亦居此）。楼上席十一张，不如就此讲习。会友既省费二十余圆，而弟亦免奔走，最为便利。[④]

---

① 任鸿隽：《记章太炎先生》，载陈平原、杜玲玲编：《追忆章太炎（修订本）》，第211页。

② 王锐：《章太炎学说对清末民初蜀学界的影响》，载娄林主编：《经典与解释：斯威夫特与启蒙》，华夏出版社2017年版，第192—223页。

③ 朱希祖：《朱希祖日记》上册，中华书局2012年版，第60、61、68、71页。

④ 章太炎：《与钱玄同・六》，《章太炎全集》（十二），第169页。

结合二者的记录，可知讲习会最初在东京的清风亭，然后转移到了帝国教育会，因为每月都需要花费二十五圆，故而又转移到了大成中学，后来太炎自己的住所转移到了小石川大冢町五十番地，于是提议将讲习会再转到该处的楼上。

除了面向大众的国学讲习会，章太炎还办有一个国学小班。光绪三十四年（1908），因为同盟会分裂等原因，章太炎面临衣食之忧，于是在钱玄同等人的张罗之下，另开了国学小班。钱玄同在光绪三十四年3月22日的日记里说："上午与味生至太炎处，意欲请太炎来讲国学（先讲小学），太炎首肯。"[①]至于这个小班具体有哪些人参加，以及讲学的内容与方式，许寿裳有较为详细的记录：

> 民元前四年，我始偕朱蓬仙（宗莱）、龚未生（宝铨）、朱逷先（希祖）、钱中季（夏，今更名玄同，名号一致）、周豫才（树人）、启明（作人）昆仲、钱均夫（家治），前往受业。每星期日清晨，步至牛込区新小川町二丁目八番地先师寓所，在一间陋室之内，师生席地而坐，环一小几。先师讲段氏《说文解字注》、郝氏《尔雅义疏》等，精力过人，逐字讲解，滔滔不绝，或则阐明语原，或则推见本字，或则旁证以各处方言，以故新谊创见，层出不穷。[②]

这个小班除龚宝铨、朱希祖、钱玄同以及鲁迅与周作人兄弟之外，还有朱宗莱与钱家治。朱宗莱（1881—1919），字蓬仙，海宁人，后任北京大学教授。钱均夫（1882—1969），原名家治，也即钱学森之父，归国后曾任浙江省教育厅厅长、中央文史馆馆员等职。当时讲课的地点是在太炎的寓所，也即牛込区新小川町二丁目八番地，师生共同围绕一个小茶几席地而坐。讲授的主要内容就是章太炎早年用力最深的两部小学名著，段玉裁《说文解字注》与郝懿行《尔雅义疏》，具体则为逐字讲解，阐明文字的本原，推明其本字，用各地的方言来

① 杨天石主编：《钱玄同日记（整理本）》上，北京大学出版社2014年版，第123页。

② 许寿裳：《纪念先师章太炎先生》，载陈平原、杜玲玲编：《追忆章太炎（修订本）》，第47页。

旁证等，所以有很多创新。章太炎一直强调小学训诂为治学根本，真正想要在学术上登堂入室，必须从语言文字开始。

关于这个小班，鲁迅回忆时曾说："先生的音容笑貌，还在目前，而所讲的《说文解字》，却一句也不记得了。"[①]这一印象当然只是粗略的说法，太炎最为听者记得的就是独特的讲演风格，《说文解字》并不是鲁迅后来所从事的学问，不记得也正常。与乃兄不同，周作人对当年太炎的讲演有着清晰的印象：

> 一间八席的房子，当中放了一张矮桌子，先生坐在一面，学生围着三面听，用的书是《说文解字》，一个字一个字的讲上去，有的沿用旧说，有的发挥新义，干燥的材料却运用说来，很有趣味。太炎对于阔人要发脾气，可是对青年学生却是很好，随便谈笑，同家人朋友一般。夏天盘膝坐在席上，光着膀子，只穿一件长背心，留着一点泥鳅胡须，笑嘻嘻的讲书，庄谐杂出，看去好像是一尊庙里哈喇菩萨。中国文字中本来有些朴素的说法，太炎也便笑嘻嘻的加以申明。[②]

在他记忆里，"章疯子"只是对那些阔人会发脾气，对听讲的青年学生却很好，随便谈笑，感觉像家人、朋友一般。夏天的时候，就像日本人一样盘膝而坐，一件长背心，一点泥鳅胡须，笑嘻嘻地讲课，很像寺庙里的弥勒佛。除了"音容笑貌"，周作人还记得章太炎讲《说文解字》的特点，他能够将文字本来之义，以轻松幽默的方式申发新义，使得枯燥的学问变得很有趣。章太炎在《自定年谱》中指出：

> 弟子成就者，蕲春黄侃季刚、归安钱夏季中、海盐朱希祖逖先。季刚、季中皆明小学，季刚尤善音韵文辞。逖先博览，能知条理。其他修士甚众，

① 鲁迅：《关于太炎先生二三事》，《鲁迅全集》（六），第566页。

② 周作人：《民报社听讲》，《知堂回想录》上，载钟叔河编：《周作人散文全集》第13卷，广西师范大学出版社2009年版，第379页。

不备书也。[①]

由此可知，在日本讲学期间受学的早期弟子之中，章太炎本人最为认可的只有黄侃、钱玄同、朱希祖三人，其中黄、钱二人的特点是“明小学”，即太炎最看重的文字音韵之学；朱希祖的特点是“博览”，学问颇有条理，虽被太炎认可，然毕竟不能算第一流的学问。这三人的学问，也有共通之处，那就是章太炎所开启的中西古今学术之会通。

“全盘西化”与“保存国粹”

“全盘西化”与“保存国粹”，当是在20世纪初的思想界影响最大的两种思潮，章太炎也受到这两种思潮的影响，一生致力于中西古今之间的探索。他早年出版《訄书》，本是反传统的代表，但在日本多年之后，反而成为“保存国粹”的代表，其间发生了什么样的转折？

戊戌变法前后，中国人加快了对于西学传到东方的新学的引进，特别是严复的翻译，对于当时中国的影响最大。当然，国人对于新学，往往存在诸多含混不清的认识。梁启超与夏曾佑等人聚会之时，就曾经讨论过当时人的观念：“中国自汉以后的学问全要不得的，外来的学问都是好的……不能读外国书，只好拿几部教会的译书当宝贝。再加上些我们主观的理想——似宗教非宗教，似哲学非哲学，似科学非科学，似文学非文学的奇怪而幼稚的理想。我们所标榜的‘新学’，就是这三种原素混合构成。”[②]一旦中国在与列强的战争中遭遇失败，就以为中国自己的学问都要不得，而外来的学问则都是好的，不懂外语，就只能读传教士翻译的西方典籍，但是这些典籍往往将宗教、哲学、科学、文学等元素混合，特别是自然科学与社会科学的混合，自然科学中的原则若是简单用作社会科学的原则，往往就会出问题，更何况西方经验与中国实际之间，

① 章太炎：《自定年谱》，《章太炎全集》（十一），第763页。

② 梁启超：《亡友夏穗卿先生》，《梁启超全集》第十七集，第319页。

有着更大和更复杂的差距。

比如严复翻译的《社会通诠》一书，曾经在中国的士人阶层之中特别流行，夏曾佑就说“今日神州之急务，莫译此书若”[①]。此书将人类社会发展的规律总结为图腾社会、宗法社会、军国社会三个阶段，严复还在按语中特别强调民族主义乃宗法社会之产物，隐含了当时再以“民族主义”来号召革命，在观念上已经落后等意思。

章太炎曾经非常欣赏严复的翻译，但在1907年发表的《〈社会通诠〉商兑》中，他指出了西方经典与中国实际之间的诸多问题，他说：

> 观其所译泰西群籍，于中国事状有毫毛之合者，则矜喜而标识其下；乃若彼方孤证，于中土或有抵牾，则不敢容喙焉。夫不欲考迹异同则已矣，而复以甲之事蔽乙之事，历史成迹，合于彼之条例者则必实，异于彼之条例者则必虚；当来方略，合于彼之条例者则必成，异于彼之条例者则必败。抑不悟所谓条例者，就彼所涉历见闻而归纳之耳，浸假而复谛见亚东之事，则其条例又将有所更易矣。[②]

章太炎反对将西方经典教条化，认为不能将根据某一国家或地区经验总结出来的“条例”，视为放之四海皆准的真理。因为西方经典的经验，只是“彼方孤证”，和中国实际则多有“抵牾”，若是不去认真考察其中之异同，而将西方的“条例”简单拿来，用作评判“历史成迹”真实与虚假的标准——“合于彼之条例者则必实，异于彼之条例者则必虚”，甚至用来推测所制订的“方略”未来的成败——“合于彼之条例者则必成，异于彼之条例者则必败”，如此做法必然会出大问题。所以他反复阐明，西方的规律限于西方的所见所闻，若是增补了东方的所见所闻，则规律还将“有所更易”，所以不可轻信。

这种反对教条主义的精神，对于当时“全盘西化”而不加反思的风气来说，

① 夏曾佑：《〈社会通诠〉序》，载《严复全集》（卷3），第355页。

② 章太炎：《〈社会通论〉商兑》，《章太炎全集》（八），第337页。

无疑是吹起了一阵非常及时的凉风，而章太炎本人无疑是极为难得的清醒者。章太炎还特别指出自然科学与人文社会科学之差异：

> 社会之学，与言质学者殊科，几何之方面，重力之形式，声光之激射，物质之化分，验于彼土者然，即验于此土者亦无不然。若夫心能流衍，人事万端，则不能据一方以为权概，断可知矣！

也就是说，若是关于几何、重力、声光、物质等方面的学问，即自然科学，如果在西方能被验证，那么在东方也能被验证，至于社会之学，涉及“心能流衍，人事万端”，不能“据一方以为权概”，也就是说，人文社会科学方面的学问，与自然科学不同，人文社会方面的各种现象错综复杂，其中的原则，需要作更加复杂的研究，特别是东方国家的实际，必须更仔细地研究，决不可轻易照搬西方的理论。所以说，《社会通诠》虽名“通诠”，实际只是一方之观察所得。

光绪三十二年（1906），章太炎发表《俱分进化论》，集中剖析“进化”这个在近代自然科学、社会科学等多个领域掀起巨大波澜的观念。章太炎指出：

> 近世言进化论者，盖昉于海格尔氏。虽无进化之明文，而所谓世界之发展，即理性之发展者，进化之说，已蘖芽其间矣。达尔文、斯宾塞尔辈应用其说，一举生物现象为证，一举社会现象为证……彼不悟进化之所以为进化者，非由一方直进，而必由双方并进，专举一方，惟言智识进化可尔。若以道德言，则善亦进化，恶亦进化；若以生计言，则乐亦进化，苦亦进化。双方并进，如影之随形，如罔两之逐影。非有他也。智识愈高，虽欲举一废一而不可得。[①]

他敏锐地觉察到，当时社会达尔文主义者所说的“进化”，其实与黑格尔

① 章太炎：《俱分进化论》，《章太炎全集》（八），第404—405页。

(海格尔）所说的总体性进步的目的论历史哲学结合起来了，使得进化论已经从自然科学理论，变成了对于社会现象、历史进程的描述，甚至有了所谓的理性价值判断。事实上，“进化”遮蔽了社会、历史发展过程的复杂性，往往只是注意到其中某一因素而忽视了对立面。所以章太炎特别强调“俱分进化”，若属于善与乐的因素会进化，那么属于苦与恶的因素也会进化，故必须合而观之，才可以洞察其中本质。光绪三十四年（1908），章太炎又发表了《四惑论》，其中指出：

> 昔人以为神圣不可干者，曰名分。今人以为神圣不可干者，一曰公理，二曰进化，三曰惟物，四曰自然……公理者，犹云众所同认之界域……然此理者，非有自性，非宇宙间独存之物，待人之原型观念应于事物而成……然宋世言天理，其极至于锢情灭性，蒸民常业，几一切废弃之。而今之言公理者，于男女饮食之事，放任无遮，独此所以为异。若其以世界为本根，以陵借个人之自主，其束缚人亦与言天理者相若……其所谓公，非以众所同认为公，而以己之学说所趋为公。然则天理之束缚人，甚于法律；而公理之束缚人，又几甚于天理。[①]

他认为，当时被认为“神圣不可干”的观念已经从古代的“名分”之教，转而成为西方传入的“公理”“进化”“惟物”“自然”四者，“公理”之说与“进化”之概念产生了同样巨大的影响，但是“公理”并非自然世界本就存在的，而是人们通过事物而总结出来的，类似宋人所说的“天理”。“天理”若运用至极，会产生“锢情灭性”等弊病，“公理”在“饮食男女”等各个领域若是“放任无遮”，就束缚人性而言其实与“天理”相似，甚至因为其论证貌似科学，打着“公理”旗号对个体进行压迫，反而比“天理”更具危害。

再看“惟物”这一观念，则与“惟神”相关，章太炎曾作《无神论》一文，其中指出：

---

① 章太炎：《四惑论》，《章太炎全集》（八），第468—469页。

> 世之立宗教、谈哲学者，其始不出三端：曰惟神、惟物、惟我而已……惟我之说，与佛家惟识相近，惟神、惟物则远之。佛家既言惟识，而又力言无我。是故惟物之说，有时亦为佛家所采……惟物之说，犹近平等；惟神之说，崇奉一尊，则与平等绝远也。欲使众生平等，不得不先破神教……无始无终，全知全能，绝对无二，无所不备，故为众生之父。就彼所说，其矛盾自陷者多。①

"惟物"之说，接近于佛教所说的"众生平等"，再看基督教等"惟神""一神"的宗教，不但与"平等绝远"，而且在逻辑上也是不能成立的。比如说，上帝"无始无终，全知全能，绝对无二，无所不备"，所以是"众生之父"。对此章太炎在文中分别举例说明其中的矛盾荒谬，"无始无终""全知全能""绝对无二""无所不备"这四点本身就无法成立，更何况"众生之父"。类似对一神论的批评，其实在西方哲学中早就存在，比如上帝不能创造出一块他自己搬不动的石头等悖论。所以说，有神论原本就是无根据的，那为什么在东西方都会出现有神论？章太炎指出："要以藐尔七尺之形，饥寒疾苦，辐凑交迫，死亡无日，乐欲不恒。则以为我身而外，必有一物以牵逼我者，于是崇拜以祈获福。此其宗教，则烦恼障实驱使之。"②有神论的宗教之所以产生，就是因为个体的生命遭受种种烦恼、苦痛，感受到生命的无常，故而希望通过崇拜神来获得幸福。这种将个人命运寄托于外在的神的想法，其结果便是丧失个人主体性与独立性，在求得慰藉的同时，也使得精神更加麻痹了。章太炎倡导"无神论"，于是在《建立宗教论》之中，提出借鉴佛教的唯识学理论，建立起能够彰显个人主体性与独立性的新宗教：

> 犹在今之立教，惟以自识为宗。识者云何？真如即是惟识实性，所谓

---

① 章太炎：《无神论》，《章太炎全集》（八），第414、415页。

② 章太炎：《建立宗教论》，《章太炎全集》（八），第427页。

圆成实也。而此圆成实者，太冲无象，欲求趋入，不得不赖依他。逮其证得圆成，则依他亦自除遣。故今所归敬者，在圆成实自性，非依他起自性。①

“以自识为宗”，认识“真如”，即认识个人的主体性与独立性，然后舍去对他人、他物的依赖，求得自身的“圆成自性”，这种“依自不依他”，实际上就是一种无畏的一往无前的奋斗精神。

对于东西方各种学术思想进行深刻的辨析之后，章太炎作了《论教育的根本要从自国自心发出来》的演讲，其中说：

别国有几个教士穴官，粗粗浅浅的人，到中国来要知这一点儿中国学问，向下不过去问几个学究，向上不过去问几个斗方名士，本来那边学问很浅，对外人说的，又格外浅，外人看中国自然没有学问。古人说的，“以管窥天，以蠡测海”（蠡本来应写作蠃，俗写作螺。意思说用蠃壳去舀海水，不能晓得海的深浅），一任他看成野蛮何妨。近来外人也渐渐明白了，德国人又专爱考究东方学问，也把经典史书略略翻去，但是翻书的人，能够把训诂文义真正明白么？②

章太炎说，中国人往往将西方人对于东方学术的肤浅片面之论奉为至宝，却不想想那些西方学者所谓考究东方学问，往往只是请教了几个中国的学究或者斗方名士，大多是学问很浅的人，转述给外国人就格外浅；还有西方学者翻译的东方经典，因为不通“训诂文义”，往往并不真正明白经典原义。由此可知，西方人对于东方学术的评判，往往是不正确的。因此，他在演讲之中特别强调“本国的学问”：“本国的学问，本国人自然该学，就像自己家里的习惯，自己必定应该晓得，何必听他人的毁誉？”

正因为这一新旧中西之间辩证的思考，章太炎才会在此时开始特别强调整

① 章太炎：《建立宗教论》，《章太炎全集》（八），第436页。
② 章太炎：《论教育的根本要从自国自心发出来》，《章太炎全集》（十四），第113页。

理“国粹”的重要性：

> 吾尝以为洞通欧语，不如求禹域之殊言；经行大地，不如省九州之风土；搜求外史，不如考迁、固之遗文。求之学术，所涉既广，必撕落无所就，孰若迫在区中，为能得其纤悉。[①]

在他看来，当时的中国人，首要任务还是要懂得中国本土的历史与现实，懂得中国自身的学术。有了本国学术的基础，才能从事改变中国现实的社会与政治活动，才能进行革命。

正好在清末的最后几年，清政府中的一些士大夫希望通过增加孔庙从祀儒者的方式来挽回人心，特别是将维新派与革命派极力表彰的顾炎武、黄宗義、王夫之三人从祀孔庙，希望以此来“敦崇正学，维系世变”，他们在奏疏中指出，这三人“立身行己，皆于艰苦卓绝之中，具忠贞驾诚之操，毅然以扶世翼教、守先待后为己任，其于圣贤之道，非但多所阐明，皆能躬行实践，深入堂奥，为后来儒者所不能及。其论著之关于政治者，多具运量千载，开物成务之识，于今日变通损益之宜，往往悬合事理”[②]。事实上，清政府原先将顾炎武、黄宗羲、王夫之三人的多种著作列为禁书，如今却希望“变通损益”将他们从祀孔庙，这一举动的结果却是适得其反，非但没能收拾人心，反而造成“驳议嚣然”，“徒为士民笑悼”，更加彰显其身处危机、进退失据的窘态。[③]当然就“扶世翼教”而言，对顾、黄、王这三位在政治上既有反清色彩，又有“开物成务之识”的清初大师表示特别推崇，对于阐明传统伦理、圣贤之道确实有积极意义，似乎也是对于西方传入的新学的一种反叛。

正是在这种氛围之下，国内兴起了国粹主义运动，还成立了国粹学报社。关于什么是“国粹”，黄节曾说：“夫国粹者，国家特别之精神也。昔者日本维新，欧化主义浩浩滔天，乃于万流澎湃之中，忽焉而生一大反动力焉，则国粹

---

① 章太炎：《印度人之论国粹》，《章太炎全集》（八），第384页。

② 赵启霖：《请三大儒从祀折》，载易孟醇点校：《赵启霖集》，湖南人民出版社2012年版，第5页。

③ 章太炎：《王夫之从祀与杨度参机要》，《章太炎全集》（十），第314页。

保存主义是也。”[①]在黄节等人看来，“国粹”是“国家特别之精神”，是关乎国家存亡的大问题。自从日本明治维新之后，中国出现了“欧化主义”，也即“全盘西化”。与之相反，在“万流澎湃”之中也有“一大反动力”，就是“国粹保存主义”运动，这一运动起先在日本兴起，然后中国的学者才在民族与国家存亡的担忧之下开始发起。

宣统元年（1909），章太炎写信给国粹学报社，谈及自己对于研究中国传统的旨趣：“《国粹学报》社者，本以存亡继绝为宗，然笃守旧说，弗能使光辉日新，则览者不无思倦。略有学术者，自谓已知之矣。其思想卓绝，不循故常者，又不克使之就范，此盖吾党所深忧也。”[②]他看到了《国粹学报》发挥“存亡继绝”的贡献，强调在“笃守旧说”的同时，必须使旧说发挥出新的光辉，否则或使人觉得都是已知之学而感到厌倦，或使人觉得都是寻常之论而不满。其实章太炎对于如何发扬国学，早就有了自己的独特思考：

> 学名国粹，当研精覃思，钩发沉伏，字字征实，不蹈空言，语语心得，不因成说，斯乃形名相称。若徒摭旧语，或张大其说以自文，盈辞满幅，又何贵哉？……若乃钞撮成言，加以论议，万言之文，謦欬可了，然欲提倡国粹，不应尔也。今日著书易于往哲，诚以证据已备，不烦检寻尔。然则最录实征，亦非难事，非有心得，则亦陈陈相因。不学者或眩其浩博，识者视之，皆前人之唾余也。[③]

“国粹”，是一国学术之精粹，需要通过精到的研究、审慎的思考，“字字征实，不蹈空言，语语心得，不因成说”，才能“形名相称”，如果只是摘抄旧说，空发议论，即便是洋洋洒洒万言之文，又有什么意义？他还指出，现代人著书，比古代先哲容易，这是因为西方印刷术的引入，各类文献都更容易获取了，想要翻检而加以“最录实征”也变得容易实现的，只是想要有一己之心得则是不

① 黄节：《国粹保存主义》，载桑兵等编：《国学的历史》，国家图书馆出版社2010年版，第3页。
② 章太炎：《与〈国粹学报〉·二》，《章太炎全集》（十二），第328页。
③ 章太炎：《再与人论国学书》，《章太炎全集》（八），第372页。

易的，因为学者需得有识有断。

事实上，无论日本学者还是中国学者，在这个西方新学翻译引入的时代，多有开始对传统学术进行整理的，他们通常做了文学或哲学的“概论”或“通论”之类的著作，其中不乏以西方的观念来解释东方，看起来内容广博且新见迭出。然而，仔细审视便会发现，这些作品对于传统学术并未有实事求是的研究，更没有针对中国的现实需求而对传统加以重新发明。

宣统二年（1910），章太炎与同在日本东京的弟子们一起创办了《学林》季刊，并亲自担任主编。《学林》以宣传国粹、保存国粹为主旨，设立“文例条件”共十二目：名言部、制度部、学术流别部、玄学部、文史部、地形部、风俗部、故事部、方术部、通论部、杂文录、韵文录。该刊只出了二册就停刊了，其中除刊发表了黄侃的三篇之外，其他刊发的皆是章太炎个人的论著，包括以“章绛”笔名刊发的《秦政记》《秦献记》《文始》等著名论文。大约为黄侃所作的发刊词《学林缘起》说：

> 余杭章先生以命世之材，旅居不毛，赫然振董，思所以延进后生，求一二俶傥者与之通道。谓前世学术，始或腐蚀不修，终以沦灭者有之矣，未有贤儒更出，婪然周汉而中道剥丧如今日者。其咎不专在趣新。徒以今文诸师，背实征，任臆说，舍人事，求鬼神，已先冒赣，守文者或专寻琐细，大义不举，不能与妄者角。重以玄言久替，满而不盅，则自谕适志者寡。学术既隐，款识声律之士，代匮以居上第。至乃钩援岛客，趣以干誉，其言非碎，则浮文也。浮使人惑，碎使人厌，欲国学不亡无由。今之所急，在使人知凡要。凡要远矣，不在九能目录中。盖无尺蠖之诎者，无独伸之功；无龙蛇之蛰者，无跃见之用。博而约之，易简而天下之理得以是牖民，如璋如圭然。先生所为书，既章章有条牒矣。同人复请著《学林》，尽其广博，以诒逖近，先生则诺。且言一国之学，宜有十数大士，棋置州部，然后日给而德不孤。[①]

① 章太炎：《学林缘起》，转引自汤志钧编：《章太炎年谱长编（增订本）》上册，第193页。

发刊词讲述了创办刊物的原因：当时“旅居不毛”的“命世之材”章太炎，其著作“章章有条牒”，希望寻求几个“俶傥者”讨论学术，讲明玄言、声律之人，改变“背实征，任臆说，舍人事，求鬼神”以及浮文泛滥的弊病，从而实现“国学不亡”，故编辑《学林》刊物。

就著作而言，宣统二年（1910），章太炎在日本秀光社出版了他整理“国故”的综合成果，即《国故论衡》之“先校本”。该书后来在章太炎被袁世凯拘禁之时又重新改正讹误，收入1915年版《章氏丛书》，1919年浙江图书馆再刊行了最终的“校定本”。此书主要来自国学讲习会的讲义，在集结成书的过程中，进行了系统性的整理，成为近代以来完整讨论中国传统学术的著名作品。若说《訄书》发起政治社会变革之议论，奠定了章太炎革命家的地位，那么《国故论衡》就奠定了章太炎国学泰斗的地位，虽然此二书并非二者的最后定本，但对于时代而言已经发挥了特别重要的影响。后来胡适等人撰写讨论传统学术的著作，或者发起新的“整理国故”的运动，无不参考此书。

《国故论衡》具体分为小学、文学与诸子学三卷，其中小学，也即传统的文字音韵训诂之学，相当于现代的语言文字学，在章太炎看来是一切学问的基础所在。《原学》篇虽仅在下卷论诸子学之篇首，但堪称全书的导论。章太炎指出：

> 通达之国，中国、印度、希腊，皆能自恢彉者也。其余因旧而益短拙，故走他国以求仪刑。仪刑之，与之为进，罗甸、日耳曼是矣。仪刑之，不能与之为进，大食、日本是矣。仪刑之，犹半不成，吐蕃、东胡是矣。
>
> 夫为学者，非徒博识成法，挟前人所故有也。有所自得，古先正之所覭髳，贤圣所以发愤忘食，员舆之上，诸老先生所不能理，往释其惑，若端拜而议，是之谓学。
>
> 亡自得者，足以为师保，不与之显学之名。视中国、印度、日本，则可知已……然博士终身为写官，更五六岁，其方尽，复往转贩，一事一义，无匈中之造，徒习口说而传师业者，王充拟之，犹邮人之过书，门者之

传教。[1]

与《訄书》重订本之《原学》不同，《国故论衡》之《原学》特别强调中国传统学术，有其自身的“仪刑”，即原创性的典范，类似中国的，也就只有印度与希腊，至于其他国家，大多受到外来文化的影响，自身缺乏原创性。所以说，作为中国人，必须研究自己国家的历史，了解自身的特性，在这个立场下，进行国学的研究，寻求自得之学，而不是“徒习口说而传师业”，才能真正将本国学术发扬光大。他还在与友人的书信中说：

> 中国学术，自下倡之则益善，自上建之则日衰。凡朝廷所闿置，足以干禄，学之则皮傅而止。不研精穷根本者，人之情也。会有贤良乐胥之士，则直去不顾，自穷其学。故科举行千年，中间典章盛于唐，理学起于宋，天元、四元与宋、元间，小学经训，昉于清世。此皆轶出科举，能自名家，宁有官吏奖督之哉？恶朝廷所建益深，故其自为益进也。[2]

就中国历代学术兴衰而言，需要“自下倡之”而不是“自上建之”。太炎特别指出，科举之学盛行千年，然而真正的学术，比如宋代的理学、清代的小学，都是超越于科举之外，才成为名家，不是官吏奖励、督促所能成就的。所以说，真正的学者都是起于民间的，而不是官方建立、倡导的。

至于如何弘扬国学，章太炎在与国粹学报社的信中说：

> 弟近所与学子讨论者，以音韵、训诂为基，以周、秦诸子为极，外亦兼讲释典。盖学问以语言为本质，故音韵、训诂，其管籥也；以真理为归宿，故周、秦诸子，其堂奥也。[3]

① 章太炎：《原学》，《章太炎全集》（五），第281页。
② 章太炎：《与王鹤鸣书》，《章太炎全集》（八），第154页。
③ 章太炎：《与〈国粹学报〉·二》，《章太炎全集》（十二），第328页。

在章太炎看来，国学必然要以音韵、训诂为基础，因为“学问以语言为本质”；然后是先秦诸子之学，因为其中包括了中国思想的核心，“以真理为归宿”就必须重视诸子学。此外还可以再讲一点佛学，作为一种补充。章太炎的学术，直接传承于清儒汉学，所以特别重视小学，即文字、音韵、训诂之学，他在《国故论衡》中指出：“盖小学者，国故之本，王教之端，上以推校先典，下以宜民便俗，岂专引笔画篆、缴绕文字而已？”①在小学之中，太炎特别注意音韵学，他最崇拜的顾炎武也说：“学者读圣人之经与古人之作，而不能通其音；不知今人之音不同乎古也，而改古人之文以就之，可不谓之大惑乎？”②语言是一直在变化的，故而想要理解文字记录的经典，就必须注意其中的读音问题。

除了《国故论衡》中的“小学”部分，章太炎还有对全国各地方言进行研究而成的《新方言》，他在此书中指出：“中国方言，传承自古，其间古文古义，含蕴甚多”“今之殊言，不违姬、汉”。③中国各地的方言，发音各不相同，其中或多或少保存了古代的发音，许多都对现代人理解经典之中的字音、字义有着重大的参考价值。中国是一个地域广阔、文化多元的大国，文字之相同与语言之不同之间，其实蕴含着丰富多彩的文化。此外，章太炎还有分析汉字演变规律的《文始》以及回答弟子们关于文字、音韵、训诂的《小学答问》，这两本书与《新方言》《国故论衡》一起，成为章太炎当时“保存国粹”的主要成果。

不过，代表章太炎独特创造性的成果，另有一部“奇书”，这就是他在1910年前后完成的“以佛解庄”的哲学经典《齐物论释》。章太炎很早就重视诸子学，但在早期他更看重荀子，后来在西学与佛学的激荡之下，才看到了庄子思想的独特价值，《齐物论释》则成为他重新认识诸子学的代表作，借助此书，他也完成了独具个人与时代特色的“齐物哲学”的建构。关于“齐物”，他指出：

齐物者，一往平等之谈。详其实意，非独等视有情，无所优劣，盖离

① 章太炎：《小学略说》，《章太炎全集》（五），第166页。

② 顾炎武：《答李子德书》，《亭林诗文集》，上海古籍出版社2012年版，第126页。

③ 章太炎：《新方言》，《章太炎全集》（四），第5页。

> 言说相，离名字相，离心缘相，毕竟平等，乃合《齐物》之义。[①]

“齐物”，实际蕴含的就是“平等”这一具有现代性的哲学观念，“齐物”所谓的“平等”，要求平等地看待一切有情的事物，而不去区分优劣，将事物之表象（名相）脱离开来，去除言说、名字、心缘的影响，从而实现最大程度的名副其实的平等。正因为破除了名相，揭示了概念的内涵与外延的关系，从原先的政治、社会、文化秩序之中解放出来，才真正实现了万物本来应当具有的主体自由。

值得注意的是，章太炎曾说：“普度众生，令一切得平等自由。”[②]他在佛教典籍与西方哲学中并未找到实现平等、自由的方法，反而通过“以佛解庄”，运用唯识、华严的名相术语与思维体系，解析庄子，最终在《齐物论》中开出“平等”“自由”等新义理结构。有学者指出，《齐物论释》展现了章太炎在形而上学、语言哲学、政治哲学等方面的创见。该书通过庄佛、儒道、经史之间的互相发明，建立起贯通真俗的、全新的思想体系，又以自由平等为核心价值，在批判传统等级文化的同时，彻底批判了西方哲学的目的论、进化论、神学化与理性形而上学的倾向，锋芒直指殖民文化，无愧于中国哲学的近代高峰。[③]

章太炎之所以特别注意从哲学层面回应近代西方思潮，与其在日本期间的阅读与思考息息相关。据宋教仁在日记中的记载，章太炎1906年到日本后不久，就向他询问哲学问题以及日本最近出版了哪些哲学著作，这让宋教仁颇感惊讶。[④]至于什么是哲学，章太炎说：

> 哲学者，一浑沦无圻堮之名，以通言、别言之异，而衺延之度亦殊。上世哲学为通言，治此者亦或阐明算术，推寻物理，乃至政治、社会、道德伦理诸言，亦一二陈其纲纪。此土与印度、希腊皆然。是一切可称哲学

---

① 章太炎：《齐物论释》，《章太炎全集》（六），第5页。

② 章太炎：《排满平议》，《章太炎全集》（八），第269页。

③ 孟琢：《齐物论释疏证》，上海人民出版社2019年版，第26—27页。

④ 宋教仁：《我之历史》，《宋教仁集》下册，第619页。

者，由其科目未分。欧洲中世，渐有形上、形下二涂，而政事、法律，亦不可比于形下。近人或以文学、质学为区，卒之说原理者为一族，治物质者为一族，极人事者为一族。若夫万类散殊，淋离无纪，而为之蹑寻元始，举群丑以归于一，则哲学所以得名。[①]

“哲学”一词为日本学者西周对西方哲学的翻译，章太炎对哲学的历史其实非常熟悉，他指出，原本就是“一切可称哲学者，由其科目未分”，“一浑沦无圻堮之名”，算术、物理、政治、社会、道德伦理都属于“哲学”，后来区分为形上、形下，再后来区分文学、质学，最后只有那些论说形上之原理的才归入“哲学”，研究物质、人事的学问都已经不属于哲学了。章太炎在对各种西方思想加以研究之后，致力于回归中国传统，就必须在哲学的高度上针对本土文化进行自己的探索，也即“蹑寻元始”，其最终成果就是《齐物论释》，他曾自诩该书“一字千金”“使庄生五千言，字字可解”[②]，可见其在他一生著述之中的独特地位。

① 章太炎：《规〈新世纪〉》，《章太炎全集》（十），第322页。

② 章太炎：《自述学术次第》，《章太炎全集》（十一），第494、495页。

第四章　跃龙：1911—1918

乾之九四："或跃在渊，无咎。"

辛亥革命之后，虽然清政府倒台，延续了两千多年的帝制就此终结，然中国却进入了一个军阀割据的混乱时代。无论孙中山还是袁世凯，对于革命元勋章太炎，或表现出十分的礼遇，或因为政见分歧而与其发生冲突似乎都有些不知所措。至于被袁世凯幽禁的三年，则是章太炎人生的又一大深渊。无奈之下，章太炎只得重新拾起古书再度讲学，在经典中寻找坚持下去的力量。护国运动之后，掌握大权的段祺瑞拒绝恢复《临时约法》，章太炎跃出深渊支持孙中山的护法运动，几年的辗转奔波后，仍是一事无成，唯独幽禁前后整理大半生的著述，略有小成。

辛亥之际的独醒者

武昌起义的消息传到日本的时候，章太炎还在研究"以佛解《庄》"。刘文典追忆说："记得有一天下午，章先生正在拿佛学印证《庄子》，忽然听见巷子里卖号外，有一位同学买来一看，正是武昌起义的消息，大家喜欢得直跳起来。从那天起，先生学生天天聚会，但是不再谈《说文》《庄子》，只谈怎样革命了。"[①]革命"成功"之后，章太炎再也无心讲学，因为他已经预感到了民国的

① 刘文典：《回忆章太炎先生》，载陈平原、杜玲玲编：《追忆章太炎（修订本）》，第51页。

创建将步履维艰。

关于革命后的政局，章太炎当时一针见血地指出：

> 吾革党同志中，颇有意气洋洋者，以为今日天下尽在吾党掌中，实则大谬也。吾党人正当惕励加勉，不可再存侥幸机运之心。惟宜众志成城，以赴国事。如其不然，正恐万劫不复而已。今日者，吾人发愤之秋也。[①]

新政权的建设必然不会一帆风顺，因为国内国际形势复杂多变，政局瞬息万变，革命党人真正能够掌控的范围其实很小，故只能“众志成城”“惕励加勉”。至于新的国家领导人，章太炎接着说：“今日……并无万方瞩目之人……或当有英雄出。此英雄者，若如华盛顿鞠躬尽瘁于和平事业，则我邦家之福也；若不幸竟属拿破仑，则我邦家乱无宁日矣……必资列强以投同乘隙之机。”他担心出不了为国家和平鞠躬尽瘁的华盛顿，反而诞生野心家拿破仑，从而为列强提供可乘之机。他对所谓“当世党人”的政客，分为七类加以评论，指出他们的“竞名死利”以及中国政党与欧美政党之间的差异，认为中国的政党建设需要在革命成功之后，“各依其见为政党，内审齐民之情，外察宇内之势，调和斟酌，以成政事而利国家”[②]。章太炎因其对于中国历史与现实的深刻认识，成为辛亥革命之际难得的“独醒者”。

1911年10月，湖北、湖南、江西各省光复的消息陆续传来，等到浙江、上海也光复之后，章太炎就从日本启程回国，11月15日到达上海。当时南京尚未光复，于是章太炎动员在吴淞督军的光复党人李燮和尽快出兵，还亲自赶到南京城下激励江浙联军的战斗，终于联军在12月3日攻入作为长江中下游政治中心的南京城，东南大局此时方才安定。另据日本密探的报道，章太炎曾在回国前夕参与购买步枪5万支、子弹数百万发一事，这应当是与国内革命党协商之后的决策。[③]当时的革命党报刊《民立报》发表社论说：

---

① 章太炎：《自日本归国途中之政见》，《章太炎全集》（十），第388页。

② 章太炎：《诛政党》，《章太炎全集》（十），第386页。

③ 俞辛焞：《辛亥革命时期中日外交史》，天津人民出版社2000年版，第113页。

> 章太炎，中国近代之大文豪，而亦革命家之巨子也。正气不灭，发为国光，文字成功日，全球革命潮，呜呼盛已。一国之亡，不亡于爱国男儿，文人学士之心，以发挥大义，存系统于书简，则其国必有光复之一日，故英雄可间世而有，文豪不可间世而无，留残碑于荒野，存正朔于空山，祖国得有今日，文豪之力也。今章太炎已回国返沪矣，记者谨述数语以表欢迎之忱，惟望我同胞奉之为新中国之卢骚。[①]

卢梭（卢骚）在法国大革命时被尊为精神导师，奉章太炎为“新中国之卢骚”，当是极高的礼赞，也是对其主持《民报》期间宣传革命的贡献的肯定。另据当时还在河南上学的嵇文甫回忆，辛亥之际还有人认为“章炳麟才比周公”，这从另一面说明了章太炎在当时的特殊地位。[②]

武昌起义之后，除了国内南北方的政治博弈外，还有东西方帝国主义列强的环伺，希望在保证其在华利益不受损害的基础上，继续扩大势力范围。1912年1月，孙中山在《对外宣言书》中说：“凡革命以前所有满政府与各国缔结之条约，民国均认为有效。”“革命以前，满政府所借之外债及所承认之赔款，民国亦承认偿还之责，不变更其条件。”[③]此时，北方的袁世凯正在通过各种渠道向列强寻求支持，南方的孙中山为了让列强承认新政权，如此宣言也情有可原，只是这种妥协的态度，与革命党长期宣传的三民主义之中的民族主义并不相符，列强可以利用各种不平等条约，以及外债、赔款继续操控中国，革命党却面临失去民心的危险。于是章太炎提出“革命军起，革命党消，天下为公，乃克有济”[④]的著名论断，思考如何在危机重重之中，维护国家主权与领土完整，他认为关键是协调各派的政治力量，团结共事，“众志成城”，于是提出了他的“联合之谋”。

---

① 汤志钧编：《章太炎年谱长编（增订本）》上册，第209页。

② 嵇文甫：《辛亥杂忆》，《郑州大学学报》1963年第4期，第29页。

③ 孙中山：《对外宣言书》，载《孙中山全集》第二卷，第10页。

④ 章太炎：《与黎元洪・一》，《章太炎全集》（十二），第511页。

1911年11月，章太炎与程德全联名发起成立“中华民国联合会”，1912年1月4日在上海的江苏教育总会举行成立大会，他本人当选为会长，程德全为副会长，张謇、蔡元培、熊希龄（1870—1937）、唐文治（1865—1954）、黄侃等当选为参议员。同日创立《大共和日报》为机关报，章太炎担任社长。他在《启事》中说：

> 然当困居专制政体之下，其功在于破坏；而在今日已脱离旧政府之羁绊，所重尤在建设。虽起义之初，事变仓卒，但能各自为计，粗维秩序，省、府、州、县不尽联合，势固其所。一旦大局粗定，即不可不速谋建设统一之机关。倘或划分界限，各竞权利，纷扰错杂，无有纪极，不独内政、外交无统一之办法，势必分崩离析，一变而为东周、晋唐之末造，重酿割据之乱，致招瓜分之惨，此后危险将有不可胜言者。[①]

章太炎认为，当时革命的重心，理应从破坏转移到建设上来，然而通过各地宣布独立脱离旧政府之羁绊，造成的后果是各个省，甚至各个府、州、县都无法联合起来。所以最为关键的就是谋求“建设统一之机关”，消除地域界限与权利纷争，否则“内政、外交无统一之办法”，只落得如东周列国、晋唐藩镇“分崩离析”的下场。“中华民国联合会”的作用，就是联络各方，共谋统一。

章太炎主张联合，明确反对以一党组织政府，所谓“革命党消”，主要基于对革命党内部的分裂的认识。辛亥之前就有复杂的内讧，辛亥之后又不幸发生了光复会领袖陶成章被暗杀的事件。在上海光复的过程中，光复会组织的光复军起到了重要作用。沪军都督府成立之后，陈其美担任都督，他对陶成章十分忌惮，于是派人暗杀了陶成章。同被杀害的光复会成员还有镇江军政府参谋陶骏保（1878—1911）以及广东军政府的几位首领，章太炎也一度受到威胁。章太炎写信给孙中山，再三强调要去除秘密会党习气，而以仁恕之心对待革命同志，“纵令一二首领，政见稍殊，胥附群伦，岂应自相残贼”；“若以名号相争，

① 章太炎：《中华民国联合会启事》，《章太炎全集》（十），第374页。

而令挟私复怨者，得借是以为名”，若会党习气继续，革命党的内部不能团结，国家建设也就无从谈起了。[①]还有针对孙中山等人不经集体讨论，仅与亲信商于密室，就决定以将汉冶萍公司改作中日合办为条件向日本政府借款，用以解决临时政府的财政危机一事，章太炎在给孙中山的信中指出："谋事冥昧之中，藉资奸谀之手，斯乃秘密结社时之所行，而不可用之于抚世长民之日也。"[②]

对于孙中山特别看重的《中华民国临时约法》，章太炎也提出了自己的质疑：

> 国民为共和国主人，有主权者。参议员为都督府差官，无主权者……今日足以代表国民者，为参议员乎？而参议员为都督所派，绝非民选。为遵照此次《约法》之选出者乎？而第十八条之选派方法，由各地方自定。假令又有都督选派，甚或有自署为参议员者，亦《约法》所许。以此组织参议院，果足代表人民全体而行使主权乎？稍有政治常识者，必不谓然。[③]

国民本当是国家的主人而拥有主权，但参议员都是都督所派而非民选，故参议员并不能"代表人民全体而行使主权"；《临时约法》为临时参议院所制定，"故国民对于参议院之《临时约法》，有不承认之权，此最简明之理由也"，这是稍有政治常识的人都知道的。在章太炎看来，《临时约法》赋予参议院极大的权力，然而参议院本身却缺乏民主。他指出，《临时约法》规定大总统任命国务员及驻外人员须经参议院同意这一条款极不合理，易导致"以立法院而干涉行政部之权，该院万能，不啻变君主一人之专制，而为少数参议员之专制"。还有规定国务员一旦受参议员弹劾，大总统应免其职，这一条款也容易导致参议员滥用大权，造成国务员的更换频繁以及政治混乱。此外，他还就中华民国的政府不应该定都南京而无视北方边疆、主张提升各级政府官员素质等问题，发表自己的看法。

---

① 章太炎：《与孙中山·四》，《章太炎全集》（十二），第87页。

② 章太炎：《与孙中山·六》，《章太炎全集》（十二），第89页。

③ 章太炎：《否认〈临时约法〉》，《章太炎全集》（十），第419—420页。

章太炎还在给黎元洪的信中，特别强调："浃旬以来，默观近状，乃知中国之有政党，害有百端，利无毛末……斯皆人民之蠹囊，政治之秕稗。长此不息，游民愈多，国是愈坏。"[①]参议员、党员纷纷忙于政治博弈、谋求私利，长此以往，则政治会越来越败坏。章太炎虽对孙中山等人进行批评，但仍与其组建统一党，并一度与张謇、程德全、熊希龄等原立宪派人士走得很近，还在袁世凯的居心不明之际，将其视为团结的对象，所以难以得到孙中山等人的理解。至于戴季陶（1891—1949），则认为此时的章太炎已经远离革命党，远离全国之国民，甘心做袁世凯的走狗："直可认为著《訄书》之章炳麟，已与邹味丹同死，其至于今日存在者，并非章炳麟，特禽兽而冠人名者耳。"[②]戴季陶的这些言论，完全站在党派自身的角度看问题，显然是诬陷之词。

就新政权如何建设上，章太炎有自己独特的见解，在《大共和日报》的"发刊辞"中说：

> 民主立宪、君主立宪、君主专制，此为政体高下之分，而非政事美恶之别。专制非无良规，共和非无秕政。我中华国民所望于共和者，在元首不世及，人民无贵贱，然后陈大汉之岂弟，荡亡清之毒螫，因地制宜，不尚虚美，非欲尽效法兰西、美利加之治也……政治、法律，皆依习贯而成，是以圣人辅万物之自然而不敢为，其要在去甚、去奢、去泰。若横取他国已行之法，强施此土，斯非大愚不灵者弗为。[③]

辛亥革命之后，政治精英与文化精英纷纷就各自汲取的东西方政治学说发表看法，产生了总统制、共和制、联邦制、邦联制之争。章太炎则强调国民对共和最大的期望在于"元首不世及"与"人民无贵贱"二者，这是新政权的政治合法性所在，所以新政权建设的关键在于"因地制宜，不尚虚美"，在于"政事"之美恶，而不在"政体"之高下，甚至强调"专制非无良规，共和非无秕

① 章太炎：《与黎元洪·三》，《章太炎全集》（十二），第512—513页。

② 戴季陶：《章炳麟之丑史》，载桑兵、黄毅、唐文权合编：《戴季陶辛亥文集》下册，第842页。

③ 章太炎：《〈大共和日报〉发刊辞》，《章太炎全集》（十），第396页。

政”，重要的还是政治、法律等依照习惯而成，而不是直接采取法国、美国等他国之法。章太炎还强调限制大总统的权限，“惟置大总统限制其权，以防民主专制之弊，宜与法之制度相近”，还有“五权分立”的观念：“三权分立之说，现今颇成为各国定制，然吾国于三权而外，并应将教育、纠察二权独立”[①]。就新政府各部领导，章太炎曾建议说：

> 总理莫宜于宋教仁，邮传莫宜于汤寿潜，学部莫宜于蔡元培。其张謇任财政，伍廷芳任外交，则皆众所公推，不待论也……若求法部，惟有仍任沈家本，为能斟酌适宜耳。诸妄主新律者，皆削趾适履之见，虎皮蒙马之形，未知法律本依习惯而生，非可比傅他方成典。故从前主张新律者，未有一人可用。[②]

如何团结不同党派的政治力量，如何发挥宋教仁、汤寿潜、蔡元培、张謇、伍廷芳（1842—1922）等每一个人的行政经验与能力，这两方面是组建政府的关键。至于如何落实“政事”，章太炎则再三强调习惯，不可简单移用他国成典而“削趾适履”，总之，重视本国历史与国情，体察细微的民情，才是国家建设的关键。

1912年1月发表的《先综核后统一论》一文中，章太炎直接指出辛亥革命本是武昌起义之后，各省通电宣告独立，而后再推举代表商议建国，其“统一”的基础并不稳固：“以电报统一易能也，惟实际统一为难。不先检方域之殊，习贯之异，而豫拟一法以为型模，浮文犷令，于以传电有余；强而遵之，则龃龉不适；不幸不遵，则号令不行。”[③]在电报的时代，发一号令容易，行一号令却困难，电报上说是统一，实际各省各府县并不统一。章太炎接着还说，“欲更新者，必察其故；欲统一者，必知其殊。然后政无戾民，法无辅恶矣。谓政府当遣十数大使于各行省，分科巡视，知其政俗，以告于执政，以周知天下之故”，

① 汤志钧编：《章太炎年谱长编（增订本）》上册，第217页。

② 章太炎：《宣言九则》，《章太炎全集》（十），第391页。

③ 章太炎：《先综核后统一论》，《章太炎全集》（十），第404页。

“其事细如牛毛，其乱棼如讨羽，顺而理之，后或可以渐革；逆而施之，在今日已跋踬不行矣”[①]。想要实现具体的更新、统一，关键在于考察各个行省之政俗，了解各自的故旧如何、特殊如何，不同的地区各种“细如牛毛”的政俗必须“顺而理之”，才能渐渐将政事更新、统一，所以重要的是如何处理政事，而不是斤斤计较于“政体”。事实上，就具体的政事落实而言，辛亥前后的差别并不明显，张奚若曾回忆说：

> 当时我颇感觉革命党人固然是富于热情、勇气和牺牲精神，但革命成功后对于治理国家、建设国家，在计划及实行方面，就一筹莫展。因此除了赶走满人，把君主政体换成所谓共和政体，革命是徒有其表的。皇帝换了总统，巡抚改称都督，而中国并没有更现代化一点。“破坏容易建设难”一句格言，不幸完全证实。[②]

所谓革命，民众看到的还是破坏的一面，革命党人虽然有热情、勇气，也不乏牺牲精神，但就如何整理、建设国家，则缺乏实行的方略，“皇帝换了总统，巡抚改称都督”都是表面现象，只要一通电报即可实现，关键还是如何面对不同地区，分别落实更新之政策，才能逐步实现全国之统一。若在赋税与法律等关系政治与社会稳定的重大政策上强行统一，只会造成更多的纷争，现代化则更无从说起了。

1912年2月6日，孙中山特别聘请章太炎担任枢密顾问：“目空五蕴，心殚九流，撷百家之精微，为并世之仪表，敢奉国民景仰之诚，屈为枢密顾问。”[③]次日，章太炎到南京与孙中山会晤，讨论组织政党之事，但章太炎并未借此进入临时政府的权力机构，他以上海和南京近在咫尺为理由，第二天就回到上海。实际上，章太炎希望保持其民间立场的特殊地位。

此时的时局也变幻莫测，从1911年12月18日就开始的南北和谈，彼时已

① 章太炎：《先综核后统一论》，《章太炎全集》（十），第405页。

② 张奚若：《辛亥革命回忆录》，《张奚若文集》，清华大学出版社1989年版，第463—464页。

③ 汤志钧编：《章太炎年谱长编（增订本）》上册，224页。

经达成协议，2月12日清帝宣布退位，于是孙中山辞去临时大总统之职，推荐袁世凯接任。关于这一变局，章太炎其实早有预料，他认为当时的南京临时政府，“政府号令，不出百里”[①]，为了全国统一，不得不向袁世凯做出让步。章太炎曾写信给孙中山，强调“虚大总统以待北方之英，树大元帅以顺南军之志”[②]，他还指出：

> 报载某国遣间谍游说某会，定都南京，反对项城，余亦备闻其说……夫国人所以推袁项城者，岂以为空前绝后之英乎？亦曰国家多难，强敌乘之，非一时之雄骏，弗能安耳。虽项城所以不敢穷兵胜敌而后自贵者，亦惧相杀至尽，而反为他人利也。若以彼有帝王万世之心，此则民党相监，自有余裕。且夫称帝亦何容易？非战胜强邻，得其土地重器，固不足以极威望而驯民志。[③]

南北议和之际，反对袁世凯的声音很多，但在国家多难、列强环伺的局面之下，袁世凯也算是“一时之雄骏”，拥有绝对的军事优势，只是章太炎还是低估了他的野心，他以为袁世凯若有“帝王万世之心”，其他党派的监督“自有余裕”。接下来的问题就是首都定在何处，关于此，章太炎曾与孙中山、黄兴等人有过辩论：

> 袁世凯被选为临时大总统，南政府将解，孙、黄以袁氏难制，欲令迁都江宁以困之。余谓：“江宁僻左，不足控制外藩。清命虽黜，其遗蘖尚在，北军未必无思旧主者；重以蒙古、东三省之援，死灰将复炽，赖袁氏镇制使不起耳。一日南迁，则复辟之祸作矣。”克强闻之，愤甚，与余辩难。且遣使者三人入宛平迎袁公南下，袁公亦诱致兵变以劫之，卒不能成言。夫假人威力以翦建夷，名实归之；而又欲以小慧牵制，所谓既不能令

---

① 章太炎：《自定年谱》，《章太炎全集》（十一），第766页。

② 章太炎：《与孙中山·三》，《章太炎全集》（十二），第85页。

③ 章太炎：《敬告对待间谍者》，《章太炎全集》（十），第410—411页。

又不受命者矣。斯孙、黄所以败也。[①]

孙、黄等人希望继续以南京为新都，并让袁世凯在南京就职总统来作制衡，并派遣多位使者前往迎请，但袁世凯却以唯恐兵变为由不肯南下。章太炎从局势考虑，指出南京就地理位置而言不足以控制外藩，蒙古、东三省以及北方军事力量都需要袁世凯坐镇北方，以免复辟。袁世凯确实以其实力逼迫清帝退位，任总统也是“名实归之”，孙、黄想要以定都南京以及《临时约法》之类的“小慧牵制”，自然会失败，在大局上，章太炎似乎看得更为清楚。

1912年3月，章太炎等人又将“中华民国联合会”改组为统一党。为什么改“联合”为“统一”？章太炎曾有解释说：“‘统一’二字，若当国势巩固之后，本无庸说，现在则不得不有所需求。以中国此时南北尚未和合，外藩尚未亲附，政权兵权尚未集中，故宜标示此义。”[②]至于该党的组成以及原则，章太炎在其《宣言书》中指出：

本党本集革命、宪政、中立诸党而成，无故无新，惟善是与。只求主义，不涉危险。立论不近偏枯，行事不趋狂暴，在官不闻贪佞者，皆愿相互提携，研求至当。所望政治团体诸君，毋吝金玉，乐与扶持，非独辅助共和，亦以泯除畛域。若夫专树一帜，崇拜个人，利用虚名，藉干禄位者，矍相之圃，自有扬觯，则不敢以论清白之士也。[③]

当时，统一党的组成比较复杂，“无故无新，惟善是与”，章太炎希望就各种主义、政事上起到监督政府的作用，所以才提出了“立论不近偏枯，行事不趋狂暴”的原则。他强调在这个政治团体中，大家都能够相互扶持，消除隔阂，至于崇拜个人而求虚名，则是其所反对的。再看统一党的政治纲领：

---

① 章太炎：《自定年谱》，《章太炎全集》（十一），第767—768页。

② 《联合会改党纪事》，载章伯锋、李宗一主编：《中国近代史资料丛刊：北洋军阀》第1册，上海书店出版社2021年版，第301页。

③ 章太炎：《统一党宣言书》，《章太炎全集》（十），第424页。

> 伸张国权为吾党唯一之政见。吾党之监督政府者，监督其丧失国家权利耳。辅助政府者，辅助其勿再丧失权利耳。已丧失之权利，吾党希望其恢复而已。恢复权力，全赖有强有力之政府，吾党亦但尽其辅助之力而已。①

“伸张国权”是统一党的目标，具体则是监督与辅助政府，避免丧失国家权利，已经丧失的权利努力使其恢复。所以说，统一党的监督和辅助理念在章太炎看来是非常明确的，只是其他统一党成员对此并不认同。此外还有《统一党章程》十一项，也大体以此为宗旨。3月2日，统一党会议投票选举，章太炎以及程德全、张謇、熊希龄、宋教仁共五人当选为理事，另有参事十三人。也就在此时，中国同盟会在南京举行大会，扩张成为当时最大的政党，其他党、社等组织也纷纷成立，不过影响最大的还是同盟会与统一党。

4月9日，袁世凯聘请章太炎任总统府高等顾问，并派专人南下奉迎。于是章太炎就带着一批统一党干部前往北京。此时在张謇实际主持之下的统一党，与以黎元洪为首的民社、以梁启超为后台的国民协进会等联合成立了共和党。5月9日，共和党成立大会在上海张园举行，选举黎元洪为理事长，张謇、章太炎等人为理事，另有干事五十多人。章太炎拒绝担任共和党理事，又提出上海选举出的理事必须经北京统一党本部开会认可等要求，被上海方面拒绝，他还想控制局面，然无所发力，于是独自宣布脱党。程德全等将章视为招牌的同党之人也并未挽留，至于张謇则更是指摘章太炎“惑于谬说，意气甚张”②。5月17日，章太炎在北京统一党本部举行大会，表示统一党不与其他政党、社团合作。6月5日，在第二次大会上，统一党宣告独立，章太炎被推举为总理。7月24日，他乘坐京汉快车前往武昌，邀请黎元洪担任统一党名誉总理，黎元洪反而劝说章太炎回归共和党并继续担任理事。此时留在北京的王揖唐（又名王赓）

① 章太炎：《在统一党南通县分部成立大会上之演说》，《章太炎全集》（十四），第168页。

② 章开沅：《张謇传》，浙江古籍出版社2021年版，第340—343页。

等人并不愿统一党与共和党联合，故章太炎只得回到北京。

黎元洪的民社此时已经与其他组织合并为共和党，章太炎的统一党仅存北京本部，又为受袁世凯指派的王揖唐等人控制，故联合无果。从组党之梦中清醒过来的章太炎，曾对黎元洪说：

> 前者公倡民社于上，而炳麟亦建统一党于下，以为群言淆乱，赖此整齐。迩者躬诣武昌，亲聆教益，以两党合并，排拒异谋。浃旬以来，默观近状，乃知中国之有政党，害有百端，利无毛末。若者健稳，若者暴乱，徒有议论形式之殊。及其偕在议院，胡越同舟，无非以善腾口舌为名高，妄扩院权为奉职，奔走运动为真才，斯皆人民之蠹螙，政治之秕稗，长此不息，游民愈多，国是愈坏。[①]

当时中国的政党，所谓健稳、暴乱等主张只是“徒有议论形式之殊”，也无论南北、胡越，“无非以善腾口舌为名高”，奔走运动，争权夺利，无非就是“人民之蠹螙，政治之秕稗”。所以章太炎指出“中国之有政党，害有百端，利无毛末”。他还在此信中提出，“功德在人，本无待政党为之援助……与其随逐乱流，终为罪首，岂若超然象外，振起群伦”，希望黎元洪能与自己一起退出所在政党，成为无党无派的独立力量，这一建议当然无法得到黎元洪的赞同。章太炎本人反而被王揖唐等人罢免所谓统一党总理的职务，一度还被驱逐出党，最后仅给了他一个名誉理事的头衔。

经过张謇等人的操作，章太炎在上海早已被架空，在北方则在袁世凯势力的控制之下，难以有所作为。章太炎之所以反对统一党与国民协进会等组织合并，乃是因为其后台为拥护袁世凯的梁启超，一旦合并，只会让统一党受控于袁世凯。事实上，张謇等人就是希望借助袁世凯的力量，通过组党的方式来反对宋教仁以及由同盟会改组而成的国民党。所以章太炎一开始所依靠的张謇、程德全等人，完全是靠不住的，反而是被他们当招牌利用了一回。至于此时新

① 章太炎：《与黎元洪·三》，《章太炎全集》（十二），第512—513页。

成立的共和党，日本间谍宗方小太郎曾评价说："该党成员中纵然有众多之前朝遗臣及有旧思想之学究，然彼等通晓该国实情，对政、商、军、学各方面有阅历之人极多，故态度稳健，能孚舆情，使党势兴隆，固有其理由也；且背后又有袁氏巧妙操纵。"[①]在前朝遗臣的操控之下，章太炎这样的学究在组党活动之中完全败下阵来，袁世凯成为决定此一时期政党势力兴衰的关键人物。

关于章太炎与统一党的关系，时任国务院秘书长的张国淦在其回忆录中指出："章炳麟在北京，袁令王揖唐招待，王即借统一党以拉拢议员。某日，袁向余言：'王揖唐办统一党，打算作第三党，只花去200万元，议员多至200余人。'余言：'此等都是跨党，希图津贴，不是真正党员。真正党员不是金钱买来。'其后袁认真核计统一党员，实数仅20余人，故决定合并进步党。是合并进步党时之统一党，非复章炳麟时之统一党。"[②]也就是说，章太炎创建统一党之后，被袁世凯所指派进入北京统一党本部的王揖唐拉拢，打算将统一党作为当时的第三党势力，表面上看有议员二百多人，实际只有二十来人，因为大部分都是跨党的，只是为了拿点津贴而不是真正的统一党成员。所以统一党后来又需要合并其他党而成为进步党，然而这些都已经与章太炎无关了。当然，章太炎本人也在反思，立宪党以及旧官僚并非他原来想象的那样老成持重、开诚布公，最终，他也意识到这些人其实是靠不住的：

> 立宪党成立以后，政以贿成，百度废弛，具文空罫，有若蛛丝，视戊戌、庚子以前转甚。至于新朝蒙清余烈，政界之泯纷贪渎，又弥甚于清世。一二良材，逃荒裹足，其联袂登庭者，皆斗筲之材也……逮乎燕京统一，向之媚子不知幸予矜全为非分，更欲飞跃以超人上，涵濡卵育，日有孳生，而革命党亦渐染其风，变本加厉。然则暴乱者，革命党之本病也；贪险者，立宪党之本病也。变暴乱之形，而顺贪险之迹者，革命党被传染于立宪党

① ［日］宗方小太郎：《一九一二中国之政党结社》，载《辛壬日记》，冯正宝译，中华书局2007年版，第153页。

② 张国淦：《北洋从政实录》，《张国淦文集》，北京燕山出版社2000年版，第311页。

之新病也。[①]

立宪党中，虽然也有一二良材，但在“斗筲之材”的包裹之下，根本无用武之地。大多数立宪派在清代本已无所作为，辛亥之后却摇身一变成为政界新贵，然而这些人此时贪渎更甚，还将不良风气传染给了革命党，从此革命党在原有的暴乱一病之上，又新增贪险一病，政界也就变得更加混乱，不可收拾。所以说，立宪党与旧官僚，其实都是靠不住的，他们是带坏时代风气的一群人。

其实早在武昌起义后不久，梁启超就曾派学生盛先觉向章太炎询问，是否还有“首立清帝为大总统，后再黜而竟废之议”，当时章太炎回复说“然今大势已粗定，清廷万无能为力”等。[②]盛先觉回复梁启超之时则指出：“微闻章太炎左右数人，嚣张浮华，专事阿谀，颇有视太炎为奇货可居之慨，而章太炎似亦竟为所蒙蔽者然。甚矣哉！君子可欺以其方，小人无往而不在也。”[③]章太炎从日本回国之后，已经被那些旧官僚视为“奇货可居”，也一直都陷于被蒙蔽的危险之中。姜义华先生指出，从组建“中华民国联合会”至此，前后不过九个月，章太炎终于发现，他兴冲冲试图创建的所谓政党政治，原来只是一出政治闹剧，他自以为主导着一个新生的大党派，实则成了旧立宪党人和老官僚用以反对同盟会的玩偶，一旦他不想成为玩偶，便被弃之如敝屣。[④]

历史的转型时期，就是如此波谲云诡，民初的政坛似乎一直都笼罩着重重迷雾。对于章太炎而言，袁世凯就是那个躲在迷雾最深处的人。

东北筹边使

袁世凯在北京建立民国政府之后，与大多数人一样，章太炎也曾对他寄予希望。1912年3月，章太炎写信给袁世凯，希望其“厉精法治”而“慎固边

① 章太炎：《发起根本改革团意见书》，《章太炎全集》（十），第458页。

② 汤志钧编：《章太炎年谱长编（增订本）》上册，第211页。

③ 丁文江、赵丰田编：《梁任公年谱长编（初稿）》，第298页。

④ 姜义华：《章炳麟评传》，第139—140页。

疆”[①]；他还指出政治改革的条件，希望其“淘汰阁员，任用良吏，总揽大权，屏绝浮议”[②]，以及惩治弃职、舞弊的各部官吏。袁世凯也曾聘请章太炎为总统府高级顾问，1912年4月9日还派专人南下奉迎。然而随着时光的推移，章太炎渐渐发现，袁世凯与那些旧官僚一样，在他身上有所寄托，不过是自己的一厢情愿。他后来曾有回忆：

> 七月，之武昌，谒黎公。闻武昌人甚重张之洞，以为人材军费皆张氏所遗以为倡义资也。返自武昌，与袁公道之。袁公愤然曰：“南皮竖儒，今犹为人引重耶？”因数张过咎数端，又言初练陆军及遣学生出洋，皆己所建明，无与南皮。剧谈至三刻顷，余始虽审袁公雄猜，犹谓非卞急者，及闻其排诋张之洞，独念曰：“死者尚忌之，况于生人。褊浅若是，盖无足观矣。”[③]

这是发生于1912年的一次对话。拜会黎元洪之后，章太炎与袁世凯讲起武昌人特别引重张之洞，袁就反复数落张的种种过咎，还说训练陆军、派遣学生出洋都是袁的建议而与张无关。于是章太炎就认为，袁世凯虽然“雄猜”，但就诋毁张之洞一事而言，则性格上除了“卞急”还有“褊浅”之病，故此人“盖无足观矣”，既无气度又无见识，故而其政必败。

事实上，袁世凯在乎的只是自己的权位，其政治手腕无非就是把控军队、清除异己，“共和”与“立宪”也只是随时可以撤换的招牌而已。民初记者黄远庸就曾指出：“盖袁公者，利用之手段有余，爱国及独立之热诚不足。又其思想终未蜕化，故不能于旧势力外，发生一种独特的政治的生面也。”[④]严复也指出：“大总统固为一时之杰，然极其能事，不过旧日帝制时，一才督抚耳！欲与列强

① 章太炎：《与袁世凯·三》，《章太炎全集》（十二），第564页。

② 章太炎：《发起根本改革团意见书》，《章太炎全集》（十），第460页。

③ 章太炎：《自定年谱》，《章太炎全集》（十一），第770页。

④ 黄远庸：《社会心理变迁中之袁总统》，载《远生遗著》卷1，第1页。

君相抗衡，则太乏科哲知识，太无世界眼光。”[①]中人之才且知识空疏、思想陈旧，再加之气度、见识之局限，也就不可能如时人所希望那样，成为中国之华盛顿或俾斯麦，带领中国走向独立富强了。所以章太炎说：“夫国人所以推袁项城者，岂以为空前绝后之英乎？亦曰国家多难，强敌乘之。非一时之雄骏，弗能安耳！”[②]就像古语说的：“时无英雄，使竖子成名！”辛亥之际，内忧外患，然找不到可以安定江山的雄骏，就只能使得掌控军队最盛的人得逞，不过即便一时得逞，也不可长久，因为其本非空前绝后之英！

1912年10月10日，辛亥革命一周年之际，袁世凯授勋，授予孙中山、黎元洪二人大勋位，唐绍仪、伍廷芳、黄兴、程德全、段祺瑞、冯国璋（1859—1919）勋一位，章太炎仅得勋二位。他非常不满，在与王揖唐的信中说：

> 中山但有鼓吹，而授大勋。吾虽庸懦，鼓吹之功，必贤于中山远矣。当庚辛扰攘以来，言革命者有二途：软弱者与君主立宪相混，激烈者流入自由平等之谬谈。弟《驳康有为书》一出，始归纯粹。因是入狱，出后至东京，欢迎者六千人，后作《民报》，天下闻风，而良吏宿儒，亦骎骎趋向矣。此岂少年浮躁者所能冀，亦岂依违法政者所敢为耶！又中山本无人提挈，介绍中山，令与学人相合者，实自弟始。去岁统一告成，南都之说，不可抵御，弟始大声疾呼，奠都燕蓟。[③]

章太炎认为，就“鼓吹之功”而言，他本人确实“贤于”孙中山。事实上，孙中山除了鼓吹革命，还有组织同盟会以及领导多次起义等多方面的功绩。章太炎指出，自己的“鼓吹之功”不容忽视，他的《驳康有为论革命书》对于支持革命党之人与立宪派的区分，有着重要的作用，他主编《民报》使得革命宣传“天下闻风”，此二者确实是章太炎为缔造民国之大功勋。此外，他还有两个特殊的功绩：因为章太炎的解释，孙中山才在日本留学生群体之中有了更大的

① 严复：《与熊育锡·二十四》，《严复全集》（卷8），第303页。

② 章太炎：《敬告对待间谍者》，《章太炎全集》（十），第410—411页。

③ 章太炎：《与王揖唐》，《章太炎全集》（十二），第632页。

影响；当孙中山等人强调定都南京之时，章太炎大声疾呼，最终定都北京。此段议论，章太炎不惜贬低孙中山而抬高自己，主要还是强调自己的功勋不当在孙中山之下。他接着还说：

> 弟则首正大义，截断众流；黄克强百战疮痍，艰难缔造；孙尧卿振威江汉，天下向风；段芝泉首请共和，威加万乘；汪精卫和会南北，转危为安。如是五人，虽不敢上拟黎公，而必高于孙前总统也。其蔡孑民首倡光复会，宋遁初运动湖南北，功亦不细。其余乃可二等耳。[①]

这是认为他本人与黄兴、孙武、段祺瑞、汪精卫共五人，也当高于孙中山，还有蔡元培倡议成立光复会，宋教仁在湖南、湖北从事革命运动，故这些人都应当同获勋一位。因授勋一事，章太炎负气辞去顾问之职，袁世凯派人安抚，先是建议章太炎担任国史馆总裁，为其所拒，后让其担任仓场总督，也被拒绝。就在此时，章太炎从东三省返回北京，发表了对东三省的初次观感："东三省物产富饶，人民朴实耐劳，极有可为。虽日俄经营不遗余力，然历史上之关系未泯，主客之形犹在也。"[②]11月3日，沙俄不顾中国政府不承认外蒙古独立的声明，强迫外蒙古傀儡政府签订了《俄蒙协约》以及附约《通商章程》，外蒙古沦为脱离中国的俄国准殖民地和保护国，就在列强逼近东三省之际，章太炎作为高级顾问参加讨论，建议发起成立"根本改革团"，袁世凯便委派其为东三省筹边使。

这个所谓筹边使只发给委任状，而无正式任命的命令，故权限不明，开府长春，但一无人员二无经费，"僚属财十人耳，既鲜事，经费亦少……行署公费，一月财三千圆"[③]，故无法有所作为。章太炎彼时尚未明白被袁世凯等人所骗，还是努力去尝试做成一些实事。1912年12月28日，章太炎发布了《筹边政策要点》，其中指出东三省人皆土司、仰仗俄人为生活者、东三省省城无一好

① 章太炎：《与王揖唐》，《章太炎全集》（十二），第633页。

② 《太炎先生之东三省观》，《大共和日报》，1912年11月1日。

③ 章太炎：《自定年谱》，《章太炎全集》（十一），第770—771页。

官、筹边以统一财政入手等六个方面。[1]1913年1月3日，章太炎抵达吉林，再转到长春，发布了《通告东三省文》。章太炎希望自己的职务带有钦差大臣色彩，以期改变东三省的政治局面，然而遭到大小官吏的一致反对，在具体事务上也对其处处掣肘，使得章太炎对于内政外交都无从置喙，只得转向发展实业的方略，具体包括筹划凿通松花江与辽河之间运河及疏浚辽河、开设东三省筹边实业银行、利用法国资本开采吉林滴道山煤矿、组织筹边研究会等，另外还创办《筹边日报》，作为独立的机关报，进行舆论宣传。因为经费没有着落，以及地方上无人支持，章太炎不得不在一月下旬赶回北京，在给袁世凯的多通书信中，他细陈东北筹边之困难，特别是官吏的贪墨，于是袁世凯下了“严惩贪墨训令”，在书信中，他还阐明包括开办银行、疏通运河等方面的具体实业方略，最后则说：

> 炳麟本革命党人，从前所以出入生死者，只为政令之苛残，民生之憔悴耳。今者持节临边，期偿始愿，以鹰鹯搏击之心，副云续效旱之望。若炳麟隐忍不言，虚縻廪禄，则无以对国人。若大总统含濡不断，姑待他年，则亦非所以命炳麟矣。[2]

章太炎迫切希望袁世凯批准各项方略，但得到的只有推诿搪塞，完全无法有所作为。2月，章太炎再次回到长春，继续其考察活动，此时却传来了宋教仁被袁世凯所指派之人暗杀的消息。

1912年12月至1913年3月期间，进行了国会议员的选举。由同盟会、国民公党、国民共进会、共和实进会改组而成的国民党，在选举中大胜，当选议员占了总数六百多位中的一半以上，超过共和、统一、民主三党的总和。宋教仁当时担任国民党代理理事长，同盟会改组为国民党以及各省选举相关事宜主要由他负责，他雄心勃勃，希望通过选举的成功，组建以国民党为主的内阁，实

① 章太炎：《筹边政策要点》，《章太炎全集》（十），第461页。

② 章太炎：《与袁世凯·十三》，《章太炎全集》（十二），第574页。

行内阁制的议会政治。袁世凯深感担忧，害怕自己的权力受到威胁，于是才会有暗杀之举。

1913年3月20日晚，宋教仁在上海火车站准备北上之际，被人从背后开枪射中右肋，当时在火车站送行的黄兴等人将其送至医院抢救，但他还是在3月22日凌晨不治身亡。4月17日，章太炎回到上海，写下《宋教仁哀辞》，表达了对这位知交7年的革命同志之死的惋惜：

> 炳麟不佞，七年与君子同游，钧石之重，夙所推毂。如何苍天，前我名世。殂殁之夕，犹口念鄙生，非诚心相应，胡祢感于万里哉？即日去官奔赴，躬与执绋，拜持羽扇，君所好也。若犹有知，当见颜色。[①]

章太炎说自己远在万里之外，却也感应到了挚友之难，匆忙奔赴而来，“拜持羽扇，君所好也”，希望他地下有知。此次暗杀具体的主谋以及谋划过程疑点颇多，但其背后真正的授意或受益之人必然是袁世凯。这一事件的发生，让章太炎以及全体国人彻底看清了袁世凯的真面目。[②]

章太炎虽然认为宋教仁过于迷信议会政治，但二人之间的关系一直很好。宋教仁之死，使得章太炎彻底放弃与袁世凯及北方旧官僚继续周旋的念头，他甚至说：“其用心阴鸷，正与西太后大同。故就财政一端观之，项城不去，中国必亡。”[③]就对于军事、财政等方面的把控而言，袁世凯确实是独裁与卖国的旧官僚的代表。当然，围绕袁世凯的那些帮凶也非常可恶。章太炎曾致电袁世凯，要求除去总统府秘书长梁士诒（1869—1933）、参谋本部次长陈宧（1870—1939）、拱卫军统领段芝贵（1869—1925）、国务总理赵秉钧（1859—1914）这“四凶”，“四凶不去，虽以唐尧之能，天禄于是永终，愿大总统决机刚断”。

1913年4月23日，章太炎放下与陈其美等人的恩怨，参加了国民党上海交

---

① 章太炎：《宋教仁哀辞》，《章太炎全集》（八），第236页。

② 一般认为国务总理赵秉钧派人暗杀宋教仁，另有人认为内务部秘书洪述祖才是主谋而赵秉钧则并不知情，参见尚小明：《宋案重审》，社会科学文献出版社2018年版。

③ 章太炎：《与伯中·八》，《章太炎全集》（十二），第619页。

通部的欢迎会，他在欢迎会上发言说：

初见南方革命后秩序未复，颇不谓然。即至北京，又到东三省，观察种种政治现象，实异常腐败，深堪浩叹。盖北方受了腐败、专制的遗传病，较诸南方革命的激烈病，其流毒更甚……民国非维持现状也，乃维持现病耳。若坐视腐败、专制之病常存留中央，则民国共和终成梦想。故今日吾革党对于建设民国一问题，当仍以猛进的手段，循文明的步调，急求破坏专制恶根，拼命力争共和二字，此后方有建设可言。[①]

章太炎原本对南方的孙中山等人有所不满，等到了北京以及东三省观察之后，对北方的政治腐败更是感叹，北方的专制官僚只会使得民国政治之病日甚一日，故可以依靠的还是南方，如果国民党能够将激烈、猛进的手段与文明的步调结合，把握好“共和”二字，则可以渐渐实现建设的目标。

就在此时，共和、民主、统一三党，为了对抗国民党而联合成立进步党，此举得到袁世凯的支持，三党于该年5月商定合并计划，并决定由黎元洪出任理事长。章太炎认为此举会使得黎元洪倒向袁世凯，故前往武昌劝说黎元洪出来竞选总统，国民党方面还邀请了岑春煊（1861—1933）、李经羲（1857—1925）、章士钊到武昌，提出同样的建议，遗憾的是黎元洪因不敢与袁世凯对立而拒绝。袁世凯为了笼络章太炎，下令授予其勋二位，并邀请其前往北京受勋。章太炎则希望劝阻袁世凯对南方用兵，因为当时南方正在发起“二次革命”，故在5月28日到达北京并逗留一周：

袁公已下令授余勋二位，冀以歆动。入府，袁公问曰：“克强意何如？”余曰：“遁初之死，忧惧者不止克强一人。”袁公曰：“报纸传克强欲举兵，称为遁初复仇，何诬缪如是？”余曰：“南方报纸亦传公将称帝。道听途说，南北一也。”袁公曰：“吾以清运既去，不得已处此坐，常惧不称，亦安敢

① 章太炎：《在国民党上海交通部欢迎会上之演说》，《章太炎全集》（十四），第187页。

行帝制？人之诬我，乃至于是。”余曰：“以愚意度之，言公将称帝者，非毁公，乃重公耳。夫非能安内攘外者，妄而称帝，适以覆其宗族，前史所载则然矣。法之拏坡仑，雄略冠世，克戡大敌，是以国人乐推。今中国积弱，俄、日横于东北。诚能战胜一国，则大号自归，民间焉有异议？特患公无称帝之能耳。诚有其能，岂独吾辈所乐从，孙、黄亦焉能立异也？故曰言公将称帝者，非毁公，乃重公也。”袁公默然，两目视余面，色悻悻。时辰钟过三分，乃曰：“明日来受勋耳。”遂出。凡留京师七日，复归上海。①

宋教仁被暗杀，是黄兴等人起兵的理由之一，彼时南方盛传袁世凯称帝之说，北方则传复仇之说，故“道听途说，南北一也”。袁世凯说自己做总统而“常惧不称”，章太炎则反过来说传说称帝云云“乃重公耳”，只是真正要实现“大号自归”，还是需要“克戡大敌”，比如战胜俄、日保卫国土，这显然又是换了一个角度对其加以规劝。袁世凯只是默然盯着章太炎，并未搭话。

章太炎此前还倡议组织“起义同志共络会”，呼吁革命党人联合起来。从北京回到上海之后，他参加了6月8日国民党交通部再次举行的茶话会，章太炎检讨了自己先前害怕手段过于激烈而妥协的态度，并再次重申联合各省之大义：

在南北统一时，深恐革命派以从前急进主义，演种种激烈手段，或妨害国势之进步，曾随时自加监督，忠告民党同志。而一年以来，从各方面观察，又将民国人物一一比较，觉吾民党，终算是有良心的，自始至终，尚不违背“国利民福”四字。所最堪叹息者：（一）民党当日不应退步，遗留腐败官僚之根株；（二）民党不应互相猜忌，争先利用不良政府，使彼得乘机利用政党，此民党失败之总因。今日追悔，亦属无益。就民党一方面说，惟有化除意见，联合各省起义同志为一气，合力监督政府，终有政治

① 章太炎：《自定年谱》，《章太炎全集》（十一），第773页。

改良之一日。[①]

此前南方向北方退步，导致局面不可收拾，这已经是无法挽回的事实，故当下只有放弃互相猜忌，总结失败教训，合力去监督政府，实现政治改良。他还抨击袁世凯实行专制、甘心误国等行径，不过他也没有彻底放弃调停南北的希望。然而袁世凯下令罢免了国民党人、江西都督李烈钧的职务，接着又罢免了广东都督胡汉民的职务，并派遣北洋军南下。袁世凯当时拥有压倒性的军事实力，国民党发起的“二次革命”，终究因实力太过悬殊而难敌北洋军；最新联合而成的进步党之类则成为排挤国民党的工具，一旦国民党在参议院中失去了位置，那些原本用来对付国民党的党派必也难逃卸磨杀驴的下场。

民初政坛正如李剑农指出的，“自有政团以来，都是没有民众作基础的政团，政团不过是读书绅士阶级的专用品”，“颠覆后，所有的政党都与民众不发生关系，都成了水上无根的浮萍”[②]。另据曾在江苏都督府任职的王绍鏊回忆：

> 那时的选举有许多限制。例如，没有一定数目的财产，就不能参加选举。竞选者知道劳动人民不能参加选举，也就并不把注意力放在他们身上；所注意的只是那些士绅之类的人。由此可见，当时从事政党活动的人，所争的民权实际上只不过是“绅权”而已！这些来自士绅阶层的资产阶级知识分子，所联系依靠的也是士绅阶层，同广大劳动人民是根本隔绝的。正因为这样，他们很容易被袁世凯这样的人所利用。[③]

由于辛亥革命并未触动传统的土地制度，也未改变社会结构，所以各个地区的政权还是掌握在旧时代的政治与文化精英，也就是士绅阶层手中，他们所理解的“民权”，其实只是“绅权”，与劳动人民还是隔绝的，与袁世凯这样的旧官僚则是一气相通的。据学者统计，当时中国共有三百多个政治性团体，其

① 章太炎：《在国民党上海交通部茶话会上之演说》，《章太炎全集》（十四），第191页。

② 李剑农：《中国近百年政治史》，商务印书馆2011年版，第350页。

③ 王绍鏊：《辛亥革命时期政党活动的点滴回忆》，载《辛亥革命回忆录》第二集，第320—321页。

中具有较为健全政纲或具体政治主张的仅三十五个，经常有一人横跨数党、拥有多重党籍的现象。许多政治团体的口号主张也大体雷同，给人一种互相抄袭的感觉。[①]再来看梁济笔下的所谓议员：

议员到京，除政府预备寓所，派人招待外，各党之招待联络，无所不用其极，各车站码头高拥党旗，遍派招待人等，百般逢迎，夸耀本党议员之多，势力之大，组织内阁希望之必成。谀词媚态，强邀横截，与上海雉妓拉客无异，且议员而有三四招待人日夕趋侍，饮宴狎游，丑态猥容，不堪目睹。而为新议员者，一种初出茅庐、趾高意得之态，更笔墨难描。或已受甲党招待，及乙党饵以小利，又受乙党招待；或今日已入甲党招待所，明日又托词借寓亲朋家而出，其实则因别闻议员出卖之行情，更图求售耳。[②]

当时的议员，其参与政治活动的手段，完全就是旧官僚的做派，除了依靠同乡、同学、同年、同宗等关系拉党结派，还有“饮宴狎游”与小恩小利。他们结党，只为营私，只为敛财，其丑态乱象比明清时期的党争更有过之。梁济如此认识，也难怪他后来会因为失望而投水自尽，他还抛给其子梁漱溟一个终极问题：“这个世界会好吗？”

总的来说，辛亥革命起初几年中的章太炎，从辛亥革命到二次革命，为了建设新政府不辞辛苦，但结果却是竹篮打水。为什么会有这样的结局？其实章太炎本人所撰写的政论文章已经给出了答案。章太炎呼吁的革命应是“平民革命”，不但要推翻清政府，而且要改造不合理的社会经济结构，所以他特别警惕有名无实的代议制，希望建立名副其实的民主制度，然而辛亥革命之后他所希冀的一切都无法实现。[③]章太炎无法找到真正能够落实其主张的革命群体，他也注意到了农民与工人对于革命的重要性是一样的，故在《革命道德说》里指出，

---

① 张玉法：《民国初年的政党》，岳麓书社2004年版，第34—39页。

② 梁济：《伏卵录》，《梁巨川遗书》，华东师范大学出版社2008年版，第207页。

③ 王锐：《革命儒生：章太炎传》，广西师范大学出版社2022年版，第198页。

农民“于道德为最高”，工人“其强毅不屈，亦与农人无异”[①]。但是因为出身以及擅长理论而非实践，章太炎无法与农民、工人建立联系，也无法使他们成为革命力量，这既是他本人的局限，也是这个时代很大一批知识分子的局限。袁世凯的倒行逆施，也让他对于革命成败之是非因果，看得更为明白。

被袁世凯幽禁三年

1913年6月15日，章太炎与出生于浙江桐乡乌镇，当时正在上海神州女学任教的汤国梨（1883—1980）结婚。二人在上海爱俪园举行盛大婚礼，孙中山、黄兴、陈其美等人出席。[②]章、汤二人的介绍人为汤国梨的同学张默君（1883—1965）之父、同盟会会员张伯纯（1859—1915），蔡元培担任证婚人。当时众人请章太炎即席赋诗，于是他口占两绝，其一云：

> 吾身虽稊米，亦知天地宽。
> 摄衣涉高冈，招君云之端。[③]

章、汤二人结婚之后，曾回杭州西湖作蜜月之旅，章太炎作有《灵隐韬光蜜月游》一诗纪念。婚后汤国梨就发现章太炎料理生活的能力很差，比如东北筹边使任内结余的俸给，交亲友存银行之前竟然没有当面点清，以至于存折上少了一半。还有就是因为记不清家住哪儿而闹出大笑话：

> 我与太炎结婚后，住大陆坊时……中山先生派人陪送太炎回家时，出了孙家，门口仅有一辆人力车，太炎即坐到车上，挥手令拉车工人快跑。拉车工人问往哪里？太炎说：“家里”。问：你家在哪里？太炎说在马路上弄堂里，弄口有一家烟纸店的弄堂。因而他坐在车上，一直在马路上兜圈

① 章太炎：《革命道德说》，《章太炎全集》（八），第289页。
② 汤国梨生平参见闻海鹰：《汤国梨传》，华文出版社2022年版。
③ 章太炎：《婚礼即席赋诗》，《章太炎全集》（十），第484页。

> 子。凡经过所有里弄时，人力车工人都问太炎；太炎都说不是他所住的弄堂。但陪太炎回家的人，由于要找一辆人力车同行，在找到另一辆车时，太炎已不知去向。乃由电话向章家询问，知太炎并未回家。遂由孙家再派三人，协同原来陪送者，在“大世界”游艺场前马路的四边角上，注意来往车辆。结果，发现太炎坐在车上，顾盼自若，迎面而来，才拦着送回家中。①

生活上的糊涂，却掩盖不住政治上的敏锐。6月18日，章太炎公开致电袁世凯及国务院说：“炳麟从政以来，除奸无效，从昏不能。宋教仁无故被戕，大借款损失过巨……迩者实业银行借款已有成言，而梁竖士诒怵法商以日、俄之衅，从中破坏，忌疾如此，更何一事可成。即日辞差，冀遂初志，恳乞将东三省筹边使开去。死生之分，一听尊裁。”②辞去东北筹边使之职后，7月15日，黄兴在南京宣布江苏独立，章太炎随即发布宣言，号召各地共同起兵反袁，其中指出：

> 统一政府成立以来，政以贿成，为全国所指目，而厉行暗杀，贼害勋良，借外力以制同胞，远贤智而近谗佞，肆无忌惮，不恤人言……至于今日，而江西讨袁之师以起，江南诸军，一时响应，晋阳之甲，庶几义师。夫天之所助者顺，人之所助者信。若政府能追悔往恶，幡然改图，其势自定。必若怙恶不悛，任用狼虎，则义师所指，固当无坚不摧。③

“政以贿成”是民初政治的特点，“厉行暗杀”又是惯用伎俩，面对此状，故而南方起义一时响应，不过章太炎还是希望袁世凯政府能够“追悔往恶，幡然改图”。他还致电黎元洪，争取让他也起兵反袁，这一举动又显示出章太炎本

① 汤国梨口述、胡觉民整理：《太炎先生轶事简述》，载陈平原、杜玲玲编：《追忆章太炎（修订本）》，第72页。

② 章太炎：《与袁世凯·十七》，《章太炎全集》（十二），第576—577页。

③ 章太炎：《宣言书》，《章太炎全集》（十），第486页。

人立场的模糊与特殊。7月26日，章太炎再次发表宣言，强调从恶诸奸，一切当锄而去之。后一日，讨袁总司令黄兴因战事失利，离开南京，前往日本；孙中山也在此时赶赴日本，反袁势力为北洋军挫败。

“二次革命”失败之后，孙、黄再次流亡海外，章太炎则选择留在国内。一方面他认为民国已经建立，自己不应再流亡海外；另一方面则是因为他对袁世凯以及政党政治的力量，尚存一丝希望。当时的共和党内部还有一批少壮派以及原属民社党的成员，他们反对共和党加入梁启超等人主导的亲近袁世凯的进步党，发表宣言要求保留共和党，还主张与留在北京的国民党联合，从而在国会中与袁世凯等人抗争。于是共和党总部给上海发来电报，希望章太炎前往北京主持党务工作。对章太炎十分器重的黎元洪也力劝章太炎前往北京。然而南方的朋友以及新婚妻子汤国梨都劝其不要前往，章太炎回答：“事出非常，明知虎穴，义不容辞，我志已决，子毋多虑。”[①]8月4日，章太炎乘船北上了。

章太炎希望团结一批对袁世凯有所不满的政治力量，进一步发展共和党。他在与李伯中的信中说：“今欲纠合党会以谋进取，惟取各党中革命人材纠合为一，辅以学士清流，介以良吏善贾，则上不失奋厉之精神，下不失健全之体格，而国事庶有瘳矣。”[②]在如何组织共和党的问题上，章太炎认为应当以原来的革命党人为核心，再加入“学士清流”与“良吏善贾”，形成一股大力量，如此才能有助于国事。当时他还对政党政治抱有幻想，认为上述力量尚有“奋厉之精神”与“健全之体格”。甚至幻想袁世凯不敢冒天下之大不韪恢复帝制，在信中指出“帝王思想是其所无，终身总统之念是其所有……若不务改选，而沾沾于宪法之改良，彼宪法者，亦适为所利用。至于政党内阁，则无不堕其彀中”[③]。他以为袁世凯只是“终身总统之念”，事实是袁还有“帝王思想”。但他也认为，宪法条文多半会被袁世凯所抛弃，而政党内阁的成员也会被操纵，所以最重要的还是通过共和党等党派的力量，努力实现改选。

章太炎始终不愿与袁世凯妥协，他还在书信中指出：

---

① 汤国梨：《〈章太炎家书〉叙言》，载陈平原、杜玲玲编：《追忆章太炎（修订本）》，第114页。

② 章太炎：《与伯中・二》，《章太炎全集》（十二），第614—615页。

③ 章太炎：《与伯中・八》，《章太炎全集》（十二），第619—620页。

闻共和党势亦孤穷，然吾人以为中正稳健者，惟此一发，不可不为张目。顷已买航直赴京、津，要与诸志士同处患难，为中夏留一线光明。项城甚欲购拿革命旧人，电已通布，吾辈亦不畏也。①

……

若为久远计，凡一政党，非有实业为中坚，即有侠士为后应，无此即不足以自树。非实业则费用不给，而政府得以利用之矣；非侠士则气势不壮，而政府得以威喝之矣。②

此番进京，即便共和党的势力越来越弱小，他还是坚持“中正稳健”，以毅然赶赴北京、天津的态度，表示与仁人志士“同处患难”的决心。即便是袁世凯不断抓捕老的革命党人，也无所畏惧。然他进一步思考，想要组织政党，若没有如张謇这样雄厚的实业力量成为中坚，也没有如当年的光复会成员那样敢于赴死的侠士成为后应，一无费用二无气势，就只能被袁世凯等人呼来唤去利用。

1913年8月11日，章太炎抵达北京，先是住在化石桥的共和党本部。袁世凯立即派遣巡警严密监视章太炎的举动，一边又极力拉拢，拉拢不成则百般诬蔑。他先是让章太炎出任国史馆总裁，后又建议章太炎担任总统府顾问，都被拒绝。接着他又请章太炎出面组建一个意在彰显袁世凯右文尊学的“考文苑”。章太炎起初也想借助“考文苑”，建设一个可与世界著名学术机构比肩的学府，然而袁世凯等人提出“考文苑”原本只是为了表示笼络，当他们发现章太炎在政治上并不愿意妥协时，也就不愿拨款建设具有独立性的“考文苑”了，此事便无疾而终了。此后的报章就出现了捏造的章太炎上袁世凯书等，目的都是为了毁坏其名节。

10月6日，在上千军警包围之下，所谓国会举行选举，袁世凯当选为总统；

① 章太炎：《与伯中·十一》，《章太炎全集》（十二），第622—623页。

② 章太炎：《与伯中·十四》，《章太炎全集》（十二），第625页。

10月7日，黎元洪当选为副总统；10月10日，袁世凯在前清皇帝举行登极大典的太和殿宣誓就职。于是章太炎写诗讽刺：

> 麒麟不可羁，解豸不可縻，
> 沐猴而冠带，鸡犬升天啼。[①]

此前章太炎已经渐渐感到自己处于监控之中，人身安全受到了威胁，他在给友人的书信中说："吾虽微末，以一身撄暴人之刃，使天下皆晓然于彼之凶戾，亦何惜此孱形为！"[②]章太炎已经做好了慷慨就义之准备，他在家书中对汤国梨说：

> 北方政党情形，气已萧索，国会徒存形式，莫能自主，盖迫于军警之威，救死不暇，何论国事？前所逮捕议员，近闻已枪毙五人，神龙作醢，灵龟刳肠。吁！实否生所未见也。不佞留滞燕都，心如鼎沸，虽杜门寡交，而守视者犹如故，且欲以蜚语中伤。行则速祸，处亦待毙。[③]

章太炎特别强调滞留在北京"心如鼎沸"，但在种种监视之下难以有所作为，若是贸然行动也许很快就会招来祸端，若是继续安处则有坐以待毙的危险。至于北方的政党政治，已经渐渐萧索，国会不过徒存一个形式。在军警的威胁之下，议员们一不小心就会被逮捕被枪毙，所以"救死不暇，何论国事"？

章太炎起初也想方设法寻找脱身之策，然而袁世凯命令军政执法处处长陆建章派遣军警严密监控，让他完全没了机会。章太炎曾不顾军警阻拦，强行硬闯，那些履行监控职责的军警，竟在章太炎面前跪下磕头请留，软磨硬泡，坚决不让章太炎离开半步。[④]无奈之下，章太炎要求陆建章撤走军警，或让自己离

① 章太炎：《长歌》，《章太炎全集》（八），第253页。
② 章太炎：《与伯中·十三》，《章太炎全集》（十二），第624页。
③ 章太炎：《与汤国梨·十一》，《章太炎全集》（十三），第673页。
④ 章太炎：《与汤国梨·二十七》，《章太炎全集》（十三），第684页。

开北京，他在书信中说：“余亦倦于从事，又迫岁寒，闲居读书，宜就温暖，数日内当往青岛，与都人士断绝往来。”[①]他表示自己已对政治疲倦，也不愿再与首都各种人士往来，加之天气渐冷，转而从事学问需要寻找如青岛这样温暖的地方。即便是这样承诺，陆建章也不敢答应。只要章太炎没有公开表态支持，袁世凯就不会轻易让章太炎脱离自己的控制。

1914年1月7日，章太炎坚决要去总统府当面找袁世凯摊牌，于是发生了大闹总统府接待室一事。鲁迅后来曾对此大加赞赏：“考其生平，以大勋章作扇坠，临总统府之门，大诉袁世凯的包藏祸心者，并世无第二人。”[②]袁世凯故意避而不见，不愿听其当面痛骂，派遣总统府秘书长梁士诒前来接待。反复周旋之际，章太炎怒从中来，将招待室的器物击毁殆尽。当天下午，陆建章伪称带章太炎去见袁世凯，等他坐上马车之后，却命令军警直接将章太炎押往石虎胡同军事教练处，于是章太炎处于更加严密的监禁之中了。

消息传出，众多媒体都报道了此事，都在为章太炎的安全担忧。章太炎在书信中对汤国梨说：“人生至此，亦焉得不求死地，使彼能以白刃相加，所欣慕也。彼意乃欲絷维之、挫折之，而不令一死以召谤议，此其可恨者耳。”[③]他已经明白袁世凯的心思，就是要将自己拘禁，不使自己有在政界进行活动或发声的机会，逐渐消磨他的革命意志，因其名声太大，却也不敢轻易痛下杀手。2月20日，为了避免外界的关注，袁世凯又秘密将章太炎转运到了龙泉寺继续监禁。

2月28日，袁世凯下令解散各省议会，接着又炮制“袁氏约法”取代《临时约法》，到了5月1日则撤销国务院，代之以总统府政事堂。章太炎对其一步步独裁的行径非常气愤，曾在案侧“遍书‘袁世凯’三字，日必杖击之数四”[④]，仍无法消除内心的悲愤。5月23日，他在写给汤国梨的信中说：

---

① 章太炎：《与陆建章》，《章太炎全集》（十三），第378页。

② 鲁迅：《关于太炎先生二三事》，《鲁迅全集》（六），第567页。

③ 章太炎：《与汤国梨·三十七》，《章太炎全集》（十三），第690页。

④ 孙至诚：《书余杭章先生轶事》，载陈平原、杜玲玲编：《追忆章太炎（修订本）》，第408页。

以吾憔悴，知君亦无生人之趣也。幽居数月，隐忧少寐，饮食仆役之费，素皆自给，不欲受人喂养，今遂不名一钱，延至六月，则槁饿而死矣……知君存念，今寄故衣，以为记志，观之亦如对我耳。斯衣制于日本，昔始与同人提倡大义，召日本缝人为之。日本衣皆有圆规标章，遂标“汉”字，今十年矣。念其与我同更患难，常藏之箧笥以为纪念。吾虽陨毙，魂魄当在斯衣也。①

章太炎在被幽禁数月之后，觉得“无生人之趣”，不愿接受袁世凯的钱，坚持饮食仆役的费用都自给，故而估计自己到六月必定“不名一钱”，于是决定“槁饿而死”，这是效仿伯夷、叔齐之饿死首阳了。这封信也就有“绝命书”之意，故随信寄去的还有一件在日本制作的衣服，衣服上有“圆规标章”，因为自己不是日本人，故标一“汉”字，将这件当年患难与共的衣服寄给汤夫人，还说“吾虽陨毙，魂魄当在斯衣也”，可见必死之决心。章太炎在此信中接着说，自己从23岁开始排满革命，没想到“不死于清廷购捕之时，而死于民国告成之后”，强调自己死不足惜，可惜的是“中夏文化亦亡矣”。汤国梨在收到衣服之后，为了表示对夫君的支持，特意披着这件衣服在照相馆拍照留念。她还写下了多首表达思念的诗词，比如《夜雨》：

风雨黄昏一惘然，离愁黯黯又经年。
西园芳草迷蝴蝶，南浦吟魂化杜鹃。
微命如丝空断续，春心似茧独缠绵。
为灰为土寻常事，憔悴何曾算可怜。②

1914年6月6日，章太炎正式开始绝食抗议，并且立下遗嘱，写下“章太炎之墓”的篆书碑文。这一消息不久之后在北京的政学两界传开，章太炎的门

① 章太炎：《与汤国梨·四十》，《章太炎全集》（十三），第693—694页。
② 颜磊强主编：《汤国梨诗词集》，中国文史出版社2016年版，第139页。

生与友人多方奔走，有的劝袁世凯对其略加优容，有的请黎元洪前去做袁世凯的工作，还有人前往龙泉寺去做章太炎本人的工作。夫人汤国梨也写信给徐世昌，希望其转告袁世凯，能对其夫君之狂瞽多加优容。最终在多人的劝慰之下，章太炎开始进食，还被送去袁世凯等人安排的医生那里调养身体。出院之后，经过多方协调，章太炎迁入钱粮胡同一户民宅，虽然依旧处于拘禁之中，但监控相对宽松了一些，门生与友人前来相会也略微方便了一些。据说陆建章当时曾强调："太炎先生不可得罪，用处甚大，他日太炎一篇文章，可少用数师兵马也。"陆建章还说袁世凯曾手书八条，以"保护"章太炎：

一，饮食起居用款多少不计；
二，说经讲学文字，不禁传钞，关于时局文字，不得外传，设法销毁；
三，毁物骂人，听其自便，毁后再购，骂则听之；
四，出入人等，严禁挑拨之徒；
五，何人与彼最善，而不妨碍政府者，任其来往；
六，早晚必派人巡视，恐出意外；
七，求见者必持许可证；
八，保护全权完全交汝。①

1914年7月24日下午，章太炎迁居钱粮胡同4号，于是他的心境稍稍安定。此时长女章㸚也前往照顾。到了1914年12月初，章太炎又再一次绝食，起因是监视的军警勒令强行押出搬来同住的黄侃，还限制章门弟子的来访。此次太炎为了抗议而绝食近十天，奄奄一息之际，大女儿章㸚以及女婿龚宝铨带着章太炎幼女章㗊来京，加上马叙伦等人的劝解，方才恢复饮食。章太炎还对当局说，要求放归原籍出家为沙门，这一要求自然被拒绝了，于是他写信给日本友人说：

夫怨毒于人，其僭甚于矛戟，处心积虑以成于杀者，当涂之志，固恒

① 刘禺生：《章太炎先生在莒录》，载陈平原、杜玲玲编：《追忆章太炎（修订本）》，第428页。

情也。必生挫折之而不与死，虞候满市，窥侦盈室，羁之重门，下之幽谷，虽欲为田舍布衣读书观稼而不可得也，此何心哉！夫众口足以铄金，众欲足以漂山，复有为之主谋者在也。人固有一死，功业已就，没身可以无恨，如下走者，寝疾默化，亦恬漠而终耳。所未忘者，独以国故衰微，民言咙杂，思理而董之也……昔太史公身被极刑、郑康成禁锢、赵邠卿侧身处复壁间，而不肯引决自裁者，以他人不与争文化之业也。①

章太炎觉得，当道之人处心积虑，必使其“生挫折之而不与死”，军警监视之下如重门、幽谷，自己想要成为自由自在的田舍布衣却不得。众口铄金，在袁氏控制报刊之中宣扬之下，章太炎早已名誉扫地，但他对于功业成败并无遗恨，只是“国故衰微，民言咙杂”难以忘却，自己之所以如太史公司马迁、郑玄、赵岐一般在危难之中苟活，还是因为文化之业。所以说，章太炎人生的底色，只是一书生，又如何斗得过袁世凯之类处心积虑的大盗呢？遗憾的是1915年8月，大女儿因为忧惧而自缢身亡。据章太炎后人回忆：

钱粮胡同四号有“鬼宅”之称，每日夜幕降临，院中便风声凄厉，哀哀的哭声、尖锐的叫声、刺耳的狰狞声此起彼伏，声声传入房中，彻夜不绝。后来才知道，原来是袁世凯指使军警执法处派人装鬼以吓唬太炎先生，以瓦解其斗志……在袁世凯所派特务的折磨以及当时报纸的造谣中伤下，太炎先生的精神每日都处于高度紧张之中，每晚睡得很少，亦很少与子女们谈话。同年九月，太炎先生长女因受不了这种精神折磨，于一天晚上吊死在院内一棵大树上。长女死后，虽然鬼叫之声似乎较前减少，但那种阴森森、凄惨惨的气氛却有增无减。太炎先生亦常常恶梦缠身，时时在半夜惊叫而醒。②

① 章太炎：《与山田饮江》，《章太炎全集》（十二），第763—764页。

② 邹立人：《我的外公章太炎二三事》，载陈平原、杜玲玲编：《追忆章太炎（修订本）》，第97页。

章太炎及其家人听见各种“风声凄厉”，当有袁世凯所指使的人装鬼吓唬的可能，以“瓦解其斗志”。在禁止其肉体自由的同时，还通过在报纸上“造谣中伤”等卑鄙手段进行攻击，使章太炎每日都在高度精神紧张之中，晚上睡得很少。虽然有两个女儿前来陪伴，但太炎很少与她们谈话。或许有时候脾气也比较差，谨小慎微的大女儿在这种压抑气氛之下，受不了精神折磨，自缢身亡，此事一度还被外界传成是章太炎本人身亡。事实上，章太炎本人也备受精神折磨。比如连续半年都出现相同噩梦一事：

> 太炎既被软禁，积思成幻。某日入睡，梦中有差官及舆马，迎之前去，至则仿佛一大衙署，太炎升公座，即有判官，持公文一叠，置其前，请太炎署名牍尾，公文之内容如何，可勿问，与世间官吏之画黑稿无异。事毕，仍由舆马送归，则霍然而醒，已天明矣。自后每夕皆然。太炎在梦中询问之，则知是阴间请去代理阎罗王职也。日久，太炎厌恶，决定不去，然一入梦，则又无自主之权，必为差官挟去。此事在科学家闻之，必断为幻觉、错觉，然何以日日入梦，且至半年之久，及太炎恢复自由南下之后，方无此梦，则诚不可解者。太炎固未与余亲口说及，但曾函告宗仰，言其故，请宗仰以佛理判断，余闻诸宗仰，故知之。①

章太炎因为“积思成幻”，梦见被差官请去阴间代理阎罗王之职，并且“日日入梦，且至半年之久”，这一事件是确实存在的。除了蒋竹庄，朱镜宙等人都曾听说。章太炎本人在寄给黄宗仰的信中也曾对此详细讲述，并说：“佛典本说此为化现，初无有人逼迫之者，实罪人业力所现耳。余之梦此，是亦业感也。”②他自己虽然也以佛学知识作了解释，但还是希望黄宗仰再讲解一番，从后面的回信来看，佛学大师也无法解此梦。可知在拘禁之下，章太炎多有忧思，梦境即现实之反映，学佛也无法彻底解决他的心理问题。

① 蒋竹庄：《章太炎先生轶事》，载《章太炎自述》，第135页。
② 章太炎：《与黄宗仰·七》，《章太炎全集》（十三），第154页。

在钱粮胡同之初，章太炎开始重新审视自己的人生，既然无法继续革命，也就只能以修订著述为主了。他在1914年8月与龚宝铨的书信中作过详细说明：

> 房屋甚宽，兼栽竹木，复有花园一所，可以自娱。念劬购全史九通《通鉴》经疏诸官料书，并作书架十余具，而竟未能充栋。自余希见之书，更当陆续自购也。杂役、厨手共用三人，其暗探作仆者亦已遣去。朋友欢聚，聊可破愁。前书劝内人与沈氏兄弟同行，想能同意，此后嫌疑当能尽释也。行计若犹未定，望速赴上海，寻张伯纯夫妇为之解喻，以伯纯素为内子所信服耳。所属堂幅、对联书就寄上，自著书及藏书在哈同花园者，望询问仰师（在上海）。可知其处。《齐物论释》《文始》想肆闲存者尚多，请先寄二三十册为要。闻季刚近写文集，近作可添入者，有《陆机赞》一篇，他日寄去。《左传读》在行箧，尚拟改定。《訄书》改削之稿尚在上海，近复拟大加修正。凡自文集而外，自著之稿皆由内人携来为妥。著述之心，近益汲汲矣。□患渐除，家人聚首之思亦殷勤于曩日矣。此事□望足下晓告，去其疑虑。①

太炎被监禁之地，有竹木，有花园，加上钱玄同之兄钱恂购置了10多个书架的经典图书，还陆续购置稀见之书，家内仆役之中的暗探也得以去除，朋友前来欢聚也较为方便。于是他安排了两件大事，一是请人劝夫人汤国梨来北京，以便家人聚首。章氏考虑到与沈氏兄弟同行，并请曾为章、汤婚姻作介绍的张伯纯夫妇劝说，但此事终因时局多变而未果；二是将章氏自著各种书籍，诸如《齐物论释》《文始》、黄侃抄写的《章氏文集》等带来北京，他特别提到《春秋左传读》的改定与《訄书》的改削。在被幽禁的三年，章太炎主要有两方面的学术活动：一是开设国学讲会以及后来与吴承仕等门人讲学；二是删改旧作为系统的著述。

先简要说明一下后者，章太炎曾在《自述学术次第》中说："余所撰著，若

① 章太炎：《与龚宝铨·五》，《章太炎全集》（十三），第749—750页。

《文始》、《新方言》、《齐物论释》及《国故论衡》中《明见》、《原名》、《辨性》诸篇，皆积年讨论以补前人所未举。”[①]《文始》与《新方言》是他在日本讲学时期就已经完成的著述，《齐物论释》虽然在日本之时已有其雏形，但真正定稿则是幽禁期间。还有《国故论衡》中的多篇，都是经过“积年讨论”而完成，修订定稿也是在此期间。系统整理这些学术著述需要大量的时间，此次幽禁无意中促成了整理工作的高效完成。

其中相对复杂的是将《訄书》增删改定为《检论》。章太炎其实在《訄书》重订本出版不久就开始对其再加修订，曾有在原书上墨涂淋漓，蛛网满纸的手改本一册，现藏于国家图书馆，此即《检论》的初稿。[②]《检论》定稿完成于1915年3月前后，共有九卷，收录文章六十二篇，另有附录七篇。卷一共《原人》《原变》与《序种姓》上下四篇，讨论人类社会以及中国民族的起源问题；卷二共十篇，讨论的虽是经学，实则包括了以史视经的立场，“六经”记录了古代的历史流变；卷三、卷四共十七篇，讨论先秦为主的中国古代思想学术；卷五、卷六共九篇，涉及中国的人口、语言、文字、心理、宗教、风俗等问题；卷七共十二篇，是关于政治、经济制度改革方面的设想以及依据的讨论；卷八共四篇，为人物论；卷九共七篇，为辛亥革命相关历史教训的分析，讨论中国革命如何走出困局。在《非所宜言》中，讨论了袁世凯政权中政客们的种种丑行；在最后一篇《近思》中，则为对袁世凯复辟帝制的批判，认为将会使得中国走上帝国主义殖民地的绝路。值得注意的还有取自《周易》之卦名的两篇。在《小过》篇中，章太炎回顾了从清末到民初的革命历程，清政府渐渐失去人心，故而武昌起义爆发之后，虽然就实力而言革命军不及北洋军，但当时能够得到四方响应。革命成功之后，一则没有做到除恶务尽，未曾将前清的腐败官僚清理出去，另一则是革命党自身也在掌权之后迅速腐化堕落，没有将主要精力投入重建政治秩序，方才最终造成了种种乱象：

① 章太炎：《自述学术次第》，《章太炎全集》（十一），第508页。

② 朱维铮：《〈訄书〉〈检论〉三种结集过程考实》，载《章太炎与近代学术》，第59页。

> 得志之顷，造次忘其前事……且夫曩时以布衣游旅，未有一民之役，尺土之藉，片言誓约，而天下雷动，驱叱胡戎，疾于转毂。及其势藉已成，不及二岁，而江南为丘，沔口道茀。往始人惟恐其不成，终后人惟幸其速败者，何哉？侮唇齿之援，弃同德之好，远忧勤之人，而任媟扰之士也！[①]

革命成功不到两年，南北都出现了乱象。革命之前，太炎担忧袁世凯劝说清帝退位不成，革命之后则希望袁世凯速败，只因为其“弃同德之好，远忧勤之人”，任用的都是“四凶”之类的无耻之人。在《大过》篇中，章太炎记载了一次谈话，原光复会领袖李燮和投靠了袁世凯，后来成为筹安会“六君子”之一，当时的李燮和曾为袁世凯做说客，说民国初年无论政治秩序还是社会秩序都未见好转，甚至还不及清末，与革命党当初的设想大相径庭。这一点章太炎也不否认，但是他坚持认为这并非革命之过，而是革命不彻底之过，也是革命之后未能明确如何进行建设之过。最终，二人的那一次重聚不欢而散。

与《訄书》重订本相比较，《检论》中的文章增添了新的思想内涵。比如特别引人关注的《订孔》一篇，在《检论》中得到了保留，还增补了新的内容。在《訄书》中对孔子学说评价很低，到了《检论》则增补了孔子学说价值相关的讨论，但却是结合了“齐物”哲学来加以贯通的理解，比如关于忠恕之道，章太炎说：

> 道在一贯。持其枢者，忠恕也……心能推度曰恕，周以察物曰忠。故夫闻一以知十，举一隅而以三隅反者，恕之事也……故用矩者困，而务比类者疑。周以察物，举其征符而辩其骨理者，忠之事也。故疏通知远者恕，文理密察者忠。身观焉忠也？方不障恕也……体忠恕者，独有庄周《齐物》之篇，恢恑谲怪，道通为一。[②]

---

① 章太炎：《小过》，《章太炎全集》（三），第636页。

② 章太炎：《订孔下》，《章太炎全集》（三），第433—434页。

忠恕之道，是先秦诸子共同的道，人心去推度、疏通事物之理就是“恕”，考察、辨析事物之理就是“忠”，结合起来就是认识、理解事物从而体证大道的方法，与庄子《齐物论》是相通的，甚至庄子说得比孔子更为透彻。这样解释，其实忽视了孔子在人伦之中讨论忠恕的本来意义，而将儒家思想消融于“齐物”哲学了。

此外，还有新增的《道本》一篇，章太炎针对老子思想中的无欲、无为的分析，从“齐物”哲学出发，将人性、认识与政治实践结合起来探讨。新增的《通程》一篇，认为北宋理学家程颢《定性书》中的“天地普万物而无心，圣人顺万物而无情”，与老子的“无为而治”相似，正好体现了“以百姓心为心”的政治主张。政治实践应当摒弃主观偏见，以通达、平等的眼光看待事物的发展与演变，这也是“齐物”哲学的具体运用。类似的例子还有将《訄书》的《王学》改编成《检论》的《议王》，此篇虽然并未完全肯定明代王阳明的事功，然而肯定其“少习兵事，才气过人，其为术财得半”[①]，然后又特别肯定其“知行合一”思想：

> 且夫行者，不专斥其在形骸，心所游履与其所见采者，皆行也。心之精爽乍动，曰作意。未有不作意而能行者。作意则行之专矣。是故本其初位，行先于知也。心所取象为之意言，然后有思。思者，造作也。取象为知，造作为行，是故据其末位，知先于行也……知行固不能无先后。文成所论，则其一隅耳。然惟文成立义之情，徒恶辩察而无实知，以知行为合一者，导人以证知也。斯乃过于剀切，夫何玄远矣哉？[②]

章太炎对王阳明的思想有所发展，认为从心之“作意”来说，“行先于知”；但从心之“思”需要“取象为之意”来说，又是“知先于行”。所以说，知行还

① 章太炎：《议王》，《章太炎全集》（三），第466页。

② 章太炎：《议王》，《章太炎全集》（三），第468—469页。

是有其先后的，就此来说，王阳明的思想是偏于一隅的。同时他又对王阳明“知行合一”的“立义之情”作了肯定，认为可以导人悟得真知，相对程朱理学“即物穷理”的“格物”论的“辩察而无实知”，王阳明的“知行合一”之学更为“剀切”，并不“玄远”。事实上章太炎对“知”与“行”的重新解释，也是站在“齐物”哲学的新高度贯通来看认识论的结果。

1915年在右文社出版的《章氏丛书》，收入了《春秋左氏读叙录》一卷、《刘子政左氏说》一卷、《文始》九卷、《新方言》十一卷附《岭外三州语》一卷、《小学答问》一卷、《说文部首均语》一卷、《庄子解故》一卷、《管子余义》一卷、《齐物论释》一卷、《国故论衡》三卷、《检论》九卷、《太炎文录初编》文录二卷，别录二卷，合计十二种另附一种，共四十五卷。《章氏丛书》的审定工作是在北京幽禁期间完成的。此后章太炎继续从事讲学活动，当时形成的书稿主要有吴承仕记录的《菿汉微言》，以及《齐物论释》重定本，后来《章氏丛书》在浙江图书馆重新印行的时候，也将这两种新的著作加入进去了。

这一阶段章太炎的讲学活动可以分成两个阶段。先是刚到北京的第一个阶段，他还住在化石桥的共和党本部，此时处于被监视而不得自由活动的状态，应在京弟子之邀请，开设了国学讲习会，这是继1906年东京讲学之后，再一次公开讲学。他本人在给汤国梨的信中说：“同人劝以讲学自娱，聊复听之，然亦未尝不招当涂之忌也。若并此不为，则了无生趣矣。”[①]既然失去自由，不如以讲学自娱，这样的活动也不会招致袁世凯他们的反对。信中还继续讲到，1913年12月的第一次开讲，到会的人就有约百人。另据顾颉刚的回忆，最初他是跟着毛子水前往化石桥报名参加国学会的：

> 民国二年的冬天，太炎先生在化石桥共和党本部开国学会讲学。子水邀我同往报名听讲。我领受了他的好意，与他同冒了雪夜的寒风去。讲学次序，星期一至三讲文科的小学，星期四讲文科的文学，星期五讲史科，星期六讲玄科。我从蒙学到大学，一向是把教师瞧不上眼的，所以上了一

① 章太炎：《与汤国梨·二十八》，《章太炎全集》（十三），第684页。

> 二百个教师的课，总没有一个能够完全摄住我的心神。到这时听了太炎先生的演讲，觉得他的话既是渊博，又有系统，又有宗旨和批评，我从来没有碰见过这样的教师，我佩服极了。子水对我说："他这种话只是给初学的人说的，是最浅近的一个门径呢。"这便使我更醉心了。我自愿实心实意地做他的学徒，从他的言论中认识学问的伟大。①

当时的国学会，一周讲六次，分别为小学三次，文学、史学、玄科（哲学）各一次，这样的安排依旧沿着章太炎所主张的小学为一切学术之基础的理路展开。这段时间的听讲令顾颉刚触动很大，自发蒙上学以来，他也算是听了上百个教师的讲课，但从来没有见过这样的教师，知识渊博、系统，讲解既有自己独家的宗旨又有对别家的批判，堪称"学问的伟大"，于是完全被摄住了心神。当毛子水说到现在所讲的还只是"最浅近的一个门径"时，他更加醉心，"实心实意地做他的学徒"，甘心冒着雪夜的寒风前去听讲。遗憾的是讲习会只进行了一个月就因章太炎被拘押到了石虎胡同军事教练处而终止。

章太炎北京讲学之际，还发生了与孔教会斗争一事。早在1912年10月，康有为的弟子陈焕章就在上海成立孔教会，并延揽沈曾植、朱祖谋、梁鼎芬等人加入；到了1913年下半年，陈焕章等人到北京开展活动，进一步扩大孔教会的影响力，力求在即将颁布的新宪法之中加入立孔教为国教的内容。②陈焕章是孔教会的具体负责人，然这一组织背后的精神领袖则是其师康有为，他们一方面希望在西学日甚的学风之下，保持中国文化的特性，但采取的办法却是效仿西方的宗教改革，希望将儒家进一步宗教化；另一方面则是希望获得更多的政治利益。

章太炎早年作有《驳康有为论革命书》，对于康有为借学术来实现政治企图的种种策略，一直是反对的。看到北京的孔教会活动声势越来越浩大，章太炎感觉很有必要公开回击，于是他撰写《驳建立孔教议》，系统批驳了康有为、陈

① 顾颉刚：《古史辨自序》，商务印书馆2017年版，第37页。

② 张颂之：《孔教会始末汇考》，《文史哲》2008年第1期，第55—72页。

焕章等人的孔教观念：

> 国民常性，所察在政事日用，所务在工商耕稼。志尽于有生，语绝于无验。人思自尊，而不欲守死事神，以为真宰，此华夏之民，所以为达。视彼佞谀上帝，拜谒法皇，举全国而宗事一尊，且著之典常者，其智愚相去远矣。①

章太炎认为，中国的国民向来务实，或从事政事，或从事工商耕稼，“未知生焉知死”，重在生之自尊，而不求神或上帝，故而“举全国而宗事一尊”是行不通的。中国其实没有西方那种宗教，对于各种神灵采取的是实用主义的态度，所以既不会发生宗教战争也不用进行宗教改革。至于孔子，他强调“孔子所以为中国斗杓者，在制历史，布文籍，振学术，平阶级而已”，孔子的思想是值得继续弘扬的，他对中国历史文化的巨大贡献也是值得肯定的，但是不应当将孔子推尊为教主，他原本也不是教主，只是记录下先秦历史、典籍，总结学术而改造思想。章太炎在讲学之时，曾专门贴出一份公告：

> 余主讲国学会，踵门来学之士亦云不少。本会本以开通智识，昌大国性为宗，与宗教绝对不能相混。其已入孔教会而复愿入本会者，须先脱离孔教会，庶免薰莸杂糅之病。②

据当时听讲的顾颉刚回忆，最初看到这个通告，一时之间摸不着头路，因为“孔教原是国学中的一部分”，为何竟要如此深恶痛绝，等到章太炎讲到宗教和学问的地位的冲突，提倡孔教的人是别有用心的，以及王闿运、廖平、康有为等今文家所发的种种怪诞不经之说，如何妄造了孔子的奇迹而硬捧他做教主等问题，他也就了然了。

---

① 章太炎：《驳建立孔教议》，《章太炎全集》（八），第200页。

② 顾颉刚：《古史辨自序》，第37页。

后一阶段，章太炎被转移到石虎胡同、龙泉寺以及后来的钱粮胡同之后，被监视得更为严苛，只有少数章氏弟子可以进去相与论学。关于章太炎这一阶段的讲学，经常前去探视的马叙伦曾回忆说：

> 那时，章炳麟先生被袁世凯软禁在北平东四牌楼的钱粮胡同，住宅是前清小贵族的遗产，着实堂皇。可是除他本身以外，一概由警察总监吴炳湘包办……起初只许两个人进去，一个是清史馆纂修北京大学教授朱希祖，是章先生的弟子；别一个我忘记了。后来马裕藻、钱玄同、吴承仕和我都陆续可以进去了。我有时在北大上课后去看看他，有时我星期日去看他，一谈就是一天。有时他还要我吃了晚饭走。说起吃饭，可笑了，四盘一汤，菜不算坏。他呢，照例只吃在他面前的两盘菜，这倒不可笑，只是饭碗、筷子、汤匙都是银的，这是他吩咐的，因为他怕袁世凯下毒药，叫他死得不明不白。①

上文已经提及钱粮胡同住宅的环境颇佳，马叙伦补充说这本是前清贵族的遗产，故“着实堂皇”，最初只有两个人可以进去，后来章太炎在京的弟子马裕藻、钱玄同、吴承仕等人也陆续可以进去了。当时太炎还怕被下毒，死得不明不白，所以饭碗、筷子等都要求为银质的，再加上他吃菜照例只吃面前的两盘菜，故而让马叙伦觉得有些可笑。关于章太炎为何只吃面前的菜，其实只是因为自幼酷爱读书而得了近视，方才养成与北宋宰相王安石相似的习惯。其小女婿朱镜宙也有过说明：

> 先生生平不讲究饮食，且又近视。每食仅就案前近身菜肴下箸，家人以是每将先生好者置其前。时有不当意者，则尽白饭数碗，不语而去。方口可容拳。一箸之食，三数口能尽之。因患鼻疾，以口呼吸，饭时亦然。故饭屑最易误入气管。往往对案就嚏，饭花四溅。而先生容色自若，视如

① 马叙伦：《我在六十岁以前》，生活·读书·新知三联书店1983年版，第50—51页。

无事。[①]

章太炎虽可以与在京的弟子们继续讲学，但大多弟子也如马叙伦一般，只是偶然到访，真正频繁前去听讲并留下记录的主要就是吴承仕一人。吴承仕（1884—1939），字检斋，安徽歙县人。1907年，废除科举之后的清政府，曾在紫禁城保和殿举行举贡会考，先前已经中举的吴承仕在此次会考中，被定为一等第一名，授大理院主事之职。辛亥革命后，原清政府的官吏大多继续在民国的政府中任职，吴承仕就在司法部担任佥事。他与曾在教育部担任佥事的鲁迅等人一样，对于北洋政府越来越失望，正在无所作为之际，恰逢章太炎被拘丁钱粮胡同，于是便主动前来求教。吴承仕的定期问学，正好将转型时期章太炎关于小学、经学以及中外哲学等各种各样的答问记录下来，最终形成《菿汉微言》一书。他在为此书所作的题记中说：

> 此中所述余杭章先生口义百六十七首，起自乙卯，讫于丙辰之初。就所臆持，次弟疋记。凡诸眇义，古近希有，不自私利，布之世间，亦檀度之行也。丙辰仲春，弟子歙县吴承仕记。[②]

《菿汉微言》收录章太炎的讲学语录一百六十七条，这些讲学大致发生于他被幽禁的第一年末到第二年初，当时的章太炎正处于学术的又一个转型时期，特别大的收获就是完成了代表其最终哲学体系的《齐物论释定本》。在《菿汉微言》的结尾，章太炎回顾了自己的学术经历。他认为自己早期谨守清儒的汉学家法，又服膺于荀子与韩非子而重视经世致用之学；后因苏报案而入狱三年，专修佛学，从事分析名相之术；东渡日本之后则在办报论政之余，旁览希腊、德意志哲学著作，同时也再度钻研佛学，还在与留学生讲学之际，讲授小学与《庄子》，并完成《齐物论释初本》。回国之后，一直在为民国之建设而南北奔

① 朱镜宙：《章太炎先生轶事》，载陈平原、杜玲玲编：《追忆章太炎（修订本）》，第141页。

② 吴承仕的题记见《菿汉微言》卷首，《章太炎全集》（七），第3页。

走，直到这次在北京再度被拘而重新研读《庄子》，并将其中义理用于佛学与儒学之间：

> 顷来重绎庄书，眇览《齐物》，芒刃不顿，而节族有间。凡古近政俗之消息，社会都野之情状，华梵圣哲之义谛，东西学人之所说，拘者执箸而鲜通，短者执中而居间，卒之鲁莽灭裂，而调和之效，终未可睹。譬彼侏儒，解遘于两大之间，无术甚矣。余则操齐物以解纷，明天倪以为量，割制大理，莫不孙顺。①

通过多次讲学与研究，最终章太炎认识到，庄子的《齐物论》才是沟通古近政俗、社会都野、华梵圣哲、东西学说的枢纽，有了齐物之术，就可以将各种各样的学说加以贯通，其核心则是以庄证佛。章太炎另外还在《蓟汉微言》中说：

> 《齐物》一篇，内以疏观万物，持阅众甫，破名相之封执，等酸咸于一味；外以治国保民，不立中德，论有正负，无异门之衅，人无愚智，尽一曲之用，所谓衣养万物而不为主者也。远西工宰，亦粗明其一指。彼是之论，异同之党，正乏为用，撄宁而相成，云行雨施而天下平。故《齐物论》者，内外之鸿宝也。②

他主张以“齐物”之道看待各家各派的学术，学术不在大小，而在如何求是、如何致用，内向的修身，则需要“破名相之封执”，平等地看待万事万物；外向的治国保民，则需要“人无愚智，尽一曲之用”，“异同之党，正乏为用”，相辅相成，才能“云行雨施而天下平”。《齐物论释定本》是章太炎在进一步去融会贯通儒、释、道乃至中外哲学的基础之上的最终创获，无论学问还是实践，都当以“齐物”之道来看，故而“齐物”哲学也是其解决政俗各种实践的方法。

---

① 章太炎：《蓟汉微言》，《章太炎全集》（七），第70页。

② 章太炎：《蓟汉微言》，《章太炎全集》（七），第26页。

在这段时间的最后，章太炎曾经总结自己的为学历程：

> 自揣平生学术，始则转俗成真，终乃回真向俗，世固有见谛转胜者邪！后生可畏，安敢质言？秦汉以来，依违于彼是之间，局促于一曲之内，盖未尝睹是也。①

“始则转俗成真，终乃回真向俗”一句，成为学界分析章太炎思想转折的关键，所谓“真”与“俗”分别指什么？简单地说就是佛教所谓“真谛”与“俗谛”也即“世俗谛”与“胜义谛”，世间的真理与出世间的真理。再看后面的“见谛转胜”之语，也就是必须经过世间的修证才能获得出世间的真理。虽然章太炎说“后生可畏”，不敢自以为已得真理，但就秦汉以来学术之发展来看，学者往往“依违于彼是之间，局促于一曲之内”，能够成就真理的又有几人？章太炎曾在给龚宝铨的信中说：

> 今观仆死之日，家无余财，其殆可以释然矣。夫成功者去，事所当然，今亦瞑目无所吝恨；但以怀抱学术，教思无穷，其志不尽。所著数种，独《齐物论释》《文始》，千六百年未有等匹。《国故论衡》《新方言》《小学答问》三种，先正复生，非不能为也。②

章太炎觉得，人生至此，希望在此阶段里修订完成这五种书，这些书或为秦汉以来一千六百年所“未有等匹”，或为“先正复生，非不能为也”，其学术自信溢于言表。

就章太炎本人来说，从走出诂经精舍到完成《訄书》初刻本，这一阶段当是其以学养来从事革命的初步尝试；再到被拘于北京，则是为政与为学一体化的新阶段。《齐物论释定本》《国故论衡》等书的定稿与改《訄书》为《检论》，

---

① 章太炎：《菿汉微言》，《章太炎全集》（七），第70—71页。

② 章太炎：《与龚宝铨·一》，《章太炎全集》（十三），第746页。

编成《章氏丛书》，则是其结合十多年的政治社会实践，对前半生的为政与为学进行的新总结。或许他也已经意识到，自己后半生的舞台其实是在讲学上。一种思想，无论在现世之中行与不行，先完成其升华于学术的过程再说，这就是“转俗成真”。

章太炎并非单纯的学问家，而是“有学问的革命家”，他最为关心的还是革命事业。只是在外界层层阻挠之下，不许革命方才进行学问的整理。于是学问整理告一段落，完成上述几种书籍之后，也就要转而继续从事“回真向俗”的工作了，也就是继续从事革命，继续在政治与社会之中，将再度修证得来的真理传播开来。此时确实也尚未到彻底灰心而放弃政治之时，历史还会继续给章太炎出新的难题。

四方奔走

1915年5月9日，袁世凯政府接受日本当局的最后通牒，承认日本提出的“二十一条”，扩大日本在蒙古东部、山东、福建等地的权益，由此获得日本对复辟帝制的支持。8月14日，章太炎熟识的李燮和、刘师培等人参与了杨度发起的“筹安会”，公开鼓吹中国必须废除共和制而恢复帝制，章太炎忧愤之极，但求“速死”，嘱咐家人在他死后将其葬于浙江青田刘基墓旁，并自撰碑文：

> 民国四年，乡有下武，曰章炳麟，瞻仰栝苍，吊文成君。于铄先生，功除羯戎。严以疾恶，刚以制中，如何明哲，而不考终。去之三百，景行相从。千秋万岁，同此冒蒙。[①]

章太炎作为刘基的乡人，佩服其扫除蒙元之功，故而希望“景行相从”。12月12日，袁世凯宣布接受推戴，由大总统改称皇帝，次日接受百官朝贺，正式恢复帝制。12月31日，又宣布将中华民国五年改为中华帝国洪宪元年。正在袁

① 章太炎：《吊刘文成公文》，《章太炎全集》（十一），第518页。

世凯手忙脚乱准备称帝之际，章太炎送上一封书信：

> 某忆元年四月八日之誓词，言犹在耳！公今忽萌野心，妄僭天位，匪惟民国之叛逆，亦且清室之罪人！某困处京师，生不如死。但冀公见此书，予以极刑，较当日死于满清恶官僚之手，尤有荣耀。[①]

章太炎说，当初袁世凯发誓为共和之总统，“言犹在耳”，却野心萌发而“妄僭天位”，如此之人先为清朝的叛逆，再为民国的叛逆，实在是最大的罪人！章太炎写此信，也是作了必死的准备，特意说希望被处极刑，比当年死于清朝“尤有荣耀”，如此，恰好与袁世凯本人的行径成了鲜明对比。

当时的袁世凯，虽然对章太炎十分生气，但也来不及去应付。因为复辟帝制已经激起了全国上下的强烈反对。12月27日，唐继尧（1883—1927）、蔡锷（1882—1916）等人在云南发布讨袁檄文，发起护国运动。还在拘禁中的章太炎除了写信给袁世凯表示斥责之外，还曾秘密写信给黎元洪，希望其设法脱离袁氏政权。在马叙伦即将离开北京的时候，章太炎也曾与他商议对策，马叙伦回忆说：“在我要离开北京的时候，去和章先生商议倒袁的事，章先生嘱我找张謇先生商量。”[②]1916年3月15日，广西都督陆荣廷（1859—1928）宣布广西独立；3月23日，袁世凯宣告取消帝制，但南方已经独立各省要求其退位。此时的章太炎利用将银币存交日本正金银行之机会，将其手稿《对于时局之意见书》公布，其中说：

> 帝制取消已匝月，而行事与帝制未起以前相等，非独国人不可欺也，虽外人之觇国者亦目击而得之矣。且人情所患，莫甚于寇邪报复。辛亥之役，贪人酷吏，一切未加诛夷，及统一，而卒受其蹂躏。今南军所称为首恶者，在位泰半如故也。纵令兵挫饷屈，强欲相从，而不得不戒于前事，

① 章太炎：《与袁世凯·二十》，《章太炎全集》（十二），第580页。

② 马叙伦：《我在六十岁以前》，生活·读书·新知三联书店1983年版，第55页。

然则丈夫固决死耳。虽丁壮疮痍，老弱饷馈，蹀血千里，尽城郭为虚，犹愈他日毙于佞人文墨之中也。[①]

章太炎强调，此次斗争的目标不能局限于袁世凯一人退位，还当诛灭辛亥之际尚未解决的那些“首恶”，也即“贪人酷吏”，这些人当时大多依旧在位，必须不顾“蹀血千里，尽城郭为虚”彻底解决，否则将来还是会受到这些佞人的危害。遗憾的是章太炎的呼吁无人响应。5月8日，南方独立各省联合在广东肇庆成立军务院，指挥全国军事并筹办善后，但军务院的军长唐继尧、抚军副长岑春煊、抚军陆荣廷、蔡锷等人统帅的护国军仍旧各行其是。5月18日，章太炎急着了解南方的现状，一度上演换上和服逃脱之戏：“余时欲观南方实状，友人有在海军部者，与日本海军增田大佐、柴田大尉相知，示余易和服亡走……未上车，侦者踵至，称汝负我钱，何故脱逃……余被曳至巡警总厅。时世凯已病，警吏气亦衰，但促归邸而已。”[②]章太炎被警察带回钱粮胡同之后，看守更为严密，但袁世凯已病，故无人多管此事。

1916年6月6日，袁世凯在全国亿万人民的声讨之中死去，所谓的洪宪帝制前后不过83天。6月9日，新任总统黎元洪派人来看望章太炎，并下令恢复其自由，但掌握实权的国务总理段祺瑞与内务总长王揖唐一度拒绝执行，后在章太炎的抗议以及各方面的压力之下，方才撤走看守的军警。6月25日，章太炎结束两年零十个月的拘禁生涯，离开北京回到上海家中与汤国梨团聚，随后又带着全家人前往浙江余杭扫墓，后又前往西湖三台山，拜谒张苍水墓。在浙江的国会议员为他举行欢迎酒会，章太炎在席间作的演说中指出：

现在袁氏既亡，黎总统已有明令恢复约法、召集国会，此后民国基础当可巩固……夫以政治思想素不发达之国民，其漠视国会，亦固其所。国民既漠视国会，则必不能为之后援；国会既不得国民为之后援，复无军队

① 章太炎：《对于时局之意见》，《章太炎全集》（十一），第533页。

② 汤志钧编：《章太炎年谱长编（增订本）》上册，第299页。

为其保障，则八百之议员虽日日开会，日日议决，其能强政府以必从耶？[①]

跳梁小丑袁世凯已去，黎元洪就任总统之后，恢复了《临时约法》，再次召集国会，但是新国会的背后既没有国民的支援，也没有军队的保障，即便每日都开会也无力对抗北洋军阀。所以章太炎认为，此时他的使命就是再度与孙中山、黄兴等人合作，联络各方力量。7月10日，章太炎回到上海，与刚从海外归来的孙中山、黄兴等人会合，希望推动护国军与黎元洪的联合，共同打击帝制余孽。

此时的总统黎元洪手里并没有兵权，无力对抗段祺瑞，处于被架空的状态。6月29日，段祺瑞被迫恢复《临时约法》，但他通过召开国会，要求南方的护国军与军务院尽速取消。7月14日，唐继尧与陆荣廷、梁启超等人联名发表通电，宣布撤销军务院，接着中华革命党本部也发出通告，宣布停止一切军事活动以及党务。8月1日，参众两院在北京复会，投票通过追认段祺瑞为国务总理，北洋军阀以合法的形式控制了中央政权。8月13日，孙中山、黄兴与章太炎等人一起在上海举行追悼"二次革命"以来死难烈士大会，章太炎撰写了祭文，指出帝制虽然废除，但还不能算作胜利，他指出：

今者兵未逾江，元凶自陨，于彼所丧一人耳；罪魁叛将，与其尝受伪命之吏，根柢相连，不可锄治。彼讼言帝制者，乱人也；阴佐帝制而阳称疾不视事者，又乱人也；以其野心与帝制异议，而欲保介袁氏遗业，以桡大法，而为罪人托命之主者，复乱人也。三乱不除，则袁氏未死，国会犹朝露，元首若赘旒。然而二三躁竞之士，饕窃天功，以为己力，欲弭兵以修文政，他日复诒后生之忧，其罪将弥甚于某等也。[②]

章太炎认为当时"罪魁叛将"以及接受袁世凯伪命的官吏，有三种"乱

---

① 章太炎：《在浙江国会议员欢迎会上之演说》，《章太炎全集》（十四），第212—213页。

② 章太炎：《告癸丑以来死义诸君文》，《章太炎全集》（八），第523页。

人”，若不将这些人除去，国会随时都会倾覆，而黎元洪这个元首也只是傀儡，若是还以为可以“弭兵以修文政”，就会遗留更多的“后生之忧”。

为了挽救国事，章太炎开始四方奔走。首先是南下广东肇庆，会晤两广都司令岑春煊，想请他来主持与北洋军阀对抗的军国大计，然而此时的两广军政掌握在旧桂系军阀陆荣廷的手中，此人还不愿与北洋军阀翻脸。1916年10月，章太炎在无计可施之时，应当地华侨之邀请，前往南洋联络革命力量，在新加坡、槟榔屿等地发表演说，强调华侨子弟的教育必须对本国历史、地理以及普通法学加以重视。早在辛亥之前，革命党人就与南洋华侨联系紧密，民国之后也依旧关心国内政治形势的发展。10月10日，武昌起义的国庆纪念日，章太炎在槟城作讲演，他说：

> 惟清亡而袁世凯在，一类亡国大夫，得附袁为逆，袁亡而帝制党在，一类阴险反侧之徒，或仍附帝党为恶。且今日之帝党，其仇疾民党，有甚于清之亡国大夫矣。清之亡国大夫，虽无禄位，犹足自保，不必与民党为难。今之帝党，自知恶积罪盈，永难齿于人类，非与民党相仇，急图报复，必无存活之理。试观现时政界人物，虽有民党，亦多帝孽，将来权势偏倚，藉压人民，吾人民何以自处？是不得不于最欣喜之国庆纪念日，略为虑及也。
>
> 吾中国人之特性，可与共患难，不可与共安乐，每作一事，略有成效，即将前此艰难困苦情形，淡然若忘。民国二年之失败，正坐此耳。①

此时的章太炎，还是难得的清醒者，袁世凯死后那些拥护帝制的军阀、政客还在，他们不像那些“亡国士大夫”那样本来就可以自保，反而变得比过去更加阴险狡诈，所以他力劝南洋华侨，不要以为民国已经恢复，更不要被北洋军阀及依附他们的政客所蛊惑。他还强调，中国人的特点就是“可与共患难，不可与共安乐”，一旦做事略有成效，就会将艰难困苦情形全然忘记。辛亥革命

① 章太炎：《在槟城华侨提灯会上之演说》，《章太炎全集》（十四），第228页。

的成果被袁世凯所窃取，就是因为当年盲目地以为革命已然成功，殊不知失败已经来临。章太炎在南阳逗留了两个多月，因为记挂着身怀六甲的夫人汤国梨，遂于次月匆匆返回上海。第二年四月长子出生，中年得子的章太炎，以辅佐司马睿建立东晋的王导期之，故取名“章导”。

1917年初，段祺瑞与黎元洪之间的“府院之争”终于爆发。黎元洪为了对抗段祺瑞，与徐世昌、王士珍、张勋等人联合，力请张勋带兵进京。张勋的“辫子军”进京不久，便主张让所谓“督军团”主导政局，还对国民党的在京势力进行打压，最后则在7月1日，又上演了清朝逊帝溥仪复辟的闹剧，康有为等原先的保皇党也积极参与其中，后在段祺瑞的进军之下投降。7月2日，黎元洪令冯国璋代理总统职务；7月14日，冯国璋在南京以代理大总统身份行使职权。无论段祺瑞、冯国璋，不过都是假借反对复辟、拥护共和的名义，牢牢把握国家实权而已。

北京的种种丑闻，使得章太炎极为愤怒，于是他积极响应孙中山号召，南下广州参加保卫共和的“护法运动”。他说：“夫共和国家，以法律为要素，法存则国存，法亡则国亡，合法者则为顺，违法者则为逆，持一法字以为标准，则可判别一切顺逆矣。”[①]章太炎与孙中山所说的“法”，就是以宪法为象征的“法统”，他们希望黎元洪能够复职，国会能够重开，《临时约法》可以再度发挥其效力，成为鉴别共和之真伪的试金石。

1917年8月，不满北洋军阀的原国会议员南下广州，组建了“非常国会”。9月1日，“非常国会”开会选举孙中山为中华民国军政府大元帅，第二天选举唐继尧、陆荣廷为陆军元帅；9月11日，孙中山又任命章太炎为大元帅府秘书长。事实上，孙中山所领导的军政府并没有稳固的基础，除了一批追随者之外，还没有可以直接指挥的军队，所依靠的也就是陆荣廷、唐继尧等西南军阀的力量。然而陆、唐等人，也只是利用孙中山制造南北矛盾，从而实现他们割据地方的目的。1918年1月15日，蛰居上海的岑春煊与陆荣廷、唐继尧策划在广州成立独立于军政府之外的西南各省护法联合会议，还与北洋政府进行媾和。

① 章太炎：《讲演护法宗旨及讨逆计划》，《章太炎全集》（十四），第249页。

1918年5月4日，“非常国会”通过《修正中华民国军政府组织大纲》，将元帅制改为合议总裁制，这一改选使得孙中山的地位变得有名无实，不得不辞去大元帅职务。至于当时的所谓非常国会，依旧无法代表广泛的民意。孙中山等人虽然高举护法旗帜，但一无军事实力，二无社会基础，终无力阻止陆、唐等人的种种策划。

再说章太炎，他希望孙中山拥戴黎元洪复职总统，从而表达对民国法统的尊重。然而孙中山以及听命于孙的中华革命党党员们，却希望孙中山能够成为最高领袖，二人间的严重分歧也就由此产生。章太炎还致力于增强军政府的实力，积极笼络西南军阀。1917年初，他向西南各省喊话：“诸公落翰西南，干城是职，惟愿勠力一心，嘉猷入告，使黄陂外得援助，则争去就者不能要挟，而黩武之祸自纾。”[①]9月13日，章太炎作为大元帅孙中山的全权代表，特意从越南赶往云南昆明，与唐继尧等人面商护法事宜。唐继尧表面上对章太炎非常尊重，还任命他为滇黔靖国联军总参议，实际则依旧有着自己的盘算。章太炎屡次催促唐继尧出兵护法，并提出必须夺取湖北，控制南北交通枢纽，然而唐的目的却是乘机占据四川与贵州，实现其“大云南主义”。11月，从昆明到毕节，章太炎一路穿越高远莽林，路途崎岖而潮湿。

1918年1月10日，章太炎抵达四川巴县，拜谒邹容祠堂。接着前往重庆，希望联合重庆镇守使、原同盟会会员熊克武进行护法运动。但当时西南军队多听从唐继尧，在唐继尧等人的消极态度影响之下，熊克武组织的滇黔援鄂军只在宜昌、荆州一带与北方军队相持。在北方军队的进攻之下，原本取得岳阳之战胜利，有望再攻克武汉获得转机的护法军主力湘桂联军，也只得避退衡阳。北洋的后起之秀吴佩孚则接连攻下岳阳、长沙、衡阳，于是湘桂联军便与其开始议和了。章太炎深感失望，辗转万县、恩施、沅陵、常德，于10月11日从武汉乘船返回上海。

章太炎近一年的西南之行，除了与当地文人、学士往来应酬之外，并未实现任何政治诉求。再看整个护法运动，最终以失败告终，革命党人想要依靠西

---

① 章太炎：《与西南各省》，《章太炎全集》（十三），第798页。

南军阀来反对北洋军阀，结果却只是被利用而已，于是章太炎又发表言论，揭露西南军阀的真面目：

> 盖所谓西南主义者，本不能成一种名义，以西南为发迹之地，渐进以图中原可也，以西南自成部落作方镇割据之势不可也……此在群帅亦知之矣。徒以部落主义蔽其远略，广西不过欲得湖南，云南不过欲得四川，借护法之虚名，以收蚕食鹰攫之实效，湘蜀既得，而彼已偿初志矣。人之自尊，谁不如我……外人徒见其宣布明电，慷慨自矜，而密电私议，实多不可告人之语。言和不过希恩泽，言战不过谋吓诈，里巷讼棍之所为，而可以欺大敌欤？要之，西南与北方者，一丘之貉而已。[①]

“西南主义”只是当地军阀“自成部落做方镇割据之势”，西南群帅，表面虽有慷慨的支持护法之明电，私下里又有密电私议，无论言和、言战都如同“讼棍之所为”，故南北军阀本是“一丘之貉”。

1918年，因冯国璋与段祺瑞争执不下，徐世昌在安福系操纵的国会选举中，被选为民国第二任正式大总统。安福系是冒充民意的伪国会，源于段祺瑞的亲信徐树铮（1880—1925）与王揖唐等人在北京的安福胡同成立的安福俱乐部，故北洋政府的实权依旧掌握在皖系军阀段祺瑞手中。曾经希望与段祺瑞合作，争取国会主导权的以梁启超、林长民为代表的研究系，在被皖系军阀利用完之后则被一脚踢开。林长民（1876—1925），福建闽侯（今福州）人，与写下《与妻书》的黄花岗烈士林觉民（1887—1911）为堂兄弟，他后来积极反对段祺瑞内阁的亲日行为，揭露丧权辱国的外交政策，拒绝在“巴黎和约”上签字而引发了“五四”爱国运动。梁启超的政治抱负一再落空，此后基本不再过问政治而一心于学术，章太炎从政治与学术之间清醒过来，却比梁启超还晚了几年。

段祺瑞积极讨好日本，通过借款扩充其军事实力，并鼓吹武力统一。徐世昌则希望平衡各方政治势力，从而巩固自己的地位，于是他打出了“文治”的

---

① 汤志钧编：《章太炎年谱长编（增订本）》上册，第340页。

旗号，并号召进行南北和谈。当时在湖南前线指挥北洋军与南方护法军作战的直系军阀吴佩孚、曹锟（1862—1938）等人，因为不满段祺瑞将湖南总督之位授予皖系军阀张敬尧（1880—1933），便直接宣布停战，开始鼓吹南北和谈。此时的南方也出现了和谈之声，主要以岑春煊为代表。孙中山虽然希望继续与北洋军作战，但在和谈声音越来越大的形势之下，鉴于自己并无军事实权，也就只好勉强答应。

对于南北和谈，章太炎有自己的看法，他在给参众两院议员的公开信里指出：

> 鄙人以为时至今日，和战两穷，唯有速选总统以绝北人希望……若信世昌之才为可以安抚中国者，吾见清、袁两代，皆以徐世昌为宰相而相继灭亡也。亡国大夫而可选为大总统，帝制派之谋主而可选为大总统……则前此之革命护国者，当处极刑，尚何护法之有？[①]

章太炎固然反对南北之间战争不断，但他更加反对徐世昌出任总统。因为徐世昌其人原本是清末的军机大臣、东三省总督、邮船部尚书，还与袁世凯关系紧密，在清末以及袁称帝之际，政治态度都十分暧昧，严格说来他可称得上是章太炎最为厌恶的帝制余孽。让这样的“亡国大夫”来担任总统，简直是对中华民国政治合法性的嘲弄。被徐世昌派到南方来与护法军政权和谈的朱启钤（1872—1964），当年也曾参与帝制；另一位北方的和谈代表唐绍仪，则与朱启钤串通一气，借和谈之名巩固徐世昌之地位。所以章太炎当时提出：

> 帝制复辟僭立，皆此一人为主。自袁氏死，黎公继任，海内粗安。其间交构府院，使成大衅者，亦世昌也。二年以来，乱遍禹域，则世昌为始祸，冯国璋其次也，段祺瑞又其次也。
>
> ……

① 章太炎：《与北京参众两院》，《章太炎全集》（十三），第825—826页。

> 今西南所以自名者，护法也。曩日为保持国会，今国会已集矣。但令世昌退位，伪国会解散已足，不当先论他事。[①]

对于徐世昌其人，章太炎的认识是非常清醒的，他正是诸多政治之乱的关键人物，不过因其并无军事实权，故也只是冯国璋、段祺瑞等人利用的招牌。当时南方认为北方安福系操纵之下的国会是“伪国会”，是非法的，北方则称南方的“非常国会”为“旧国会”，没有代表性。北方强调徐世昌为合法的总统，宣扬其“文治”主张，多有混淆视听之意，故章太炎特别强调要让徐世昌退位，才可以重新开启南北和谈。

事实上，南北军阀本为“一丘之貉”，和谈不过是众多军阀之间为各自势力瓜分而进行的交易，军阀之混乱，才是和谈失败的根本原因。尚未掌握军事实力的孙中山都无力左右局面，更何况是章太炎这样政治主张独特的文人，他四方奔走近三年，纠缠于其中，注定是无果的。此外，纠缠不清的还有新文化运动中的章门弟子，他们在不知不觉之间竟也分成了两派。

新文化运动与章门弟子

1915年，陈独秀在上海创办《青年杂志》，从第二卷起则改称《新青年》。1916年，《新青年》刊登了易白沙、陈独秀等人所撰写的一系列批评孔子以及儒学的文章，这当然与康有为、陈焕章等人的孔教会，以及弥漫于当时社会的尊孔复古思潮有关。陈独秀当年在日本之时，曾与章太炎多有交往，据陈独秀的表弟濮清泉回忆：“在日本留学期间，陈独秀和章太炎也时常过往，陈独秀很钦佩章太炎的‘朴学’，认为他是一个‘国宝’；而章太炎对陈独秀的‘小学’也十分赏识，认他为‘畏友’。”[②]章、陈二人都从中国传统而出，然而对于中国文化应如何转型，却有着越来越大的分歧，这种分歧也出现在章太炎早年的弟

---

① 章太炎：《自定年谱》，《章太炎全集》（十一），第797、798—799页。

② 陈明远：《鲁迅时代何以为生》，陕西人民出版社2013年版，第116页。

子之间。

1916年的一项人事任命，后来成为关系文化与政治的重大历史事件，其影响不亚于《新青年》等进步刊物的创刊，那就是蔡元培被任命为北京大学校长。蔡元培本是清末翰林，又是光复会的首任会长，是地道的革命党人，和章太炎是多年老友。在蔡元培“兼容并包”办学思想的引领之下，北京大学渐渐成为新思想、新文化的中心。蔡元培任校长后，聘请陈独秀为文科学长，《新青年》也由上海迁往北京，此后依托北京大学师生的力量，杂志的影响越来越大。

北京大学的文科，一度为桐城派文人所占据，姚永概、马其昶、林纾等人先后任教于此。1913年，林纾与姚永概因为人事纠纷而离开后，北大预科学长胡仁源就开始引进章太炎当年在日本讲授国学时期的弟子，等到蔡元培担任校长之后更加速了这一进程，朱希祖、黄侃、马裕藻、钱玄同、周作人、沈兼士等人，大多在这一时期陆续进入北大。曾在北京大学念预科的陶希圣回忆说：“民国初年北京的文史学界的泰斗都出于太炎先生之门。”①章太炎的晚期弟子汤炳正也说：“后来游学北京，见执教于各大学之著名教授，多出先生门下，始知先生在学术界的崇高地位。”②还有人讲到20年代北京学界，“许多老师开口便说‘吾师太炎’……国文系教授仿佛不师承太炎则无发言权，不准登大学讲坛”③。

至于北京大学章门弟子什么时候开始渐渐退出，则有必要再略作说明。北大内部存在长期的派系纷争，特别是胡适一派与章门弟子之间，围绕英美派与法日派、现代评论派与“某籍某系”，等等，在不同分界之下都存在着明争暗斗。北大的章门弟子，主要分布在文学系、历史系以及国学门三处，特别是文学、历史二系，由章门弟子马裕藻与朱希祖担任系主任，长达十多年。但是到了1930年，历史系的朱希祖因学生哄闹而卸任，改由傅斯年代理，接着由陈受颐接任，实际仍由傅斯年控制。接着就是1934年，胡适亲自出任北京大学文学

---

① 陶希圣：《潮流与点滴》，中国大百科全书出版社2016年版，第34页。

② 汤炳正：《忆太炎先生》，载陈平原、杜玲玲编：《追忆章太炎（修订本）》，第363页。

③ 臧恺之：《吴检斋先生轶事》，载《吴承仕同志诞生百周年纪念文集》，北京师范大学出版社1984年版，第104页。

院院长，他在傅斯年的协助下，进一步清除了北大文科中的章门弟子，特别是架空国文系主任马裕藻，使得他不得不辞职。此后的北大文科，几乎都是胡适以及弟子、友人的天下了。[①]1932年章太炎北游讲学之际，北大文学系与国学门都还有较多的章门弟子在任，都曾邀请乃师前往，至于章太炎最为看重的史学系却无人响应。

回头再看1917年的胡适，彼时，他刚被聘为文科教授，这主要是因为他提倡白话文等学术主张，得到了《新青年》主编、北大文科学长陈独秀的特别赏识，背后还有蔡元培不拘一格的用人方针。然而，不到30岁的胡适能够真正立足于北京大学，关键还是在于占据北大文科大半壁江山的钱玄同、马裕藻等多位章门弟子对他的有力支持。新文化运动的发起，也即胡适所谓的“逼上梁山”，本是各种因素合力作用的结果，他的《文学改良刍议》之所以能够产生重大的社会影响，乃是得益于新旧文化的论战，北大文科中的新旧二派更是参与论战的关键力量。

再说《新青年》的主要力量，除了陈独秀与李大钊、胡适等人，还有章太炎学生钱玄同、鲁迅、周作人等人，除鲁迅还在担任教育部佥事外，其他人在这一阶段纷纷进入北京大学，成为文科教授。1917年《新青年》刊登了鲁迅的《狂人日记》，还有李大钊介绍俄国十月革命以及马克思主义的文章，新文学与新思想相辅相成，杂志的影响力越来越大，终于形成了声势浩大的新文化运动。

值得注意的是，新文化运动的一个非常重要的方面就是反传统，而反传统的中心问题之一就是反礼教，包括反思孔子以及儒家思想等，受章太炎《訄书》中《订孔》一文启发的吴虞等人，成为攻击孔教最有力的斗士，起到了开路先锋的作用，可见章太炎文章中蕴含的丰富“革命”精神。然而，章太炎本人却渐渐被新时代的知识分子视作保守、落后的旧式文人。当时的章太炎其实已经不再考虑反传统之类的问题，面对西潮的冲击，他思考的是如何才能重新振作传统，故而对自己早年的反孔言论也曾表示忏悔：“中年以后，古文经典笃信如

---

① 桑兵：《马裕藻与1934年北大国文系教授解聘风波》，《近代史研究》2016年第3期，第32—55页。

故，至诋孔则绝口不谈……而前声已放，驷不及舌，后虽刊落，反为浅人所取。”[①]此处所谓“浅人”就是指吴虞等人，章太炎对于“打倒孔家店”等表示不满，也被胡适，乃至钱玄同等人所诟病。不过，钱玄同等章门弟子，以及胡适等留洋归国而研究传统学术的知识分子，在论及“国学”之时依旧对章太炎十分尊重，且公认其为第一人。

新文化运动兴起之后，对于政界、学界都产生了重要的影响。特别是青年人的力量，就连已经渐渐退隐的章太炎也有所察觉。1918年，段祺瑞与日本签订军事协定，日军在东北地区的活动更为猖獗。消息传出之后，留日学生纷纷组成救国团回国请愿，各地也多有抗议示威，还有倡导民众抵制日货的号召。章太炎曾在与友人的书信中说：

> 近日因段氏卖国事件，日本学生全体回国，下江抵制日货之声，日益腾沸。卖国之罪，视解散国会为重，人心怨愤，亦较解散国会为深，此时若能顺用民心，较去岁必有进步。盖鼓舞军心者，在顺从民意。[②]

在青年学生的身上，章太炎看到了民心可用，看到了进步力量，这些回国的学生，其实比章太炎当年在日本看到的那些，有了更大的进步。其实章太炎本人对于青年人的力量还是非常重视的，特别是1919年李大钊等人成立的“少年中国学会”。他在四川的时候，曾向当地青年发表演说，其中既有对青年的肯定，又有对青年从事政治活动的担忧。青年的第一个弱点“就是把事情太看容易，其结果不是侥幸，便是退却”[③]，第二弱点“就是妄想凭借已成势力，就将自己原有之才能，皆一并牺牲，不能发展”。针对第二个弱点，他又特别指出：

> 譬如辛亥革命，大家皆利用袁世凯推翻清廷，后来大家都上了袁世凯的当。历次革命之利用陆荣廷、岑春煊，皆未得良好结果。若使革命诸人

① 章太炎：《与柳诒徵》，《章太炎全集》（十三），第971—972页。

② 章太炎：《与刘英》，《章太炎全集》（十三），第850页。

③ 章太炎：《在四川演讲之一：说今日青年的弱点》，《章太炎全集》（十四），第257—258页。

听由自己的力量，一步一步的做去，旗帜鲜明，宗旨确定，未有不成功的。你们的少年中国学会，主张不利用已成势力我是很赞成的……宗旨确定，向前做去，自然志同道合的青年一天多似一天，那力量就不小了。

章太炎认为青年应该独立自强，如少年中国学会那样，倡导“不利用已成势力”，在确立了宗旨之后，就与志同道合的青年团结向前，渐渐地力量也就积聚起来了。此外，青年还有虚慕文明、好高骛远两个弱点。他的这些感悟，其实来自辛亥革命、二次革命失败的教训，若是革命党人形成自己独立的力量，旗帜鲜明、宗旨确定，就能一步一步取得成果了。

汪荣祖先生指出，因外来的刺激而深入批判传统，以致突破传统思想的束缚，必以康、章为先。他们两人对近代中国思想解放所做的贡献，难以磨灭。他们与倡导五四新文化运动的一代，在思想上有千丝万缕的关系。从康有为的《新学伪经考》到五四疑古，从章太炎的《订孔》到五四对孔子的猛烈批判，都有一个明晰的发展历程。五四不是反传统的第一代。康、章才是第一代。[①]

不过，章太炎对于新文化运动及其与各种政治力量之间的关系，没有投以更多关注，他和他的大多数学生关注的焦点其实还是文言与白话之争，还有就是与之相关的中学与西学之争。唯有鲁迅是一个例外，从反传统上升到了更深层的思想革命，故而成为新的一代。在北京的章门弟子，在这场运动之中分化成了新旧两派，代表人物分别为钱玄同与黄侃。

---

① 汪荣祖：《康章合论》，新星出版社2006年版，第121页。

第五章　飞龙：1919—1926

乾之九五："飞龙在天，利见大人。"

"五四"以来的8年，当是中国历史上最为变幻莫测的8年。北洋军阀没落，民国获得了所谓的统一，在南北和谈与战争之间，章太炎又一次迸发出巨大的政治热情，他飞奔于大半个中国，以"帝王师"的姿态投身于"联省自治"运动，最终还是竹篮打水一场空，收获的是歧路亡羊的迷茫，心中的火也渐渐熄灭了。好在革命家做不成，还可以做学问家，声势浩大的"国学十讲"，以及《华国月刊》的出版，让人不得不承认："飞龙在天"，章太炎还是那个时代最为引人瞩目的"国学泰斗"。

联省自治的热潮

1919年2月20日，南北和谈在上海举行。唐绍仪为南方代表，朱启钤以及王揖唐则为北方代表，谈判时断时续，最终在5月13日破裂。在南北双方和谈陷入僵局之际，当时的政治与文化精英开始寻找新的解决战乱的方式，而章太炎等人提出的"联省自治"，就是其中呼声较高的一个方案。

联省自治运动，其源头是清末"预备立宪"时期开始的地方自治思潮。最初，当时的官绅了解到了英美等国的联邦制，认为这种行政制度既可以实现地方自治，又可以解决中央与地方的紧张关系，提高行政效率。甲午战争之后，康有为、梁启超等人在日本受到那些介绍地方自治的书籍的影响，认为地方自治可以使得国家基础稳固、民众的民主意识提升。当然，他们认为，应由士绅阶层来施行自治，因为明清以来的民间社会，士绅发挥了重要作用，至于普通民众则不予考虑。

1907年10月，清政府颁发上谕筹设具有地方议会形式的咨议局，1908年7月又颁布《各省咨议局章程及议员选举章程》。至1909年9月，全国除新疆外，各省都设立了咨议局，议论预算、决算、税法、公债等事务。咨议局带有一定的地方自治色彩，但其议员的选举资格却十分苛刻——要求中学以上学校毕业或举贡生出身，曾任文官七品、武官五品以上且未被参革，在本省有5000圆以上营业资本或不动产，等等。能够满足这样的要求的也就只有上层士绅了。清政府的所谓立宪，最终没有完成，但各省咨议局的设立，还是逐步推动了地方自治的发展。

辛亥革命之后，为了解决南北双方之间旷日持久的政权之争，1919年前后，不少人主张以省为界进行地方自治。各省如何制宪、如何组织镇政府的讨论越来越多，还出现了不少致力于地方自治的团体，甚至创办刊物、发表宣言。比如以梁启超为代表的研究系，被安福系挤出国会之后，也开始支持联省自治，希望以此削弱皖系军阀的权力。

滞留在北京的旧国民党人，也出于同样的原因支持联省自治。支持力度最大的当数西南军阀，因为他们尚无足够的实力与北洋军阀抗衡，又想保全自己的势力范围，于是对联省自治表现出极大的热情。还有一些清末的立宪派成员，比如张謇等人，也曾公开主张地方自治，他们主要是希望能够借此巩固自己在地方上的地位与特权。北洋军阀之中的直系军阀吴佩孚，曾在湖南通电主和之际鼓吹联省自治，等到在直皖战争中战胜皖系之后，又感觉自己能够实现全国的统一，转而反对联省自治。原属皖系军阀的浙江督军卢永祥则转而支持联省自治。对于这一乱象，原进步党人刘以芬曾有评论：

盖失意政客，既为求适应其政治环境而倡为是说，而一部分军阀，亦以其适足藉此自固而乐为赞成，遂至如响斯应，蔚为大观。但观国民、进步两党，在五六年国会中，因地方制度列入宪法问题，演成互殴，而此时唱自治者，竟多属平昔主张集权之党人，而素持分权者反间出而反对之。至各省中之表赞同者，如浙卢、奉张、闽李等，亦皆为前此拥护段祺瑞武力统一政策之军人，此中消息，实不难于窥见矣。[①]

政客一旦失意，就会寻找新的政治学说来适应新的政治环境，至于军阀则随时随地在寻找对其有利的政治主张，地方制度如何进入宪法，集权与分权其实并不是绝对的，各党派势力之间，其实还是随着形势而变。

当时曾参与过联省自治运动的李剑农说：

所谓联省自治运动，含有两方面的意义：第一，是容许各省自治，由各省自己制定一种省宪（或各省自治根本法），依照省宪自组政府，统治本省；在省宪范围内，非但可以免去中央的干涉，便是省与省之间也可免去侵略的纠纷，什么大云南主义、大广西主义都应该收拾起来。第二，是由各省选派代表组织联省会议，制定一种联省宪法，以完成国家的统一——就是确定中国全部的组织为联邦制的组织；如此既可以解决南北护法的争议，又可以将国家事权划清界限，借此把军事权收归中央，免去军阀割据之弊。[②]

先是各省的自治，制定“省宪法”并以此组织省政府，一方面可免除中央的干涉，另一方面可免除他省的侵略，再是举行联省会议，制定“联省宪法”，确定全国的联邦制组织，还要将军事权收归中央，如此才能避免各地军阀割据的局面。

章太炎当年组织光复会之际，就曾关注过浙江地方的路权与矿权，与工商业多有交流，还与会党以及新军有过联合，对于正在形成之中的地方社会的力量其实是声息相通的，可以说是把握了时代脉搏的新一代革命家。他在从日本

① 刘以芬：《民国政史拾遗》，上海书店出版社1998年版，第40—41页。

② 李剑农：《中国近百年政治史》，第516页。

回国途中曾说："最适于中国者，莫过于联邦政治。"[①]回到国内之后，看到当时政治与社会的种种混乱，特别是东西方的列强对中国主权的干预，他也开始强调巩固国家主权，避免出现政治与经济的分裂。

于是章太炎开始积极投身于联省自治运动。1920年4月，他向重庆的熊克武提出建立"湘川联盟"，二省"为唇齿援"。当时熊克武接受岑春煊为主席的广州军政府任命，担任四川督军，此时已将唐继尧的滇黔军逐出四川。1921年3月14日，熊克武宣布四川中立于南北之间，实行地方自治，并计划起草宪法。

联省自治运动开始之后，地处南北要冲的湖南省格外积极。1918年北洋军与南方护法军在湖南交战，对当地的社会经济造成巨大的破坏，民众饱受其苦。1918年被任命为湖南督军的北洋军阀张敬尧，大肆横征暴敛，招致了极大民怨。联省自治的思潮传播开来后，湖南地方的政治与文化精英立即响应。在熊希龄的推动之下，曾被段祺瑞排挤出湖南的谭延闿率领军队，将张敬尧从湖南驱逐了出去。为了获得全国的支持，谭延闿发表通电，支持联省自治，希望湖南省能够脱离南北之争，人民能够安居乐业。不久之后谭延闿被手下将领赵恒惕夺权而驱逐，不过赵恒惕延续了联省自治的主张。1920年12月，赵恒惕宣布要走"专家制宪"之路，并成立"制宪筹备处"，先由省政府出面聘请专家草拟宪法初稿，再由本省绅商代表组成的审查委员会审议。1922年1月，施行了标榜湖南为自治省的《湖南省宪法》。

章太炎对湖南的自治非常关注，1920年4月，他就提出"湘川联盟"。1920年6月，谭延闿打出"湘军治湘"的旗帜，邀请章太炎入湘。10月上旬，章太炎抵达长沙，"以联省自治说其人士"："湘川皆以恢复故土为号，余既议湘川同盟，知军政府必不支，则以自治同盟为说。"[②]章太炎希望，可以由"湘川同盟"而发展成为范围更大的"自治同盟"，后来在张继的建议下，"自治同盟"又改为"联省自治"。

与此同时，1920年10月，被孙中山任命为广东省省长兼粤军总司令的陈炯

---

① 张昭军：《武昌首义后章太炎在日革命活动补证：并介绍几篇重要佚文》，《史林》2019年第6期，第204—210页。

② 章太炎：《太炎先生自定年谱》，《章太炎全集》（十一），第804页。

明，也打起了“粤人治粤”的自治旗帜。1921年1月，四川的刘湘等人也通电宣布“川省自治”，章太炎立即去电，称赞他们为扬子江一带带来福音。2月，云南的唐继尧被滇军将领逼迫下野，第一军军长顾品珍任总司令后，章太炎也去电要求其自治。1921年6月，浙江督军、皖系军阀卢永祥宣布联省自治，章太炎得知消息表示大力支持，发电报说：“鄙意卢公宜速宣布自主，而浙人则极端主张自治，精神既可互助，名义不必苟同，庶名实相符，无所牵掣。”[①]众人推举章太炎起草“省宪”，然卢永祥并未向章太炎发出邀请。后来褚辅成制定了一部颇具民主精神的宪法，成为“联省自治”运动中的一大亮点。不过卢永祥只求自保，一心于军事，宪法自然无法施行。到了1924年8月的江浙战争以及9月的第二次直奉战争，直系军阀孙传芳（1885—1935）大军压境，卢永祥只好宣布下野。

这一时期的北方，其实比南方更不太平。1920年7月14日，直皖战争爆发，十天后以皖系失败而告终，直、奉两系共同控制北京政权。1922年4月29日，又爆发了直奉战争，一周后奉系失败退回东北。获胜的吴佩孚抬出黎元洪取代徐世昌，同时逼迫南方的孙中山退位，希望以武力实现南北统一。6月2日，徐世昌宣布辞职，曹锟通电拥戴黎元洪。7月，章太炎在上海成立“联省自治促进会”。1923年4月，章太炎再次致电各省强调：“南北十省，唯当以自治名义联拒寇仇，然后兵以义举，不为苟动，远作新共和之根本，近杜旁观者间言，较之虚言革命，驰想和平统一者，其于人心违顺，必相去远矣。”[②]然而，随着直系军阀以武力统一步伐的加快，联省自治显然已无法实现了。1923年6月，直系军阀曹锟、吴佩孚，逼走黎元洪；10月5日，曹锟通过贿选当选为大总统。10月6日，章太炎随即发布谈话，声讨曹锟，倡导在西南再设军政府，然已无人响应了。

1924年，章太炎还曾发布过两份《改革意见书》等倡议，重提统一不如分治、行政委员制，强调各省自治权还之省民[③]，依旧无人听从，因为联省自治其

① 汤志钧编：《章太炎年谱长编（增订本）》上册，第354页。

② 汤志钧编：《章太炎年谱长编（增订本）》上册，第403页。

③ 章太炎：《改革意见书》，《章太炎全集》（十一），第646—647页。

实早就名存实亡。对于章家来说，这一年还有两件大事：3月3日，章太炎的三女儿章㠭与章太炎的弟子朱镜宙在上海结婚；9月，章太炎的次子章奇出生。

再看章太炎“联省自治”的具体主张，他在长沙期间曾发表演讲，阐述自己对于“联邦的自治制”的看法：

> 联邦的自治制，今日中国的国民，都希望实现。因为从前的中国，都是中央集权，各省的财产生命权，都操在中央手中，试看民国成立以来，甚么总统制、内阁制，无不利用外交，把各省底财产卖个干净，要免除中央的专制，非行联邦制不可。①

当时的联省自治之所以会有影响，还是因为对辛亥以来北洋政府的不满，无论总统制还是内阁制，政权只要在北洋军阀手中，他们就会利用外交实行卖国的行径。他们不断与列强签订条约或协议，出卖国家利益，而各省却没有办法来进行权力的制衡。那么这个中央政权对于各省的国民来说，比起由他们掌握财产权和生命权，还不如由各省自己来掌握。章太炎进一步指出：

> 联邦制，军政长官，也须不受中央牵制，这军政长官何从选出，却也是个大问题……现在既行自治，那一班武人，实在无法制裁他。鄙意一面削小武人兵权，一面还须武人自身有觉悟，这自治才有真精神。②

若是各省的军政长官，有不受中央政权牵制的法律依据，那么又如何制裁军政长官呢？这一点其实是最为根本的问题，章太炎其实也没有什么办法，所以只说这是个大问题，需要想办法削弱他们的兵权，然而这很难实现，于是他只能说必须“武人自身有觉悟”了。

1920年11月，章太炎在长沙发表《联省自治虚置政府议》，他指出：

---

① 章太炎：《谈联邦自治》，《章太炎全集》（十一），第576页。

② 章太炎：《谈联邦自治》，《章太炎全集》（十一），第576—577页。

> 自今以后，各省人民宜自制省宪法，文武大吏，以及地方军队，并以本省人充之；自县知事以至省长，悉由人民直选；督军则由营长以上各级军官会推。令省长处省城，而督军居要塞，分地而处，则军民两政自不相牵。其有跨越兼圻称巡阅使或联军总司令者，斯皆割据之端，亟宜铲去。此各省内治之大略也。①

真正实现联省自治，需要每个省自行制定省宪法，然后省一级的文武官员都有本省人担任，从县一级到省一级，人民直选，等等；还有军政、民政不可相互牵制，省长办公在省城，督军则在要塞，还要避免巡阅使或联军总司令之类的官吏的牵制等。他接着还强调：

> 然近世所以致乱者，皆由中央政府权藉过高，致总统、总理二职，为夸者所必争，而得此者，又率归于军阀。攘夺一生，内变旋作，祸始京邑，鱼烂及于四方。非不豫置国会以相监察，以卵触石，徒自碎耳。今宜虚置中央政府，但令有颁给勋章、授予军官之权，其余一切，毋得自擅。军政则分于各省督军，中央不得有一兵一骑。外交条约则由各该省督军、省长副署，然后有效……政府虽存，等于虚牝，自无争位攘权之事。联省各派参事一人，足资监督，而国会亦可不设，则内乱庶其弭矣。②

想要避免国家动乱，就需要削弱中央政府的权力，中央只负责颁给勋章、授予军官权力，起到一个协调的功能；军权与军队都在各省，中央没有一兵一骑，那么外交条约虽有中央协调签订，却也得由各个省的督军与省长最终签署才能生效。这么做确实可以实现中央政府的虚置，各省的军阀也就不会去争夺了。各省只要派出参事到中央，负责监督中央政府的协调功能。

---

① 章太炎：《联省自治虚置政府议》，《章太炎全集》（十一），第578页。

② 章太炎：《联省自治虚置政府议》，《章太炎全集》（十一），第578—579页。

1922年6月，章太炎连续撰文，进一步倡导联省自治，他指出《约法》、国会、总统为必须改革的中国政治之“三蠹”：“《约法》偏于集权，国会倾于势力，总统等于帝王，引起战争，无如此三蠹者。”[①]在他看来，《临时约法》过于偏重中央集权，容易被枭雄借为专制之护符；国会议员们时常为争夺各派势力而狼狈为奸，早就不具有代表性；总统权威更是各派军阀武力所争夺的对象，是引发军阀混战的关键。所以说，想要国家安定，必须要限制“三蠹”，具体而言则是实行联省自治：

> 今拟联邦制成后，明定中央政府，用合议制，以诸委员行之，员额既多，则欲得者自有余地；权力分散，则枭鸷者不得擅场；集思广益，则狂妄者不容恣言，而仁柔者不忧无助。是故当其选举也，则争不至于甚剧；及其处机也，则乱不至于猝生。[②]

联邦制，也即合议制，在当时表现为联省自治，中央政府中有各个省的委员，因为分省且委员名额较多，权力分散，可以避免被政治枭雄所独占；讨论问题可集思广益，不再容许狂妄政客倾轧仁柔者，选举活动也不至于乱象横生了。为了进一步说明自己的主张，章太炎接着写了《各省自治共保全国领土说》：

> 自古幸成单一国家者，以力征服，以德怀濡，必更三四十年而后定之，然不久亦无不分离者。最近者不过三五十年，最远者无能过三百年。此其故何也？地本广漠，非一政府所能独占，其以力征服，以德怀濡者，能如胶漆之暂附，非能如金铁之熔成也。而此才固间世一生，不可常得；迨及后嗣，则胶解而漆枯，其附者自然散矣。[③]

① 章太炎：《弭乱在去三蠹说》，《章太炎全集》（十一），第596页。

② 章太炎：《弭乱在去三蠹说》，《章太炎全集》（十一），第598页。

③ 章太炎：《各省自治共保全国领土说》，《章太炎全集》（十一），第599页。

中国古代为单一的专制帝国，以武力征服，又以道德怀柔，最短的王朝三五十年，最长的也不超过三百年，在章太炎看来这充分说明“地本广漠”，故无法用单一政府统治，即便一段时间内全国上下如胶似漆，然时间一长、雄主不在则自然解散了。这里还没有涉及统一与分裂，在历史上其实分裂比统一的时间更长等问题，在章太炎看来，这种解释也只是权宜之计。为了进一步说明联省自治并不同于历史上的分裂割据，他接着还有论证：

今所最痛心者，莫如中央集权，借款卖国，驻防贪横，浚民以生，自非各省自治，则必沦胥以尽。为此计者，内以自卫土著之人民，外以共保全国之领土。卫人民则无害于统一，保领土则且足以维持统一矣。野心侵略之人，必以此为分裂，是何谓也？岂其心不愿分权于国人，而愿分权于敌人耶？[①]

在章太炎看来，相对清代的中央集权导致“借款卖国，驻防贪横”而言，各省自治自然可以防止这些弊病，因为分省更有利于保卫各自人民的利益，联合起来又可保卫全国领土完整，故自治并不影响全国的统一。联省自治的分权，并不等同于古代分裂割据的时代，分权于国人，也不同于分权给外敌，在当时南北之争以及列强环伺的局势之下，暂时的分权于各省，更有利于维护国家主权的统一。另外，章太炎还进一步提出全面改变现行国家体制的《大改革议》，强调“约法偏于集权，国会倾于势力，元首定于一尊”，改变这三大物，才能使得省级权力实体化：

现式元首，以大总统一人莅政，势必孤注，为殉权者所必争……内阁专权与总统专权，其害非有异也。然则大位之召争论，实与帝王无异，而五年改选，必有喋血之争，则视帝王世袭者为尤剧……今拟废去大总统一职，以委员制行之，员额既多，则欲得者自有余地；权力分散，则枭鸷者

① 章太炎：《各省自治共保全国领土说》，《章太炎全集》（十一），第600页。

不得擅场；集思广益，则夸诞者不容恣言，仁柔者不忧寡助。[①]

特别关键的就是去除大总统一职，去除一人专权，因为若是专权，则与帝王无异，若是中央实行委员制，委员名额多则权力分散，不会导致一人专权，集思广益可以更好地推进政治建设。

当然章太炎本人主张从各省自治，到联省自治，最后是联省政府，循序渐进。这些观念的提出，主要还是因为北洋军阀越来越卖国，若是能够借助南方各省的力量来牵制北方，则可以对卖国政策有所抵制，还能避免因争夺中央政权而发生战争。但事实上，在北洋军阀占有绝对军事优势之际，自治根本不被允许；等到北伐开始，北洋军阀完全失势之后，自治也同样没有可能实现，故所谓“联省自治”实际只是一时之口号而已。

孙中山、黄兴、胡汉民等国民党人为了与袁世凯以及北洋军阀抗衡，一度也曾宣传地方自治，强调地方分权的重要意义，认为可以培养国民的自治能力，有助于普及共和精神。但是到了1919年之后，他们就转而明确表示反对，然此时他们一无地盘二无军队，即便反对也难有影响。到了1924年1月31日，孙中山在代表改组后的国民党发表的宣言中，对联省自治加以批评，认为其会导致中国的分裂，故决不可行。孙中山之所以特意论及，是因为章太炎多次劝其实行联省自治。1922年，孙中山发动西征，准备击溃陆荣廷之时，章太炎就劝其“勿居尊号”，然后与岑春煊“分任总裁”或“分领粤、桂，各为省长”，从而实行实际上的联省自治。[②]

共产党人陈独秀，也对联省自治有过辨析：

近来的联省自治论，非发生于人民的要求，乃发起于湖南、广东、云南等省的军阀首领，这个事实，我想无人能够否认。这种无病而呻的联省自治论，在这班军阀首领自然是有病而呻；所以我敢说现时的联省论，隐

① 章太炎：《改革法制之新主张》，《章太炎全集》（十一），第595页。

② 章太炎：《与李根源·六》，《章太炎全集》（十三），第880页。

然以事实上不能不承认已成的势力为最大理由，是完全建设在武人割据的欲望上面，决非建设在人民实际生活的需要上面。武人割据是中国政象纷乱的源泉，建设在武人割据的欲望上面之联省论，不过冒用联省自治的招牌，实行“分省割据”“联督割据”罢了。[①]

若是看清了哪些人在打“联省自治”的招牌，也就明白此种论断背后的实质所在了。陈独秀特别强调，当时的联省自治论，与人民的要求无关，并不是出于对人民实际生活的维护，而是湖南、广东、云南等地军阀武人割据的需要，冒用了联省自治的招牌，实质还是割据而已。这种军阀，为了得到政论家以及时论的支持，方才呼应了联省自治的理论，若是长此以往，还会有师旅团长效仿，但凡有了已成的势力，“假自治之名，行割据之实，一省之内又复造成无数小酋长的局面”，就会给人民带来更多的苦难。就当时联省自治运动的实际状态来说，陈独秀的观察还是非常准确的。

当时曾有人指出各地军阀的特点：“吾国近年，伟人太多，军阀迭起，有地盘者，拥兵自重，务扩张其势力；无地盘者，不甘雌伏，日以捣乱为争夺之机。非此省侵踞彼省，即此党排击彼党，岁无宁日。调和者四面敷衍，满口仁义道德，相争者亦满口仁义道德。利用调和二字，以稳固其地盘，抵制他人之反抗。”[②]那些军阀往往自诩伟人，有了地盘就拥兵自重，全力扩张势力；还没有地盘的就以捣乱争夺为目标。他们经常以联省自治之类的口号，进行调和或争夺，满口的仁义道德，背后实际争夺的却是政治利益。军阀们往往不学无术、尔虞我诈，需要政论家为其装点门面时，就做出一副礼贤下士的模样，像章太炎这样的传统文人，也难免被他们所迷惑。胡春惠指出：“以联省自治来解决国家僵局的热心者，多只是一些知识分子和地方士绅，他们既不能获得有枪阶级的衷心支持，也没有唤醒广大的群众作基础，所以被认为正像河水表面的一层

---

① 陈独秀：《联省自治与中国政象》，载任建树主编：《陈独秀著作选编》第五卷，上海人民出版社2009年版，第473—474页。

② 南海胤子：《安福祸国记》，载荣孟源、章伯锋主编：《近代稗海》第四辑，四川人民出版社1985年版，第447页。

油一样，猛看上去似能代表人民全体，但实质上却无底蕴。所以一时之间他们虽能对当时的军阀政客们，产生出一些德谟克拉西思想崇拜下的支配，但是在一阵疾风吹过以后，其支配作用也就消失得无影无踪了。”[①]热心于联省自治的知识分子与地方士绅，既无法获得军阀的真正支持，也无法得到下层群众的支持，只是军阀割据政治的点缀而已，表面上看似乎带有民主政治色彩，事实上丝毫没有触动民主政治的实际发展，所谓的省宪或省自治法，都只是一纸空文而已。章太炎曾在1921年5月的一次演讲时指出：

> 以今日中国而高谈社会建设，虽三尺童子亦嗤其妄。事非不善，其如非今日中国之所急何也？中国今日之急务维何？即芟锄军阀是也。盖今日中国，为从古未有之变局。欲应兹变，非芟锄军阀，则虽有优良之社会制度，终托空想。无如今人每多昧此而务彼，滋可大惧者也！[②]

所以说，章太炎并非没有意识到南方那些军阀们的诡计，他在冷静下来的时候也反复强调当时中国最为重要的就是“芟锄军阀”，新旧、大小各种军阀是社会发展的最大阻力，只要军阀还在，就会造成割据，任何优良的社会制度都无法真正施行。他本人不顾“三尺童子亦嗤其妄”奔走于各省之间，并非是被某些军阀的所谓礼贤下士所迷惑，他只是太想借助已成势力来实现自己的目标，有时候难免被人利用，并非他自己“昧此而务彼”，不过是试图推动社会建设的平治之心太过急切了。当时，除了军阀割据的问题，还有帝国主义列强，依旧在不断地威胁着中国的发展。

五卅惨剧，举国悲愤

军阀混战之际，一个涉及帝国主义列强的典型事件，让我们看到了章太炎

---

① 胡春惠：《民初的地方主义与联省自治》，中国社会科学出版社2001年版，第329—330页。

② 章太炎：《说求学》，《章太炎全集》（十一），第584页。

身上一贯坚持的革命精神，故在讲述其于政途之间迷茫之时，将此作为一个插曲加以说明。

日本的东洋史学者和田清曾说起过一个著名的历史事实：

> 大家知道，当时在上海修了一个公园，在公园门口写着“狗与华人不得入内”字样，我到上海的时候也曾亲眼看到过。另外，北京城墙上是石砌道路，在上边散步会感到心旷神怡，可是外国人可以上去，中国人却不可以上去。[①]

和田清当时的感观，证实了上海、北京等中国的许多地方，都存在着外国人对中国人的歧视，特别是在租界，中国人更加没有地位。与此相对应的就是“排外”思想的积聚，义和团运动是一次宣泄，后来的五卅运动则是另一次宣泄。

1925年5月，因为上海日资工厂厂方无端殴打与开除中国工人，工人为表抗议举行罢工。5月15日，带领工人与厂方交涉的顾正红被日本人枪击，次日牺牲，此事引发了上海各界的强烈抗议，数千学生赶赴公共租界公开演讲，声援罢工并号召人民反对帝国主义侵略中国。英国巡捕对学生和其他集会群众开枪，造成了“五卅惨案”。中国共产党与改组之后的国民党积极组织学生和社会各阶层，向租界当局与列强在华势力进行抗议示威，并通过报刊宣传反对帝国主义的思想主张，得到了全国范围的广泛响应，广大的工人、学生和部分工商业者，在许多城市和县镇举行游行示威和罢工、罢课、罢市，形成了全国规模的反帝爱国运动高潮，致使租界当局不得不采取包括增加工人工资、不得无故开除工人等系列措施。通过“五卅运动”，工人、学生、工商业者以及知识分子，开始形成了反帝爱国联合战线，也揭开了大革命高潮的序幕。[②]

章太炎对“五卅惨案”的发生感到十分气愤。1925年6月，他带头署名发

① ［日］和田清：《东洋史》，何宁译，商务印书馆1963年版，第81页。

② 任建树、张铃：《五卅运动简史》，上海人民出版社1985年版，第108—158页。

表通电：

英捕房自谓保护治安，而学生实未携带金刃，空言求请，何害治安？乃竟开枪杀人，波及行路，似此妄行威虐，岂巡捕之职当然？事后学生要求驻沪交涉员与领事谈判，请将行凶巡捕治罪，而该捕房犹始终狡展，连续两日，仍于马路枪杀市民不绝。是则租界吏役擅杀华人，一切可以保护治安借口，恐虽专制君主亦无此残戾也。某等以为英捕而不治罪，固不足以肃刑章；英捕而果治罪，亦未必足以防后患。惟有责成外交当局，迅速收回租界市政，庶几一劳永逸，民庆再生。[①]

当时租界的英捕房与日本人勾结，以保护治安为借口开枪杀人，章太炎认为必须对英捕治罪，并责成外交当局迅速收回租界市政的权力，否则“一切可以保护治安借口”恐怕比专制君主更加残暴。7月，群治大学学生代表访问章太炎时，他再次强调：“五卅惨剧，举国悲愤，民气激昂，实行经济绝交，一致对外，足见吾民族精神未死。”“军阀已不可恃，所可恃者，惟吾民众耳。”[②]章太炎非常支持民众反对帝国主义的运动，他又以其革命家之眼光审视民族精神，始终相信改变中国社会的核心力量还在民众。

章太炎的小女婿朱镜宙也对五卅运动看得比较清楚，他在给友人信中说：

此次风潮之所以扩大，其原因决非一朝一夕。而百年来高压之外交，与不平等待遇，实为其导火线，倘不从根本上解决，中外感情永无彻底融洽之望。故此案即使解决，仍应继续宣传，俾中外人晓然于前因后果所在，得有随时改善之机会，庶不致再演此等不幸之惨剧。

外人皆以国人排外为辞，可谓滑稽之至，他不具论，姑就上海一埠言，黄浦滩公园，惟狗与华人不得入内，上海之市政会，他国皆有代表，惟中

① 汤志钧编：《章太炎年谱长编（增订本）》上册，第466页。

② 汤志钧编：《章太炎年谱长编（增订本）》上册，第467、468页。

国人纳税额最高而代表反无一人，他如跑马场等公共娱乐机关，凡属华人，一律皆不得参与。反之，为中国人所有者，外人无一不可自由享受之。然则中国人“排外”乎？抑外人“排华”乎？[①]

五卅的风潮，清醒的知识分子都能看到其背后的原因就是列强近百年来的侵略，外人以中国排外为由，实际真正受到不平等待遇的是中国人。黄浦公园“惟狗与华人不得入内”、上海市政会“惟中国人纳税最高而代表反无一人”以及跑马场等公共娱乐机关华人一律不得参与，而在中国的所有外国人却都可以自由享受。所以书说，先有列强所谓“排华”才会有中国人所谓“排外”，故而五卅运动必须继续宣传，让中外人士都明白前因后果。

五卅运动爆发之后，另有一著名学者的观点值得注意，他就是胡适，据曾参加武昌起义的国民党官员李翊东写给胡适的信中记录，胡适在武昌对大学生演讲中说：“五卅沪案，闹得全国纷扰，你们应该走的一条路，就是闭门读书，不管闲事。沪案打死的是少数人，你们反省一下，看看直奉战争，打死十几万人。你们对于奉直不说话，为什么对于沪案要说话呢？况且英国人没用机关炮打，用的步枪，这是的确的。”于是李翊东在信中质疑说：“依你说，奉直战争打死多数人是不应该的，难道说英国人打死中国人少数就是应该的吗？依你说，为奉直战死没有说话，难道说为沪案说了话就有罪不成吗？……英国人没有用机关炮打，用枪打的，是的确的事。试问炮打死与枪打死的有何分别？未必枪打死的就应该了吗？”[②]胡适并不热心革命，也不关心如何反对帝国主义。至于太过热心政治的章太炎，即便四处碰壁，也一直都在寻找新的革命之路。

---

① 朱镜宙：《朱镜宙致曾琦》，载谢作拳编：《朱铎民师友书札》，浙江古籍出版社2020年版，第171页。

② 李翊东：《李翊东致胡适》，载中国社会科学院近代史研究所中华民国史组编：《胡适来往书信选》上册，中华书局1979年版，第345、346页。

歧路亡羊

1924年，章太炎已经从政治幻想之中渐渐走出来，开始了以学术活动为主的后半生。时代风云之变幻，却是越来越复杂，想要看清楚也并不容易。

1922年4月7日，在广州的非常国会召开两院联合会，选举孙中山为非常大总统。5月5日，孙中山宣誓就职；5月9日，他在韶关誓师北伐，随后分三路进攻江西。6月14日，陈炯明发动叛乱，炮轰总统府，逼迫孙中山下野，北伐因此夭折。1923年1月2日，孙中山在上海召开中国国民党改进大会，广东的陈炯明被滇、桂、粤联军击溃；2月21日，孙中山再次到达广州，就任大元帅。

1924年1月20日，孙中山在广州召开中国国民党第一次全国代表大会，改组国民党，并且开始对外与苏俄联合，对内与中国共产党合作，放手开展工人运动、农民运动、妇女运动、军事运动，从此中国革命进入到了新的历史阶段，突破了先前的精英革命局限，转而发展成为真正的国民革命。1925年，李宗仁（1891—1969）、白崇禧（1893—1966）等人打败了盘踞于桂林的旧军阀沈鸿英（1870—1938），广西获得统一；1925年底，广东国民革命军发动第二次东征，攻占了惠州，随即收复了海南岛，广东获得统一。后方基本稳固之后，革命军就开始策划北伐，准备彻底消灭北洋军阀。

1923年底，“中国国家主义青年团”成立，该组织后改名为“中国青年党”，对于中国政治产生了一定的影响。早期的青年党，强调国家民族的存在，团结全体国民反对外来侵略，并以国家为本位，反对共产主义的阶级本位与国际主义。抗战之后他们渐渐走向联合各党派，为团结抗日出谋划策，并与中国共产党加强了联系。他们当年的具体政治活动，主要包括主动与各地军阀联系，派遣党员加入军事人才培养机关，比如加入孙传芳创办的金陵军官学校任教，并专门讲授国家主义，希望借此训练一批所谓的爱国军人，从而实现其反共目的。[①]

国家主义青年团的主要领导人曾琦（1829—1951），对章太炎非常推崇。早在1918年，曾琦读到报纸上刊载的章太炎讲历史的重要性，就在日记中说此论“洵不刊之言”。1924年9月14日，他在日记中记录了拜访章太炎之事：“赴华国月刊社购该刊十二册，其中载有予在巴黎寄妹书，章太炎先生曾为改易数字而加以赞语，成为词事悲壮，有习凿齿、鲍明远风，可以风世云。旋往谒太炎先生，谈时局良久，并以醒狮周报条例征先生同意，请其代署封面。”[②]由此可知，曾琦投稿《华国月刊》，发表的时候章太炎“曾为改易数字而加以赞语”，于是他立即前往拜谒，讨论时局之余，还讨论了中国青年党的机关报《醒狮周报》的“条例”，最后章太炎还为此刊封面题字。如此看来，章太炎对于中国共产党的误解，除了受到冯自由等国民党右派的影响，还有可能受到在巴黎留学之时曾与周恩来、赵世炎等中国共产党人发生激烈冲突的曾琦的影响。

正因为章太炎当时被国民党右派、中国青年党以及北洋军阀等势力所包围，所以不免对广东的国民党政府以及新兴的中国共产党产生误解，特别是“联俄，联共”的口号与实践，容易使其想到过去沙俄对中国的侵略。1924年11月，章太炎与冯自由等人曾发表《护党救国宣言》，希望回归当年的“同盟会精神”；1925年3月，章太炎与唐绍仪等人成立“辛亥革命同志俱乐部”；3月12日孙中山在北京逝世后，该俱乐部开展了一些活动，企图改变国民党“联俄，联共”的方向。[③]1925年，章太炎在上海国民大学发表演讲：

> 现在广东的党政府——什么“党”“不党”，简直是笑话，直是俄属政府——借着俄人的势力，压迫我们中华民族，这是一件很可耻辱的事……最后，凡是借外人势力来压迫中华民族的，我们应当反对他，这便是我们

① 李义彬：《中国青年党》，中国社会科学出版社1982年版，第188、190页。

② 曾琦：《曾琦日记》，载陈正茂等编：《曾琦先生文集》下册，台湾“中研院”近代史研究所1993年版，第1327、1410页。

③ 汤志钧编：《章太炎年谱长编（增订本）》上册，第449页。

最后的责任。[①]

在章太炎看来，过去俄罗斯对中国领土的侵略最为严重，所以他对“俄属政府”的苏联非常抵制，孙中山的“联俄”在他看来就是“借着俄人的势力”来压迫中华民族，那么不论“联俄”还是什么别的，凡是借助外国人势力的行动，他都表示反对了，既然广东的革命政权在借助“外人势力”，故而对包括北伐在内的革命行动，他都表示反对了。

等到北伐战争开始之际，章太炎也不免再度被卷入“反赤”活动之中。1926年4月7日，章太炎参与了在上海成立的“反赤救国大联合”，并被推举为理事。4月14日，“反赤救国大联合”召开第一次干事大会，章太炎出席，参与讨论所谓的“宣言草案”。该“草案”坚持北洋军阀、中国青年党等组织的“反赤”论调，反对国民革命运动。他们还在《反赤大联合干事会记》中说：

在此反赤旗帜之下以三事相期许：一曰保持国家独立，凡一切侵略、一切诱惑、一切强权均须排除，依国际平等之原则，与各友邦携手互助；二曰发展民治精神，凡不正当之势力、不合理之政治、不安宁之状况力求革除，团结民众，共趋法律轨道之上；三曰实行社会政策，以调和劳资之冲突，普及适宜之生计，改良工人之待遇，俾假借共产学说者，无由施其煽惑。[②]

当时在上海的军阀、政客最为担心，就是“赤化”之后中国局势的变化，故而特别强调“国家独立”，这也无可厚非，但是“与各友邦携手互助”则有过于相信、美化“友邦”的嫌疑。至于“发展民治精神”，则与章太炎当年鼓吹的“联省自治”等相关主张有关，去除不正当的势力、不合理的政治等，似乎又有着“反赤”的目的了。“调和劳资之冲突”与“改良工人之待遇”确实是应该做

① 章太炎：《我们最后的责任》，载章念驰编订：《章太炎演讲集》，上海人民出版社2011年版，第293页。2018年版《章太炎全集》之演讲集并未收录此文。

② 汤志钧编：《章太炎年谱长编（增订本）》上册，第495页。

的，但将之与反对“假借共产学说者”联系起来，则是搞错了方向，若是没有强有力的工会组织支持，如何实现调和劳资冲突、改良工人待遇的目标呢？所以在看似符合民众需求的三条“期许”，背后还是代表了军阀、政客的利益。此外，章太炎还应邀参与发起“国民外交协会”，任名誉会长，该组织鼓吹以“反赤”为重心的所谓外交，其实与“反赤救国大联合”还是一回事。

面对北伐军的节节胜利，北方的各派政治势力，也开始互相联络以壮声势，当时还在上海的革命元老章太炎，成为被拉拢的重要对象。1925年9月，应湖南省省长赵恒惕之邀，章太炎赴长沙主持选拔县长的考试，一路备受礼遇。湖北督军萧耀南在章太炎坐船到汉口之时，亲自前往旅馆会晤，又派马车迎来设筵洗尘；吴佩孚在章太炎过岳阳之时，亲自赴站迎接；等到了长沙，赵恒惕率文武官员在车站等候，军警鸣炮九响致敬。[①]章太炎这次湘、鄂之行，与多位军阀会面，主要还是希望再次推动联省自治，他在信中说：“布局已为不误，至于黑白输赢，则仍视军人计划耳。吾因定策已毕，暂归休息。”[②]

1926年1月，正逢章太炎59岁生日，孙传芳与江苏省省长陈陶遗，“公送寿诗一轴，寿联一副，并大餐券一百席、白兰地一箱，并嘱驻沪办事处处长宋雪琴代表致祝，宾主至为欢洽。其余各界人士前往祝寿者，亦络绎不绝，颇极一时之盛”[③]。章太炎在上海的家一度门庭若市：“国中无论何派政客、军人，靡不低首请教。于太炎先生之前，积牍盈尺，游士盈门，实吾侪在京、津者想象之外。”[④]

章太炎当时参与的社会活动，与盘踞东南五省的直系军阀孙传芳有着密切的关系。关于孙传芳其人，当时出任淞沪商埠督办公署全权总办的丁文江说他“在军人中，很有才，很爱名誉，很想把事情办好”[⑤]，另有人称赞他“以浙江

---

① 汤志钧编：《章太炎年谱长编（增订本）》上册，第471页。

② 章太炎：《与李根源·五十二》，《章太炎全集》（十三），第915页。

③ 汤志钧编：《章太炎年谱长编（增订本）》上册，第488页。

④ 《嘉异报告沪上活动函》，载王宜恭编：《天津市历史博物馆馆藏北洋军阀史料·黎元洪卷》第3册，天津古籍出版社1996年版，第1023页。

⑤ 傅斯年：《丁文江一个人物的几片光彩》，载欧阳哲生主编：《傅斯年文集》第五卷，中华书局2017年版，第517页。

为根据地，一跃而为五省联帅焉。在浙时收拾民心，与地方感情颇不恶”[①]。当然这些好评，并不足以令章太炎真正接近孙传芳，他只是无奈地被卷入当权者的文化游戏之中而已。

1926年8月，北伐军高歌猛进之际，吴佩孚感到难以支撑，屡屡向孙传芳请求支援，章太炎也曾通电表示希望南北各方“开诚布公，解除宿衅”，还说蒋介石“天性阴鸷，反颜最速”。[②]这些看法，或与当年暗杀陶成章的积怨有关。

孙传芳为了笼络江浙一带的政治与文化精英，在南京举行了投壶之礼。在古代的礼制之中，投壶属于宾礼或嘉礼，孙传芳希望借此表明，君子相争以礼，各方势力应该在他的安排之下，共同商讨中国未来的政治局势，特别是希望蒋介石以及广州的国民政府能够同意停战议和，息兵戈、修礼乐。[③]此后，孙传芳打算成立“江苏省修订礼制会”，并且聘请章太炎、沈彭年、姚文枏、汪东等十一人为会员。章太炎并未出席南京的投壶仪式，但在“江苏省修订礼制会”的成立大会上，他列席并作了发言，其中指出：

> 我国古昔，甚尊视礼制，自君主政体革命后，知识界即屏而不谈。在洪宪时代，颇有议及之者，然其主张，尊卑之分太严，我辈实不敢赞同，以过犹不及，流弊易生，势必成为帝制之糟粕也。今日之学校，既置礼教于不讲，而强权者黩武相竞，又迄未得睹统一之效，在此种潮流中，修订礼制，固为当务之急。然实亦甚非易事，鄙见以为不必过尊古制。古制在今日，多有窒碍难行者，而一般社会之习惯，则必博访周知，尽量容纳。卑之无甚高论，将来议有端绪，著为典章，务使一般社会览而易知，知而易行。[④]

---

① 徐凌霄、徐一士：《凌霄一士随笔》上册，中华书局2018年版，第225页。

② 汤志钧编：《章太炎年谱长编（增订本）》上册，第507页。

③ 王锐：《1926年南京制礼事件述论——兼论身处其中的章太炎》，载《上海档案史料研究》第二十一辑，上海三联书店2016年版，第25—31页。

④ 章太炎：《在南京修订礼制会上之演说》，《章太炎全集》（十四），第411页。

章太炎或许并未真正了解孙传芳所谓“修订礼制”之意，或许故意对其政治用意置之不理，发言即为书生之见。一方面，他认为礼制其实非常重要，但民国成立之后却被“屏而不谈”，袁世凯时期有“尊卑之分太严”的礼制，则“不敢赞同”，因其成为“帝制之糟粕”，如今的学校都不讲礼教，导致礼制越来越被忽视，故“修订礼制”为当务之急。另一方面，则考虑如何“修订礼制”，强调不必“过尊礼制”，因为古代的礼制如今“窒碍难行”，不符合一般社会的习惯，所以必须要重新探索易知、易行的新礼制。章太炎在与友人的信中说：“昨为南京礼制会所嬲，夜往夜归。”[①]一个“嬲”字，其实说明在章太炎看来，所谓“修订礼制”本是一次“戏弄”而已，故“夜往夜归”而不作停留，孙传芳屡次打扰，彼有实权，只得前往应付一下。

随着北伐军的胜利和国民革命运动的发展，经历过“五四运动”洗礼的革命青年，还是将章太炎与当时形象越来越负面的北洋军阀以及相关的政客们联系在了一起，章太炎成为青年们激烈批判的对象。一时间，他本人确实也有如鲁迅说的一面，“用自己所手造的和别人所帮造的墙，和时代隔绝了……既离民众，渐入颓唐，后来的参与投壶，接收馈赠，遂每为论者所不满”[②]。张君劢认为章太炎此时“头脑太久，交友太滥”，若“今后造就新党”则章太炎“非其选也”，他力劝梁启超不要再与章太炎进行政治联盟，免受牵累。[③]当时还有高一涵撰文批评说：

> 如果雅歌、投壶真正可以保境安民，礼义廉耻真正可以行于禽兽世界，那么，我们似乎也犯不着希望他们退伍，自然淘汰似乎暂时也淘汰不了他们。可是老天爷太恶事做，偏给人类一点良心，受良心的驱使，偏要箪食壶浆的欢迎新年，深恶痛绝的诅咒老人……奉劝一般精神上的老人，早早

① 章太炎：《与李根源·六十二》，《章太炎全集》（十三），第920页。

② 鲁迅：《关于太炎先生二三事》，《鲁迅全集》（六），第565—567页。

③ 丁文江、赵丰田编：《梁任公先生年谱长编（初稿）》，第638页。

升天，不要转那临去的秋波，来耽误了青年的大事。[①]

高一涵虽然没有直接点出章太炎的名字，但当时人看到所谓“精神上的老人”，就明白章太炎就是其中之一。陈独秀也因为章太炎领取了孙传芳的大洋，所以才发表支持孙传芳“讨赤”的电报，故他们二人“在那里演唱双簧”，章太炎替孙传芳“摇旗呐喊”，早就已经“廉耻丧失”。[②]从此处看来，章太炎本人的言行其实无法让青年们真正知晓，而青年们作何猜想，他也不想关心了。作为大革命时代的落伍之人，似乎真的要被摒退了。

1926年8月的《语丝》周刊上，周作人特意作了《谢本师》一文，公开表示与乃师章太炎决裂：

> 似乎已经将四十余年来所主张的光复大义抛诸脑后了。我相信我的师不当这样，这样也就不是我的师。先生昔日曾作《谢本师》一文，对于俞曲园先生表示脱离，不意我现今亦不得不谢先生，殊非始料所及。此后先生有何言论，本已与我不复相关，唯本临别赠言之义，敢进忠告，以尽寸心：先生老矣，来日无多，愿善自爱惜令名。[③]

由于此时的章太炎竟然放弃了四十余年来主张的“光复大义”，还往来于军阀之间参与“投壶”之类的活动。就像章太炎当年因为道路选择的不同，作了《谢本师》一文表示脱离俞樾先生一样，周作人以同样的标题公开撰文，指出“我的师不当这样”与“这样也就不是我的师”。最后还“临别赠言”，希望老师能“自爱惜令名”。

有意思的是，“历史惊人地相似”，到了1944年，被称为周作人四大弟子之

① 高一涵：《新年》，载郭双林、高波编：《中国近代思想家文库：高一涵卷》，中国人民大学出版社2015年版，第550—551页。

② 陈独秀：《孙传芳章炳麟的双贫》《好一个有节操的章炳麟》，载任建树主编：《陈独秀著作选编》第四卷，上海人民出版社2009年版，第131页。

③ 周作人：《谢本师》，《周作人散文全集》第4卷，第744页。

一的沈启无（1902—1969），发表了被人称为诗歌体的“谢本师”的《你也须要安静》，其结尾说：

> 今夜一切无声，
> 顷刻即是清晨，
> 我请从此分手，
> 人间须要抚慰，
> 你也须要安静。[①]

此前周作人写有《破门声明》表示将沈启无扫地出门，“声明破门，断绝一切公私关系”[②]。不过沈、周二人的矛盾并不是道路选择不同，而是私人利益纠葛之下的道德问题。最后，沈启无对周作人的“谢本师”，其实比章、俞或周、章之间的“谢本师”决裂得更加彻底，从此之后再无任何瓜葛，他在经历一段颠簸流离的日子之后，于1955年进入北京师范学院任教，沈、周二人同在北京，却始终未再见面。[③]三代人之间的“谢本师”，源于中国文化之中的“师道尊严”，然而什么样的人才有资格“谢本师”？弟子之道路或道德，最终是否比老师更为高明或高尚？似乎又不是一时之间可以明白的了。

1927年4月，北伐军攻入上海，不久之后，国民党一改孙中山时代的政策，将反共、分共、清共作为主要任务，蒋介石发动“四一二”反革命政变、汪精卫发动“七一五”反革命政变，开始大肆屠杀左翼人士与进步青年。蒋介石为了彰显自己继承孙中山之志，继续北伐，在控制长江流域之后虽然也与江浙一带的军阀进行谈判，但曾与孙传芳等人交往密切的名流则被列为肃清的对象。

1927年5月4日，在国民党以及上海资产阶级的操纵下，上海举行纪念“五四运动”集会，在通过了“肃清上海各学校之共产党份子”“驱逐鲍罗廷”

---

① 沈启无：《你也须要安静》，《中国文学》1944年第1卷第5期，第45页。

② 周作人：《破门声明》，《周作人散文全集》第9卷，第138页。

③ 高恒文：《谢本师：“你也须要安静”——沈启无与周作人》，《现代中文学刊》2012年第3期，第23—36页。

等决议之外，还通过了“请国民政府通缉学阀”的决议，并“指定为章太炎、张君劢、黄炎培、沈信卿、蒋维乔、郭任远、殷芝龄、刘海粟、阮尚介、凌鸿勋、张东荪、袁希涛等”；6月16日，国民党上海市特别党部临时执行委员会又以“通缉学阀事呈中央”，并称第一名“著名学阀”就是章太炎，还说“该学阀等不仅不知敛迹，且活动甚力，显系意图乘机反动，殊属藐视法纪”[①]。章太炎面对白色恐怖，不得不迁出车水马龙的南洋桥裕福里2号，到了同孚路同福里8号，暂且躲避。

虽然章太炎因为对当时的苏联以及共产党发生误解而与北洋军阀一起鼓吹“反赤”，但在蒋介石等国民党顽固势力那里，却被当作与共产党人一样的危险人物，其原因并不是与蒋介石有什么大的私仇，而是章太炎一如既往的革命精神。

在此处需得补充章太炎其实对于在乱世之中应当如何出处进退的清醒的一面，他曾与弟子们说：

> 果有匡时之志者，当思刘晔有言，昏世之君，不可黩近，就有佳者，能听至言，十不过三四，量而后入，不可甚亲，乃得免于常绁。昔人与汉高、句践处，功成便退。若遇中材，一事得就，便可退矣，毋冀功成也。入吾门者，宜视此。[②]

若就孙传芳而言，虽然也有章太炎的熟人对其赞誉有加，但其实质还是一个“昏世之君”，即便算是“能听至言”的“佳者”，也当“量而后入，不可甚亲”；如果算是“中材”，那么“一事得就，便可退矣”，无论如何都不必抱有什么希望。可见就传统儒家的出处进退之道而言，章太炎一直都是十分冷静的，虽然他仍在参与政治活动，但往往只是发表政见而已，并不与任何一派的政治势力靠得太近，更不会深度参与其中，以免无法自拔。这似乎也是其一贯的态

---

① 汤志钧编：《章太炎年谱长编（增订本）》上册，第512页。

② 章太炎：《通告及门弟子》，《章太炎全集》（十三），第1126页。

度，当年与孙中山的南京政府是如此，与袁世凯政府也是如此，更何况是远不如他们的偏安东南的孙传芳势力呢？所以说，章太炎在政治上虽然也面临着“歧路亡羊”，但就其持独立人格而言，他一直都是一个独醒者。他的“独醒”，也表现在学术道路的选择上。

从《国学十讲》到《华国月刊》

1922年3月，江苏省教育会在上海《申报》上发布广告，称自该年4月1日起，每周六下午皆邀请章太炎来公开面向社会大众讲演国学。公告还特意说明：“自欧风东渐，竞尚西学，研究国学者日稀。而欧战以还，西国学问大家，来华专事研究我国旧学者，反时有所闻。盖亦深知西方之新学说或已早见于我国古籍，借西方之新学，以证明我国之旧学，此即为中西文化沟通之动机。”[①]公告讲明了讲演之缘由，乃是因为目睹欧风东渐，国人竞尚西学，从而导致国学反而呈现衰微之象；而西方学者转而研究中国旧学，故而需要“借西方之新学，以证明我国之旧学”，从而实现中西文化沟通，以使得中国文化能够与西洋文化再度并驾齐驱，所以敦请章太炎开坛设学。

江苏省教育会在当时的东南地区有着极大的影响力，主持者是从晚清以来就致力于教育事业的江苏著名社会活动家沈恩孚（字信卿，1864—1949），他曾与黄炎培等人发起中华职业教育社，创办鸿英图书馆，筹办南京河海工程专门学校（即现在的河海大学），还担任东南大学校董、同济大学校长。他也是章太炎国学系列讲演的主要组织者。

因为名气极大，所以章太炎的首次讲演，前来听讲者众多，约有三四百人，会场的座位都容纳不下。讲演结束之后，有人还在报纸上发表评论，指出讲演的时间与设置的座位都应该增加，还应该借此机会扩大规模，邀请更多的专家前来参与讲演活动，并且刊行杂志，广为宣传国学。

一时之间，章太炎在上海开讲国学，成为备受知识分子与青年学生关注的

---

① 汤志钧编：《章太炎年谱长编（增订本）》上册，第386页。

一件大事。此后的第二、第三次讲演，前来听讲的人依然不少，以至于主办方江苏省教育会，不得不另外寻找更加宽敞的地点。但是到了第四次，章太炎因路上塞车而晚到了半个小时，导致不少早已到场的听讲者不耐烦而先行离去，剩下的只有二百人左右。那次之后，听讲人数就日渐减少，即便是主办方加大了宣传力度，继续在报纸上发布预告也未有改观。1922年6月10日的最后一次开讲，到场人数仅有八十多位。不过这种公益讲演，往往是热闹开场而冷清收场，前几次因为讲演者名气大，故而来一睹本尊，至于具体内容往往是兴趣不大的，能够从头至尾坚持的总是不多的，所以也无可厚非。

章太炎这次系列讲演，共有曹聚仁、张冥飞两个完整记录版本，其中最为著名的是曹聚仁记录本，当时在报纸上发表，后来又以《国学概论》为书名出版，其影响非常广泛，有多种版本不断重印，收入《章太炎全集》之“演讲集”中，名为《国学十讲》。该书除了第一章概论、第五章结论“国学之进步”，还包括中间三章“国学之派别”，也即经学之派别、哲学之派别、文学之派别。章太炎将其在清末民初以来，对于中国传统学术思想各种论著的主要观点，以通俗扼要的方式讲述了一遍。值得注意的是，章太炎也提出了一系列的新观点，比如强调研究国学应当明白“经史非神话”“诸子非宗教”，这是针对近现代学者以西方视野审视经、史、子三部而产生的误解所提出的。他还就经学、哲学、文学三大类具体的研究方法，特别指出“经学以比类知原求进步”“哲学以直观自得求进步”“文学以发情止义求进步”，还强调“辨书籍的真伪”与“知古今人情的变迁”的重要性，这其实是结合了西方现代学术的客观实证的态度来看待中国传统。比如就“知古今人情的变迁”而言，章太炎指出：

社会更迭地变换，物质方面继续地进步，那人情风俗也随着变迁，不能拘泥在一种情形的。如若不明白这变迁的理，要产生两种谬误的观念。

一、道学先生看做道德是永久不变，把古人的道德，比做日月经天，江河行地，墨守而不敢违背。

二、近代矫枉过正的青年，以为古代底道德是野蛮道德。

原来道德可分二部分：普通伦理和社会道德。前者是不变的，后者是

> 随着环境变更的。当政治制度变迁底时候，风俗就因此改易，那社会道德是要适应了这制度这风俗才行。古今人情的变迁，有许多是我们应该注意的。[①]

章太炎深受进化论思想的影响，虽然他反对将生物的进化简单挪用在社会发展上，但还是认为社会变换，物质进步，人情风俗也会发生变迁，道德并不像“道学先生”说的那样如“日月经天，江河行地”般可以墨守，但也不可以矫枉过正地以为古代的道德都是野蛮的。对于道德，他特别指出，有一成不变的“普通伦理”与随着政治制度变迁的“社会道德”。这种对待传统学术思想的态度，显然具有现代性，与因循守旧的迂腐之论完全不同。

此外，章太炎在白话文运动蓬勃发展之际，对新诗以及白话文提出自己的质疑，他在《概论》的最后指出：

> 凡称之为诗，都要有韵，有韵方能传达情感。现在白话诗不用韵，即使也有美感，只应归入散文，不必算诗……
>
> 白话记述，古时素来有的。《尚书》底《诏》《诰》全是当时的白话；汉代底手诏，差不多亦是当时的白话……我尝说，假如李石曾、蔡孑民、吴稚晖三先生会谈，而令人笔录，则李讲官话，蔡讲绍兴话，吴讲无锡话，便应大不相同，但纪成白话文却又一样。所以说白话文能尽传口语的真相，亦未必是确实的。[②]

这两条有很强的针对性。当时的新诗，有一派放弃了押韵，章太炎认为，“即使也有美感，只应归入散文，不必算诗”，这也是相当一部分人的看法。至于白话文，或者“我手写我口”，因为各个地区的方言都是不同的，如果简单地将口语记录为文字，则并不能传递口语的“真相”，也就是说，白话文的功能并

① 章太炎：《国学十讲》，《章太炎全集》（十四），第315页。

② 章太炎：《国学十讲》，《章太炎全集》（十四），第318页。

不像宣传者所说的那样可以完美地取代文言文。

另外，章太炎本人对于这种以“概论”的方式来介绍中国传统学术其实并不感兴趣。1928年，陈柱发表了《与章太炎讲学》一文，其中记录了章太炎的一段相关评论：“今之大学，喜授《国学概论》《经学概论》《子学概论》之类，欲通大纲，固未尝不是。然学者于原书，既概未之读，则所得亦终是皮毛。”[①]章太炎认为，最喜欢讲授“概论”的就是现在的大学，当时的大学，大多数教科书就是这种“概论”，学生虽然可以从中把握一个“大纲”，但是只是应付了考试，对于原书却是“概未之读”，所以反而养成了不读原书只读“概论”的弊病。至于“概论”的编写，则受到胡适等人以“科学方法”整理国故风气的影响，甚至出炉了许多速成的“概论”类小册子。“尽信书不如无书”，对于国学本身来说，半新半旧的“概论”其实就导致了很大的破坏，这也是后来章太炎继续致力于“国学讲习会”的原因所在。

章太炎在上海的国学讲演活动，引发了周作人、胡适等新文化运动健将们的全程关注，当然他们最想知道的就是章太炎如何评论白话文。看到章太炎的商榷意见之后，他们立即撰文反击。其中最值得注意的就是章太炎曾经的弟子周作人用笔名仲密所撰《思想界的倾向》一文，其中说：

> 我看现在思想界的情形，推测将来的趋势，不禁使我深抱杞忧，因为据我看来，这是一个国粹主义勃兴的局面，他的必然的两种倾向是复古与排外。那国粹派未必真会去复兴明堂或实行攘夷，但是在思想上这些倾向却已显著了。[②]

周作人表示，自己对于思想界的趋势有杞人之忧，若是国粹主义勃兴，必然导致“复古与排外”两种倾向，即使不去搞“复兴明堂或实行攘夷”之类，就其倾向而言，也值得新文化运动的健将们引起警惕。接着周作人谈到了章太

---

① 陈柱：《与章太炎讲学》，载吴莹岗主编：《近代期刊中的章太炎文献选辑》，上海辞书出版社2017年版，第30页。

② 周作人：《思想界的倾向》，《周作人散文全集》第2卷，第634—635页。

炎的讲演：

> 对于太炎先生的学问，我是极尊重的，但我觉得他在现在只适于专科的教授而不适于公众的讲演，否则容易变为复古运动的大本营，即使他的本意并不如此。我们要整理国故，也必须凭借现代的新学说新方法，才能有点成就；譬如研究文学，我们不可不依外国文学批评的新说，倘若照中国的旧说讲来，那么载道之文当然为文学之正宗，小说戏曲都是玩物丧志，至少也是文学的末入流罢了。

因为太炎的学问举世无双，也因为周当年受过教诲，必然要表示尊重，但就如何讲学，周作人提出了自己的看法。他的观点概括起来有二：其一，太炎所讲国学并不适合“公众的讲演”而适合“专科的教授”，若面对公众讲演则容易引发“复古运动”，或许违背了弘扬国学的本意；其二，太炎所讲的国学，并不符合“整理国故”的现代的、科学的方法，周作人此处强调不可不依靠外国的新学说新方法，仅“照中国的旧说”来讲，无法有新的发明。接着他还作继续发挥：

> 太炎先生的讲学固然也是好事，但我却忧虑他的结果未必能于整理国故的前途有十分的助力，只落得培养多少复古的种子，未免是很可惜的。听说上海已经有这样的言论，说章太炎先生讲国学了，可见白话新文学都是毫无价值的东西了；由此可以知道我的杞忧不是完全无根的。照现在的情形下去，不出两年大家将投身于国粹，着古衣冠，用古文字，制礼作乐，或参禅炼丹，或习技击，或治乩卜，或作骈律，共臻东方文化之至治。

他还是担心章太炎的讲学只会培养“复古的种子”，因为甚至已有言论在说“白话新文学都是毫无价值的东西了”，再推论下去，大家将会投身于国粹，甚至于“或参禅炼丹，或习技击，或治乩卜，或作骈律”之类的迷信活动，简直就是回归于古代东方世界。最后，周作人又做了自己的预言不被言中的另一种推测：

> 我的预言最好是不中，而且也有不中的可能，因为一种反动总不能彻底的胜利，其间被压迫的新势力自然会出来作反抗的运动的，所以或者古衣冠刚才穿上，就不得不随即脱下，也未可知；不过现在就事论事，这国粹主义的勃兴却是不可否定的事实了。

周作人当然明白章太炎讲国学，或者其他的国粹运动，都属于“反动”，所以“不能彻底的胜利”，“新势力自然会出来”，即便重新穿回去古衣冠，也会随即脱下。不过短期内还是会有“国粹主义的勃兴”，所以他还在最后说了一句：“现在所有的国粹主义的运动大抵是对于新文学的一种反抗。”

章太炎讲国学和批评白话文，引发周作人如此大的担忧，确实有点反应过度。胡适此时也以“Q.V”为笔名，在《晨报副刊》上回应了周作人，此文比周文更长，较大的篇幅是在说国粹主义即便勃兴，也不必作“悲观的猜测”，无论如何提倡复古与国粹，也只是“过去的情形”，诸如《学衡》杂志宣传的，都不值得乐观，只是“退潮的一点回波”，不会成为未来的趋势。就章太炎的讲学，胡适指出：

> 至于太炎先生的讲学，更是近来的一件好事，仲密先生忧虑“他的结果……只落得培养多少复古的种子”。这真是过虑了……仲密君又提及上海因太炎讲学而发生的言论。但以我所知，上海报界此次发生的言论并不表现何等盲目的复古论调。太炎先生有一次在讲演里略批评白话诗与白话文，次日即有邵力子与曹聚仁两君的驳论；曹君即是为太炎的讲演作笔记的人，这不更可以打消我们的疑虑吗？最后，我想提出我自己对于现在思想界的感想：我们不能叫梅、胡诸君不办《学衡》，也不能禁止太炎先生的讲学……文学革命的健儿们，努力前进！文学革命若禁不起一个或十个、百

个章太炎的讲学，那还成个革命军吗？[①]

他认为章太炎讲国学还是“好事”，并不会培养出什么复古的种子，上海报界的言论也不能代表复古，因为太炎批评白话文之后就有邵力子、曹聚仁出来反驳，曹还是记录讲演笔记的人。因此叫停《学衡》不可能，禁止太炎讲学也不可能，不必过于担忧，“文学革命”若是禁不起章太炎的讲学，又怎么能说是一次“革命”呢？由此看来，作为旗手的胡适，确实要比周作人看得更高更远一些。

就在这个新文化、新文学刊物层出不穷之际，章太炎的弟子汪东建议也创办一份刊物来进行回应，这便是后来的《华国月刊》。

1923年9月15日，《华国月刊》在上海创刊，章太炎担任社长兼主编，汪东与黄侃等人担任编辑，每月一期，一共出版了二十八期，最终于1926年7月停刊。刊登的内容较为广泛，涉及古今书画、学术论著、笔记、小说、随笔以及国内外大事的通讯等，属于综合性质的学术期刊。章太炎为该刊所撰写的《发刊辞》说：

> 挽近世乱已亟，而人心之俶诡，学术之陵替，尤莫甚于今日……居位者率懵不知学，苟闻其说，则且视为迂阔而无当。学者退处于野，能确然不拔，自葆其真者，盖又绝鲜。大氐稗贩泰西，忘其所自，得矿碟以为至宝，而顾自贱其家珍。或有心知其非，不惜曲学以阿世好，斯盖萦情利禄，守道不坚者也。[②]

在章太炎看来，当时的世道与人心、学术都有巨大的危险，高居学术之上位者“懵不知学”，真正的学者“退处于野”。学界大多只知道“稗贩”西方学术而忘记了本国学术，少数即便知道这样的路径并不适合，但为了利禄而“曲

① 胡适：《读仲密君〈思想界的倾向〉》，《胡适全集》第21卷，安徽教育出版社2003年版，第249—250页。

② 章太炎：《〈华国月刊〉发刊辞》，《章太炎全集》（十一），第625页。

学以阿世好”。所以要创办《华国月刊》，并以“甄明学术、发扬国光”为号召，希望通过国学改造世道与人心。章太炎还拟定了一份《中学国文书目》，分经部、史部、子部、集部、文字训诂音韵、儒家杂家小说家、法律礼制共七种，这份书目对于认识中国传统学术而言，极有参考价值，就实用性而言则与当年胡适、梁启超等人的“基本书目”相似，但很难真正在学生当中落实。

在1924年8月那期《华国月刊》上，章太炎发表了《救学弊论》一文，较为系统地批评了新文化运动以来，学校教育中的浮躁、浮浅等各种流弊：

> 大学诸生有问朱元晦是否广东人者，有问《段氏说文注》是否段祺瑞作者，此皆七八年前事，不知今日当稍进邪？抑转劣于前邪？[①]

章太炎发现，现在的大学生，竟然不知道朱熹是哪里人，《段氏说文注》的作者是段玉裁还是段祺瑞都搞不清楚，关于中国文化的知识实在是太差了。究其原因，乃是因为“期人速悟，而不寻其根柢，专重耳学，遗弃眼学，卒令学者所知，不能出于讲义”。所谓“眼学”就是直接去读书，“耳学”就是听老师讲授，班级授课制的引入，往往有些学生只知道听课，而不去研读书本，考试仅仅参考老师的讲义，如此必然局限了知识的发展，影响了品格的养成。章太炎还说：

> 康有为起，又益加厉。谓群经皆新莽妄改，谓诸史为二十四部家谱。既而改设学校，经史于是乎为废书，转益无赖，乃以《墨子·经说》欺人……今之束书不观，而以哲学墨辨相尚者，其于躬行复何如？[②]

康有为等人提倡疑经以来，就将传统的经学视为王莽时代的伪书，“二十四史”被视为二十四部家谱。既然经与史二学都作废了，那就只能如胡适等人所

---

① 章太炎：《救学弊论》，《章太炎全集》（九），第89页。

② 章太炎：《救学弊论》，《章太炎全集》（九），第90—91页。

提倡的，将类似于西方逻辑学的《墨子·经说》之中的“墨辨”作为哲学教学的对象。再就品格教育而言，章太炎指出：

> 观今学者竞言优秀，优秀者何？则失其勇气，离其淳朴是已。虽然，吾所忧者不止于庸行，惧国性亦自此灭也……智识愈高，则志趣愈下，其消息必至于是也。善教者使智识与志趣相均，故不亟以增其智识为务，中土诸书皆是也。今之教者唯务扬其智识，而志趣则愈抑以使下。又重以欲慕远西，堕其国性，与啖人以罂粟膏，醉人以哥罗方，无以异矣。

如今的教育，有两个问题特别突出。一是所谓的优秀学子，往往因为过于重视“智识为务”，反而失去了勇气与淳朴，真正的教育，应当“智识”与“志趣”均衡，那么中国的传统典籍应当重新重视起来。另一是崇洋媚外，“欲慕远西，堕其国性”，西方引入的“罂粟膏”与“哥罗方”之类毒品被当成了好东西，过于羡慕西方文明，看不起中国的一切，甚至自己作为中国国民的本性也逐渐泯灭了。

关于学校的学制改革，章太炎就文科如何设置，有自己独特的思考：

> 然今诸科之中，唯文科最关猖披，非痛革旧制不可治……夫文辞华而鲜实，非贾傅、陆公数远之言。哲学精而无用，非明道定性、象山立大之术，欲骤变之，则无其师，固不如已也。说经尚矣，然夫穷研训故，推考度制，非十年不能就……欲省功而易进，多识而发志者，其唯史乎？其书虽广，而文易知，其事虽烦，而贤人君子之事与夫得失之故悉有之。

他认为文科之中，若是过于讲求文辞则“华而鲜实”；哲学则“精而无用”，除非能够讲明程颢的“定性”之说，或陆九渊（象山）的“先立乎其大”，没有高明的老师不如不讲；至于经学则“非十年不能就”。所以想要使得学术根基不够稳固的学子能够“省功而易进，多识而发志”，最为合适的就是史学，通过史学，可以懂得“贤人君子之事”与“得失之故”，也就是通过历史上的人与事的学习，培养自己的品格。章太炎注意到，当时学校的文科也设置了历史学科，然而问题在于“耳学囿之”，只是停留在老师讲授、学生聆听阶段，所以有五种弊病：尚文辞而忽事实、因疏漏而疑伪造、详远古而略近代、审边塞而遗内治、重文学而轻政事。所以章太炎还说：“昔人治史，寻其根株。今人治史，摭其枝叶。其所以致此者，以学校务于耳学，为师者不可直说事状以告人，是以遁而为此。能除耳学之制，则五弊可息，而史可兴也。”历史的学习，关键还是直接研读最为根本的史书，直接面对历史上的人与事，而不是单单听老师讲述其观点。

章太炎的这篇长文，针对的主要是当时普遍流行的全盘西化观念，强调适合中国实际的传统学术以及道德品格的教育，特别强调学习研究中国历史的重要性，应当说把握到了时代弊病。

新文化运动的另一健将陈独秀作了《青年底误会》一文，也对当时学子所表现出来的一系列道德问题加以批评：“你说婚姻要自由，他就专门把写情书寻异性朋友做日常重要的功课。你说要打破偶像，他就连学行值得崇拜的良师益友也蔑视了。你说学生要有自动的精神，自治的能力，他就不守规律，不受训练了。”[①]这些观点，其实与章太炎所指出的十分接近。

1925年，章太炎的弟子钱玄同读到章太炎主编的《华国月刊》后，在给胡适的信中说：

> 《华国》二册奉上。我稍微有些错记，他底文笔里并没有说到“科学方法”，但他骂提倡新文化、新道德为洪水猛兽，自是指吾辈而言。又他骂李光地、田起膺、朱老爹穷理之说，而研究天文历数为非；又以“学者浸重物理”为“率人类以与鳞爪之族比”，则反对研究科学，旗帜甚为鲜明矣。是则“敝老师”底思想，的的确确够得上称为昏乱思想了。我以为他这种思想，其荒谬之程度远过于梁任公之《欧游心影录》。吾侪为世道人心计，

① 陈独秀：《青年底误会》，载任建树主编：《陈独秀著作选编》第五卷，上海人民出版社2009年版，第380页。

不可不辨而辟之也。[①]

事实上，钱玄同反对孔教，认为“六经”都是史料，批评“桐城谬种”与“选学妖孽”，与其老师章太炎是一脉相承的。他的看家本领也还是继承自老师的文字音韵之学，终身受益于老师的教诲。钱玄同在此信中说，章太炎并未在《华国月刊》里批评“科学方法”，而是批评“新文化、新道德”的种种流弊，对于研究科学也有所批评，认为其师“昏乱思想”。然再结合胡、钱二人认为“荒谬”的梁启超《欧游心影录》，则可以明白，章太炎批评的其实是盲目相信西方传来的新文化、新道德。梁启超游历欧洲之后，发现西方的文化、道德以及制度都有一些弊病，所以他晚年转而多表彰中国传统之优长，中西比较之审慎，中西各自之优长，但这在当时某些中国人看来却是“荒谬”，确实也不是主张“全盘西化”者所能理解的。所以才将章太炎的《救学弊论》比作梁启超的《欧游心影录》，称前者为“昏乱思想”的程度超过了后者。此时的钱玄同虽然与周作人一样，对老师章太炎依旧非常尊重，但对章太炎为什么担忧学校的授课制以及过于重视西学，还是不能理解这背后的深层原因。细读《救学弊论》就会发现，章太炎虽然倡导传统典籍与传统道德，但对新文化、新道德也不是全盘地否定。

章太炎的讲学以及《华国月刊》的编刊，其实与《学衡》派的学者们一样，都是基于自己对于中西思想文化审慎的立场，而对新文化运动流弊进行批评，对国学及其国学教育如何开展进行阐明，从而形成了一股将新文化浩荡潮流往回拉一点的力量。所以他们并不是站在白话文与新文化运动的对立面。新旧两派之间的相互论辩，某种程度上深化了人们对其中学术异同的思考，对新文化运动的发展也是不无裨益的。至于当时学术界之最大异同，还是以章太炎与胡适之差异最为典型，他们分别代表了“晚清”与“五四”两代学人，他们之间还有经学、子学的方法之争，其中最为重要的则是墨学之争。[②]

---

① 钱玄同：《致胡适·一三》，《钱玄同文集》（第六卷），中国人民大学出版社1999年版，第114页。

② 陈平原：《中国现代学术之建立：以章太炎、胡适之为中心》，北京大学出版社2020年版，第216—245页。

章太炎与胡适的墨学之争

胡适的学术，其实也与章太炎有着一定的关联，他的成名作虽是《文学改良刍议》，但作为立身之本的博士学位论文却是《先秦名学史》，在写作此书之际，最为重要的参考书就是章太炎的诸子学著作。这一点在胡适与绩溪老乡、中国公学同学许怡荪的往还书信之中说得很清楚。

1916年1月，正在美国撰写博士论文的胡适详细讨论了孙诒让、章太炎以及他本人的诸子学研究的成就高下：

> 近人治诸子学者，惟孙仲容先生之《墨子间诂》为最善。然孙先生不解哲学，其书但可为《墨子》善本，而不足以言墨学也。其真能得诸子学精华者，惟章太炎先生。太炎先生精于印度哲学，以是为根据，然后返观先秦哲学，故能通其学理，不仅为章句训诂而已。然太炎先生之诸子学亦未免有穿凿过当及支离破碎之处。彼能知学术之兴与“地齐、政俗、材性”三者有关（见《原学》），而不能以此意推之先秦诸子之学术，故其书有支离破碎之病也。适治诸子得太炎先生所著书之助力不少，然亦不敢盲从苟同，自视近所成就殊不无一得之可取。[①]

胡适认为孙诒让的《墨子间诂》因其校勘训诂的成就，故为研读《墨子》的善本，然因其不懂哲学，故“不足以言墨学”；“能得诸子学精华”，也即真正能从哲学层面对墨子以及其他先秦诸子进行研究的，也就只有章太炎了。此时的胡适已经学习了美国哲学家杜威等人的实用主义新学说，便在肯定章太炎的同时指出其不足，肯定的是章太炎能够从地齐、政俗、材性三者来研究诸子学之兴起，不足的是不能将这三者贯通，以分析诸子学之具体问题，不成系统而

---

① 胡适：《胡适致许怡荪的信·三十九》，载梁勤峰等整理：《胡适许怡荪通信集》，上海人民出版社2017年版，第55页。此篇安徽教育出版社2003年版《胡适全集》未载。

有支离破碎之病。事实上，彼时的胡适仅仅读完了《国故论衡》，对章太炎的学术了解还不够全面，所以他的批评可说是武断。在接下去的一通书信之中，胡适请许怡荪帮助搜集《章氏丛书》等章太炎的其他著作，等他对章氏的诸子学作了更为全面的研习之后，他的看法便有所改观了。该年7月初，他在回信中说：

> 又得《章氏丛书》全部，足下厚我深矣。太炎先生为今日国内治诸子学者之第一人，其学集孙仲容、俞曲园两家之长，而辅以（一）印度哲学，及（二）革命眼光，其前无古人宜矣。归纽约后，已读其《齐物论释》及其他关于诸子学者诸书，已以所拟文字符号细细圈读之，虽颇费工夫，而所得不少。[①]

胡适收到许怡荪寄来的《章氏丛书》，研读了其中的《齐物论释》以及其他讨论诸子学的书之后，直说章太炎为“今日国内治诸子学者之第一人”，他还分析了太炎成就高的原因，且不说其师承孙诒让与俞樾两家之长，还有两大优点也是他人所难以企及的：一是精通印度哲学，其中当指因明学，故能较好地分析“墨辩”；另一是革命眼光，有着先进的学术理念。胡适用自己的一套文字符号“细细圈读”，在其中“所得不少”。

回国担任北京大学教授之后，胡适将《先秦名学史》略作改动后出版，这就是著名的《中国哲学史大纲（卷上）》。此书在许多方面其实与章太炎的《国故论衡》非常相似，特别是诸子学部分的篇目。钱穆晚年曾说：

> 胡适在北平时，又曾称章太炎为“死老虎”，其实胡适离开北平后，岂不同样是一死老虎？平心而论，章氏在学术旧传中，尚能少有陈述，而胡适则远不能与章相比，其所为《中国古代哲学史》一书，称述先秦诸子，

① 胡适：《胡适致许怡荪的信·四十四》，《胡适许怡荪通信集》，第64页。

大体因承章氏《国故论衡》之意，惟文言、白话有所不同而已。[①]

钱穆在讨论胡适与章太炎的时候，似乎有意为后者说话。胡适认为20世纪20年代后期的章太炎已经是“死老虎”，既不是革命先驱，也不是学术界的弄潮儿；于是钱穆说，40年代以来的胡适，也同样无法引领学术界，当初又何必嘲笑章太炎呢？再说章太炎的学术功底，所谓“学术旧传”就是通过俞樾而接续乾嘉汉学一路，其小学、经学、史学等方面都是在清儒的基础上发展而来的，在其《国故论衡》等书中也都有所体现。最后再比较章、胡之书，此二书的精华都在“先秦诸子”，但胡适因袭章太炎之处非常明显，在钱穆看来其中最大的差别不过是章用文言、胡用白话而已。钱穆的说法或许有点苛刻，可能是因为他与章太炎一样，都没有西洋留学背景，且他也受到胡适一系的排挤，故而对于胡适之著作的革命性因素、引入西方哲学方法论的因素等都不甚关注。

再看胡适的另一代表作《文学改良刍议》与章太炎弟子们的关联。胡适回国之前，《文学改良刍议》已经刊出，他是第一个倡导白话文而批判文言文的，其批判的主要矛头则是北大文科中的桐城派。胡适进入北大后，章门弟子中的钱玄同与朱希祖响应其文学改良的号召，黄侃却表示反对，认为胡适等人鼓吹白话文、发起新文化运动，对于中国的国故，也即传统的文化思想，将会造成巨大的冲击，故坚决表示反对。

当时新文化运动的刊物，除了陈独秀的《新青年》，还有北大学生傅斯年、罗家伦、杨振声等人成立的“新潮社”创办的《新潮》。黄侃与刘师培等人则成立了“国故社”并创办了《国故》月刊。不过刘师培特别指出：“《国故》由文科学员发起，虽以保存国粹为宗旨，亦非与《新潮》诸杂志互相争辩也。”[②]

“新潮社”并不只是提倡白话文，他还提倡“整理国故”，用“科学的精神”对“国故”加以“整理”，反对“国故社”那些仅仅停留于“保存国粹”的传统学术。就在两派相互抗衡如火如荼之际，章太炎在与吴承仕的信中说起新、旧

① 钱穆：《谈当前学风之弊》，《学僑》，九州出版社2011年版，第207页。

② 刘师培：《刘师培致〈公言报〉函》，《北京大学日刊》第340号，1919年3月24日。

文学之争："颇闻宛平大学又有新文学、旧文学之争，往者季刚辈与桐城诸子争辩骈散，仆甚谓不宜。老成攘臂未终，而浮薄子又从旁出。无异元祐党人之召章、蔡也。"①前几年黄侃与桐城派争辩骈体与散体之优劣，现在又争辩新、旧文学之优劣，在章太炎看来都是不宜的，因为白话文终究为"浮薄子"所为，如同北宋元祐时期的章惇、蔡京，不必与他们一般见识。此时的章太炎，大概已经忘了自己在清末也曾在《教育今语杂志》上发表过不少白话文。至于他后来的讲演，被弟子们记录为白话文他也没有反对。综合来说，章太炎对于白话文本身的反对其实并不多，更多还是针对新文化运动以来的学界弊病。

随着新文化运动的磅礴发展，白话文以及新文学之外，马克思列宁主义等各种各样新思想也广泛传播，除了倡导"德先生"、"赛先生"与保存"国粹"发生冲突外，还发生了"问题"与"主义"之争。1919年12月，胡适在《新青年》上发表了《新思潮的意义》一文，倡导研究问题、输入学理、整理国故、再造文明等事项。②为了与"国粹主义"对抗，胡适积极倡导以科学方法整理国故，因为此时的时代问题还是传统与现代的新旧之争，如何对待中国传统则是争论的中心，这关系到胡适是否能够获得学术话语权与领导权的关键。什么才是科学的方法，胡适需要在梁启超等人所谓中国文艺复兴的清代，寻找自己的支撑点，他与梁启超一样，特别重视对于清代汉学传统的重新解释。胡适指出：

> 清朝的"汉学家"，所以能有国故学的大发明者，正因为他们用的方法无形之中暗合科学的方法。钱大昕的古音之研究，王引之的《经传释词》，俞樾的《古书疑义举例》都是科学方法的出产品。③

这种观点与梁启超等人相似，甚至与章太炎的相似。章太炎的《清儒》一文曾指出："大抵清世经儒，自'今文'而外，大体与汉儒绝异。不以经术明治乱，故短于风议；不以阴阳断人事，故长于求是。短长虽异，要之皆征其通

① 章太炎：《与吴承仕·二十三》，《章太炎全集》（十二），第414—415页。

② 胡适：《新思潮的意义》，《胡适全集》第1卷，第691页。

③ 胡适：《论国故学》，《胡适全集》第1卷，第418页。

雅。”[①]胡适还有《汉学家的科学方法》等文章，则是以其从美国人那边学到的科学方法，来重新解释清代汉学家那些“不自觉”的“暗合”的方法。

蔡元培在为《中国哲学史大纲（卷上）》所作的序中就称赞胡适“生于世传‘汉学’的绩溪胡氏，禀有‘汉学’的遗传性；虽自动进新式学校，还能自修‘汉学’，至今不辍；又在美国留学的时候兼治文学哲学，于西洋哲学史是很有心得的”[②]，所以对于他来说，编撰中国古代哲学史时，无论材料还是形式的困难，都能够迎刃而解。不过胡适本人与蔡元培提到，他与“绩溪三胡”并非同宗，早年也很难说自修了“汉学”，但在回国之后，确实主动担负起重新解释“汉学”的使命，至于他的这部哲学史，确实在当时也被认为是第一部科学的哲学史，以科学方法整理国故之典范，故而成为青年学子们掌握“科学方法”、重新认识传统学术的指南。

值得特别注意的是1923年的墨学论争，发起者虽然是章士钊，但实际是胡适直接挑战了章太炎。章士钊评论当时学界各家的墨学著作之后说：

> 任公著《墨经校释》，自许其厚。适之著《墨经新诂》未成，仅以其所诂《小取》一篇及杂论经文者布于世，而自许尤至……而吾兄太炎言墨独先，所论虽不多，精审莫或过之……言墨学者终推吾兄祭酒，非敢阿也。独怪任公称吾兄之书“深造盖迈先辈”，而于其书则读之未审……惟任公有时疑，不似适之武断。[③]

章士钊先指出梁启超的《墨经校释》可以自许的只是书很厚，胡适则仅仅完成《小取》一篇的新诂以及《论墨学》等几篇文章，就“自许尤至”，而且梁书即便有时有疑文，也不像胡适那般武断。当然章士钊特别强调的还是章太炎的墨学，“所论虽不多，精审莫或过之”，终究要推为“祭酒”，就连梁启超也称

① 章太炎：《清儒》，《章太炎全集》（三），第485—486页。

② 蔡元培：《〈中国古代哲学史大纲〉序》，《蔡元培全集》第三卷，中华书局1984年版，第187—189页。

③ 章士钊：《墨学谈》，《章士钊全集》第七卷，第273页。

章的书“深造盖迈先辈”。章太炎看到章士钊的文章之后，在信中也指出了胡适研究墨子的弊病，“未知说诸子之法与说经有异，盖所失非独武断而已”①。此信当时刊于《华国月刊》第一卷第四期，胡适看到之后写信给章士钊说：

> 太炎先生说我“未知说诸子之法与说经有异”，我是浅学的人，实在不知说诸子之法与说经有何异点。我只晓得经与子同为古书，治之之法只有一途，即是用校勘学与训诂学的方法，以求本子的订正与古义的考定，此意在高邮、王氏父子及俞曲园、孙仲容诸老辈的书中，都很明白。试问《读书杂志》与《经义述闻》，《群经平议》与《诸子平议》，在治学方法上，有什么不同？先生倘看见太炎先生，千万代为一问……这一点是治学方法上的根本不同，故不敢轻易放过。②

胡适认为，凡是古书，研究的方法只有校勘学与训诂学的方法一种，以求得文本与古义，这一点在既治经又治子的俞樾、孙诒让那里就已经很清楚了。这是搬出了章太炎的两位老师来加以反驳了。面对胡适的追问，章太炎也就向章士钊再度去信加以说明：

> 校勘训诂，以治经治诸子，特最初门径然也。经多陈事实；诸子多明义理（此就大略言之，经中《周易》亦明义理，诸子中《管》《荀》亦陈事实，然诸子专言事实、不及义理者绝少）。治此二部书者，自校勘训诂而后，即不得不各有所主，此其术有不得同者，故贾、马不能理诸子，而郭象、张湛不能治经。若王、俞两先生，则暂为初步而已耳。③

章太炎指出，治经与治诸子，在最初的门径上确实相同，但经主要是陈述事实，诸子则主要讲明义理，虽然部分经或子略有夹杂，但总体情况确实如此。

---

① 章太炎：《与章士钊 · 一》，《章太炎全集》（十三），第1034页。

② 胡适：《论墨学 · 我给章行严先生的第一书》，《胡适全集》第2卷，第175—176页。

③ 章太炎：《与章士钊 · 二》，《章太炎全集》（十三），第1035页。

所以在用胡适说的校勘与训诂的方法研究之后，进一步的研究必然要采用不同方法，从历代的经学家与子学家的学术路径，也就可以明白了，所以不必过多说明。章太炎的回复，并不能真正说服胡适。于是他又写信给章士钊：

> 太炎先生论治经与治子之别，谓经多陈事实，而诸子多明义理，这不是绝对的区别。太炎先生自注中亦以明之。其实经中明义理者，何止《周易》一部？而诸子所明义理，亦何非史家所谓事实？盖某一学派持何种义理，此正是一种极重要的事实。
>
> 至于治古书之法，无论治经治子，要皆当以校勘、训诂之法为初步。校勘已审，然后本子可读；本子可读，然后训诂可明；训诂明，然后义理可定。但做校勘、训诂的工夫，而不求义理学说之贯通，此太炎先生所以讥王、俞诸先生"暂为初步而已"。然义理不根据于校勘、训诂，亦正宋明治经之儒所以见讥于清代经师。两者之失正同。而严格言之，则欲求训诂之惬意，必先有一点义理上的了解。否则一字或训数义，将何所择耶？……故凡"暂为初步而已"者，其人必皆略具第二步的程度，然后可为初步而有成。今之谈墨学者，大抵皆菲薄初步而不为。以是言之，王、俞诸先生之暂为初步，其谨慎真不可及了。①

胡适反复强调治经与治子相似，都应当以客观的方法去探究古书所记载的事实，故而与治史的方法也是相似的，即便研究某一学派所持有的是何种义理，也是一种"极重要的事实"。

所以说，研究古书的方法，都是从最初步的校勘、训诂开始，一则义理学说必须根据校勘、训诂，另一则校勘、训诂又必须发展到义理的贯通。王念孙、俞樾等人的书被章太炎认为"初步"，就是因为还没有进入到义理的层面。还有宋明时代的经学家，为什么被清代的经学家所讥讽，就是因为他们并没有通过校勘、训诂而盲目进入到了义理的层面。胡适进一步则强调，想要将训诂一步

① 胡适：《论墨学·我的第二书》，《胡适全集》第2卷，第178—179页。

做到“惬意”，必须先作一些义理上的了解，否则就训义的选择而言，其实也是盲目的。也就是说，第一步的校勘、训诂与第二步的义理，二者其实是交错进行，不可因为自己的研究而以一方面为重，而将另一方面看轻了。事实上，王念孙与俞樾的著作，没有特别发展义理层面，其实还是因为他们的“谨慎”，这正是后人“真不可及了”，言下之意，其实是在批评章太炎不如王、俞等他的前辈。胡适通过章士钊与章太炎进行辩论，一方面是他本人对于自己墨学的成就自视甚高，另一方面是因为这与确立他在当时的学术界、文化界的地位，有着密切的关联。

胡、章之争，其实双方各自关注的焦点不同。胡适所强调的其实是章太炎并未论及、也不想论及的研究“国故”的一般方法论的问题，他的思路从西方的哲学、解释学而来，认为西方的“手术刀”可以用来“解剖”中国古代的一切学术，又碰巧在清代的汉学家那里看到类似西方的“刀具”，然终究不如西方的好用。章太炎则强调中国传统的经学、诸子学原本是怎么回事，因其样态的不同才有研究方法的不同，关键在于“国故”本身之“真”，反对将之加以解剖，刀具之中西如何，都不是他所关心的问题。

早在前一年的8月28日，胡适就在日记中谈及整理旧书的计划，说到只有钱玄同、顾颉刚与他本人能做此事，然后再论及学术界的情形：

> 现今的中国学术界真凋敝零落极了。旧式学者只剩王国维、罗振玉、叶德辉、章炳麟四人；其次则半新半旧的过渡学者，也只有梁启超和我们几个人。内中章炳麟是在学术上已半僵化了，罗与叶没有条理系统，只有王国维最有希望。①

令当时的胡适想不到的是，过了五到七年，王国维自沉，叶德辉被杀，梁启超病故，罗振玉则转身去了伪满洲国，最后反而是“半僵”的章太炎依旧影响着学术界，并且在上海、苏州等地讲学，其影响虽小却持久，且将“旧式”

---

① 胡适：《日记》（1922年第4册），《胡适全集》第29卷，第729页。

的学问传承了下来。

受胡适影响特别大的还有顾颉刚，他在1924年7月为北大学生讲国学发展新趋势的时候，将之分为考古学、东方古言语学及史学、地质学、学术史、民俗学五派，“这五派学问都是二十年来的新进展，旧式学者梦想不到的”[①]，章太炎与胡适、梁启超一起，被列为学术史派的代表。在顾颉刚看来，章太炎其实与胡、梁一样，都在学术史的研究上代表了当时的新趋势。这种新趋势，应当是将传统的学术转换成现代的学术，讲国学而有新发明。他还在《古史辨自序》中说：“又过了数年，我对于太炎先生的爱敬之心更低落了。他薄致用而重求是，这个主义我始终信守，但他自己却不胜正统观念的压迫而屡屡动摇了这个基本信念。他只是一个从经师改装的学者！”[②]章太炎提出“薄致用而重求是”，但实际却并不怎么从事“求是”的考证，而是倡导“坐而言起而行”，于是顾颉刚认为其只是“从经师改装的学者”，认为章太炎失去了“求是”精神，不像清代的经学家，而“求是”正是胡适、顾颉刚等人所极力倡导的科学方法。

同样受胡适影响的还有傅斯年，1928年10月，南京中研院设立历史语言研究所，傅斯年担任所长。中央研究院是南京国民政府的学术研究机构，傅斯年则是一位有着强烈学术抱负的学者，他希望以史语所为阵地，形成以自己学术思想为中心的学术新风气。然而想要形成新风气，就必须批评旧风气。于是他将批判的矛头指向了章太炎。傅斯年在其开宗明义，具有宣言性质的《历史语言研究所工作之旨趣》中说：

> 到了现在，除零零星星几个例外以外，不特不因和西洋人接触，能够借用新工具，扩张新材料，反要坐看修元史修清史的做那样官样形式文章，又坐看章炳麟君一流人尸学问上的大权威。章氏在文字学以外是个文人，在文字学以内做了一部《文始》。一步倒退过孙诒让，再步倒退过吴大澂，三步倒退过阮元，不特自己不能用新材料，即是别人已经开头用了的新材

① 顾颉刚：《与履安》（1924年7月5日），转引自顾潮：《顾颉刚年谱（增订本）》，中华书局2011年版，第104页。

② 顾颉刚：《古史辨自序》，第37页。

料，他还抹杀着。至于那部《新方言》，东西南北的猜去，何尝寻扬雄就一字因地变异作观察？这么竟倒退过二千多年了。[①]

在历史学、语言学的领域中，傅斯年最为推崇的就是三百年前的顾炎武与阎若璩，他们已经为后来者确立了“遗训”，但现在的学者除了几个例外——这几个当是指胡适与他本人等几个，其他学者大多不愿意与西洋人接触，不能借用新工具、扩张新材料，反而走向“修元史修清史”之类的官样文章。当时有一批遗老在主持《清史稿》的编纂工作，确实如傅斯年所说大体属于官样文章。在当时能够开宗立派的人物也就是章太炎了，傅斯年认为他确实是“大权威”，也特别肯定其文字学，特别是《文始》一书，至于《新方言》则不符合傅斯年以西方学术眼光来看的语言学，故被他称作“东西南北的猜去”。章太炎的方法，在傅斯年看来，也是退步到了孙诒让、吴大澂以及阮元之时。所谓“一流人尸”，其实就是批评章太炎反对胡适、傅斯年他们的新工具与新材料。

值得注意的是，章太炎的早期弟子钱玄同，在主张疑古上甚至超过了傅斯年、顾颉刚，一度还要废汉字，与乃师章太炎的学术观相去甚远。钱玄同曾与章太炎合办《教育今语杂志》，那时候二人都曾提倡并撰写过白话文，故不可简单地说其反对新文学。事实上，章太炎本人的学术其实也有一定的调和意味，且注意到了中西比较的必要性。比如他在长沙第一师范的一次讲演中就说：“近来有人提倡新文化，究竟新文化和旧文化，应该怎样才得调和，今天预备关于这层来说一下。”[②]接着他在讲了经学、史学、小学的研究方法之后，专门围绕诸子学谈了中西哲学之比较：

原来我国底诸子学，就是现在西洋底所谓哲学。中国哲学有特别底根本。外国哲学是从物质发生底，譬如古代希腊、印度底哲学，都以地、火、水、风为万物的原始，外国哲学，注重物质，所以很精的。中国哲学是从

---

① 傅斯年：《历史语言研究所工作之旨趣》，《傅斯年文集》（第三卷），第5页。

② 章太炎：《研究中国文学的途径》，《章太炎全集》（十四），第285页。

人事发生底……人事原是幻变不定底，中国哲学从人事出发，所以有应变的长处，但是短处却在不甚确实。这是中外不同底地方。于造就人才上，中胜于西。

西洋哲学，虽然从物质发生，但是到得程度高了，也就没有物质可以实验，也就是没有实用，不过是理想高超罢了。中国哲学，由人事发生，人事是心造底，所以可从心实验，心是人人皆有的，但是心不能用理想去求，非自己实验不可。中国哲学，就使到了高度，仍可用理学家验心的方法来实验，不像西洋哲学始可实验，终不可实验，这是中胜于西的地方。①

在章太炎看来，外国哲学重在物质，关于物质世界的生化演进等问题讲得很精到，而中国哲学重在人事，人情世故如何应变讲明白之后，就可以造就经世致用的人才。再进一步说，外国哲学对物质世界的讲求，其低层次可以实验，高层次的理想社会则无法实验，而中国哲学对人事的探索，可以以人人皆有的心来实验，也就是以自己的心来验证自己的人情世故之应变是否得当等问题。由此可知，章太炎对西学的认识虽然存在一定的偏差，但还是在努力尝试比较与调和。这种比较可与梁漱溟《中西文化及其哲学》参看，他们当时更多的还是坚持中国本位，希望用中西比较来彰显中国文化的优长，从而激发中国人的自信。

① 章太炎：《研究中国文学的途径》，《章太炎全集》（十四），第287—288页。

第六章　亢龙：1927—1936

乾之上九："亢龙有悔。"

至1927年末，大半辈子都在从事革命的章太炎，当觉此恨绵绵，"亢龙有悔"而又无可奈何！他不认可南京国民政府，自称"民国遗老"，却在民族危机日益深重的时候，上书蒋介石，促其抗战。他人生的最后十年唯一能做的事，也只有讲学了。苏州的章氏国学讲习会的创立，在新式大学渐趋完善的时代，反其道而行，回归于传统书院；他最后几年讲演而流传下来的"国学讲演录"，对于小学、经学、史学、诸子、文学的"晚年定论"，对于传统文化如何转型、如何应对西学等问题，有着诸多独到的见解，影响至今不绝。

悲愤的"民国遗老"

从1927年开始，章太炎说自己宁作"民国遗老"，自古遗民多隐痛。章太炎内心有着太多悲愤，其中有对蒋介石南京国民政府的种种不满，但主要还是因为日本帝国主义侵略中国的步伐越来越快，然而南京政府一直采取的都是"不抵抗主义"。

1927年3月，北伐军先后攻占上海、南京，击垮了北洋军阀吴佩孚与孙传芳。章太炎作有《感事》一诗：

珠江闲气开云鼍，掉尾渚宫东入鄀。

钟山积甲森嵯峨，素车白马度滁和。

垓下四面鸡鸣歌，天欲亡我非由他，鼍去鳄来当奈何！[1]

北伐军从珠江之滨到了南京钟山，再到安徽的滁州、和州一带，对于旧军阀来说或许相当于垓下之战，感叹“天欲亡我非由他”，但实际上，新军阀取代吴、孙，不过就是“鼍去鳄来”，又有什么区别呢？国民革命运动从珠江流域推进到了长江流域，也将青天白日旗插到了长江流域，章太炎目之所及皆是青天白日旗。该年11月，他在给老友李根源的信中说：

蔡子民辈近欲我往金陵参预教育，张静江求为其父作墓表，皆拒绝之。非尚意气，盖以为拔五色国旗，立青天白日旗，即是背叛中华民国。此而可与，当时何必反抗袁氏帝制耶？袁氏帝制，不过叛国，而暴敛害民，邪说乱俗，则尚袁氏所未有也。一夺一与，情所不安，宁作民国遗老耳！[2]

南京国民政府建立后，蔡元培曾表示希望章太炎加入南京的教育部，国民党元老张静江还求其为父作墓志铭，他全都拒绝了。当时的南京政府正将辛亥革命之前章太炎参与设计的从1912年开始就使用的、代表五族共和的“五色国旗”改为孙中山等人设计的、原为国民党党旗的“青天白日旗”，这一行为在章太炎看来，就是背叛了中华民国。更何况还有“暴敛害民，邪说乱俗”，这一改变，甚至连袁世凯都做不出来，所以他感到“情所不安”。章太炎有点伯夷、叔齐“不食周粟”气概，决不为功名利禄而依附于政府，故而“宁作民国遗老”，从此之后再不过问政事了。

1928年6月3日，黎元洪死于天津。章太炎向来对他多有期望，然而在北洋军阀控制之下，黎元洪也无所作为；黎元洪对章太炎也多有倚重，常向其顾问政事，1922年任总统之际，还曾给章太炎授勋一位。黎元洪去世后，章太炎

① 章太炎：《感事》，《章太炎全集》（九），第427页。

② 章太炎：《与李根源·六十五》，《章太炎全集》（十三），第922—923页。

在上海专门祭奠，并撰挽联：“继大明太祖而兴，玉步未更，倭寇岂能干正统？与五色国旗俱尽，鼎湖一去，谯周从此是元勋。”下署“中华民国遗民章炳麟哀挽”。章太炎认为，当年黎元洪为中华民国总统，自己为总理，故而黎元洪对自己有“知己感恩之义”。[①]6月4日，张作霖被炸身亡，此后张学良就与国民政府代表开始会谈；12月29日东北易帜，最后一面五色旗降下，此后全中国都改升青天白日旗了。章太炎在挽联中已经自署“民国遗民”，等到国旗更改殆尽，则更是以“遗民”自居了。

之后，章太炎借为冯自由所作的《中华民国开国前革命史》作序的机会，进一步对自己参加革命以来的历史进行一番总结：

> 《民国开国前革命史》……且将以前之艰难晓示后进，使无敢侮耆旧，擅兴作也……光复会比于同盟会，其名则隐，然安庆一击，震动全国。立懦夫之志，而启义军之心，则徐锡麟为之也。孙、黄在同盟会，所见颇异，时多谓黄迂阔不足应变。然广州之役，震动侔于安庆，而为武昌事先驱，则黄兴、赵声为之也。谭人凤、宋教仁素亲黄兴，广州之役，则二子以为轻举，黄兴亦不肯听其言。然还入中原，引江上之势，而合武昌之群党，未半岁遂以集事，则谭人凤、宋教仁为之也。共进会出同盟会后，黄兴在日本东京，闻之不怡，与其首领焦达峰争辩，焦亦抗论不肯屈。然武昌之起，黄兴所不与知也。谭、宋虽和会其人，乃谓举兵当俟三年后，及决策奋起，后引湘中，而前举汉上，豪帅制兵，齐势并举，则焦达峰为之。而自孙武以下，率兼入共进会者也。自徐锡麟死，光复会未有达者。李燮和乃流寓爪哇一教员耳，而能复振其业，返归沪海，与湘军东伐者相结。江南制造局之役，事败气熸，乃以数百人宵突其门而举之，上海一下，江浙次第反正，则李燮和为之也。[②]

---

① 章太炎：《挽黎元洪联》，《章太炎全集》（十一），第747页；章太炎：《与李根源·七十五》，《章太炎全集》（十三），第929页。

② 章太炎：《中华民国开国前革命史序》，《章太炎全集》（九），第142—143页。

《中华民国开国前革命史》的撰写是为了告知后来人革命之艰辛，也是为了告知革命的参与者，其成功并非几人或少数派系的贡献。特别是光复会，如徐锡麟在安庆，谭人凤、宋教仁在两湖，他们为革命的成功做出的贡献就非常关键。还有共进会的焦达峰（1886—1911），在武昌起义爆发之际，领导新军起义，兵不血刃占领长沙。光复会的后继者李燮和对上海与江浙的革命成功也起到了非常关键的作用。故而辛亥革命的成功，本是当时多个派系的革命党人前赴后继的结果，并不是同盟会一家之作为。如果忘记了那些牺牲者，忘记了众多的参与者，是不公平的。

章太炎还说："余于开国前后诸大事，闻其谋、与其役者颇众，虽不敢有功，自视亦庶几无疚。"章太炎在辛亥前后谋划各种大事，虽然除了"中华民国"国名之解释以及"五色旗"之外，他的政见少有被采纳，但他提出的各种观点，还是有其独特贡献的，故而确实"庶几无疚"。

当时，蒋介石为了彰显自己是孙中山革命的唯一继承者的地位，以及在意识形态上撇清与共产党之间的关系，故而极力鼓吹孙中山的贡献，光复会等革命组织的贡献则几乎被湮灭了。但在章太炎看来，孙中山以及同盟会组织的多次武装起义，都发生于边陲之地，并没有真正推动革命的发展，对于革命的成功其实贡献有限，不应该被如此放大。

此外，章太炎对南京国民政府没有好感，也与个人的恩怨有一定的关系。特别是刺杀光复会领袖陶成章一事，在章太炎看来，蒋介石逃不了干系。更何况南京政府刚成立，就下令通缉"反动学阀"章太炎，对于一直以民国元勋自居的章太炎来说，也实在是很难接受。

1928年11月，章太炎在招商局轮船公司股东大会上演讲，批评经过蒋介石等人解释的孙中山"三民主义"成了"联外主义、党治主义、民不聊生主义"。于是，国民党上海市党务指导委员会开会，"呈请中央通辑反动分子章炳麟案"，还有《民国日报》发表文章，谩骂章太炎为"老而不死之文妖"，甚至呼吁"执章炳麟，使受党国之极刑"。①

① 汤志钧编：《章太炎年谱长编（增订本）》上册，第517、518页。

正是因为国民党的通缉，使得章太炎当时的生活日愈窘迫。为了维持生计，他一度公开卖文卖字，包括替人写寿联、寿序以及各种碑志，从而收取一定的润笔之资，其中也不免如大多古人一般撰写了许多“谀墓”之词，特别是为杜月笙写了《高桥杜氏祠堂记》，招致了鲁迅等后辈论者更多的不满。

章太炎曾在与李根源的书信中说：“作诗遣累，时亦作字，每日辄写三四十篆，余更无事。”[①]晚年的章太炎，其日常生活就是作诗、作字，除了抄写一些诗文，确实也没什么事情了。当然他还是会“胸有不平”，只得通过“研寻理学家治心之术”以及“习禅”来打发时间：

> 今年本以胸有不平，研寻理学家治心之术，兼亦习禅。四月以来，忿心顿释，而遇事发露，仍不能绝，适见孙君所作碑铭，更为引申，以此发抒至尽。幸文成后，胸次尚无芥蒂，略堪告慰。孙亦治理学者，虽彼近朱学。我取慈湖、白沙，然惩忿治心之道，本来无二，而遇事感激，辞中即不能不露锋颖，不知宋明诸老先生在此当如何也！[②]

章太炎一生不喜朱子学，但多次反复于阳明之学，渐渐体会到“胸次尚无芥蒂”的乐趣，还有杨简（慈湖）、陈献章（白沙）二人的心学也多有关注，通过其中的治心之道，来实现自己的修养，这在其讲学之中多有表露。此外他还阅读碑铭，体会其中的理学家言。

当然他还在继续修订其学术著作，1929—1930年间，章太炎完成了关于《左传》的最终成果《春秋左氏疑义答问》五卷，此外还陆续完成《古文尚书拾遗》《广论语骈枝》等著作，可见章太炎一生都保持学者本色。

老先生在宁静的书斋里头，也有坐不住的时刻，那便是国难来临之际。这位“遗老”，依旧有其“怒目金刚”的真面目，他的忿心，还是有其“遇事发露”之处。

---

① 章太炎：《与李根源·七十六》，《章太炎全集》（十三），第929页。

② 章太炎：《与李根源·七十七》，《章太炎全集》（十三），第930页。

1928年12月29日，张学良通电全国，宣布遵守三民主义，服从以蒋介石为首的南京国民政府，降下最后的五色旗，换成青天白日旗。东北易帜后，国民政府基本实现统一。此时的统一，仍是表面的、形式的。后来蒋介石与冯玉祥、李宗仁、阎锡山等国民党新军阀，因为军队或地盘等问题发生纠纷乃至战争；蒋介石与胡汉民反目成仇，最终将其软禁，又与汪精卫为首的国民党“改组派”产生矛盾，后者一直都在挑唆各派势力，以迫使蒋介石下台。

1930年3月，汪精卫联合阎锡山、冯玉祥、李宗仁等人发起反对南京国民政府的内战，蒋介石宣布“平叛”之后，双方激战近半年、伤亡三十万人，这就是“中原大战”。1931年5月，两广军阀陈济棠、李宗仁以及其他一些国民党人在广州成立“国民政府”。1931年9月1日，广州“国民政府”进行出兵讨伐蒋介石的总动员，并在天津设立“北方军事政务委员会”，任命阎锡山、冯玉祥、韩复榘、邹鲁等人为委员，统一北方的反蒋武装。张学良则在东三省依赖东北军的势力，计划着以何种形式插手各派势力之间的较量，从而使得自己能够取得更大的政治利益。各方势力在抵御日本侵略一事上似乎并不热衷。此时的南京国民政府以及张学良等人，还在希望借助英美等国的力量牵制日本，采取“不惹事”的态度，尽量不去触动日本，避免为其发起侵略制造借口。日本国内的少壮派军人，却已经不满其内阁对华态度的“迟缓”，决定采取非常手段来实现侵略目的。

1931年9月18日，日本关东军炸毁沈阳柳条湖附近由日本修筑的南满铁路路轨，并嫁祸于中国军队。接着以此为借口炮轰中国东北军的北大营，次日就侵占了沈阳，又陆续侵占了整个东三省。此时的张学良却正在北平与英国公使一起观看梅兰芳的戏剧。面对日军，东北军奉行不抵抗政策，除有少数军队留在东北与日军战斗外，大部分东北军撤至锦州，后又撤至关内。甚至有部分东北军选择向日军投降，部分高官则加入日本人组织的“地方维持会”，成为日本统治东北的帮凶。张作霖、张学良父子经营东北十多年，最终却是如此下场，令包括曾任东北筹边使的章太炎在内的全国人民感到心寒。

抗日战争的爆发，激起了章太炎的敏感神经，九一八事变之后，他开始积极投身于民族救亡运动。他对孙思昉说：

> 东事之起，仆无一言，以为有此总司令、此副司令，欲奉、吉之不失，不能也。东人睥睨辽东三十余年，经无数曲折，始下毒手，彼岂不欲骤得之哉，因伺衅而动耳！欲使此畏葸怠玩者，起而与东人争，虽敝舌瘖口，焉能见听，所以默无一言也。今足下既发此问，亦姑与足下一言：奉、吉固不可恢复，而宣战不得不亟，虽知其必败，败而失之，较之双手奉送，犹为有人格也。辽东虽失，而辽西、热河不可不守，虽处势危岌，要不得弃此屏障也。然此二者，亦不值为当道言，姑与足下私言之耳。[①]

在章太炎看来，日本人虽是“欲骤得之”故“伺衅而动”，其实则是经过无数曲折，准备了三十余年之久。国民党政府采取不抵抗政策，希望通过诸如国际调停之类的口舌之争来收回东北，显然是不可能实现的。所以章太炎特别强调，即便“不可恢复”，“宣战不得不亟”，面对侵略必须作出反击，争取固守辽西、热河。章太炎特别强调，“虽知其必败，败而失之，较之双手奉送，犹为有人格也”，他强烈谴责国民党政府的不抵抗政策，将东三省“双手奉送”，实在是中国人的耻辱。面对侵略，是否反击，这是关系人格、国格的大是大非问题！

面对国家与民族的存亡，也为了回应全国上下的抗战呼声，南京国民政府和广州“国民政府”不得不暂时停止内部派系斗争，改以精诚团结面目示人。1932年初，他们邀请社会各界名流召开“国难会议”，章太炎也收到了邀请，不过他公开发表声明，继续谴责国民政府的不抵抗态度。章太炎强调：“军事贵速，能断则一言而可，不断则众议而无成，纷纷召集，将以奚用？若当事者志在屈伏，而以联盟会议为分谤之机关，仆民国荒夫，焉能为党国诸贤任过也。”[②]后来在接受《大公报》记者采访的时候章太炎又说：“对日本之侵略，惟有一战。中国目前只此一条路可走，不战则无路，惟坐而待亡。”[③]国民党一心想着屈服于日本，那么纷纷召集所谓的“国难会议”又有什么意义？面对侵略，

① 汤志钧编：《章太炎年谱长编（增订本）》上册，第526页。

② 汤志钧编：《章太炎年谱长编（增订本）》下册，第837页。

③ 章太炎：《与天津〈大公报〉记者谈时局》，《章太炎全集》（十一），第851页。

只有一条路，那就是奋起一战，否则也就只有“坐而待亡”。

到了1932年1月13日，章太炎与马相伯、熊希龄等人联合发表通电，并组织了“中华民国国难救济会”，通电中说：“国为四万万人民公器，国民党标榜党治，决非自甘亡国。事至今日，诸公倘犹认救国全责，可由一党负之，则请诸公捐助一切，立集首都，负起国防责任，联合全民总动员，收复失地，以延国命。”[①]他们警告国民政府，在大难临头、万无犹豫余地之际，既然国民党标榜党治，就必须负起救国的责任，并联合全民，收复东北失地。

一个月之后的1932年1月28日，日本军队又悍然出兵，进犯上海闸北。章太炎目睹了十九路军在上海如何面对日军进攻而顽强奋战。当时章太炎每天都在关注战局的发展，他的夫人汤国梨则创办了第十九伤兵医院，他也特意跑到医院前去慰问伤员。对于十九路军的抗战，章太炎曾特意撰文加以表彰，他在详细记录下当时的战果之后指出，这一次的胜利是自从光绪年间的甲午战争以来，从未有过的大捷：

> 自清光绪以来，与日本三遇，未有大捷如今者也。原其制胜之道，诚由将帅果断，东向死敌，发于至诚。亦以士卒奋厉，进退无不如节度。上下辑睦，能均劳逸。[②]

他认为，此次胜利，一则“将帅果断”，出于爱国之至诚而指挥战斗；另一则“士卒奋厉”，进退之间都遵守法则，官兵上下精诚团结。在表彰之后，他还发表了一番感慨：

> 自民国初元至今，将帅勇于内争，怯于御外。民闻兵至，如避寇仇。今十九路军赫然与强敌争命，民之爱之，固其所也。余闻冯玉祥所部，长技与十九路军多相似，使其应敌，亦足以制胜。惜乎以内争散亡矣，统军

① 汤志钧编：《章太炎年谱长编（增订本）》上册，第528页。

② 章太炎：《书十九路军御日本事》，《章太炎全集》（九），第379页。

者慎之哉。[①]

在他看来，自民国成立以来，新旧军阀都是“勇于内争，怯于御外”，一直到如今的十九路军的抗战，方才让人民看到了希望。他听说由冯玉祥、吉鸿昌率领的察哈尔民众抗日同盟军，也与十九路军相似，收复被日本侵占的多伦，可惜的是因为“内争散亡”，受到南京国民政府的掣肘，最终还是难以获得更大的战果，只能哀叹。后来他又写成《十九路军死难将士公墓表》，表彰抗日先烈。淞沪抗战之后不久，章太炎这位有学问的革命家，进行了一生之中的最后一次北上。

北游讲学

1932年2月29日，章太炎抵达北平；5月底，故都的春花几乎凋零殆尽之际，他离开北平，途经济南、青岛，于6月初返回上海，前后共约三个月。他先后在京津拜访了段祺瑞、张学良、吴佩孚等人，遗憾的是收效甚微，毕竟他已远离政治多年。

刘文典曾提及章太炎与张学良见面的情形：“张学良去见他的时候，我在楼下龚振鹏的房里，听见他大声疾呼，声震屋瓦，那种激昂慷慨的声音，现在还留在我的耳朵里。”[②]但据周作人的推测，章太炎的北游另有缘故：“九一八后淞沪战事突发，觉得南方不甚安定，虽然冀东各县也一样的遭到战火，北京却还不怎么动摇，这或者是他北游的意思，心想来看一看到底是什么情形的吧。”[③]上海不太安定，那么正好去北平看看中日冲突到底是什么情形，因为上海虽然开战，但最为关键的冲突还是发生在北方。

他在北平之时住在中央饭店，“一到了北平，以锐利的目光，观察政治种种

① 章太炎：《书十九路军御日本事》，《章太炎全集》（九），第379页。

② 刘文典：《回忆章太炎先生》，载陈平原、杜玲玲编：《追忆章太炎（修订本）》，第52页。

③ 周作人：《章太炎的北游》，《周作人散文全集》第13册，第729页。

措置以后，就摇摇头，有‘归兮归兮’的叹音了”[①]。不过北平毕竟是当年旧游之地，也是章门弟子云集之地，所以章太炎应邀而再度讲学，在新文化派的重镇引发了广泛的影响，甚至起到了转移学风的作用。

据学者统计，章太炎的此次北游，黄侃、钱玄同、周作人、杨树达等人的日记以及各大学的期刊等都有相关记载。黄侃、马幼渔、吴承仕、朱希祖、钱玄同、沈兼士、周作人、刘文典等弟子至少有十多次宴请章太炎，或是做东或是列席。此外陈垣、余嘉锡、杨树达、谢国桢、刘盼遂、徐森玉等著名学者也曾先后宴请章太炎或者前往问学。民国学院、燕京大学、中国学院、北平师范大学、平民大学先后邀请章太炎作讲演，具体题目包括《代议制改良之说》《论今日切要之学》《治国学之根本知识》《清代学术之系统》《今学者之弊》《广论语骈枝》等。[②]

在章门弟子之中，趋于新文化派的钱玄同与趋于守旧的黄侃二人陪同章太炎最多，他们的日记里分别都有十多次的相关记载。比如3月2日下午，钱玄同与马幼渔一起拜谒老师：

> 同至花园饭店访老夫子，别来十六年矣。近来态度如旧，益为和蔼，背颇驼，惟发剪极短，与当年披发大不相同。季刚亦在，检斋亦在。政客一大帮，与辛亥冬与哈同花园时颇相像。询知师实避沪难而来也。四时许，朱、马、钱、黄、吴、师六人乘汽车逛中南海公园。六时雅于大陆春，将食，忽得噩耗，谓沪十九路军总退却。[③]

这是钱玄同等早期弟子十多年后第一次再见老师，在钱的眼里，老师更加和蔼，他的背驼了，也不像在日本时那样长发披散了。聚拢于太炎身边的除了弟子们，还有一大帮政客，等政客走后，师徒六人前往中南海公园，也即当年囚禁光绪皇帝的瀛台游玩。在大陆春饭店晚餐之际，得到上海十九路军撤退的噩耗。

---

① 沈延国：《记章太炎先生》第2版，永祥印书馆1948年版，第72页。

② 桑兵：《章太炎晚年北游讲学的文化象征》，《历史研究》2002年第4期，第3—19页。

③ 杨天石主编：《钱玄同日记（整理本）》中，第849页。

其实章太炎之所以去北平，也有躲避上海战乱的意思。这一次会面，黄侃日记里也有记录，除了钱玄同所记的情况外，还记了弟子们送老师回住所后，“师从容语及受学俞、谭二君往事及两君学术文章大概”[①]，太炎在众弟子面前，想起当年自己做学生的往事，对于俞樾、谭献两老师的学术文章多有介绍，这也是师门一代又一代的传承。3月12日那天，钱玄同与章太炎多有论学：

> 知师近著有关于《春秋经说》五万余言，又定本《三体石经考》，拟再为之写了石印，如昔年写《小学答问》故事，惜乎其稿已入季刚之手，恐不可复拿出矣。十一时顷始散。忽拟移书章师，说明十六年来之情形，起笔自一时顷至四时顷，不能再写了，睡。[②]

当时听说老师多种新著之后，钱玄同很激动，决定为老师的《三体石经考》抄录一份做成石印本出版。当时稿本在黄侃手中，因为二人有矛盾还担心拿不出来，后来还是拿到并抄写了。晚上回家后，钱玄同想到与老师分别十六年来的情形，特意写了一封信。其实钱玄同后来转向主张新文学以及拼音文字的研究，确实是走了与老师不同的道路，担心老师误解才想要说明一番。4月8日，刘半农宴请章太炎，随后太炎前往北大讲演：

> 午至半农家。今日半农约章、马、马、沈、钱、朱六人至其家午餐，因即请老夫子写字，我请他写——“急就庼”三字。他说“志则笃矣，高实未有也。”盖说我自己没有房子地。三时偕至北大，讲“揭示学界救国之术”，分为四点：（1）不可有好奇之见，（2）不可专倚智慧，（3）不可依赖群众，（4）不可偏信偏听。毕，由钱、马、刘三人送回其家，骗夜饭而归。[③]

---

① 黄侃：《黄侃日记》下册，中华书局2007年版，第780页。

② 杨天石主编：《钱玄同日记（整理本）》中，第851页。

③ 杨天石主编：《钱玄同日记（整理本）》中，第854页。

这次刘半农宴请，然后又到北大讲演，此次活动诸如“不可有好奇之见”与“不可专倚智慧”等，其实多有针对胡适、顾颉刚一派的考据与疑古之风的意思在，对于刘半农等人提倡白话文，其实当时的章太炎批评已不多了。

4月7日，钱玄同宴请章太炎，作陪的有马幼渔以及俞平伯等6人，这是特意“拉拢太炎、平伯二人一见面也”。后来周作人宴请的时候章、俞再次见面，众人请章太炎写字，在给俞平伯的字里章太炎特称俞平伯为“世大兄”；18日，章太炎因北京大学中国文学系及研究所国学门之邀讲《广论语骈枝》，钱玄同担任翻译，魏建功写黑板。[①]接下来几日，钱玄同还多次陪同章太炎到各个学校讲演，为《广论语骈枝》标点并找出《论语骈枝》原书校对，还将章太炎《三体石经之解》一书“分片而书之”，为了写成石印本出版，此次抄录花费数日，可见为了老师的学术大业，他也是尽心尽力的。

再就黄侃日记来看，他比钱玄同更为虔诚，经常陪护老师，还借此机会问学请益。有一次还特意将自己的弟子汪绍楹、陆宗达、骆鸿凯等人介绍给老师。比如4月8日，谢国桢、刘盼遂宴请太炎，黄侃作陪，“陪太炎师剧谈，至子夜始返”；15日，太炎在见面时称赞黄侃“诗五言在谢、沈之间”，黄侃喜欢作旧诗，此时当呈上新作，故太炎称赞其在谢朓与沈约之间。这正是太炎比较欣赏的风格，得此评语黄侃当是满意的，故特意记录在日记里。16日，徐森玉宴请，黄侃又去作陪，饭后还陪同太炎去北平图书馆，太炎查阅了《明武宗实录》以及关于满人在建州之事；29日：“师鼻虽割治，尚齆塞。为言小学、易学、诗学，《汉书》《礼记》，凡数十事，师多称善；又论人事及今日传学之方，语尤深。但祈师寿考康强，常聆要道，真此生之幸也。”[②]黄侃前去拜谒的时候，太炎因病鼻塞，但二人还是讨论了小学、易学以及《汉书》《礼记》等许多学问，还有如何传承学问的方法等，老师对弟子多有称赞，弟子则感觉老师讲解特别深刻，希望老师康健，能够经常听讲则是弟子之幸。5月18日，黄侃再去的时候，太炎的鼻疾已经痊愈，他们再次讨论经学、理学等话题，黄侃还请太炎为

① 杨天石主编：《钱玄同日记（整理本）》中，第854、856、857、859、860页。

② 黄侃：《黄侃日记》下册，第792、793、797页。

刘赜的书题辞。[①]若是综合这段时间黄侃日记所载的师生交游，太炎对这位弟子当是相当满意的，或许是因为其所传承的正是太炎特别在意的小学，遗憾的是没过几年弟子却先老师而去了。

当时的师徒聚会，有一件事情值得专门拿出来一说，3月12日那次师门聚会，黄侃当着老师的面，直接指责钱玄同放弃音韵学而改弄注音字母和白话文，“一言不合，竟致斗口”，关于字母与白话文的是非，章太炎没有直接表态。其实他从清末开始就反对罗马注音字母，但弟子们学术上的是非，确实不是宴席之间可以说清楚的，所以他只是从中调停道：“你们还吵什么注音字母、白话文啊！快要念‘あいうえお’了啊！”意思是日寇入侵，国难当头了。[②]此事钱、黄二人的日记也都有较为详细的记录：

> 我忽与季刚龃牾（龉），因他称我为“二疯”，问我近治音韵有何心得，我答以无（我们的新方法，审音，实事求是而不主宗主，皆与季刚不合者，如何可以对他说！）。他忽然不耐烦的说：“新文学，注音字母，白话文，屁话。”我闻“屁话”二字大怒，告之曰：“这是天经地义！我们道不同不相为谋，不必谈。”喧哗了一场，殊可笑。[③]
>
> 食罢，二风至，予屈意询其近年所获，甫启口言新文学三字（意欲言新文学，且置不言），彼即面赤，謷謷争辨，且谓予不应称彼为二风，宜称姓字。予曰：“二风之谑，诚属非宜，以子平生专为人取诨名，聊示惩儆尔！常人宜称姓字，子之姓为钱耶？为疑古耶？又不便指斥也。”彼闻言，益咆哮。其实畏师之责，故示威于予，以塞师喙而已。狡哉二风！识彼卅年，知之不尽，予则浅矣。[④]

黄侃对于白话文与注音字母都有不满，这次有备而来，故意用自己给钱玄

① 黄侃：《黄侃日记》下册，第803页。
② 曹述敬：《钱玄同年谱》，齐鲁书社1986年版，第113页。
③ 杨天石主编：《钱玄同日记（整理本）》中，第851页。
④ 黄侃：《黄侃日记》下册，第783页。

同取的绰号“二风”来称呼他，在钱那里“二风”则听成了“二疯”，其实意思是一样的。黄侃还从钱玄同曾改名“疑古玄同”及其喜欢“为人取诨名”等事件来对他进行攻击。黄侃直接将白话文、新文学斥为“屁话”，确实让钱玄同非常生气，因为在他看来“以我手写我口”的白话文是“天经地义”，而黄侃的攻击其实还是出于“宗主”心态。好在章太炎直接以“国难当头”来加以调停，现场也就不至于太难看。不过钱、黄二人还是因为“道不同不相为谋”，从此老死不相往来了。

周作人参与相关活动其实较少，但据他自己后来根据日记的统计，也有3月7日、4月18日、4月20日、4月22日、5月15日等五条，其中两条说：

> 四月二十日，四时至北大研究所，听太炎先生讲《论语》。六时半至德国饭店，应北大校长之招，为宴太炎先生也，共二十余人，九时半归家。当日讲演系太炎所著《广论语骈枝》，就中择要讲述，因学生多北方人，或不能懂浙语，所以特由钱玄同为翻译，国语重译，也是颇有意思的事。
>
> 五月十五日，下午天行来，共磨墨以待，托幼渔以汽车迓太炎先生来，玄同、逖先、兼士、平伯亦来，在院中照一相，又乞书条幅一纸，系陶渊明《饮酒》之十八，“子云性嗜酒”云云也。晚饭用日本料理生鱼片等五品，绍兴菜三品，外加常馔，十时半，仍以汽车由玄同送太炎先生回去。太炎是什么时候回南边去的，我不曾知道，大约总在冬天以前吧。[①]

前一条就是章太炎在北京大学讲《广论语骈枝》，北大学生多为北方人，所以钱玄同用国语翻译。晚上在德国饭店，北京大学校长蒋梦麟宴请，席间有二十多人。后一条则是周作人自己宴请老师，马幼渔开车去接，并请章太炎写了条幅，内容为陶渊明的《饮酒》，还有与周作人、钱玄同、朱希祖、沈兼士、俞平伯在院中照相等活动。晚饭则有周家特色的日本料理生鱼片，还有绍兴菜等。在周作人的印象中，不记得太炎是什么时候回南方的，也就可知后面的师门活

① 周作人：《章太炎的北游》，《周作人散文全集》第13册，第729—730页。

动他都没有参与了。

关于此次讲学的盛况，钱穆作为旁观者有一段回忆：

> 太炎上讲台，旧门人在各大学任教者五六人随侍，骈立台侧。一人在旁作翻译，一人在后写黑板。太炎语音微，又皆土音，不能操国语。引经据典，以及人名、地名、书名，遇疑处，不询之太炎，台上两人对语，或询台侧侍立者。有顷，始译始写。而听者肃然，不出杂声。此一场面亦所少见。翻译者似为钱玄同，写黑板者为刘半农。玄同在北方，早已改采今文家言，而对太炎守弟子礼犹谨如此。半农尽力提倡白话文，其居沪时，是否曾及太炎门，则不知。要之，在当时北平“新文化运动”盛极风行之际，而此诸大师，犹亦拘守旧礼貌。则知风气转变，亦洵非咄嗟间事矣。[①]

关于此次讲演，另有张中行的回忆可以作为对照。在他的回忆中，章太炎曾在北京大学研究所国学门讲《广论语骈枝》，这一讲过于阳春白雪，他没有去听。另一讲地点则在北京大学第三院风雨操场，这次“讲世事，讲己见”，比较下里巴人，听众很多，“可以容几百人的会场，坐满了，不能捷足先登的只好站在窗外”，具体印象如下：

> 老人满头白发，穿绸长衫，由弟子马幼渔、钱玄同、吴检斋等五六个人围绕着登上讲台。太炎先生个子不高，双目有神，向下一望就讲起来。满口浙江余杭的家乡话。估计大多数人听不懂，由刘半农任翻译；常引经据典，由钱玄同用粉笔写在背后的黑板上。说话不改老脾气，诙谐而兼怒骂。现在只记得最后一句是：也应该注意防范，不要赶走了秦桧，迎来了石敬瑭啊！其时是“九一八”以后不久，大局步步退让的时候。话虽然以诙谐出之，意思却是沉痛的，所以听者都带着愤慨的心情目送老人走出去。[②]

① 钱穆：《师友杂忆·十》，九州出版社2011年版，第173页。

② 张中行：《负暄琐话》，黑龙江人民出版社1986年版，第5—6页。

太炎在北平的讲演，马幼渔、钱玄同、吴承仕等人围绕讲台，章太炎用余杭方言讲演，北方人听不懂，由刘半农或钱玄同一人用国语翻译、一人板书，若对照周作人的记录，则当是钱玄同翻译而刘半农板书，那么张中行的记录有误。张中行注意到了老人的风采，白发、绸衫，“个子不高，双目有神”，说话“诙谐而兼怒骂”，与其战斗文章风格一致，因为“九一八”，他强调当世有秦桧，也有石敬瑭，无论南方北方，军民都要团结起来。人们的心情当与太炎一样，都是沉痛而愤慨的。与张中行不同的是，钱穆特别注意到了章太炎在当时新文化运动盛极风行之际的北平，所受到的尊重，钱玄同、刘半农都是鼓吹新文化的大师，却对章太炎“犹亦拘守旧礼貌”。

至于章太炎讲演的具体内容，比较重要的有3月24日在燕京大学讲《论今日切要之学》，认为在此国家兴亡之际，青年应当研读本国历史，“今日切要之学”只有“求是”与“致用”两条路，然而当时的学风则热衷于“考远古”“考古文字”“考墨辨”。在当时的太炎看来，这种清儒的考据方法，看似科学，实则不能致用，至于将墨子之学说成“科学界的开山老祖”或“繁琐哲学”，也不是今日所需要的，面对青年们，章太炎还说：

> 现在的青年应当知道自己是什么时候的人，现在的中国是处在什么时期，自己对国家负有什么责任。这一切在史志上面全部都可以找到明确的答复。若是连历史也不清楚，则只觉得眼前混沌万状，人类在那里栖栖皇皇，彼此似无关系，展开地图亦不知何地系我国固有，何地系我国尚存者，何地已被异族侵占？问之茫然无以对者，比比然也，则国之前途岂不危哉！一国之历史正似一家之家谱，其中所载尽以往之事实，此事实即历史也。若一国之历史衰，可占其民族之爱国心亦必衰。盖事实为综错的，繁复的，无一定之规律的；而历史乃归纳此种种事实，分类记载，使阅者得知国家强与弱的原因，战争胜败的远因近因，民族盛衰的变迁，为人生处世所不可须臾离者。历史又如棋谱然，若据棋谱以下棋，善运用之，必操胜算，

若熟悉历史，据之以致用，亦无往而不利也。[①]

青年学生必须知道自己所处的时代，以及时代的需要，那么读历史，就如读地图、家谱、棋谱，通过以往的事实来判断国家的前途，增强民族爱国心。此处也是在针对梁启超倡导“新史学”时宣称的“二十四史”是二十四姓之家谱之语，梁启超的这种观点对于历史学影响很大，以至于许多趋新的学者转而重视考古、古文字之中的历史，忽视了正史之中的历史，其危险还是很大的。太炎还举例说：

附庸之国与固有国土本有区别，历史已详告我们。不幸今日上下竟有以附庸视东北三省，而盛唱“弃了东三省”的论调，这就是不明史志的原故，而仅据外人之称东三省为“满洲”，便以为东三省之属于我国乃附属地性质，非本土也。凡稍读史志者便以为其误……不晓得历史则几乎茫茫然遗失了东三省千百万方里的土地，其为害驾于经书之上。此语在好高骛远的人全不愿说，他们视历史如同掌故和家谱一样，岂料到关系于国家的命脉是这样的大呢？……又如组织家庭，若不看家谱不明世族，则亲疏不分，视其同族若路人，此家未有能兴盛者。今知不看掌故家谱之害尚如此，其不明史志之害，岂不尤甚于斯欤！故谓历史为掌故亦可，谓之为民族的家谱亦无不可。[②]

懂得家谱才能爱家人，懂得历史才能爱国土，在“九一八”之际，太炎专门讲明东三省的历史，然后说明历史为“今日切要之学”，确实非常有意义。章太炎此一讲演以及其他的语言文字，针对的是新文化运动以来的学界，特别是当时北平知识界的领袖胡适、顾颉刚、傅斯年等人。

另外，章太炎讲演，因为多涉时政，故时有听讲的学生起哄的情况发生。

---

① 章太炎：《论今日切要之学》，《章太炎全集》（十四），第420页。

② 章太炎：《论今日切要之学》，《章太炎全集》（十四），第420—421页。

黄侃在日记中记载，3月22日，章太炎在民国学院讲《代议制改良之说》时，黄侃担任翻译，“诸生中有畏师揭发党人过失者，喧呼欲予离去师侧，藉以起哄”，那些学生想让黄侃走开，他们正好起哄，黄侃当然明白学生的意思，很快就结束讲演并护送老师回到永康胡同住所休息。[1]

有学者指出，章太炎1932年的这次北游，故都各校那些趋新的弟子执礼谨然，其余各派学人也纷纷请益问，这似乎象征着五四以后学术文化界新、旧与南、北之间的冲突离合，经历长期调适而重归以平实。被新文化派判为过时守旧的章太炎，依然稳坐国学大师的宝座，至于他那些针对民国以来中国学术文化趋新的种种批评，不仅有补偏救弊的意义，还包含许多至理名言。[2]

请章太炎到北大国学门讲演，此事表明太炎仍旧被奉为国学界的领袖，在北京大学这所新文化派的大本营中，这一事实也是确凿无疑的。4月20日北大的宴会，除太炎的门生，还有蒋梦麟、胡适、俞平伯、刘复、魏建功等人。这一安排可见北大校方的礼遇，也可见新文化派的态度。另外，刘复、俞平伯、魏建功还参与了5月15、16两日分别由周作人、朱希祖做东的宴请，也可以说明新文化派对于国学泰斗的尊重。

章太炎被奉为国学泰斗，还有早几年发生的清华大学国学院聘任导师一事可以证明。其实早在国学院创建之初，众人就商议当首选章太炎，然被其拒绝。到了1927年，王国维去世之后又需要增聘导师，章太炎又受邀，吴其昌《梁任公先生晚年言行记》中详细讲述了此次再邀太炎的经过：

> 观堂先师从屈原游……命其昌辈推举良师，其昌代达诸同学意，推章太炎（炳麟）先生、罗叔言（振玉）先生，先师欢然曰：“二公，皆吾之好友也。”先生尤倦念章先生，尝一人负手，盘走室中，忽顾予曰：“子馨，汝提起太炎，好极！使我回忆二十年前在日本时，吾二人友谊固极厚也。太炎而今亦老矣，如肯来，当大乐！因汝一提，使我此二三日来，恒念太

① 黄侃：《黄侃日记》下册，第785页。

② 桑兵：《章太炎晚年北游讲学的文化象征》，《历史研究》2002年第4期，第3页。

> 炎。”其昌因奉校命，北走大连，谒罗先生于鲁诗堂；南走沪，谒章先生于同孚里第。章罗二先生固昔尝请业问学，特未展弟子之贽耳。初时罗、章二先生均有允意，章先生捻其稀疏之须而笑：“任公尚念我乎！”且有亲笔函至浙，报“可”。然后皆不果。罗先生致余书，自比于“爰居入海”，章先生致余书，有“衰年怀土”之语。[①]

此次邀请，由吴其昌等同学推举，共推章太炎与罗振玉，梁启超“尤倦念章先生”，想起20年前在日本的一段友谊，连续两三天都在想念太炎。吴其昌先去了大连拜谒罗振玉，再到上海同孚里拜谒章太炎，起初二人都表示愿意来清华，太炎听说梁启超想念他，“捻其稀疏之须而笑”，但后来二人都拒绝了，太炎的理由是“衰年怀土”。就其身体状况而言，确实也不适合再北上，北游讲学之所见所闻也证明了这一点，于是具有章氏个人特色的讲习会就在苏州创办起来了。

苏州章氏国学讲习会

北游讲学之后，章太炎回到上海，开启新的“学会”计划，也就是继1906年日本东京、1913年底北京之后公开创办“国学讲习会”，讲习会最后在苏州正式开办。

1932年秋，李根源等人在苏州创办国学会，同时创办会刊《国学商兑》。章太炎对其刊名以及其中的多篇文章十分不满，于是退出了国学会。1932年以来，章太炎应邀在苏州、无锡等地多次举行讲演活动，为了能有一个固定的讲学场所，培养国学专门人才，他开始策划“章氏国学讲习会”。

1934年秋，章太炎应李根源等老友之邀，举家从上海迁往苏州，先定居在侍其巷的双树草堂；1935年8月，迁至锦帆路50号，除了两幢西式小楼的住

---

① 吴其昌：《梁任公先生晚年言行记》，载清华大学国学研究院主编：《吴其昌文存》，江苏人民出版社2016年版，第49页。

宅，还有新修的讲堂、宿舍等各项工程。后来因为学子从一百余人增至五百余人，于是由汤国梨出资再度购地修屋，并将侍其巷旧屋用作预备班教学之用："各省学子前来就业者渐增至五百余人。以当地人不多，来自各地者，均需供膳宿。原有居屋无法应付。但以屋后空地较多，乃由我个人出资，购地十余亩，建筑房屋，作为讲习所之用。并在侍其巷旧屋设预备班。"①

1935年1月2日为章太炎68岁寿辰，据冯自由回忆："各省同盟老友，不期而集合苏城，同伸庆祝者二百余人。咸谓非太炎之德望，不足以聚无数之破铜烂铁于一堂……是日称觞后，太炎忽在礼堂昏厥，须臾清醒，众从后掖之。"②章太炎晚年定居苏州讲学一事，当时影响还是很大的，所以才引来众多老友前去祝寿，但此时他的疾病也已较为严重了。

1935年5月1日，蒋介石委派时任中央常委的丁惟汾以"都下故人"的名义前来慰问，留宿二日而去，陪同他来苏州的还有章门高弟黄侃等人，章太炎也非常高兴，作诗赠之：

平生樽酒意，垂老又相逢。
揽鬓谁先白？疑年各号翁。
研经怀孔壁，论韵识齐东；
薄莫平门道，车声隐梵钟。③

丁惟汾早年日本留学之时，与章太炎、张继等人多有交往，并在同盟会成立之初即已加入而投身革命。章太炎曾为丁惟汾之父丁以此作《丁君墓表》，丁以此著有《毛诗正韵》，章太炎、刘师培作序、黄侃作赞。关于这次相聚，黄侃在章太炎赠诗卷后题记说："章君以六十晋八之年，遇鼎翁于羁孤寂漠之际，其

① 汤国梨口述、胡觉民整理：《太炎先生轶事简述》，载陈平原、杜玲玲编：《追忆章太炎（修订本）》，第86页。

② 冯自由：《记章太炎与余订交始末》，载《革命逸史》第2集，第39页。

③ 章太炎：《题赠丁维汾》，《章太炎全集》（十一），第902页。

欢悦殆异恒情。”[①]丁惟汾转赠章太炎南京友人所托的馈赠之外，还将蒋介石所托的一笔一万圆的资金转予章太炎，其用意当为劝太炎少议论政事。章太炎听从夫人汤国梨等人的建议勉强接受之后，就宣布将这笔资金用作章氏国学讲习会与《制言》杂志的日常开支。[②]

1935年4月，“章氏国学星期演讲会”创办，地点在苏州的各大公园以及县立图书馆、青年会、沧浪亭等处，前后共举办了九期，其讲题为：《说文解字序》《白话与文言之关系》《论读经有利而无弊》《论经史实录而不应无故怀疑》《再释读经之异议》《论经史儒之分合》《论读史之利益》《略论读史之法》《文学略说》，每一讲都有记录者整理并在报刊上转载。

1935年9月，苏州章氏国学讲习会正式开学，同时创办《制言》半月刊作为讲习会的会刊。该刊章太炎生前已出刊24期，他去世后继续由章氏国学讲习会续编印，出至第47期时，苏州沦陷，被迫停刊一年多，1939年1月又在上海复刊并改为月刊，一共出版63期。

为什么章太炎晚年还想创办自己的国学讲习会？这与其北游讲学之际所感受到的大学教育的弊病有关。1933年1月，章氏撰写《国学会会刊宣言》，特意提及北游之观感：

> 余去岁游宛平，见其储藏之富，宫墙之美，赫然为中国冠弁。唯教师亦信有佳者，苦于薰莸杂糅，不可讨理，惜夫圣智之业，而为跖者资焉。或劝以学会正之，事绪未就，复改辙而南，深念扶微业、辅绝学之道，诚莫如学会便。[③]

所谓“薰莸杂糅”，除了他所说的“求是”与“致用”结合的问题，还有

① 屈万里：《章太炎赠丁鼎丞先生诗卷后记》，载陈平原、杜玲玲编：《追忆章太炎（修订本）》，第350页。

② 沈延国：《章太炎先生在苏州》，载陈平原、杜玲玲编：《追忆章太炎（修订本）》，第298—299页。

③ 章太炎：《国学会会刊宣言》，《章太炎全集》（九），第164页。

如何面对国家存亡、民族危机，然后通过保存学术来实现保存民族文化特性的问题。就当时学风而言，新文化运动以来，学术界确实多有流弊。章太炎指出：

今国学所以不振者三：一曰，毗陵之学反对古文传记也；二曰，南海康氏之徒以史书为账簿也；三曰，新学之徒以一切旧籍为不足观也。有是三者，祸几于秦皇焚书矣。[①]

夫讲学而入于魔道，不如不讲。昔之讲阴阳五行，今乃有空谈之哲学，疑古之史学，皆魔道也。必须扫除此种魔道，而后可与言学。[②]

所谓“毗陵”，即常州，晚清常州学派倡导今文经学而反对古文经学，此后同样主张今文经学的康有为及其弟子们更是认为古文经学推崇的《左传》等书为“账簿”，留学西方的新学之徒更是认为中国的旧籍全部“不足观”，这三大学术思潮在近现代的影响，在章太炎看来甚于秦始皇的焚书之害。他在北游讲学之际，看到当时的大学大多被“空谈之哲学，疑古之史学”所占据，而对于中国传统学术之精华几乎全然不加重视，故称之为“魔道”。故而创办传统书院特色的讲习会，还是为了振兴学术。

1935年9月16日，章氏国学讲习会正式开班，有朱希祖、钱玄同、黄侃、汪东、吴承仕为发起人，段祺瑞、吴佩孚、冯玉祥、马相伯、黄炎培等为赞助人。讲习期限为二年，分为四期，具体学程为：

第一期：《小学略说》《经学略说》《历史学略说》《诸子略说》《文学略说》；

第二期：《说文》《音学五书》《诗经》《书经》《通鉴纪事本末》《荀子》《韩非子》《经传释词》；

① 章太炎：《〈制言〉发刊宣言》，转引自汤志钧编：《章太炎年谱长编（增订本）》上册，第553页。

② 章太炎：《历史之重要》，《章太炎全集》（十五），第493页。

第三期：《说文》《尔雅》《三礼》《通鉴纪事本末》《老子》《庄子》《金石例》；

第四期：《说文》《易经》《春秋》《通鉴纪事本末》《墨子》《吕氏春秋》《文心雕龙》。[①]

据沈延国记载，当时的学员来自十多个省，住宿的有一百余人。[②]当时听讲的学生钱鼎澄则说：

来自十九省的学员，年龄最高者为七十三岁，最幼者十八岁，住宿的约百人，其中颇多曾任大学讲师、中学国文教员以及大专学生。由章师主讲，周凡三次，连堂二小时，不稍止。复听人质疑，时间不够，约日至私室，恣意论学……逢师主讲，讲堂必满座，且有伫立室外者。[③]

任启圣的记载，在招生人数上稍有差异，或是后来有所增补：

一九三五年暑假开始，共招学生七十二人，籍隶十四省。江浙人居多，北方人甚少，计甘肃一人，山西三人，山东四人，辽宁一人，河北籍者仅余及陈兆年两人。先生自任主讲，每星期担任四小时，每次二小时。尚有助教多人，以前中央大学历史系主任教授朱希祖担任《史记》，前东北大学主任教授马宗芗担任《庄子》，孙世扬担任《诗经》，诸祖耿担任《文选》，黄蕙（绍）兰（黄侃前妻）担任《易经》。诸生慕先生名，听课时无一缺席，其余则零星点缀而已。先生首讲《左传》，次讲《尚书》，最后拟讲《说文》，尚未开讲即已去世。[④]

---

① 汤志钧编：《章太炎年谱长编（增订本）》上册，第555页。

② 沈延国：《章太炎先生在苏州》，载陈平原、杜玲玲编：《追忆章太炎（修订本）》，第300页。

③ 钱鼎澄：《追记章太炎师办“苏州章氏国学讲习会”》，载陈平原、杜玲玲编：《追忆章太炎（修订本）》，第378—379页。

④ 任启圣：《章太炎先生晚年在苏州讲学始末》，载陈平原、杜玲玲编：《追忆章太炎（修订本）》，第354—355页。

当时的学生主要来自江苏、浙江，来自北方省份的屈指可数。章太炎自己担任主讲，另外有朱希祖、马宗芗、孙世扬、诸祖耿、黄绍兰等章门弟子也参与讲课。首次开讲讲的是《左传》，所讲为章太炎的著作《春秋左氏疑义答问》相关内容；接着讲《尚书》，为其著作《尚书古文拾遗》的相关内容。任启圣对章太炎讲解《尚书》的风格有所描述：

> 犹记先生讲《尚书》时，凡注疏已通者一概不讲，发现错误始进行驳辨，一字之微常辨析数小时而不倦，引经据典，口若悬河。先生不编讲义，不带参考书，惟凭口诵手写，不但《说文》《尔雅》背诵全文，即对《汉书》颜师古注，亦如数家珍。有人说，国学家第一本领即是书熟，此皆幼年刻苦用功死读强记至老不忘一字，故能左右逢源，一隅三反，非今之一知半解者所能望其项背也。
>
> 先生讲《尚书》毕，作总结时说，《尚书》自马、郑至孙渊如，讲通者不过十之四五；高邮王氏精于训诂，且不拘今古文，自出心裁，讲通者又有十分之一；仲容可取者只有三十条；曲园先生《群经平议》中亦有可取者，连余所得一百七十八十条，又搞通二成，共得八成。其余二成，本人亦不通，有待来者。[①]

《十三经注疏》中的《尚书注疏》较为通行，故该书能讲通的便不再多讲，发现有误的则加以辨析。太炎讲学向来不编讲义、不带参考，只是“口诵手写”，引到《说文解字》与《尔雅》以及《汉书》的颜师古注等，也如数家珍。对于《尚书》学的总结，讲到诸家的注疏，任启圣认为汉人可以讲通十分之四五，高邮王念孙、王引之父子再补其中十分之一，孙诒让（仲容）再补三十条，俞樾（曲园）与章太炎自己再补一百七八十条，这些合起来就是十分之八，还

① 任启圣：《章太炎先生晚年在苏州讲学始末》，载陈平原、杜玲玲编：《追忆章太炎（修订本）》，第354—355页。

有十分之二，只能有待来者。这一说法，大体符合《尚书》学诠释史之实际，也为后人指明了前进方向。

关于章太炎晚年讲学的社会反响及学术界回应，往往因实际听受者的立场态度不同而差若天渊，甚至场景的描述也反差强烈。苏州章氏国学讲习会的盛况，有学者统计，颇有少长咸集、群贤毕至的气氛。新老弟子如吴承仕、朱希祖、汪东、孙世扬、诸祖耿、王謇、王乘六、潘承弼、马宗霍、沈延国、潘重规等，南北耆硕如王树枏、陈衍、张其淦、杨锺羲、唐文治、孙雄、张一麐、孙德谦等，南方学人如吴梅、陈柱、冯振、吕思勉、高燮、蒋维乔、姚光、金天翮、闻宥、唐长孺、黄云眉、胡朴安、郭绍虞、古直、邓尔雅、叶长青、夏承焘、钱仲联、饶宗颐等，北方南下者如钱穆、邵瑞彭等，纷纷加盟。杨树达等人也屡思南行，因循未果。后来还有清华研究院国学科的毕业生如杜钢百、高亨、蒋天枢、姜亮夫等加入了苏州国学会以及后来的章氏国学讲习会。[①]

这一份名单还不包括诸如李源澄、诸祖耿等太炎晚年所收的弟子。总的来说，章太炎举办国学讲习会，确实吸引了很大一部分当时研究中国传统文化的精英人物，对于后世也影响巨大。此外还有不少学者受邀前去讲学，如钱基博便曾受邀在章氏国学讲习会作过讲演：

> 时在民国二十四年十一月初二日，余为三儿钟英订婚苏州汪氏，假中央饭店花园以成礼。而太炎先生偕李印泉先生以不介而至，此诚不速之重客！余乃初见太炎先生，致二十年钦迟之意。先生面约余赴章氏国学讲习会演讲，订以是月九日，且问将讲何题。余应之曰："腐儒曲学，寻章摘句，无不讲国学。然先生博学通人，不囿经师，章氏国学，别有义谛，所以章氏国学讲习，亦不可不别出手眼。余读先生之书，自谓粗有阚见，请即章氏国学讲习会为题，可乎?"先生大喜称善，因揭示生平论学之义谛。证之鄙见，殆无不合。[②]

① 桑兵：《章太炎晚年北游讲学的文化象征》，《历史研究》2002年第4期，第16页。
② 钱基博：《钱基博自述》，安徽文艺出版社2013年版，第289页。

1935年，钱基博第三子订婚，李源澄与章太炎前去观礼，于是章太炎当面约其到苏州章氏国学讲习会演讲，后钱基博以“章氏国学讲习会”为题，讲述自己读章太炎之书的体会，揭示其“论学之义谛”并“证之鄙见”。章太炎开办讲习会，确是轰动学界的盛事，途经东南的学者多有主动或应邀前去参与讲学活动的。

关于其盛况，可看弟子诸祖耿的回忆：

> 晚年，先生寓居吴中，购买侍其巷住宅，后又定居锦帆路，建筑讲堂，一意讲学，东及扶桑，南暨越裳，华夏群贤毕至，锦帆路上，车马云屯。……先生分门讲演，每日过午开始，往往延及申酉。一茶一烟，端坐讲坛，清言娓娓，听者忘倦，历二三小时不辍。[①]

前来听讲的有来自日本、越南的学者，更多的自然是中国人。章太炎从中午开始一直讲到黄昏，“一茶一烟，端坐讲坛”，娓娓道来，二三小时而不中断。还有弟子沈延国的回忆可以作为补充：

> 入学者，除苏地以外，沪、杭、宁诸地学者，咸来听讲。中有学者教授以及各大学讲师，中学教师，也有中文系学生等，听者近五百人，济济一堂，连窗外走廊等地，挤满了人。[②]

听讲的学生大多来自苏州、上海、杭州、南京等地，其中有著名学者、教授以及各个大学的讲师、中学的教师以及中文系学生，第一次开讲有近五百人到场，甚至连窗外走廊都挤满了人。

也有当年的青年学子薛慧山在报刊上写了批评章太炎办国学讲习会有“读

---

① 诸祖耿：《太炎先生〈国学讲演录〉序》，《章太炎国学讲演录》，诸祖耿、王謇、王乘六等记录，中华书局2013年版，第1页。

② 沈延国：《章太炎先生在苏州》，载陈平原、杜玲玲编：《追忆章太炎（修订本）》，第300页。

经复古”开倒车之嫌的文章，但章太炎“不以为忤，且表示一定要约期面晤”。薛慧山回忆说：

> 就在锦帆路上，矗起一所洋房，大门口悬着两块木牌，一边是“章氏国学讲习会”，一边是“制言半月刊社”。进入会客室，其间陈设十分简单，却也相当清雅。忽然一个脑袋特大，穿了大袍的老者，从里面缓步而出。徐君为我介绍，老者即从金丝眼镜中，眯细了双眼作笑容，看去倒也有一种慈祥和蔼的模样。①

薛慧山说起其伯祖为薛福成，以及目睹章太炎将粉笔误作香烟、吐痰很忙，章太炎还送其“天行健自强不息”字轴等，在这位世家子弟看来，章太炎确实喜欢对时局发牢骚，但对青年学子却是“慈祥和蔼”的模样。

有青年学子因为听不懂章太炎的方言，故特别强调是“看”其讲学的。比如1933年发表在《论语》杂志上、署名“碍哥”的《看朴学大师讲学记》，记录的是章太炎面对普通公众而非“章氏国学讲习会”学生的一次演讲，地点在无锡师范，题目则为《历史之重要》：

> 演讲两小时缺三十四分，章太炎吸“茄立克”六支，喝茶五杯，微笑三次，大笑一次，起立在黑板上写字两次，一曰“诬徒”，一曰“疑疾”。向藤椅上靠去险些儿跌交一次。记录员伸头低说“时间已到”三次……章太炎当时所讲系疑古问题，谓“今之文学家好疑古，而不求其根柢，仅是旁敲侧击，因之愈考古愈疑古，愈疑古而愈思考古，遂致成‘疑疾’”，此殆指疑古玄同学顾颉刚而言。②

章太炎在讲学时，依旧与烟、茶相伴，同时还有微笑、大笑，当是讲得比

---

① 薛慧山：《国学大师章太炎》，载陈平原、杜玲玲编：《追忆章太炎（修订本）》，第388—389页。

② 碍哥：《看朴学大师讲学记》，《论语》第14期，1933年4月1日。

较尽兴，大多数无锡本地人都能够听懂而多有回应的。这次演讲有记录稿传世，直接比照而知道，章太炎批评顾颉刚等“疑古”思潮的历史学者，过分“疑古”就会成为“疑疾”。

当然，也有人表示，章太炎晚年的讲习会是极为冷清的，比如署名“乃蒙”的听者所记录的一次观感，就其记录来看，当为某次“章氏国学星期演讲会”，与“章氏国学讲习会”当有所区别：

> 他坐在藤椅上，一面吸烟，一面低声的演讲。低声没问题，因为听众很少；只是满口土话，我们一点都懂不来。好在他讲完一段，那胡子大汉，便在黑板上将大意写出，我们才知道今天所讲的，不是国学的，而是革命的。因为明天是双十节……他是狂傲的人，一切是自私的，以自己为中心的。在演讲台上，他将听众幻成一种意象，以为这意象是他的获得，他的生命之某种关联；而这意象是陌生的，于是以眼光，以笑脸，去粘住它，把它位置在某种精神生活上。这里，我仿佛看见章先生心灵的凄独！
>
> 胡适之演讲“儒与孔子”，听众有一二千；而一代大师的章先生，只能于不相干的十数人面前，销磨生命的余剩。纵然有狂态，有傲气，也不能不感到悲凉吧？半月前他接一封怪函，要公安局查究，是疯人爵士钱曾麒写给他的。开首是“太炎长老：你缧绁讲学，发音如犀牛，殊觉可爱……”大家都说是疯话，我读后，倒生出莫名的感喟来。①

记者觉得章太炎的演讲声音很低，而且满口土话，外地人“一点都懂不来”，不过有人会在黑板上将演讲大意写出，当时讲的是“革命”，乃是为了纪念“双十节”。就演讲气势而言，章太炎是“狂傲的”“自私的”，并不顾及听众的反应，却也让人觉察其“心灵的凄独”。之所以这样说，是与胡适当时的演讲“听众有一二千”作了对比，章太炎的演讲竟然只有“不相干的十数人”，无法再有当年的狂态、傲气。当时还有人讽刺章太炎“发音如犀牛”，当是因其鼻子

---

① 乃蒙：《章太炎的讲学》，载陈平原、杜玲玲编：《追忆章太炎（修订本）》，第386页。

疾病发作，这不得不令人生出悲凉的感叹。

晚年的章太炎，还是有些寂寞的，不过也常有作家、学者路过上海或苏州的时候，前去拜访。比如日本著名作家芥川龙之介便曾去拜访：

> 章炳麟氏的书斋里，不知因了什么趣味，有一个剥制的大鳄鱼爬着也似地悬在壁上……大鳄鱼下，就挂着“东南朴学，章太炎先生，元洪”的横幅。可是，不客气地说，他的相貌，实不漂亮。皮肤差不多是黄的，鬓髯稀少得可怜，那突兀峥嵘的额，看上去几乎生了疣。只有那丝一般的细眼——在上品的无边眼镜背后，常是冷然地微笑着的那细眼，确有些不同。为了这眼，袁世凯虽曾把先生监禁，却终于未能加以杀害。[①]

当时章太炎在上海的书房里，最为引人注目的，除了满屋子的书籍，就是挂着的“大鳄鱼”标本，以及黎元洪题赠的“东南朴学”四字横幅。芥川还说起传闻中章太炎想收黎元洪为弟子而“以王者之师自任”。至于“大鳄鱼”，当是章太炎从南洋带回来的，或是出于博物学的趣味。也因此趣味，曹聚仁称其为“鳄鱼似的大师”[②]。事实上，章太炎还有《说龙》一文考证过鳄鱼与龙的关系：

> 龙形与蜥蜴同，今俗谓蜥蜴为潜龙，亦曰地龙，南洋群岛有蜥蜴跃起数尺，俗即谓之飞龙，此亦积古相传之义。其大者曰鼍鳄，并似蜥蜴。鼍出大江中流，而鳄生于南海，其形正同。然则鼍鳄即龙属矣……昔远西人未至南洲时，马来人不习射击，能持咒捕鳄……度古所谓御龙者亦是

---

① ［日］芥川龙之介：《芥川龙之介氏的中国观》，夏丏尊译，转引自陈平原、杜玲玲编：《追忆章太炎（修订本）》，第247页。另见［日］芥川龙之介：《中国游记》，施小炜译，浙江文艺出版社2018年版，第30—32页。

② 曹聚仁：《关于章太炎先生的回忆》，载陈平原、杜玲玲编：《追忆章太炎（修订本）》，第243页。相关考证参见胡文辉：《章太炎的鳄鱼标本》，载《文史足徵录》，上海文艺出版社2020年版，第157—164页。

术也。[①]

章太炎认为蜥蜴以及鼍、鳄等就是古人所说的龙属动物，故特意挂一“大鳄鱼”，似乎有暗示自己本为潜龙之意在。诚如芥川所说，章太炎确实算不上美男子，但额角突出、细眼有神，给人以和蔼之中暗含威严的感觉。

在清华国学院求学的吴其昌，曾在路过上海的时候，多次拜谒章太炎，他在与其师梁启超谈起的时候说道：

> 章先生偶与其昌谈及《易·说卦》“其于人也为宣发”，其昌言“宣发即寡发，王伯申《经义述闻》曾言之”。章先生谓：“此说是。证据在《北齐书》。”即背诵《北齐书》某人传如流。前辈读书之博而且精如此，虽欲不衷心钦服不能也。某次，与章先生谈及明清思想源流，章先生曰：“戴东原思想，出于明之罗整庵。”其昌大惊，此非将《整庵存稿》《困知记》《原善》《孟子字义疏证》等书酿熟胸中，而透视其背，决不能出此语也。故其昌对静安、太炎二先生之学问，乃衷心佩服，非震其名也。[②]

吴其昌对于王国维、章太炎二人之学问“衷心佩服”。他与章太炎谈论《周易》时，就一条注释，章太炎不但知道此条注释是出自王引之《经义述闻》，还知道证据来自《北齐书》，甚至将其中某传背诵如流，这让吴其昌惊叹“读书之博而且精如此”。在谈论明清思想源流时，太炎指出戴震（东原）思想出自明代罗钦顺（整庵），此一判断很有道理，但若非熟读罗的《困知记》以及戴的《孟子字义疏证》等书，便无法下这一断语。

1933年春，四川学者蒙文通问学于章太炎，正好太炎要去无锡国专讲学，于是同游而论学。蒙文通回忆说：

① 章太炎：《杂说三篇·说龙》，《章太炎全集》（九），第83—84页。
② 吴其昌：《梁任公先生晚年言行记》，《吴其昌文存》，第49—50页。

曩偕余杭章先生游无锡，小住三数日，几于无所不论。一日谈次，先生论及孔、佛优劣，谓：“孔子不过八地菩萨耳，未易与释伽齐量。”余请其所以，先生曰：“孔子不解阿赖耶识。”余举慈湖之言以问，慈湖谓“目之出色，耳之出声，鼻之出香，舌之出味，心之出物”，因问慈湖解前六识否？先生曰然。但宋时佛家书未尽亡佚，杨氏殆犹及见。余复举阳明事以问，弟子有问天地万物一体义者，阳明指道旁冢曰：“此人既死，此人之天地万物安在？”阳明解第八识否？先生曰然。余复举象山言，“宇宙即是吾心，吾心即是宇宙”，此是第八识否？先生曰然。孟子言“万物皆备于我”，宜亦第八识也。先生慨然曰：“孔子固解阿赖耶识也。”余请益于先辈者多矣，毋固毋我，未有如余杭先生之可感者也。①

蒙文通与章太炎讨论儒家与佛家的优劣，太炎一开始认为孔子对天地万物的认识不如佛学的阿赖耶识。蒙文通则举出杨简对六识的解说，还有王阳明的万物一体论，陆九渊、孟子对宇宙、万物与我心之关系的认识，于是太炎修正自己的看法，指出包括孔子在内的儒家，也当能理解佛学中阿赖耶识的程度。二人“无所不论”，太炎决不固执己见，论学气象之宏阔，令蒙文通非常感佩。

钱穆老家在苏州，所以在回乡之际，应“章氏国学讲习会”某人之邀而拜访章太炎，这是二人面晤的唯一一次：

又某年，余返苏州。太炎国学讲习会一门人某君来约，余依时往访。是为余面晤太炎之第一次，亦惟此一次。室中惟两人，无第三人参加。余询太炎：“近见报上中央政府有聘先生赴南京任国史馆长消息，确否？”太炎答：“我与政府意见不相洽，焉得有此事？报章传闻不足信。”余又言：“倘果政府来聘，先生果往，对此下撰写新国史有何计划？”太炎谓：“国史已受国人鄙弃，此下当不再需有新国史出现。”余曰：“此姑弗深论，倘有新国史出现，较之前“二十五史”体裁方面将有何不同？”太炎沉默有顷，

① 蒙默编：《蒙文通全集》（二），巴蜀书社2015年版，第11—12页。

曰："列传与年表等当无何相异。惟书志一门，体裁当有大变动。即如外交志，内容牵涉太广，决非旧史体例可限。因言居沪上，深知治外法权影响深广。如加叙述，所占篇幅必巨。其他方面更然。外交以外，食货、刑法诸门亦皆然。所需专门知识亦更增强。惟此书志一门，必当有大变动。在今难可详谈。"余以下午子时许去，畅谈迄傍晚。太炎又别邀苏州诸名流张一鹏等，设盛宴，席散始辞归。[①]

章太炎北游讲学，钱穆曾前往听讲，这次专门拜访，可见其对章太炎之钦佩的。二人说到的话题主要有两个，一是报上有刊载南京政府要聘请章太炎担任"国史馆长"的消息，章太炎表示此消息不足信，当为政府中某些人的一厢情愿或者造谣中伤。比如吴稚晖就在《东方杂志》上发文诋毁章太炎："他也鼎鼎大名的在苏州讲学了，党里的报纸也盛赞他的读经主张了。说不定他也要投青天白日旗的下面来，做什么国史馆总裁了。"[②]第二个话题则为还在准备撰写《国史大纲》的钱穆所特别关心的，如何编纂"新国史"？章太炎表示在民族危亡之际，恐怕不再会有官方的"新国史"出现。钱穆追问，假如编纂，则与此前的"二十五史"在体裁上，有什么不同？章太炎其实曾经有过"通史"计划，所以也愿意深入探讨，他指出"列传""年表"二者相似，但"书志"这一体例则当有大的变动，比如"外交志"，牵涉诸如"治外法权"等问题，如要叙述篇幅必然巨大；还有就是"食货"与"刑法"等专门之史，清代比过去任何朝代都有极大的不同，想要叙述都需要专门知识，故必有大变动。钱穆详细记录二人谈话内容，对章太炎的意见格外看重。

1935年，云南文献学家方树梅，曾在出省访求云南文献之时，每日记录其访书经历，后编成《北游搜访滇南文献日记》4卷，其中有两次拜谒章太炎的记录，可以作为其他学者对于章太炎观感的代表：

---

① 钱穆：《师友杂忆 · 十》，第173—174页。

② 吴稚晖：《回忆蒋竹庄先生的回忆》，载陈平原、杜玲玲编：《追忆章太炎（修订本）》，第196页。

一月二十二日……车十二时到苏州，乘人力车入平门，到葑门十全街五十四号，李印泉先生已扫榻以待矣，见面握手言欢。廿年阔别，一旦相见，其乐不可言状。昨日金铸九来视，印泉留饮，并邀章太炎先生在座，介绍通姓名。询余由滇到苏途程略情，一一详答，并述北游搜访文献任务，谬蒙嘉奖。

二十三日……午饭后，印泉五公子希泌，太炎先生弟子也，导往谒。略道寒暄，询余永明王历史。余将平昔所知者，如梳妆台乃永历帝陵，李定国无攻破缅甸事，先生甚以为然。谈约一时，始辞归。希泌年十七，治经史小学，已入太炎之室……太炎每一题，原原本本，希泌笔录，文词斐然。

《谒章太炎先生》：举国推山斗，当今一导师。《制言》端士习，妙论解人颐。感愤残明局，殷忧浩劫时。皋比吴会主，讲学济时危。

六月二十日。上午十一时，季邺世兄绍介与希鲁谒章太炎先生。先生喜谈政治，是日谈中国近事，约时许。

六月二十二日……午后一时，章太炎先生携其长公子，过印泉先生草堂闲谈，对时局不胜愤慨，谓南宋尚战而后和，今则不战而和，中央政府求如秦桧其人而不可得，汤阴有岳庙应塑汪、黄跪于其前云云。虽诙谐，实正论。①

方树梅第一次拜谒是在该年1月，当时方树梅暂住在李根源家，李本是云南腾冲人，与方为二十年的老友。第二日，因为李根源的儿子为太炎弟子，故引导方树梅前往拜谒，章太炎向方树梅询问明永历帝的历史以及遗迹，方树梅介绍其帝陵以及李定国事，他还作诗称赞章太炎为国学导师、泰山北斗。感愤于明史乃是因为日本侵略之下的局势，几乎与南明相仿了。第二次在6月，应是方树梅结束北上搜访文献即将回滇之际，特意路过苏州，前往拜谒之时，章太炎更是直接谈及中国的政治时事；第三日章太炎携其长子前往回拜，愤慨于

① 方树梅：《北游搜访滇南文献日记》，上海人民出版社2020年版，第31、32—33、143、145页。

时局，认为当时“不战而和”，政府之人比南宋秦桧还不如，汪精卫等人当被塑像跪于汤阴岳庙，这一论断方树梅认为“虽诙谐，实正论”，没想到后来不幸而言中了。

总之，章太炎及其弟子在苏州举办的章氏国学讲习会，可以看作是对于日趋完善的现代大学体制的一种反叛。现代大学基本参照西方的大学体制，以分科、分班的授课为其主要特征，传统的经学则大体无法与现代的文、史、哲等学科接榫。章氏国学讲习会的创设，回归于传统书院体制，也回归于传统的学术，属于现代教育转型之中的一股“逆流”。章太炎之后，尝试传统书院教育的不乏其人，比如马一浮等人的复性书院、梁漱溟的勉仁书院。马、梁二人后来被认为是新儒家，他们对现代大学与传统书院的优劣省思，当与章氏国学讲习会相互参照。此外，诸如1925—1929年期间的清华国学院，以及1920年创办的无锡国专，都将传统文化作为主要教学与研究的对象，又结合了现代大学的某些因素的新尝试，也可与章氏国学讲习会相互参照。

此外值得特别注意的是，晚年的章太炎，还有一套有别于其早年讲学的新宗旨，并通过系列的讲演而提出了新的“儒学”观。

论经史儒之分合

章太炎晚年论经与史，当是从其个人独特的“儒学”观出发的，即从“修己治人”这一总纲出发，这也是他晚年讲学的宗旨所在。

章太炎认为，汉代以后的儒家分为“修己治人”与“明心见性”两派，这种说法与清初的顾炎武有一定的关联，然亦不尽相同：

> 论汉以后之儒家……概而言之，须分两派：一则专务修己治人，不求高远；一则顾亭林所讥“明心见性”之儒是矣（明心见性，亭林所以讥阳明学派者，惟言之太过，不如谓尽心知性为妥）。修己治人之儒不求超出人

格；明心见性，则超出人格矣。[①]

顾炎武倡导以“修己治人之实学”代“明心见性之空言”，章太炎则提出儒家自汉代以后就可以分为两派，一为“修己治人”之儒，不追求超出人格的学说；一为“明心见性”（章太炎后改为“谈天说性”）之儒，追求超出人格的学说。所谓超出人格的学说，也就是性天之谈，太过玄虚，不利于人格之培植。至于“讲学救国”则必须取“修己治人”而不取“谈天论性”：

儒家之学，本以修己治人为归宿。当今之世，讲学救国，但当取其可以修己治人，不当取其谈天论性。谈天论性者，在昔易入于佛法，今则易入于西洋哲学。若以修己治人为主，而命之曰儒学，则宋、明诸家门户之见，都可消除，而教人自处，亦易简而有功矣。[②]

因为儒学本身就是以“修己治人为归宿”，现在讲学救国，就应当讲明“修己治人”，不当再“谈天论性”。至于“正名”的意义，还有一层，那就是可以消除宋、明诸家遗留下来的那些“门户之见”，不论东林、蕺山，或者朱学、王学，都从“修己治人”的角度来加以讲明，就都有利于教化、事功了。

关于论经、史之重要，章太炎有《论读经有利而无弊》《论读史之利益》等多篇讲演，至于如何看待经、史，则另有《论经史儒之分合》作了清晰的说明。其基本的观点有三：其一，经衍而为儒家、史家；其二，六经皆史之说；其三，经、史二部合于儒。这三点其实是一回事，在此民族危亡、国家沦丧之际，讲“国学”，也即讲“儒学”，讲“经史”，而非讲宋儒以及顾、高之“理学”。因此，章太炎说：“若至经史道丧，儒学废绝，则吾炎黄裔胄，真沦于九幽之下矣。”[③]

第一，章太炎认为经衍而为儒家、史家，经部修己治人全具，而儒、史二

① 章太炎：《诸子略说（上）》，《章太炎全集》（十五），第986页。

② 章太炎：《适宜今日之理学》，《章太炎全集》（十五），第508页。

③ 章太炎：《论经史儒之分合》，《章太炎全集》（十五），第599页。

家则分别发展了修己、治人，“源一流分”：

> 经之所该至广，举凡修己治人，无所不具。其后修己之道，衍而为儒家之学。治人之道，则史家意有独至……
>
> 大抵提出宗旨曰经，解说之者为说；简要者为经，详尽者曰说曰传。后世儒家史家，辞繁不能称，遂别称为子为史，溯其朔一而已矣。[①]

这是从文献之源流来说的，经部之学涵括最广，修己之道、治人之道无所不具。“六经”后来流衍而分为两大宗，一为儒家，以修己之道为主；一为史家，以治人之道为主。为什么经、史、儒分途？他认为主要是因为后世对于经部的解说渐趋“辞繁”，有经之说、经之传之类，分别发展为子部、史部之学，儒家则为子部之大宗，“儒家之入子部……惟因篇帙太繁，不得不揭称儒家以冠九流之首”。[②]然而追溯其源头，则儒（子部）、史都是“源一流分”而已。章太炎还说：

> 今教人读经，要在策人记诵，而史传及儒家学说，无不当悉心研究。儒之与史，源一流分，虽儒谈政治，史亦谈政治，而儒家多有成见，渐与史有门户之分。[③]

读经重要，故而儒学、史传也应当悉心研究。虽然说儒、史都源于经部，都在谈论政治，然而在章太炎看来，儒家“多有成见”，相对而言，史传的特点在于客观记录历代治人之迹。

第二，“六经皆史”论的新诠，在强调史为“六经”共同之“流裔”的同时，又强调了史学对于民族意识的意义。章太炎说：

① 章太炎：《论经史儒之分合》，《章太炎全集》（十五），第591页。

② 章太炎：《论经史儒之分合》，《章太炎全集》（十五），第595页。

③ 章太炎：《论经史儒之分合》，《章太炎全集》（十五），第596页。

古无史之特称。《尚书》《春秋》皆史也，《周礼》言官制，《仪礼》记仪注，皆史之旁支。《礼》《乐》并举，《乐》亦可入史类。《诗》之歌咏，何一非当时史料。《大小雅》是史诗，后人称杜工部为诗史者，亦以其善陈时事耳。《诗》之为史，当不烦言。《易》之所包者广，关于哲学者有之，关于社会者有之，关于出处行藏者亦有之。其关于社会进化之迹，亦可列入史类。故阳明有“六经皆史”之说。语虽太过，而史与儒家，皆经之流裔，所谓六艺附庸，蔚为大国，盖无可疑。[①]

章太炎发展了王阳明、章学诚等人的“六经皆史”论[②]，进一步将之细化，在“六经”之前“无史之特称”，《尚书》与《春秋》为史无疑义；《周礼》《仪礼》则因为谈论官制、仪注，故被认为是“史之旁支”，再者，礼、乐亦可入史；《诗经》作为史料，还作为史诗，故归入史类也无疑义；《易经》本色包容广大，其中有“社会进化之迹”，故亦可入史类，这么看来“六经皆史”之说，“盖无可疑”了。此后的史部之学，都为“六经”之“流裔”，无论编年、纪传之史书，或是史诗，都可以说是“六经”（六艺）之附庸，而后“蔚为大国”。然而与儒家相比，史家有着其独特的重要性：

承平之世，儒家固为重要。一至乱世，则史家更为有用。如《春秋》“内诸夏，外夷狄”，树立民族主义，嗣后我国虽数亡于胡，卒能光复旧物，即收效于夷夏之闲也。[③]

……史即经之别子，无历史即不见民族意识所在。[④]

由此可知，章太炎之所以在晚年讲国学之时，总将儒学与史学并重，根本

① 章太炎：《论经史儒之分合》，《章太炎全集》（十五），第591—592页。

② “六经皆史”之说，经过章太炎的新诠，在近代引起新的关注。此处章太炎指出“六经皆史”论与王阳明之关系，而他在《历史之重要》一文中则说：“经与史关系至深，章实斋云‘六经皆史’，此言是也。”具体可见章太炎：《历史之重要》，《章太炎全集》（十五），第490页。

③ 章太炎：《论经史儒之分合》，《章太炎全集》（十五），第596页。

④ 章太炎：《论经史儒之分合》，《章太炎全集》（十五），第599页。

在于当时属于乱世，史学特别重要，因为史学为“经之别子”，为“民族意识所在”，只要史书在，就能收效于夷夏之防，就能光复中华。

第三点，其实也是最为重要的一点，就是经、史二部合于儒。章太炎说：“若六经皆史之说，微有语病，因经所含者不止史学，即儒家之说亦在其内也。”[①]这就是说“六经皆史”说，在明晰史学之源流、梳理史料之类型上有其独特的价值，然却将“六经”与儒家的天然联系给模糊了，故而章太炎指出其中的“微有语病”。儒家的重要性，一在于修己之道的“灿然大备”；另一在于兼有“论及政事”，故而史家擅长的治人之道，亦可合于儒家。章太炎指出：

> 孔子言“兴于《诗》，立于《礼》，成于《乐》”。《诗》《礼》《乐》本以教人修己。一部《论语》，言修己之道更多。今《论语》入经部，实则《论语》为孔氏一家之书，亦儒家言耳。《论语》既入经部，则若《孟》《荀》等无一不可入经部。惟因篇帙太繁，不得不揭称儒家以冠九流之首。后人疑《孟子》不应入经部，如论其源流，实无大背谬也。经兼修己治人，史则详治人而略修己。自《论语》出而修己之道灿然大备，儒之可重者在此。[②]

儒家之学，源于“六经”，发展《诗》与《礼》《乐》以修己之道，《论语》与《孟子》后来进入经部，在章太炎看来，甚至连《荀子》一书也可以入经部，只是因为“篇帙太繁”，所以许多可入经部的儒家之书，不得不放在子部，即便如此也是子部“九流之首”。至于史家“详治人而略修己”，而其治人的功能，在儒家之言当中也有不少。章太炎说：

> 儒家之言，关于修己之道独多，论及政事者亦不少……原夫史之记载，多帝王卿相之事，罕有言及齐民。舜虽耕稼陶渔，终登帝位，史亦不能详

① 章太炎：《论经史儒之分合》，《章太炎全集》（十五），第595页。
② 章太炎：《论经史儒之分合》，《章太炎全集》（十五），第595页。

> 其初事。周公制《礼》作《乐》，而《礼》犹不下庶人，与齐民修己鲜涉。惟孔子出身编户，自道甘苦，足使人得所效法。夫子之贤于尧、舜，亦其地位使然也。孔子以前，为帝王而立言者实多，为平民而立言者盖寡。东家之邱，人固以细民易之。孔子亦自言“吾少也贱，故多能鄙事”……则夫子于细民鄙事，能者实多，故能“疏食饮水、曲肱而枕，不改其乐”。以历经困厄之人，甘苦自知，言之自能亲切，而修己之道亦因之圆满。其后孟、荀二儒，益能发挥尽致。《汉志》入《孟》《荀》于儒家者，以分部时当然，实则渊源无异也。如此则经、史二部，亦固可合于儒。[①]

从某种角度上看，儒家可以涵括史家的功能，一是因为论及政事者不少，另一则是因为儒家不只记载“帝王卿相之事”，还记载“细民鄙事”，“为平民而立言”。在章太炎看来，孔子出身编户，地位不同，故而能做许多尧、舜、周公所不能之事。还需要再强调的是，对于政事，也即治人之道的讲求，其实就是修己之道的“圆满”，比如《孟子》《荀子》二书虽列为儒家，但其中论及政事者实多，这也是经、史合于儒的明证。因此，章太炎指出：“然无儒家，则修己之道不能圆满。而治人之道，欲其运用有方，则儒家亦往往有得之者。”[②]这就是说，儒家之学，更好地承载了经学的功能，故而是修己之道的“圆满”与治人之道的“运用有方”。所以说，儒学与经、史之学虽有分别，然又能融合经、史二学。

自清末废除科举后，南宋以来以“四书”为核心的儒家经典体系，就遭遇了新的变局。《大学》与《中庸》被重归于《礼记》，《论语》与《孟子》则多以“十三经”之一或诸子百家之一而被研究与传播。如何重新建构儒家经典的核心体系，晚年的章太炎希望更换“四书”的大部分篇目，提出以《孝经》《大学》《儒行》《丧服》，一万多字的原文组成“新四书”，作为“十三经”之总持、国

---

① 章太炎：《论经史儒之分合》，《章太炎全集》（十五），第595页。

② 章太炎：《论经史儒之分合》，《章太炎全集》（十五），第596页。

学之统宗。[1]如将“新四书”这一万多字加以讲诵、躬行，则“修己治人之道，大抵在是矣”。他说：

今欲改良社会，不宜单讲理学，坐而言，要在起而能行。周、孔之道，不外修己治人，其要归于六经。六经散漫，必以约持之道，为之统宗。余友桐城马通伯，主张读三部书，一、《孝经》；二、《大学》；三、《中庸》，身于三书均有注解。余寓书正之，谓三书有不够，有不必。《孝经》《大学》固当，《中庸》则不必取……今欲卓然自立，余以为非提倡《儒行》不可。《孝经》《大学》《儒行》之外，在今日未亡将亡，而吾辈亟须保存者，厥惟《仪礼》中之《丧服》。此事于人情厚薄，至有关系。中华之异于他族，亦即在此。余以为今日而讲国学，《孝经》《大学》《儒行》《丧服》，实万流之汇归也。不但坐而言，要在起而行矣。

一、《孝经》；二、《大学》；三、《儒行》；四、《丧服》，其原文合之不过一万字，以之讲诵，以之躬行，修己治人之道，大抵在是矣。[2]

他认为，因为关系到社会的改良，故而中华民族的危亡“不宜单讲理学”，而要讲“坐而言”“起而行”的急务，也就是“修己治人”之道。“修己治人”之道渊源于“六经”或“十三经”，但“六经”“散漫”，“十三经”“文繁义赜”，故而需要从其中梳理出“约持之道，为之统宗”。于是章太炎提出他的“新四书”体系。除《国学之统宗》一文专门阐明“新四书”体系外，章太炎在与吴承仕的信中指出：

自《论语》而外，括囊民义，不涉天道，莫正于《大学》；奋厉志行，

① 章太炎本人并未直接用“新四书”这个提法，但在《关于史学的演讲》中称“四书”，学界论及章氏这一观点，汤志钧称之“四经”，参见汤志钧编：《章太炎年谱长编（增订本）》，第923页；张昭军称之“小四经”，参见张昭军：《儒学近代之境：章太炎儒学思想研究》，社会科学文献出版社2002年版，第259页。也有使用“新四书”这个提法的，参见王锐：《章太炎晚年学术思想研究》，商务印书馆2014年版，第107—119页。

② 章太炎：《国学之统宗》，《章太炎全集》（十五），第479—480页，第487页。

兼综儒侠，莫隆于《儒行》；导扬天性，遏绝悖德，莫尚于《孝经》；辅存礼教，维系民俗，莫要于《丧服》。[①]

他还在《历史之重要》与《关于史学的演讲》等其他多篇文章中提出相似的论说：

国学不尚空言，要在坐而言者起而可行。十三经文繁义赜，然其总持则在《孝经》《大学》《儒行》《丧服》。《孝经》以培养天性，《大学》以综括学术，《儒行》以鼓励志行，《丧服》以辅成礼教。其经文不过万字，易读亦易记。经术之归宿，不外乎是矣。[②]

因举"四书"，曰《孝经》，所以教孝道也；曰《大学》，所以总群经也；曰《儒行》，所以厉士节也；曰《丧服》，所以广礼教也。[③]

由上而知，"新四书"的顺序为"一、《孝经》，二、《大学》，三、《儒行》，四、《丧服》"。"新四书"之经文合起来不过万字，易读易记，故而方便讲诵、适合躬行。再看其中的结构，大体可以理解为"3+1"，《孝经》《大学》《儒行》三书更为重要，章太炎在《诸子略说》中说：

儒者之书，《大学》是至德以为道本（明明德，止于至善，至德也），《儒行》是敏德以为行本，《孝经》是孝德以知逆恶，此三书实儒家之总持。[④]

先说《孝经》，讲明"孝德"，知晓顺逆、善恶之分辨，培养人的天性；再讲《大学》，讲明"至德"，即儒家之道的根本，《大学》也是儒家群经的总钥

① 章太炎：《与吴承仕·六十九》，《章太炎全集》（十二），第474页。

② 章太炎：《历史之重要》，《章太炎全集》（十五），第488页。

③ 章太炎：《关于史学的演讲》，马勇编：《章太炎讲演集》，河北人民出版社2004年版，第170页。

④ 章太炎：《诸子略说（上）》，《章太炎全集》（十五），第978—979页。

匙；第三讲《儒行》，讲明“敏德”，也即如何行道，这是作为儒者的志行、士节的关键。前三书本身就构成一个儒学的“总持”，而《丧服》一书则作为辅助礼教、推广礼教的意义，列在“新四书”的最后。

进一步来说，章太炎认为“《孝经》为经中之纲领”，“我国素以《孝经》为修身讲学之根本，教育根源，亦依于此”[①]。《国学之统宗》首先阐明《孝经》在儒家群经之中的重要性，“汉人以《孝经》为六经总论”。再者，“儒、墨之分，亦可由《孝经》见之”，章太炎说：

> 墨子长处尽多，儒家之所以反对者，即在“兼爱”一端。今之新学小生，人人以爱国为口头禅，此非墨子之说而似墨子。试问如何爱国？爱国者，爱一国之人民耳。爱国之念，由必爱父母兄弟而起。父母兄弟不能爱，何能爱一国之人民哉！……平时身体发肤不敢毁伤，至于战阵则不可无勇，临难则不可苟免。此虽有似矛盾，其实吾道一贯，不可非议。于此而致非议，无怪日讲墨子“兼爱”之义，一旦见敌，反不肯拼命矣。[②]

因为《孝经》所讲近于墨子之道，故而需要说明其中的差异。墨子讲兼爱，比如爱国，人人讲爱国类似墨子，然而事实上依照儒家之说，爱国也当从爱父母、兄弟开始做起，否则又如何去爱一国之人民？再说打仗，墨家讲兼爱，但见了敌人反不肯拼命；《孝经》讲身体发肤不敢毁伤，但真的到了战阵之上却又不可不勇敢，儒家思想看似矛盾其实则一贯。至于平日如何做，章太炎说：“《孝经》一书，实不可轻。《孝经》文字平易，一看便了，而其要在于实行……但师其意而活用之，由近及远，逐项推广可矣。”[③]章太炎还说：“吾谓《孝经》一书，虽不言政治，而其精微处，亦归及政治。”[④]如果就《孝经》的实行来看，由修己而治人，推而广之自然也是一种政治。

---

① 章太炎：《讲学大旨与〈孝经〉要义》，《章太炎全集》（十五），第516页。

② 章太炎：《国学之统宗》，《章太炎全集》（十五），第481页。

③ 章太炎：《国学之统宗》，《章太炎全集》（十五），第481页。

④ 章太炎：《〈孝经〉〈大学〉〈儒行〉〈丧服〉余论》，《章太炎全集》（十五），第523页。

《大学》一书，是朱子旧“四书”体系之中唯一一种进入章太炎“新四书”体系的。《国学之统宗》当中说：

> 《孝经》乃一贯之道，《大学》亦一贯之道。历来政治不良，悉坐《大学》末章之病。所谓“好人之所恶，恶人之所好”，一也；“人之彦圣，冒疾以恶之”，二也；“长国家而务财用”，三也。三者亡国之原则，从古到今二三千年，无有不相应者。反之，即可以平天下。是故《大学》者，平天下之原则也。从“仁义”起，至“平天下”止，一切学问，皆包括其中。治国学者，应知其总汇在此。①

章太炎真正认同的还是明代王学，特别是王艮对于《大学》格物的讲法。不过他更重视的还是《大学》“治国平天下”的意义，所以特别阐述“《大学》末章”的大义，即由“仁义”而“平天下”的原则。其实，章太炎晚年多次演讲都在宣传《大学》的重要性。比如1932年，他在苏州中学演讲“《大学》大义”。

另外，有学者指出，章太炎特意表彰《大学》有其特殊的针对性，一方面为了对抗孙中山—戴季陶式的《大学》观，另一方面则是针对当时蒋介石鼓吹中国传统，大谈“四维八德”，故其独特解释颇有对抗国民党官方意识形态的意味。②

关于《儒行》的意义，章太炎说：“讲明《孝经》《大学》，人之根本已立，然无勇气，尚不能为完人，此余之所以必标举《儒行》也。”《孝经》与《大学》为“六经”中为人为学的根本思想所在，故而熟读此二书则“人之根本已立”，然而人要成为“完人”还要有勇气、有节操，故而必须标举《儒行》一书。关于气节，章太炎说：

---

① 章太炎：《国学之统宗》，《章太炎全集》（十五），第483页。

② 王锐：《革命儒生：章太炎传》，第301—302页。

社会腐败，至今而极。救之之道，首须崇尚气节……专讲气节之书，于《礼记》则有《儒行》。《儒行》所述十五儒，皆以气节为尚。宋初，尚知尊崇《儒行》，赐新进士以皇帝手书之《儒行》。南宋即不然。高宗信高闶之言，以为非孔子之语，于是改赐《中庸》。大概提倡理学之士，谨饬有余，开展不足。两宋士气之升降，即可为是语之证。今欲卓然自立，余以为非提倡《儒行》不可。

……然而两汉人之气节，即是《儒行》之例证。苏武使于匈奴，十九年乃返，时人重之，故宣帝为之图像。至宋，范文正讲气节，倡理学。其后理学先生却不甚重视气节，洪迈之父皓，使于金，十五年乃返，其事与苏武相类，而时人顾不重之。宋亡，而比迹冯道者，不知凡几，此皆轻视气节之故。如今倭人果灭中国，国人尽如东汉儒者，则可决其必不服从。如为南宋诸贤，吾知其服从者必有一半。是故欲求国势之强，民气之尊，非提倡《儒行》不可也。[①]

章太炎认为，北宋皇帝重视《儒行》，范仲淹等人讲气节，南宋皇帝则提倡理学而改重视《中庸》，于是士气越来越弱，宋之亡国与此有关。《中庸》不必再讲，另外一个原因则是过于侧重“谈天说性”。再说当时中国已经到了危亡的边缘，如果都重视气节如同东汉儒者，那么即使日本侵略也不会屈服；如果都如同南宋儒者，那么必有半数会服从了。所以说，想要“求国势之强，民气之尊”，就必须重视《儒行》。章太炎另有《〈儒行〉要旨》，对于《儒行》一书的重要性，进一步作了多方面的阐述，其中就说：“细读《儒行》一篇，艰苦奋厉之行，不外高隐、任侠二种……任侠一层，则于民族存亡非常相关。”[②]在民族危亡之际呼唤“任侠”之风，对于崇尚气节的传统儒风而言，也是一种特殊的补充，所以《儒行》一书在“新四书”体系当中，有其特殊的意义。

最后，章太炎在《国学之统宗》当中强调了《丧服》一书的意义。他说：

① 章太炎：《国学之统宗》，《章太炎全集》（十五），第480、484—485页。

② 章太炎：《儒行要旨》，《章太炎全集》（十四），第476—477页。

> 《孝经》《大学》《儒行》之外，在今日未亡将亡，而吾辈亟须保存者，厥惟《仪礼》中之《丧服》。此事于人情厚薄，至有关系。中华之异于他族，亦即在此[①]……《丧服》至今仍行，通都大邑，虽只用黑纱缠臂，然内地服制尚存其意，形于文字者，尚有讣闻遵礼成服之语，虽是告朔之饩羊，犹有礼意存焉。[②]

《丧服》本就是《仪礼》十七篇之一，然而《仪礼》当中诸如冠礼、婚礼、士相见礼、乡饮酒礼等有的徒有其名，有的不行于今，最后只有丧服至今仍旧通行，其中大意都还留存着。丧服之中的礼仪文化，关系“人情厚薄”，关系中华民族区别于世界上其他民族的根本，所以从礼教而言极为关键。章太炎还说《丧服》代有变迁，然而自周代以来，汉儒以及三国、晋、六朝、唐人都重视《丧服》，甚至“宋代理学先生，亦知维持《丧服》”，“明人则恐不甚看《丧服》经，然皇帝皆以孝字为号，尚知遵行《丧服》，胜于清人”，“降至清代，遂为一切误谬之总归宿”。也就是说，历代都重视《丧服》，到了清代虽然还留存其中大意，但谬误更多，故而需要再来讲明其中本义。章太炎还说：“《丧服》一篇，今之学者不注意已久，余必欲提出此篇者，盖‘礼教’二字，为今之时流所不言。”[③]章太炎对作为礼教代表《丧服》一书的重视，体现了章太炎对当时种种毁弃礼法之风的反感，此书在“新四书”体系之中，也有其不可替代的地位。

章太炎“新四书”的提出，还与走出宋明以来的理学时代，回归传统“儒学”以及经史之学这一观念有关。其一，讲国学而为之“正名”，不当再如宋明时代那样单讲“理学”，而当名曰“儒学”。他在《适宜今日之理学》一文中专门讨论了为什么要从“理学”回归“儒学”的原因：

---

① 章太炎：《国学之统宗》，《章太炎全集》（十五），第480页。

② 章太炎：《国学之统宗》，《章太炎全集》（十五），第485页。

③ 章太炎：《讲学大旨与〈孝经〉要义》，《章太炎全集》（十五），第516页。

理学之范围甚大，今日讲学，当择其切于时世可以补偏救弊者而提倡之，所谓急先务也……吾尝谓理学之名，不甚妥当。宋世称“道学”，明代称“理学”，姚江则称“心学”。宋人反对朱晦庵者云“无一实者谓之道学”，可见当时不以道学为嘉名。姚江以为理在外，心在内，故不称理学而称心学。

吾意理云心云，皆有可议。立身之道，发乎情，不能一断以理。一国有其礼法，一乡有其风俗，皆因情而立制，不尽合于理也。心学之名，较精确矣，然心学末流，昌狂妄行，不顾礼法，正为其专趣高明之故。吾谓当正其名曰儒学。儒家成法，下学而上达，庶无流弊。[1]

章太炎认为，理学本身范围极广，如今要讲明的是“切于时世”的“先务”。再说“儒学”的发展历史，宋代称“道学”，明代称“理学”，王阳明又称之“心学”。其中“道学”一名多半来自朱子的反对者，故而在宋代也不是一个“嘉名”。至于“理学”一名，在章太炎看来还不如“心学”更为精确，因为立身之道与国之礼法、乡之风俗，都有“因情而立制”的因素在，故而“不尽合于理”。然而“心学”的提法，也容易使人“专趣高明”，产生“昌狂妄行，不顾礼法”之类的弊病。最后他强调，如今再讲“理学”，应当重新“正其名”，称之“儒学”，只有孔、孟的“儒家成法”，方才能够“下学而上达”，几乎没有什么流弊。

其二，从“理学”回归“儒学”，真正的“儒学”必须能够“坐而言，起而行”，“下学而上达”，必须批判宋、明诸儒所谓“理学”，回归于先秦孔、孟的原始“儒学”，从“谈天论性”回归“修己治人”。在章太炎看来，宋、明诸家讲“理学”分歧极大，而这些分歧多半来自“谈天论性”，至于“修己治人”则诸家几乎相同：

所谓理学，门户纷歧，在宋即有朱、陆之异派。其实何止朱、陆，晦

① 章太炎：《适宜今日之理学》，《章太炎全集》（十五），第507页。

庵本与吕东莱相契，其后以东莱注重功利，渐与分途。顾论学虽不合，论交则不替，至于修己治人之道，彼此亦非相反也。明儒派别更多，王阳明反对朱学，阳明弟子又各自分派，互相反对。阳明与湛甘泉为友，其为学亦相切磋，其后王讲良知，湛讲天理，门庭遂别。王、湛之学，合传于刘蕺山。然蕺山于甘泉不甚佩服，于阳明亦有微词。其后东林派出，不满于朱学，亦不满于王学。而高景逸近于顿悟，景逸訾蕺山为禅，顾不自知其学亦由禅来也。凡此数家，学派虽不同，立身之道则同。①

其实，章太炎是想说明，无论宋、明，讲“理学”都有着众多的分歧，朱子与吕祖谦也是由“相契”而“分途”，王阳明与湛若水也是如此。一旦涉及“良知”“天理”等概念就“各自分派，互相反对”。阳明的弟子们，以及刘宗周、高攀龙等也都是如此，这些学派的分别都在“谈天论性”上，而他们的“修己治人”之学与“立身之道”则几乎相同。也就是说，他们在根本之处——渊源于孔孟儒学者都是相同的。至于“正名”的意义，还有一层，那就是可以消除宋、明诸家遗留下来的那些“门户之见”，不论东林、蕺山，或者朱学、王学，都从“修己治人”的角度来加以讲明，便都有利于教化、事功了。

这么说来，章太炎“正名”为“儒学”，正好是在新的时代，接续了旧的传统，回归了原始的儒学、经史之学。至于倡导“新四书”的深层原因，则是前文所说的倡导“修己治人”之实学，代“明心见性”之空言。

关于“治人”之学，章太炎晚年提倡“历史之重要”。事实上，他一生都在劝人读史。早在1925年，他就在与朱费隐的信中说：“仆所以劝人读史者，在使人知往事利弊，以为今日鉴戒；亦使人发越志趣，不至奄奄无生气耳。”②到了1935年面临民族危亡之际，就更强调史书了，他在与张季鸾的书信中说：“中国今后应永远保存之国粹，即是史书，以民族主义所托在是。”③历史可以作

---

① 章太炎：《适宜今日之理学》，《章太炎全集》（十五），第508页。

② 田丰：《新发现1915—1925年章太炎五则佚文佚简辑释》，《中国现代文学研究丛刊》2020年第12期。

③ 章太炎：《与张季鸾》，《章太炎全集》（十三），第1235页。

为借鉴，也可以激发志趣，历史更是一个国家民族精神的寄托。到了晚年，他反复阐明“今日切要之学”即为历史：

从古迄今，事变至赜，处之者有经有权，观其得失而悟其会通，此读史之益也。盖人之阅历广则智识高，智识高则横逆之来，无所惴缩。故读史须贯穿一事之本末，细审其症结所在。前因后果，了然胸中，而一代之典章制度，亦须熟谙而详识之。[①]

高者知社会之变迁，方略之当否，如观棋谱，知其运用，读史之效可施于政治，此其上也。其次考制度，明沿革，备行政之采择。[②]

熟读历史，就能够在事变之际处置得“有经有权”，因为对于古今之人事得失都有所会通，阅历广、智识高，才能将各种前因后果“了然胸中”。想要认识中国的疆域变迁、制度沿革、政治得失、学术流变，必须从历史中寻找思想资源；培养中国人热爱国家、热爱本国民众、热爱本国文化的情感，也必须依靠历史。更何况当时日本的右翼文人配合日本军国主义，已经在不断抛出“中国无国境论”“满蒙非中国论”种种谬说，为其侵略而作张本。章太炎一生研究《左传》，在其最后之定本《春秋左氏疑义答问》当中，他指出孔子著《春秋》的重要原因即为：“四夷交侵，诸夏失统，奕世以后，必有左衽之祸，欲存国性，独赖史书，而百国散纪，难令久存，故不得不躬为采集，使可行远。”[③]故当日本侵占整个中国的意图昭然若揭之际，必须重申“欲存国性，独赖史”。

章太炎晚年讲学的特别重要的一个方面还是历史，他一边强调“历史之重要”，一边对当时的史学风气再作批评。比如在《汉学论》中就指出：

循《公羊》之说，周可以黜，鲁可以王，时制可以诡更，事状可以颠倒……清世言《公羊》已乱视听，今《公羊》之学虽废，其余毒遗蠚犹在。

① 章太炎：《读史与文化复兴之关系》，《章太炎全集》（十五），第537页。

② 章太炎：《略论读史之法》，《章太炎全集》（十五），第613页。

③ 章太炎：《春秋左氏疑义答问》，《章太炎全集》（六），第270页。

人人以旧史为不足信，而国之本实蹶矣。[①]

古代的《春秋公羊传》及其相关学说，其中就有“时制可以诡更，事状可以颠倒”的问题，故在一生致力于《春秋左氏传》的章太炎看来，多不可信。而晚清时期的公羊学家，更是淆乱视听，特别是康有为一派更是章太炎特别批判的对象。再到民国史学中以顾颉刚为代表的古史辨派，他主编的《古史辨》系列提出古史层累造成之说，认为古代文献记载的历史多不可信，往往年代越往后，记载越丰富，故上古历史多为后人伪造。古史辨派兴起的“疑古”思潮，因其反传统，以及整理国故的“科学方法”，在新文化运动之际受到青年学生的欢迎，顾颉刚也成为学术界的领袖，引导一时历史研究之学风。而章太炎继承的是清代汉学传统，强调“实事求是”，故而对于当时流行的“疑古”思潮曾多次提出质疑：

今之讲史学者，喜考古史，有二十四史而不看，专在细微之处，吹毛索瘢，此大不可也。昔蜀之谯周，宋之苏辙，并著古史考，以驳正太史公。夫上下数千年之事，作史者一人之精力，容有不逮，后之人考而正之，不亦宜乎！无如今之考古者，异于谯周、苏辙，疑古者流，其意但欲打破历史耳。古人之治经史，于事理所必无者，辄不肯置信，如姜嫄履大人迹而生后稷，刘媪交龙于上而生高祖，此事理所必无者也，信之则乖于事实。又同为一事，史家记载有异，则辨正之，如《通鉴考异》之类，此史学者应有之精神也。自此以外，疑所不当疑，则所谓有“疑疾者”尔。[②]

在他看来，顾颉刚的古史辨派，并未认真去读“二十四史”，反而针对历史的细微之处“吹毛索瘢”，对于上古历史为主的传世文献，都先假设其中有伪，然后再找出证据来证明，其意图是在“打破历史”。章太炎认为，古代的“正

① 章太炎：《汉学论上》，《章太炎全集》（九），第1页。
② 章太炎：《历史之重要》，《章太炎全集》（十五），第493页。

史”，其中存在错误或差异，甚至“于事理所必无者”，都是正常的，对此加以辨正为历史学者“应有之精神”，“疑所不当疑”则大可不必。章太炎强调古代的经史大多皆为“实录”，有两点理由：

盖经除今文、史除杂史而外，率皆实录。实录者，当时之纪载也。其所根据：一为官吏之奏报，二为史臣所目击，三为万民所共闻，事之最可信者也。

要知凡后人伪造之书，只能伪造虚文，不能伪造实事，关于天官、地理，更难伪造……史有事实离奇，难于确然置信者，其故盖由于实有其事，而描写过甚。此类之事，如与大体无关，则存而不论可也。[①]

古代文献，其中今文经学多有谶纬的内容故不可全信，杂史也必然掺杂不可信的传说，其他诸如《春秋》与“二十四史”，大体来说确实是“实录”，其中有史源学的依据，其史料来自“官吏之奏报”“史臣所目击”与“万民所共闻”，所以相对其他史籍而言，则是“最可信者”。章太炎还指出后人伪造“只能伪造虚文，不能伪造实事”，所谓“虚文”就是对历史事件的描写，往往会有过于离奇之处，令人难以置信，但就其“实事”而言则难以伪造，特别是天文、地理之类，所以说“疑古”思潮的总体导向，还是有问题的。

当然，章太炎讲历史，从探究历史之真实出发，必然会有一定的“疑古”之处，他在章氏国学讲习会中，就特别指出对于“正史”的四条“怀疑”：《史记》中关于战国的“六国时事”、《汉书》与《后汉书》中关于王莽的记载、新旧《唐书》中关于李建成李元吉的记载、《明史》以及其他明代史籍中关于建文帝的记载。他认为其中都存在诸多疑点值得再作考证，然后又指出：

以上所述，皆非无故怀疑。一则太史公纪六国时事，无所取材，取诸其人自著之书，不免失之浮夸。二则王莽之事，同此一人，而前后愚智悬

① 章太炎：《论经史实录不应无故怀疑》，《章太炎全集》（十五），第573、576—577页。

绝，当出光武诸臣之曲笔。三则建成、元吉之事，有温大雅《起居注》可供参证，房玄龄主修之国史，太宗不无自定之嫌。四则建文逊国之事，世无实录，采之野史，未必可信。孔子曰："多闻阙疑，多见阙殆。"故必博学、审问、慎思、明辨，方足以言怀疑。若矜奇炫异，末杀事实，则好学之士不当尔也。①

章太炎反对"无故怀疑"，反对对古人、古史作"有罪推定"，为什么"正史"之记载会有错误，则要分析其所用之史料的来源，然后发现其中"浮夸""曲笔"之处，通过一番学、问、思、辨然后才能提出"怀疑"，研究历史绝不能存"矜奇炫异"之心。事实上，顾颉刚本人后来也渐渐走出"疑古"思潮，在民族危亡之际，倡导经世致用的史学，希望讲明历史来激发爱国之心，这些都与章太炎的历史观大体相同。特别是创办《禹贡》杂志，讲明边疆史地，除了有资于考古外，更是基于现实之忧思，他还主持"通俗读物编刊社"，编写通俗历史小册子来"唤起民族的意识""鼓励抵抗的精神""激发向上的意志""灌输现代的常识"②。

晚年的章太炎除了对于儒学、经史之学表现出特别重视之外，依旧对于老子、韩非子等先秦诸子学有着特别的关注。比如他说："历来承平之世，儒家之术，足以守成；戡乱之时，即须道家，以儒家权谋不足也。"③"若夫奸人成朋，贵族陵逼，上以侵其主，下以贼其民庶，非有老子、韩非之术者，固无以应之。"④道家思想，在"戡乱之时"可以发挥特别的作用，这也是他本人在困厄之际撰写《齐物论释》的原因所在，并且道家的老子与法家的韩非子多有相通之处，韩非子曾著有《解老》《喻老》等篇发展老子哲学，在"上以侵其主，下以贼其民庶"的乱世，老子、韩非子之术，可以解决大问题。换言之，其实就是历史上所谓的"王霸并用"。据唐祖培回忆，他在1936年春曾经拜谒章太炎，

① 章太炎：《史学略说（下）》，《章太炎全集》（十五），第973页。

② 顾潮：《顾颉刚年谱（增订本）》，第237—238页。

③ 章太炎：《诸子略说（下）》，《章太炎全集》（十五），第1003页。

④ 章太炎：《老子政治思想概论序》，《章太炎全集》（九），第150页。

当时章太炎特别强调：

> 王道、霸道，应时而兴，实非相反，未能偏废……今日何日，举世尚霸；保全国族，非霸无功。但制侵敌，毋多杀伤，平平王道，又乌可废？王道安民，霸道保族，果由斯道，民族无忧矣。[①]

儒家倡导王道，法家则为霸道，“王道安民，霸道保族”，在民族危亡之际，“举世尚霸”，但还是要强调“毋多杀伤”，王道也依旧不可偏废了。

关于章太炎的经史观念，以“醇儒”自命的马一浮曾评价说：“章太炎之尊经，即以经为史，而其本实出于章实斋‘六经皆史’之论，真可谓流毒天下，误尽苍生。此其人未尝知有身心性命之理，故有此说。”[②]与马一浮颇为同调的熊十力则认为：“太炎博雅，能文章，经学实非其所深究也。”[③]此外，曾经专门拜谒章太炎的杨树达认为：“太炎本以参合新旧起家。”[④]在他们看来，章太炎之学“博雅”，“参合新旧”，将经史之学与儒学，甚至佛学、庄学都打通一体，反而对《左传》与《尚书》之外的大多经学并未深究，对“身心性命之理”也未深究。章太炎之晚年，正好可以与马一浮、熊十力之晚年作一比较，章虽是归隐书斋，但依旧关心时政，其讲学也多与时政密切相关，马、熊二人则越来越困于书斋，困于身心或经籍，何得何失，学者自有分辨。

有必要说明的是，就在章太炎倡导读经、读史以及阐明儒学之际，国民党也在大力宣传儒学与读经，所谓的“新生活运动”提倡礼义廉耻、四维八德，也与儒学有关；蒋介石本人则在不同场合演讲儒家思想，并请幕僚摘取儒学的只言片语发明了一套“力行哲学”。这些活动当然与章太炎本人无关，即便国民党的报刊偶尔表彰章氏国学讲习会，章太炎也依旧保持其思想的独立性，该讲

① 唐祖培：《太炎大师谒问记》，载陈平原、杜玲玲编：《追忆章太炎（修订本）》，第451页。

② 马一浮：《语录类编》，载吴光主编：《马一浮全集》第1册下，浙江古籍出版社2013年版，第60页。

③ 熊十力：《读经示要》，上海书店出版社2009年版，第8页。

④ 杨树达：《积微翁回忆录》，北京大学出版社2007年版，第55页。

经史就讲经史，该论时政就论时政，正因为如此，章太炎曾经的兄弟张继才会替蒋介石传话说“大哥当安心讲学，勿议时事”[①]。

章太炎曾说：“自揣平生学术，始则转俗成真，终乃回真向俗，世固有见谛转胜者邪！”[②]就其晚年“修己治人”的宗旨来说，确实是实现了“回真向俗”，其“见谛”之“胜”，不在理论精深之著述，反而在《论经史儒之分合》等讲演之中。他最后四年间的讲演，涵盖了国学的基本门类，涉及经学、历史、诸子、文学、理学、文字、音韵、训诂、做人根本、经世致用、做学问的功夫与志向等等多个方面。[③]

所以说，章太炎晚年在上海、无锡、苏州等地的国学讲演，确实为众多的国人认识国学提供了可靠的门径。只不过在时局动荡之下，大江南北，哪里还有一张平静的书桌呢？

老成谋国

“九一八”事变之后，日本除了侵占东北地区，还在一步步密谋入侵华北。

1933年3月3日，日军占领热河省会承德，章太炎立即发表通电，呼吁全国上下一致抗日。接着日军向着长城挺进，第二十九军宋哲元部奋起抗敌，重挫侵略者，获得了喜峰口大捷。章太炎写信给宋哲元表示祝贺：

> 近传喜峰大捷，眉目为开。萧、孙二君来，接到手书并战时图略。此次御敌者二十万众，执事军备未充，馈饷全绌，而能挺进肉搏，一战杀敌过万人，岂独甲午以来所未有，即远溯鸦片战争至今，曷尝睹此？……朝无骨鲠，有可忧惕。事处其极，恐身在阃外者，不得不以便宜从事矣。[④]

---

① 章太炎：《与张继·三》，《章太炎全集》（十二），第587页。

② 章太炎：《蓟汉微言》，《章太炎全集》（七），第70—71页。

③ 章太炎：《章太炎国学讲演录》，第144—348页。

④ 章太炎：《与宋哲元·一》，《章太炎全集》（十三），第1207页。

章太炎北游的时候，曾与宋哲元见过面，此次宋哲元特派了两名代表带着亲笔信来见他。章太炎表彰二十九军御敌二十万众、杀敌过万人，可以说是鸦片战争以来难得的大胜仗，但他也担心当时的政府并不想全力抗战。4月1日，章太炎与马相伯、沈恩孚发表了著名的“三老宣言”，号召全国人民一致奋起，督促政府抗战。5月26日，冯玉祥在张家口组织了察哈尔抗日同盟军，于是章太炎又与马相伯联名致电冯玉祥，鼓励其收复察哈尔，再去收复热河以及东三省。

到了1935年的五六月间，日本侵略者又在天津和河北等地制造事端，通过武力威胁，迫使南京国民政府先后签订《何梅协定》和《秦土协定》，使得日本最终在实际上控制了河北、察哈尔两省。此后，日本侵略者又策动所谓华北五省“防共自治运动”，策划成立由其控制的傀儡政权，于是学生们感叹“华北之大，已经安放不下一张平静的书桌了”！

1935年12月9日，北京的大中学生数千人，举行抗日救国示威游行，反对所谓的华北自治，要求保全中国的领土完整，这就是著名的“一二・九运动”。12月16日，北京组织了规模更大的示威游行。华北危急，中国危急，中华民族危急，在国民党政府依旧退让之际，爱国学生在悲愤和屈辱之中，唱起了当时刚刚流行起来的由田汉作词、聂耳作曲的《毕业歌》：

同学们！大家起来，担负起天下的兴亡！
听吧，满耳是大众的嗟伤；
看吧，一年年国土的沦丧！
我们是要选择战还是降；
我们要做主人去拼死在疆场；
我们不愿做奴隶而青云直上！
我们今天是桃李芬芳，明天是社会的栋梁；
我们今天是弦歌一堂，明天要掀起民族自救的巨浪！
巨浪，巨浪，不断地增长！
同学们，同学们！快拿出力量，担负起天下的兴亡！

后来，有二十多名学生被捕，一二百学生被军警殴打受伤。12月21日，章太炎公开致电时任冀察政务委员会委员长的宋哲元：

> 学生请愿，事出公诚。纵有加入共党者，但问今之主张何如，何论其平素？执事清名未替，人犹有望，对此务宜坦怀。[①]

章太炎特别强调，不要因为这场爱国运动或许是由中国共产党领导就去进行镇压，因为很明显，学生们的游行只是为了抗议日本的侵略以及国民党政府的绥靖政策。章太炎反复强调，“学生请愿，事出公诚”，现在的各类组织，只要看其“今之主张何如”，不必再去细论该组织以前的政治主张或者所作所为，只要是爱国的，只要是反对日本侵略的，都应该持支持的态度。他还强调宋哲元本人“清名未替，人犹有望”，切忌不可因为镇压学生运动而落个遭到国人唾弃的下场。宋哲元也积极回电，其中说：“苏州章太炎先生道鉴：马电奉悉。近来学生四出请愿，哲元为维持治安计，仅予以和平之劝导，惟各处报载多有失实之处。兹重以先生之嘱，自当遵办也。”[②]12月24日，上海学生赴南京请愿，在苏州遇到阻碍之际，章太炎呼吁：“应善为处理，不应贸然加以共产头衔，武力制止。尤其政府当局、教育当局，应对饥寒交迫之学生，负责接济粮食，并沿途妥为照料等语。”[③]当时章太炎还派出代表给予慰劳，并嘱咐县长馈食。

1936年1月29日，章太炎给刚被任命为军事委员会副委员长的冯玉祥写信，就如何抗战提出中肯的建言，并请冯玉祥转告蒋介石，其中特别指出：

> 敌人所以侮我者，亦非械窳兵羸之由也。一者上下相疑，二者人心渐去，三者赏罚倒置，有一于此，尚为强邻所侮，况三者完具，将何以战？……三者不除，只忧兵械之乏，国且不保，何有于战。今尽一年以内，

---

① 章太炎：《与宋哲元·三》，《章太炎全集》（十三），第1208页。

② 汤志钧编：《章太炎年谱长编（增订本）》上册，第557页。

③ 汤志钧编：《章太炎年谱长编（增订本）》上册，第557页。

捐猜疑，除苛政，明赏罚，应之以实不以文，行之以诚不以诈，此亦在反掌间耳。如是而兵练械精固可为也。虽有少乏，敌之侮我，必不敢如今日甚也……介公于我，亦无甚猜嫌，常虑其以迂儒视我，故不欲轻进，而以此质之于兄，能为转达则上也，如不能亦遂已矣。①

当时有人将抗战失利之原因归之“械窳兵羸”，章太炎则直接揭示其三大缘由——“上下相疑”“人心渐去”“赏罚倒置”，这三点不除，只是归因于兵、械，就将导致“国且不保”的严重后果，所以他希望南京政府能够在一年以内“捐猜疑，除苛政，明赏罚”，能“实”而“诚”，如此一来，想要“兵练械精”也是不难的。至于蒋介石，章太炎说自己与他“无甚猜嫌”，早年的恩怨也不必再提，不过蒋介石将章太炎归为“迂儒”，所以章太炎的抗战之建言，只得恳请冯玉祥代为转达了。

1936年6月，章太炎还是决定亲自上书蒋介石，这大约也是他写下的最后一通书信。当时的蒋介石仍不放弃所谓“攘外必先安内”的政策，将大批军队投入西北战场“围剿”共产党的军队，导致华北一带渐成空虚之势。所以章太炎特别在信中强调，希望蒋介石务必以国家大义、民族存亡为重：

今共党之在晋北者，其意不过欲北据河套，与苏俄通声势耳。此辈虽多狙诈，然其对于日军，必不肯俯首驯服明甚。若能顺其所欲，驱使出塞，即以绥远一区处之……与其使察、绥二省，同为日有，不如以一省付之共党之为害轻也。②

在章太炎看来，共产党必然是坚决抗日的，在国家危亡之际“惟领土未亡者，则不可不加意顾全”，他认为必须放下国、共两党之间的内部矛盾，齐心合力共同抗日，共产党若在绥远，必定会积极组织抗日。章太炎反复劝告国民党

① 章太炎：《与冯玉祥·七》，《章太炎全集》（十三），第1085、1086页。

② 章太炎：《与蒋介石》，《章太炎全集》（十三），第1265页。

当局，千万不可低估日本侵华的野心，于今之计唯有团结一切力量，保卫国家国土完整为第一。

关于章太炎晚年对于抗日爱国运动的积极支持，当时已经加入中国共产党、并且参加了“一二·九运动”示威游行的章门弟子吴承仕曾经有过详细的评论：

> 对于语言文字学、经学、诸子学有绝大开发、绝大贡献的章太炎先生，本来是个精通佛学的绝对唯心论者，在他功成名立年将七十的晚年，自然而然的会走上那“复古运动”的挣扎之途；从表面看来，似乎与现时的规复祀孔、整理祭田、提倡四维八德等是互相唱和着的；更使前进的青年们，对他发生不快之感。但是我们应该知道：他的民族意识，是最敏感、最坚固、最彻底的；同时他那不屈不挠的节操，经过坐牢三年、软禁一年、绝食七日种种艰苦，到现在仍旧保持不变。由于前者，他认识抗战是民族解放的出路；由于后者，他认识当局某种借口是摧残救国运动的工具而敢于揭破他。①

在吴承仕看来，章太炎晚年时参加了一些“复古运动”是可以理解的，因为他一生都在研究古典，且持有唯心论思想。这些行为固然会使得进步青年对太炎有所不满；但是他还有民族意识“最敏感、最坚固、最彻底”的一面，还有不屈不挠的节操，当年的革命精神“现在仍旧保持不变”。章太炎一方面充分认识到抗战才是民族解放的唯一出路，另一方面敢于揭露蒋介石等人的各种借口，指出国民党当局摧残救国运动的可恶行径，他为“一二·九运动”的学生以及学生背后的共产党人发声，就是最好的证明。

因此，在章太炎去世后，还有时论高度评价其在支持学生救亡运动中的发声。邹韬奋创办的香港《生活日报》说：“我们对于太炎先生特别致敬的，是他

---

① 吴承仕：《特别再提出章太炎的救亡路线》，《吴承仕文录》，北京师范大学出版社1984年版，第166页。

最近的言论，最近对北平学生救亡运动发表的意见。”[①]中国共产党在巴黎创办的《救国时报》引述了章太炎给宋哲元的公开信，并高度评价其政治主张：

> 先生的这一态度，正是我们今日全国团结的必要的态度，先生的这一主张，正是我们今日抗日救国的正当主张。老成谋国，我可以想见他是如何地以国家利益为前提。要是再一计算他是一向被称为很守旧的人，他是对于时局久已绝口不谈的人，那我们更可想见，他之决然提出这一主张，是如何痛感于国难当前，非说不可，非说出这样的主张不可……但他始终未改变他的民族斗士的态度，他反对“宁赠友邦，不予家奴”的清政府，他反对接受日本“二十一条”的袁世凯，他现在又反对仇共降敌，出卖祖国的汉奸行动。先生说“学生救国，事出公诚”，其实先生的主张也同样是事出公诚。[②]

晚年的章太炎在抗战的关键时刻，能够为学生和共产党发声，所以获得了全国人民的广泛敬意。“全国团结的必要的态度”，是抗日救国的正当主张，由此可以看出革命家章太炎的一生“老成谋国”。被认为守旧的章太炎，因为各种原因绝口不谈时局，却发表对宋哲元的公开信，不过是“痛感于国难当前”，所以非发表此主张不可。也正因为如此，在共产党人的心目中，章太炎“始终未改变他的民族斗士的态度”，他与进步学生站在一起，是“事出公诚”的人。令人遗憾的是，历史没有给予这位老人更多的时间，让他看到这场伟大的反帝反侵略战争的最后胜利。

革命元勋，国学泰斗

章太炎晚年的弟子诸祖耿记下了章太炎一生中的最后一次讲课：

---

① 风：《悼太炎先生》，载章念驰编：《章太炎生平与学术》上册，上海人民出版社2016年版，第11页。

② 田：《悼章太炎先生》，载章念驰编：《章太炎生平与学术》上册，第12、13页。

易箦前夕，讲演未停。师母汤夫人言："君体不舒，午餐未进，讲程暂缓可也。"先生毅然答曰："吾饭可以不吃，吾学不可不讲！"卒依计划进行，一无异于平时。向患鼻痈，吐音重浊，此次忽现清亮，众皆未之察也。孰意鼻菌入腹，毒发成灾，卒以翌晨八时弃世，时一九三六年六月十四日也。先哲云殂，痛何可言。然循循善诱，启发后生精神奕奕，当与日月齐光，历久而弥彰也。[①]

按照计划，太炎当时正在给章氏国学讲习会的学生讲授《说文》。因为他的鼻衄病越来越严重，加上气喘病发，已经发生进食困难，但他仍旧坚持上课，夫人汤国梨阻止，他就说"饭可不食，书仍要讲"。

1936年6月14日，因为鼻衄病，或写作鼻菌症[②]，加之还有胆囊炎、气喘病等诸症并发，章太炎于苏州病逝，终年69岁（虚岁）。在他去世前一年的7月，他就感觉自己"精力顿减，自分不过三年，便当长别"，于是立下遗嘱，其中除了交代书籍、房产诸事之外，特别强调了子孙的教育：

凡人总以立身为贵，学问尚是其次，不得因富贵而骄矜，因贫困而屈节。其或出洋游学，但有资本者皆可为之，何足矜异？若因此养成傲诞，非吾子也。入官尤须清慎。若异族入主，务须洁身。[③]

在章太炎看来，一个人最为重要的就是"立身"，至于有无学问则是其次。所谓"立身"，也就是不"因富贵而骄矜，因贫困而屈节"。比如少年青年出洋留学，只要家有资本都可以实现，何必矜持自满？更不可因为富贵而养成傲慢、

① 诸祖耿：《太炎先生〈国学讲演录〉序》，《章太炎国学讲演录》，中华书局2020年版，第1页。

② 据中医陈存仁说："章师的鼻渊症，病源起在民国三年遭受袁世凯幽羁之时，因为被风寒所侵，初患重伤风，不加治疗，日子一久，才迁延成这种疾的。"陈存仁：《师事国学大师章太炎》，载《追忆章太炎（修订本）》，第262页。

③ 章太炎：《遗嘱》，《章太炎全集》（十一），第912页。

怪诞的脾气。最后特别之处，做官必须清廉、谨慎，若是有异族入侵中国，务必洁身自好。这最后一句，也被表述为“设有异族入主中夏，世世子孙毋食其官禄”。[①]

章太炎去世之后，张继、于右任等国民党元老前往苏州，商讨如何为章太炎处理后事。冯玉祥、李烈钧、张群、张学良、杨虎城、孙科、于右任、蔡元培等人纷纷发来唁电或挽联。

至于蒋介石本人，因为章太炎多次批评孙中山，也对蒋介石领导的南京政府嗤之以鼻，故而在邵元冲等国民党元老建议国葬之后，蒋介石曾经有过犹豫。据邵元冲的日记记载，6月22日开始讨论，6月25日蒋介石主张从缓：“陈立夫来言，介石对太炎国葬事，犹主从缓，不知其意究何居？视本日常会结果何如耳。”[②]然后特意“开政治会议，议决国葬章炳麟”[③]。由中央发给治丧费三千圆，并致电中央委员丁惟汾代为前往吊唁。7月9日，《中央日报》刊出公告：

> 宿儒章炳麟，性行耿介，学问淹通。早岁以文字提倡民族革命，身遭幽系，义无屈挠。嗣后抗拒帝制，奔走护法，备尝艰险，弥著坚贞。居恒研精经术，抉奥钩玄，究其诣极，有逾往哲。所至以讲学为事，岿然儒宗，士林推重。兹闻溘逝，轸惜实深！应即依照国葬法，特予国葬。生平事迹存备宣付史馆。用示国家崇礼耆宿之至意。此令！[④]

在国民党中央的角度，章太炎早年“以文字提倡民族革命”，这是强调章太炎为辛亥革命所作的宣传工作，还有就是抗拒袁世凯复辟帝制、奔走护法运动，然而最后强调的还是其学术上的造诣，“岿然儒宗，士林推重”，因此而成为国家之“耆宿”。国民党国葬章太炎，也是因为当时国民政府意识形态上的保守性。无论蒋介石本人还是复兴社、力行社等特务机关都在大谈特谈中国传统文

① 汤志钧编：《章太炎年谱长编（增订本）》上册，第563页。

② 邵元冲：《邵元冲日记》下册，王仰清、许映湖整理，上海人民出版社2018年版，第1402页。

③ 《蒋中正“总统”档案：事略稿本》第37册，台湾“国史馆”2009年版，第324页。

④ 《国民政府国葬章炳麟令》，载章念驰编：《章太炎生平与学术》上册，第18—19页。

化，借此对抗左翼文化，对章太炎之死的各种宣传，正好与其意识形态之宣传相呼应。然而章太炎之妻汤国梨却在为其大殓之际，使用五色绸以代当年的五色国旗，特意彰显“民国遗老”的本色。据其子章导回忆：

> 大殓时，按照浙江人风俗，要在棺材里用绸覆盖，并将绸子打成结，叫做“结彩”。一般是用一色的绸，但先母买了红、黄、蓝、白、黑五色绸子，按五色国旗的顺序排列在棺内，然后“结彩”以殓。当时在场的一些国民党元老和学生，深恐此举会触犯当局，颇为担心，因为当局正拟为先父举行国葬，应用青天白日旗，现在用了旧的五色国旗，深恐得罪蒋介石。先母谓：“五色旗孙中山先生也赞成过，为什么不可用？太炎一生为辛亥革命胜利，为五色旗的诞生，出过力，坐过牢，而没有为国民党旗出过什么力，因而用五色绸为他结彩，最为恰当。你们怕，责任由我来负。”①

关于墓地选择，章太炎生前曾有两个想法，一是希望葬在浙江青田的刘基墓旁，另一则是杭州西湖三台山的张煌言墓旁。章太炎去世后，汤国梨前往杭州购下了三台山的墓地，然而所谓国葬迟迟没有实施，第二年全面抗战爆发，章家不得不将灵柩暂厝苏州住所的后花园内。抗日战争期间，苏州被日军占据，幸好有日本汉学家吉川幸次郎的弟子高仓正三在考察后向负责苏州的日本军队反映并要求修葺保护。②直到1955年4月，章太炎方才被顺利安葬，“文革”后期曾遭破坏，1981年10月12日重修竣工。

1936年9月4日，马裕藻、许寿裳、朱希祖、钱玄同、吴承仕、周作人、刘文典、沈兼士、马宗芗、黄子通共同发起在北平的孔德学校大礼堂召开追悼会，称章太炎为“革命元勋，国学泰斗”③。

---

① 章导：《忆辛亥革命前后先父章太炎若干事》，载陈平原、杜玲玲编：《追忆章太炎（修订本）》，第104页。

② 章念驰：《章太炎身后一段鲜为人知的经历》，章念驰：《后死之责：祖父章太炎与我》，上海人民出版社2019年版，第130—134页。

③ 汤志钧编：《章太炎年谱长编（增订本）》上册，第565页。

关于章太炎一生的评价，首先当看其重要弟子的说法，特别值得注意的有两位弟子，一是其晚年弟子李源澄，另一是其早年弟子鲁迅。

李源澄作为章太炎晚年的弟子，因其转益多师，故而对章太炎为人为学有更为客观且全面的评述。李源澄，字俊卿、俊清，四川犍为人，早年问学于蒙文通、廖平、欧阳竟无，后进入苏州章氏国学讲习会，并成为其中的佼佼者。1936年7月，章太炎去世后，李源澄应邀在《中央评论》上发表了《章太炎先生学术述要》一文。此文大略可分论其人与其学两方面。有意思的是，与早期弟子鲁迅一样，李源澄眼里的章太炎，是一个壮年与晚年气象截然不同的人：

> 先生阅世久，读书多，深有得于老子之术。晚年涵养益深，终日不见喜怒。接其人如汪洋浩海，不测其畔岸。如霁月光风，使人陶醉而不觉其所以然，浑然与万物同体。心量之广大如是。与壮年富贵不淫，贫贱不移，威武不屈，视死生如昼夜之先生，不知者几疑其为二人。[①]

壮年的太炎，是一个“富贵不淫，贫贱不移，武威不屈”的大丈夫，晚年的太炎，则是一个“涵养益深，终日不见喜怒”的高人。其原因则是“阅世久，读书多”，有得于老子之术，这大概是说太炎受到佛、道二家的影响。至于太炎晚年讲学带给弟子们如沐春风、万物同体的感觉，这种“霁月光风”又类似于宋儒程颢。从革命家到学问家，待人接物自然会有不同，不过此处特别强调的还是学养的影响。李源澄也特别强调了太炎治学广博的特点：

> 以先生一身，可化若干学者。先生实合若干学者为一身，而又能血脉贯通，如手足头目之息息相关……是则先生治学与清儒异者，厥为时代所造成。因念念不忘光复，于是旁求政术，而遍览群史。绎颂玄言，以增其理趣。故读书不忘经国。纯守清儒矩度者，仅少年时期。晚年虽不与闻政

---

① 李源澄：《章太炎先生学术述要》，载林庆彰、蒋秋华主编：《李源澄集新编》（二），四川大学出版社2017年版，第799—802页。

事，而对于民族兴亡，政治得失之际，未尝去怀。所谓烈士暮年，壮心未已者也。先生即用此时间，潜心学术，所见益深。①

“实合若干学者为一身”，是指太炎能在经史子集等多个不同的领域取得优异的成就，而且如同“手足头目”一样可以“血脉贯通”。他也认为太炎的学术与清儒是不同的，太炎虽在少年时期守着清儒的矩度，但后来受到时代影响，为了国家的光复，以讲求政治为目的，由经入史，再进入玄学，晚年虽然不再参与政事，但依旧关心民族兴亡、政治得失，所以说其“烈士暮年，壮心未已”。

再看具体论其学术，在李源澄看来，正因为章太炎晚年不闻政事而潜心学术，方才取得了更大的成就：

盖先生治学，初由小学入手，而及于群书，晚年益究于经术。《尚书》《春秋》，用力尤深。《蓟汉微言》一书，为此期最精之作。治乱之条贯，学术之得失，心性之精微，靡不备具。惟此论理论事之作，非于其所论者用功深切，不能明也。先生为学与教人，取顾氏“行己有耻、博学于文”一语以为大本。论学则重名理，论人则重节义，虽性近于是，亦对治当世之弊而发。用功于宋明儒学者久，而不肯以此教人者，以宋明儒者言理虽多创获，而文理不密，行谊甚可观，不善学者，反致迂拘而无生气。故先生提倡《儒行》，而罕言《中庸》。提倡东汉节义，而罕言宋人修养。盖先生壮年得力于此，今日理智不彰，人鲜知耻，故极力言之耳。②

具体而言，太炎的学术从小学入手，遍及群书，最后则是经术，用力最深的是《尚书》与《春秋》二经。李源澄对此章太炎所治二经还有评论说：“《尚书拾遗》，在王氏父子与俞、孙二家之后，继续有所发明，可与同其不朽。在此

① 李源澄：《章太炎先生学术述要》，载《李源澄集新编》（二），第799—800页。

② 李源澄：《章太炎先生学术述要》，载《李源澄集新编》（二），第780页。

时局之，则尤难也。《春秋左氏疑义答问》一书，已不如壮年之偏主贾、服而废杜氏。先生在此书中，发明甚多。”《尚书拾遗》与《春秋左氏疑义答问》都是太炎晚年讲学之作，李源澄认为这二书超越了高邮王念孙、王引之父子以及太炎的老师俞樾、孙诒让二家，可与前辈学者的著作“同其不朽”，至于太炎早年的《春秋左传读》等经学著作他则评价不高。事实上，李源澄最欣赏的还是《葑汉微言》一书，“治乱之条贯，学术之得失，心性之精微”都在此书之中，论事论理都能够深切著明。太炎一生以顾炎武“行己有耻、博学于文”为根本信条，所以论学则重视名理的辨析，论仁则重视节义，对宋明儒学有着精深的体悟，却也不轻易指引人学宋明，担心学者容易迂腐、被拘束而缺少生气。晚年太炎提倡《儒行》与东汉节义，罕言《中庸》与宋人修养经学，其中取舍还是因为时代的需要。李源澄接着对太炎的史学以及其他著作展开评说：

> 先生于史学以讲求政术而学之，既不空论史法，亦不重于考据，更不作穿凿之疑古。而于政治之得失，制度之因革，民族之盛衰，世运之隆污着眼。《别录》《文录》《检论》诸书，凡涉及历史者，皆能洞见本源。知微知显，可谓能得历史之用。体大思精，世罕其匹。惜乎先生有志修史而未遂也。①

李源澄认为，太炎的史学其实是从讲求政治出发的，与空论史法，或者重于考据、穿凿疑古的学者不同，他关心的是“政治之得失，制度之因革，民族之盛衰，世运之隆污”。太炎的著作中凡是涉及历史的，都能“知微知显”，把握“历史之用”，就这一点而言是“世罕其匹”的。最后再看其诸子学：

> 诸子之学，清儒以治经之余力为之，疏通证明，多在文字，若讲求诸子之义，当自先生始也。《国故论衡》《检论》中论子者，多专明一义，而少通论全书之作，融贯之功，似有未至。然其独得之妙，所在皆有。《齐物

① 李源澄：《章太炎先生学术述要》，载《李源澄集新编》（二），第801页。

> 论释》，为先生论理最精之作。或有求深之弊，非先生本意，固亦当代之名作也。又治诸子者，往往限于周秦，或专于一家，惟先生能古今共治，于宋明儒学，所见益深。①

在李源澄看来，与清儒以治经之方法治诸子，重视文字训诂不同，太炎治诸子重视的是义理，故而很少通论某一子书的全书，而是“专明一义”，不求“融贯之功”而求“独得之妙”。《国故论衡》与《检论》里的几篇如此，《齐物论释》更是如此。该书成为当代诸子学之名作，就是因为其发明义理最深最精。至于宋明儒学，太炎其实“所见益深”，在其晚年讲学中虽然不多，但也有所创见，特别是在阳明学上。

最后，李源澄特别指出：“先生之学与人，不能离开，学问心境，互为增益。其所学者，即其所愿学，而非以媚悦于世。”其实还可以加一句“其所愿教，亦非以媚悦于世”，太炎一生所学所教与其为人是一体的，一生的学问与心境，虽有增益变化，然就为人而言则始终不变，无论直接与闻政事的革命家生涯，还是基本不闻政事的学问家生涯，为了时代，为了民族兴亡、政治得失，始终不变，始终具有大格局、大气象。

1936年10月，当时已经身染重病的鲁迅，在目睹了各种纪念章太炎的活动之后，决定亲自撰文，这就是所有评价章太炎的文章之中最为著名的《关于太炎先生二三事》。

鲁迅先谈了章太炎之死的寂寞：“前一些时，上海的官绅为太炎先生开追悼会，赴会者不满百人，遂在寂寞中闭幕，于是有人慨叹，以为青年们对于本国的学者，竟不如对于外国的高尔基的热诚。”②上海的追悼会，参加者不满百人，鲁迅感叹青年们对于本国的学者的关心甚至不如对外国的高尔基的关心。接着鲁迅指出其中的原因所在：“先前也以革命家现身，后来却退居于宁静的学者，用自己所手造的和别人所帮造的墙，和时代隔绝了。纪念者自然有人，但也许

---

① 李源澄：《章太炎先生学术述要》，载《李源澄集新编》（二），第802页。

② 鲁迅：《关于太炎先生二三事》，《鲁迅全集》（六），第565页。

将为大多数所忘却。”也就是说，因为太炎后来已经是“退居于宁静的学者”，甚至用自己和别人所造的“墙”与时代隔绝了，所以大多数人，特别是青年一代，自然会将其忘却。当然鲁迅这么说也不很准确，毕竟章太炎去世之后，国民政府给予了国葬的待遇，上海、北平等地也都有追悼会，各大报刊的追忆文章也是不少的，其实并不“寂寞”。不寂寞而偏说“寂寞”，自然是鲁迅的一种独特观感，主要还是想说明政要以及弟子们的纪念，还是与青年、大众的纪念是不一样的。政要们纪念的是国学大师章太炎，而鲁迅以及青年、大众希望唤醒的是大家关于革命家章太炎的认识。鲁迅接着说：

> 我以为先生的业绩，留在革命史上的，实在比在学术史上还要大……我的知道中国有太炎先生，并非因为他的经学和小学，是为了他驳斥康有为和作邹容的《革命军》序，竟被监禁于上海的西牢。[①]

在他看来，太炎最大的业绩是革命史上的，特别是当年对于康有为立宪保皇思想的驳斥，以及为邹容《革命军》所作的序，太炎也因此而被监禁三年，这都是革命的勇气所致，也因此唤起了包括鲁迅在内的许多青年的革命热情。所以鲁迅在日本留学期间，非常喜欢阅读章太炎发表在《民报》上的政论文章，“所向披靡，令人神往”。太炎在革命事业上的失落以及留下的“遗产”，鲁迅也有总结：

> 先生则排满之志虽伸，但视为最紧要的“第一是用宗教发起信心，增进国民的道德；第二是用国粹激动种性，增进爱国的热肠”（见《民报》第六本），却仅止于高妙的幻想；不久而袁世凯又攘夺国柄，以遂私图，就更使先生失却实地，仅垂空文，至于今，惟我们的“中华民国”之称，尚系发源于先生的《中华民国解》（最先亦见《民报》），为巨大的记念而已，

① 鲁迅：《关于太炎先生二三事》，《鲁迅全集》（六），第565页。

然而知道这一重公案者，恐怕也已经不多了。①

当时太炎特别强调“宗教发起信心”与“国粹激动种性”，这些思想虽好，但很难真正落实。后来，辛亥革命的果实为袁世凯窃取，太炎继续革命而无成就，只有被其解释的“中华民国”的称呼为“巨大的记念”。后来的太炎虽然“既离民众，渐入颓唐”，但在鲁迅看来，一再周旋于军阀政客之间，不过是“白圭之玷”，并非“晚节不终”：

> 既离民众，渐入颓唐，后来的参与投壶，接收馈赠，遂每为论者所不满，但这也不过白圭之玷，并非晚节不终。考其生平，以大勋章作扇坠，临总统府之门，大诟袁世凯的包藏祸心者，并世无第二人；七被追捕，三入牢狱，而革命之志，终不屈挠者，并世亦无第二人：这才是先哲的精神，后生的楷范。②

此处说的“投壶”等有些并非确有其事，但已经使得青年们对太炎有所不满了。不过鲁迅认为，看太炎的一生，还是要看其“大诟袁世凯的包藏祸心”等革命行动，以及被追捕、被牢狱的“革命之志，终不屈挠”，就这些而言，可谓“并世无第二人”，故而章太炎可说始终代表了“先哲的精神”仍是“后生的楷范”。

此外，作为太炎的早期弟子，鲁迅也指出太炎晚年忙于讲学，“自藏其锋芒”，被众多弟子包围而“身衣学术的华衮，粹然成为儒宗”，这些才是他远离青年的原因所在：“革命之后，先生亦渐为昭示后世计，自藏其锋芒……先生遂身衣学术的华衮，粹然成为儒宗，执贽愿为弟子者綦众，至于仓皇制《同门录》成册。”在鲁迅看来，章太炎最值得宣传的还是作为革命家时期那些“战斗的文章”：“战斗的文章，乃是先生一生中最大，最久的业绩，假使未备，我以为是

① 鲁迅：《关于太炎先生二三事》，《鲁迅全集》（六），第566页。

② 鲁迅：《关于太炎先生二三事》，《鲁迅全集》（六），第566—567页。

应该一一辑录，校印，使先生和后生相印，活在战斗者的心中。”[①]章太炎精神的继承人，其实就是像鲁迅这样继续将手中的笔作为“投枪”，与反动恶势力作斗争的那些“战斗者”。

鲁迅另外还有一篇《因太炎先生而想起的二三事》，主要不是纪念章太炎，而是回忆自己的青年时代，特别是从“剪辫子”一事说到当年受到章太炎《解辫发》一文的影响，以及自己如何萌生革命意识的心路历程：“排满的学说和辫子的罪状和文字狱的大略，是早经知道了一些的，而最初在实际上感到不便的，却是那辫子。”[②]另外还讲到了章太炎与吴稚晖的论战，吴稚晖在章太炎去世之后依旧不忘三十余年前的旧账，“怨毒之深”，而章太炎生前从“不欲以此等文字自秽其著述”，由此可知，鲁迅纪念章太炎的文章，也有为其老师论战的意味，当然，主要还是为了补充前文，表彰章太炎毅然与清政府决裂的革命精神，遗憾的是此文并未写完，因为两天后鲁迅也去世了。鲁迅的绝笔竟然还是写其老师的，他念念不忘的还是当年的往事，当年在日本的青春岁月，以及老师章太炎带给他的革命精神。不管鲁迅最终在思想上与章太炎如何存在差异，但他还是最懂老师的，也是最尊重老师的。

关于鲁迅与章太炎，还有两个问题需要略作说明。一是《同门录》一事。章太炎去世之前，钱玄同曾有建议：“宜先在南北大报上登一通告，属各人开列姓名、字、年岁、籍贯，何年在何处受业，现在通讯处，及现在在何处任事各端，并定一表格，使之照填，集成目后，刊《章门弟子录》一册。如此不但便于通讯，且可使先后受业诸人互悉某某为同门。”[③]这当然有着借老师名声增进章门弟子在学术界的影响，同门之间互通声气、彼此照应的目的，但在鲁迅看来，则大可不必，所以当他听说钱玄同等人在北平举行悼念活动时，就在与许寿裳的信中说：“旧日同学，多已崇贵，而我为流人，音问久绝，殊不欲因此溷诸公之意耳。”[④]他既不愿看到老师那边“仓皇制《同门录》成册”，反对借着老

① 鲁迅：《关于太炎先生二三事》，《鲁迅全集》（六），第567页。

② 鲁迅：《因太炎先生而想起的二三事》，《鲁迅全集》（六），第578页。

③ 汤志钧编：《章太炎年谱长编（增订本）》上册，第561页。

④ 鲁迅：《致许寿裳》，《鲁迅全集》（十四），第154页。

师的名号为自己脸上贴金，也不愿与当年所谓同门、如今已经成为新贵的人为伍。对于《同门录》一事，周作人起先以为是“攀龙附凤者的所为”，后来在钱玄同的信中才知道是章太炎本人凭记忆所为，然《同门录》中有钱玄同，却没有其他早期弟子如鲁迅、许寿裳、钱家治、朱蓬仙等人，也没有龚宝铨，苏州国学讲习会发起人也缺了多个，“面询老夫子，去取是否有义？答云，绝无，但凭记忆所及耳”[①]。可见鲁迅提及的“仓皇制《同门录》成册”与钱玄同希望的完全是两回事。

另一问题则是将章太炎与高尔基二人之死作比较，高尔基在当时的左翼文学青年中影响极大，二人去世时间接近，所以报刊上有人撰文说章太炎与高尔基都为本国的文化发展做出巨大贡献，但相比高尔基在十月革命之后依然保持进步本色，章太炎在辛亥革命之后则显得“落伍”了：“章太炎前一阶段为争取民族生存的革命精神，是值得我们大众全体敬仰取法的，他之不能像高尔基脚踏着现实而投向少数者的怀抱，这不能说是他本身的错误，而是现社会铁则下必然的趋向。”[②]这类文章的观点，其实就代表了鲁迅所说的青年们的观点，有许多人对太炎晚年落伍是有所不满的。

鲁迅去世后，在全国范围内举行的各种悼念活动中，多有将其与老师章太炎一起纪念的，其中章太炎的再传弟子，吴承仕的弟子齐燕铭说：

> 在这一个民族革命的发展途中，文化方面的战士；前者章太炎先生，继起者有鲁迅先生。章先生的时代当满清的末年，一般人已认清非倾覆当前封建统治势力不能得到民主的自由，所以章先生此时对于满人政府攻击不遗余力，卒得到辛亥革命的实现。不过这一次革命未达到民族解放的成功，军伐的内战，仍是帝国主义者在后面牵线。但这时章先生已经放弃了斗争的工作，从事于学术的探讨，这时候文坛上就出现了鲁迅先生。鲁迅先生在五四运动中，以最锋利的武器向着黑暗势力进攻，是当时一支最有

① 周作人：《章太炎的北游》，载《周作人散文全编》第13册，第731页。

② 白河：《章太炎与高尔基的死》，《中华月报》1936年第8期。

力量的军队……这样不断的斗争，一直到死。就以上这样情形看来，鲁迅先生在争取中国民族解放，争取民主的自由，这一点上，是和章太炎先生站在同一的历史任务的上面；但在程度上的比较，章先生的晚年好似一位解甲归田的宿将。而鲁迅先生直到死的一天还是全副武装在火线上，努力应战的一员先锋。①

齐燕铭将章太炎与鲁迅共同放在现代革命史上进行比较，认为他们都是民族革命发展过程中文化方面的战士，而且二人前后接续。章太炎攻击清政府不遗余力；鲁迅从“五四运动”以来一直都是最有力量的，至死都在斗争，也直都是“全副武装”的“先锋”。相比之下，章太炎晚年放弃了斗争转而从事学术的探讨，还是可以算作“解甲归田的宿将”，不过就为中国的民族解放，争取民主自由而言，二人的贡献还是相同的。与齐燕铭持类似观点的还有著名学者、杂文家宋云彬，他在1938年写的杂文中说：

其实鲁迅说章太炎过去替军阀捧场为白圭之玷，也是春秋责备贤者的话。略小节而论大体，章太炎自有其一贯的民族主义，始终没有动摇过（当然也没有什么进步）。他在三十年前主张联合中国境内各民族以推翻清帝国，两年前主张联合各党各派以抵抗日本的侵略，这是一贯的；他虽不懂得“联合战线”的口号，但他在前年北平学生运动最紧张的时候，曾有电报给宋哲元……章太炎这一个短短的电报，将和他的宏文巨著同垂不朽……

章太炎和鲁迅，虽然为学的方向不同，而性格意气颇相近。太炎早年曾运用他的如椽大笔，扫荡那些叛党卖友的智识分子，诛伐那些“宁使汉族无自立之日，而必为满洲谋其帝王万世祈天永命之计”的保皇党徒。鲁迅自执笔替《新青年》写文章，即以斗争的姿态出现，一直到临死前几小

① 齐燕铭：《鲁迅先生在历史上的地位——鲁迅先生追悼会的讲演》，载中国社科院文学研究所鲁迅研究室编：《1913—1983鲁迅研究学术论著资料汇编》2，中国文联出版公司1986年版，第522页。

> 时还没有丢掉他的“投枪”。章太炎晚年的文章渐趋平淡，鲁迅则桂姜之性，老而愈辣，似乎更胜一筹了。即以文章技术而论，能够学到章太炎那样廉利劲悍，辞无枝叶，而用辞精确，善于刻划，起止自在的，怕也只有鲁迅，虽然有文言与白话之别。[①]

宋云彬特别强调的还是章太炎“一贯的民族主义”，始终没有动摇过，所以替军阀捧场也不必苛责，特别是他能够为联合各党各派抗日而拍电报给宋哲元，这种精神特别可贵。另外他还撰文强调章太炎的读经复古，“虽然犯了‘时代错误’的毛病，然而他却是从民族主义出发的，他不但没有存心借此来麻醉青年，倒反同情于热心奋斗以争取民族生存的青年学子，这在本年北平学生运动最紧张时他给宋哲元的电报里可以见到”[②]。比较章太炎与鲁迅，宋云彬认为他们性格意气相近，章太炎对保皇党徒的扫荡与鲁迅以斗争姿态而写的“投枪”文章，其实是一样的内核，他还强调是鲁迅学到了章太炎的“廉利劲悍，辞无枝叶，而用辞精确，善于刻划，起止自在的”，即便有文言与白话的区别，他们师徒二人在斗争文章上，其实则是一脉相承的。

最后，再补充专门梳理当时学术史的钱穆的观点，大略可以代表同时代学者对于章太炎的认识。章太炎去世一年后，钱穆特别撰写了《余杭章氏学别记》，作为其《中国近三百年学术史》之“外编”，他说：“余为《近三百年学术史》，例不载生人，去岁，余杭章太炎先生逝世，余稿已付印，遂未补充。今太炎逝世已周年，聊述此文，表私人之悼念，并将以备余《学术史》之外编焉。”[③]文中对章太炎的学术进行了详细的评论，其体例一如其学术史中讨论康有为等人。钱穆首先强调，“余杭章炳麟太炎，为学博涉多方，不名一家。音韵

---

① 宋云彬：《章太炎与鲁迅》，《宋云彬杂文集》，生活·读书·新知三联书店1985年版，第396—397页。

② 宋云彬：《章太炎》，《中学生杂志》1936年第67期。

③ 钱穆：《余杭章氏学别记》，载章念驰编：《章太炎生平与学术》上册，第29页。该文原发表于天津《大公报》1937年6月10日，钱穆晚年将之收录《中国学术思想史论丛》，但此处所引之按语被删去。

小学尤称度越前人。然此特经生之专业，殊不足以尽太炎”[①]，接着又指出其经学的特点“论经学，仅谓六经皆史，说经所以存古，非所以适今”。然后以最大的篇幅讨论其史学，“今论太炎学之精神，其在史学乎”。具体而言，章太炎的史学包括了“民族主义之史学”“平民主义之史学”“文化主义之史学”三方面，其中特别值得注意的是“民族主义史学”：

> 一曰民族主义之史学也。尝谓：“惟人能群，群之大者，在建国家，辨种姓，其条例所系，曰言语、风俗、历史。三者丧一，其萌不植。”……故史者，上以存国性，下以纪成败。人不习史，爱国之念必薄，出而行事，犹冥行索途也。又曰，民族意识之凭借，端在经史。史即经之别子。承平之世，有赖儒家，一至乱世，史家更为有用。国亡再起，非归功史家不可，民族主义如稼穑，以史籍所载人物、制度、地理、风俗之类为之灌溉，则蔚然以兴。不然徒知主义之可贵，而不知民族之可爱，吾恐其渐就萎黄也。辽变猝起，继之以淞沪之战，举国震动，或间有可永久宝贵之国粹否？太炎答曰，有之，即其国已往之历史也。嗟乎！廑斯一言，足以百世矣。

钱穆认为，章太炎史学的关键在于对民族文化的热情，其学术虽然传承自清代汉学，然又将经史打通，特别强调在乱世，史学比儒学更为有用，史籍所记载的人物、制度、地理、风俗之类才是民族主义兴起的关键，这种民族主义精神正是章太炎关心“九一八事变”以及淞沪会战的关键。钱穆还指出，章太炎“论史亦每与世事相发，而论政俗尤深切”，这是说史学不仅仅是“经之别子”，也是“建国家，辨种姓”的关键，故而“其国已往之历史”就是“可永久宝贵之国粹”，讨论任何时代的政治，必然与过去的历史相互关联。最后，钱穆将章太炎与康有为加以比较，开了“康章合论”的先河：

① 钱穆：《余杭章氏学别记》，载《中国学术思想史论丛》（八），九州出版社2011年版，第489—490页。

当其时，与为论敌相抗衡者，有南海康氏。康极恢奇，而太炎则守平实。故康欲上攀孔子为教主，称长素；而太炎所慕则在晚明遗老，有意乎亭林之为人，而号太炎。然康主保王，太炎则力呼革命。康唱为变法，太炎又谆谆期循俗焉。太炎之于政治，其论常夷常退；其于民族文化，师教身修，则其论常峻常激。然亦不偏尊一家，轻立门户，盖平实而能博大，不为放言高论，而能真为民族文化爱好者，诚近世一人而已矣。[①]

相比而言，钱穆似乎更欣赏章太炎，称赞其为“近世一人而已”，给予太炎同时代学者第一人的评价。对于康有为则多有指摘，这些批评与他在《中国近三百年学术史》一书中的观点其实也是一致的。钱穆并不认同晚清今文经学家的学术风格。还有必要补充的是，钱穆晚年时还有《太炎论学述》一文谈到了章太炎，其中说：“太炎逝世，余在燕京大学曾作演讲，介绍其学术大概。然于其怪诞之论，则未有及。此已四十年前事矣。顷读《章氏丛书》以外陆续发行之各书，乃知太炎此等理论，毕生持守，始终不变……当清末民初之际，学者菲薄传统，竞求一变以为快，太炎与南海康氏，其表率也。”[②]此处他将康、章加以比较，然而主要还是在说章太炎除了前文总结的那些之外，另有“怪诞之论”，并且这些怪论“毕生持守，始终不变”。这些怪论，其实就是“菲薄传统”而讲求变革的理论，在晚年的钱穆看来是与康有为相似的，因为诸如《订孔》一文的观点，确实容易造成对于传统文化的误解，故将其怪论指明。就此来看，以《太炎论学述》补充《余杭章氏学别记》，也有一定的意义。

此外，关于章太炎在医学与书法上的成就，尚有必要略作补充。医学本是章氏家学，家中藏有医书二三十部，太炎到日本之后也有搜求。太炎的老师俞樾的《春在堂全书》中，也有多篇讨论中医的著作。1914年，章太炎在与夫人汤国梨的信中说：“平生所好，又在医学，君亦尝涉猎及此，愿同注意。家中颇有医书二三十部，皆宋明精本，数年搜求，远及日本而后得之，望为我保持

① 钱穆：《余杭章氏学别记》，载《中国学术思想史论丛》（八），第493—494页。

② 钱穆：《太炎论学述》，载《中国学术思想史论丛》（八），第495、515页。

也。”[①]章太炎本人著有讨论《黄帝内经》《伤寒论》的专著，还曾讨论《脉经》与《金匮玉函经》版本问题。在《伤寒论》的考证上，他注重解决历代悬而未决的重点难点。章太炎在医学方面的弟子有恽铁樵、章次公、孙世扬等人，其中恽铁樵早年从事编译工作，后弃文业医，从事内科、儿科，曾与章太炎、张破浪等在上海创办“铁樵函授中医学校”，致力于理论、临床研究和人才培养。他在《章太炎先生霍乱论编后》一文中说：“太炎先生为当代国学大师，稍知治学者，无不仰之如泰山北斗。医学乃其余绪，而深造如此，洵奇人也。”[②]另据民国时期在上海行医的陈存仁回忆，章太炎曾为李源澄治疗脑疽症而论医法、赠药物，“手书十三通”，还帮助章次公等人创办国医学院并任院长；章氏讲习会印有治疗急性传染病的专著《猝病新论》，该书对当时中医界多有贡献，章太炎还为陈存仁编纂的《中国药学大辞典》作序。[③]

近来也有学者专门研究章太炎的医学，认为他有大量研究中医理论、中医临床、方药剂量、中医文献、中西医对比以及对中医人物与书籍的考证论文，其医学恢宏精深，在《内经》与《伤寒论》上用力最勤，在《伤寒论》的研究上最为全面深入。[④]

章太炎的书法也颇受赞誉。沙孟海指出，近三百年篆书，可以分为书家派、古文字学旧派、古文字学新派、古文字学别派四大派别，章太炎则属于“古文字学别派”。就其书法特点，沙孟海说：

> 一以许慎《说文解字》为依据。点笔的增减，偏旁的去留，都极讲究，从来不苟且着墨。他还重视时代性，写小篆时，不夹入古文、籀文，这也是他的特点。所以他的篆书在学术史上独树一帜，自成体系。那是社会所公认的……他的篆书风格，高淳朴茂，和其他三派作家有显著的区别。他

---

① 章太炎：《与汤国梨·三十九》，《章太炎全集》（十二），第693页。

② 王鹏：《恽铁樵医著大成》，中国中医药出版社2019年版，第435页。

③ 陈存仁：《师事国学大师章太炎》，载陈平原、杜玲玲编：《追忆章太炎（修订本）》，第260—261页。

④ 钱超尘：《俞曲园章太炎论中医》，上海人民出版社2018年版，第1页。

> 不轻信新出土的古器物，但作篆运笔结体，与侯马出土朱书盟词，长沙、江陵出土楚墨书竹简，寿县出土楚铜器刻款，颇多暗合之处，证明其笔法自然近古。①

章太炎的篆书从《说文解字》中化出，把握篆书自身的时代性，不愿意杂入古文、籀文，对于新出土古器物也从不轻信，但运笔结体则暗合于出土古器物。其自然近古的笔法，对于点笔的增减、偏旁的去留都极为讲究，反而独树一帜，自成体系。章太炎不轻信出土古器物，特别是不信被称为20世纪大发现之一的甲骨文，据其晚年弟子汤炳正回忆：

> 甲骨出土较晚，先生对此颇抱怀疑态度。因为当时搜藏甲骨最力者为×××，故先生在谈论中曾说："民族气节可以不讲，国土可以出卖。出自这类人物之手的东西，教我怎信得过？"先生这种态度，往往遗学术界以话柄。但从中不难看出前辈治学之严谨；略其形迹，取其精神，对我们来讲，不也颇受教益吗？②

章太炎作为国学大师却不信甲骨文，于是"遗学术界于话柄"，但是汤炳正却要为其师辩护，此处所说搜藏甲骨最力者的"×××"，当指罗振玉，所以说，章太炎不信甲骨，一方面是因为甲骨出土较晚，不可轻易采信，本属"治学之严谨"；另一方面则是对不讲民族气节的倡导者持批评态度的一种表现，故应当就此事"略其形迹，取其精神"。所以说，评价前辈的学行，不可偏听偏信、人云亦云，而当仔细端详其背后之"事出有因"，方才可以多受教益。

---

① 沙孟海：《沙孟海序跋（手迹释文本）》，沙茂世、沙援整理，文津出版社2017年版，第190页。

② 汤炳正：《忆太炎先生》，《剑南旧忆：汤炳正自述》，山西人民出版社2001年版，第118页。

结　语

章太炎，一位从传统中走来的书生，不经意间却成了终结从先秦到清末的经史诸子之学旧传统，开创现代新国学的一代宗师。同时，因为生于国家与民族危亡之际，他奋起革命，投身于政治，又以其熟习的中国古代典章制度与初涉的西方学说为中华之新生贡献力量，最终成为影响时代的革命宣传家与政治批评家。

作为书生，章太炎却与康有为、梁启超等生于晚清的大多数人大不相同。章太炎虽曾有两三年八股文章的训练，但很快就摆脱了科举仕途的纠缠，在30岁之前，几乎都在自由自在、为读书而读书的生活之中，在同时代人中虽不能说绝无仅有，却也是屈指可数的。

章家虽是书香门第，但在科举仕途上，接连几代都没有取得大的成功。章太炎的祖父以医道著称，父亲虽是县学训导，但受杨乃武与小白菜案牵连而另谋他职，故章家对于仕途经济，就不像一般的仕宦人家那样热衷。再加上当时章太炎的两位兄长先后中举，所以他因病而放弃科考，家里也就不再勉强。章太炎还有常人难得的机遇，他的父亲因与杭州知府友善而改任诂经精舍的监院，使得二十出头的章太炎竟得以拜师于朴学大师俞樾，又得了黄以周、高学治、孙诒让、谭献等名师的指点。学术道路纯正，又未受世俗功利的影响，方才是太炎一生保持书生本色的关键。

“达者兼济天下，穷则独善其身。”似乎无论在什么时候、什么地方，章太炎都能找到自己的方向，在他的一生中，曾有过数段革命低潮期，只得钻进书屋，钻研学问。被囚禁于上海后选择读佛经，恰好为后来的以佛解庄、以庄证孔以及融会中西哲学做了准备；被幽禁于北京，选择为华夏之文化复兴而留点什么，于是系统整理自己前半生的著作。“甄明学术，发扬国光”，与胡适等人在新式大学讲学不同，章太炎一直都在反思西方引进的分科分班授课制度，探索传统书院以及学会、讲习会之优点。在他一生中，至少进行了四次成规模的国学讲习活动。一是在日本东京，培养了鲁迅、黄侃、钱玄同等一大批后来新文化运动的骨干；二是在北京，时间不长，但影响颇大，顾颉刚在其中完全被摄住了心神，感受了“学问的伟大”；三是在上海，被称为“国学十讲”，由江苏省教育公会主办并与报刊互动结集出版，这是民国期间规模最大的国学系列演讲；四是在苏州的章氏国学讲习会，这是最为重要的一次，在授课内容与形式等多方面对传统的书院制度进行了继承与创新。

章太炎的著述主要有两部分，一是来自其报人生涯，从《訄书》到《检论》这一修订再三的“自选文集”，主要汇集发表于报刊的论政、论学文章；另一是来自其国学讲习会之文稿，无论《国故论衡》《国学概论》还是《齐物论释》《文始》《新方言》，都是如此。可以说，若是没有持续的国学讲习活动，就没有在经学、史学、诸子学以及文学、小学等多领域重新讲明的系列著作。作为建立新一代国学体系的大师，章太炎对于传统文化如何转型、如何应对西学等问题，有着诸多独到的见解，其影响至今不绝。

再说其革命家风范，其实也与孙中山、黄兴等人大不相同。章太炎少年时跟随外祖父朱有虔读书，偶读《东华录》吕留良、曾静等文字狱案，就注意到“华夷之防”，革命思想即伏根于此。本是书生报国，故一直都以手中之笔作为武器，几乎从未拿过真刀真枪，亲临战场，确切地说，章太炎只是辛亥革命的宣传家与民国政治的评论家。

原本章太炎可以一辈子在书院中做着传统的经史考据之学，但时代不允许真正有担当的中国人继续沉沦于故纸堆中，于是惊醒于甲午，投身于戊戌，章太炎成了站在时代最前线的报人。他的报人生涯，可分为两个阶段。先是宣传维新阶段，与梁启超一起担任《时务报》的主笔，然后又参与创办《经世报》《实学报》和《译书公会报》，还曾到武昌协助张之洞筹办《正学报》，发表《论亚洲宜自为唇齿》《论学会有大益于黄人亟宜保护》等犀利的宣传新思想新文化的系列文章。维新运动失败后，章太炎不得不避居异地，此后悄悄潜回上海，参与《亚东时报》的编务工作。1900年义和团运动爆发，与八国联军侵华，慈禧太后等顽固派愈益腐朽，章太炎在上海召开的中国议会上，反对改良派"一面排满，一面勤王"的模糊口号，宣布"割辫以明志"。历经思想蜕变之后，章太炎的报人生涯进入宣传革命的新阶段，特别是对保皇派的所谓宪政加以批判，发表《驳康有为论革命书》，又为邹容《革命军》撰序，于是被捕入狱，此即震惊中外的苏报案。三年后章太炎东渡日本，在日本主持中国同盟会机关报《民报》，达到其报人生涯的巅峰，他提出革命党自身的建设，以及"扫除鞑虏，恢复中华，建立民国，平均地权"的口号，撰写了《革命之道德》《讨满洲檄》与《中国民国解》等系列文章以宣传种族革命、政治革命、社会革命，《民报》的发行一度达到1.7万余份。

辛亥之后，章太炎回国了，虽然不再亲自办报，但继续在报章上发表言论，监督民国政治。无论是孙中山还是袁世凯，抑或是南北各路军阀，章太炎似乎都曾与之有过合作、有过分歧，但他批评者的角色是始终如一的。他被孙中山聘任为总统府枢密顾问，却主张建都北京，在中央特建都察院、限制元首权力、地方废省存道，并对代议民主制表示反对。反对组党，又以组党来发声，南北议和告成之际，章太炎等人将中华民国联合会与一些小政团合并，改组为统一党，又与民社等并为共和党。他受袁世凯的拉拢，被聘为总统府顾问并出任东三省筹边使；但在宋教仁遇刺，看清其称帝之真面目后，就请求除去梁士诒、陈宧、段芝贵、赵秉钧"四凶"，还以大勋章作扇坠大闹总统府。三年后出京，又投身于南北之间的和与战以及"联省自治"运动，奔走于广东、云南、四川以及湖南、湖北等地。章太炎始终都是忙碌的，看似失败的种种举动的背后，其实都是他独特的政治眼光与无畏的革命精神在驱使。

晚年的章太炎，一直都在关注着国内外的局势变化，从九一八事变与淞沪会战，到一二·九运动，几乎没有一次不发声，不尽其所能采取行动的。1925年，五卅惨案发生，章太炎发表《为上海英租界巡捕惨杀学生之通电》；1932年，他北上会见张学良，又与马相伯、沈恩孚发表"三老宣言"，呼吁一致抗日；1935年，他致电宋哲元："学生请愿，事出公诚，纵有加入共党者，但问今之主张何如，何论其平素。"章太炎的革命家风范，始终如一。

纵观章太炎之一生，他行走于学术与政治之间，始终未改其书生本色与革命家风范。他是中国历史上最为混沌的大时代中少有的清醒的独行者。

大事年表

1868年（同治七年戊辰）　1岁

公历1869年1月22日，出生于浙江杭州府余杭县东乡仓前镇。

1876年（光绪二年丙子）　9岁

外祖父朱有虔到仓前，教其读书四年。

1883年（光绪九年癸未）　16岁

赴县应童子试，因癫痫病发而放弃，从此不再参加科举。

1890年（光绪十六年庚寅）　23岁

进入杭州诂经精舍。

1892年（光绪十八年壬辰）　25岁

纳妾王氏。

1895年（光绪二十一年乙未）　28岁

寄会费银十六圆加入强学会。

1896年（光绪二十二年丙申）　29岁

撰成《春秋左传读》。

1897年（光绪二十三年丁酉）　30岁

1月，应汪康年之邀赴上海，任职《时务报》。

4月14日，因指斥康有为学说狂悖，与梁启超等人发生冲突，辞去《时务报》职务回到杭州。

6月，参与创办兴浙会。后参与创办《经世报》《实学报》。

10月，参与创办“译印中西书籍公会”并任《译书公会报》主笔。

1898年（光绪二十四年戊戌）　31岁

2月，上书李鸿章，建议联合日本，以阻遏德、俄、英、法瓜分中国。

3月28日，赴武昌，应邀筹办《正学报》，不久即因论政不和返沪。

8月，参与创办《昌言报》。

12月4日，抵达台北，任职《台湾日日新报》。

1899年（光绪二十五年己亥）　32岁

6月10日，东渡日本。

8月，由日返沪。后参与《亚东时报》编辑。

1900年（光绪二十六年庚子）　33岁

2月，《訄书》初刻本出版。

6月，八国联军进军津、京。上书李鸿章，建议绝伪诏，更建政府。

7月26日，在上海英租界参加中国议会成立大会。后因反对唐才常等人一面排满，一面勤王，宣言脱社，割辫明志。

8月，自立军起事失败，被指名追捕，返回余杭重订《訄书》。

1901年（光绪二十七年辛丑）　34岁

春，重回上海。

8月，赴苏州，任教东吴大学。

冬，返回余杭。

1902年（光绪二十八年壬寅）　35岁

2月22日，江苏巡抚追查，再次东渡日本，与孙中山定交。

4月26日，与秦力山等人发起支那亡国二百四十二年纪念会。

7月，回国，译述岸本能武太《社会学》并在广智书局出版。

1903年（光绪二十九年癸卯）　36岁

3月，应蔡元培之邀，任教于上海爱国社。

5月，撰《驳康有为论革命书》，为邹容《革命军》作序。

6月底，苏报案发生，章、邹先后被捕，拘押于英租界巡捕房。

1904年（光绪三十年甲辰）　37岁

4月，《訄书》重订本在东京出版。

5月21日，清外务部会同各国公使，判决章监禁三年，邹监禁二年。

1905年（光绪三十一年乙巳）　38岁

4月3日，好友邹容卒于狱中。

1906年（光绪三十二年丙午）　39岁

6月29日，监禁期满出狱。同盟会派代表迎接，离沪赴日。

7月，在东京加入同盟会，任《民报》主编。

1907年（光绪三十三年丁未）　40岁

4月，在东京，与张继等人发起亚洲和亲会。

9月，与章士钊等人创办国学讲习会。

夏秋间，参加刘师培等人创办的社会主义讲习会。

秋冬间，参与制订同盟会《革命方略》。

1908年（光绪三十四年戊申）　41岁

约自3月起，为钱玄同、鲁迅等人讲授《说文解字》等。

5月，上海《神州日报》刊登刘师培等人伪造的《炳麟启事》，称其准备到印度出家等，6月出版的《民报》第21期刊登《特别广告》，予以否认。

10月19日，日本政府勒令《民报》停刊。三次致信日本内务府大臣抗议。

1909年（宣统元年己酉）　42岁

3月13日，因民报案被日本警察局拘留。

该年因汪精卫等人秘密筹办《民报》，撰《伪民报检举状》，并对孙中山等人进行攻击，又因孙中山致信吴稚晖令其对章太炎等人攻击而进行反驳。

1910年（宣统二年庚戌）　43岁

2月，光复会在东京重建，出任会长。

3月，主持创办光复会通讯机关《教育今语杂志》。

该年，与同人创办《学林》杂志。撰成《文始》《齐物论释》。修订《訄书》。编定《国故论衡》并由日本秀光社出版。

1911年（宣统三年辛亥）　44岁

继续在东京讲学著述。

11月15日，回到上海。发表演说，参与新政府组建事宜。

1912年（民国元年壬子）　45岁

1月3日，发起成立中华民国联合会，被选为会长。次日，该联合会机关报《大共和日报》创刊，任社长。3月2日，中华民国联合会改组为统一党，当选为理事。

2月，被孙中山聘为总统府枢密顾问。

4月9日，被袁世凯聘为总统府高等顾问。

5月9日，统一党与民社、国民协进会、国民公会等合并组成共和党，后统一党又宣告独立。8月下旬，脱离统一党。

7月，赴武昌拜会黎元洪。

9月初，赴北京。10月，与马良、梁启超发起函夏考文苑，拟开设研究院。

12月，被袁世凯任命为东三省筹边使。

1913年（民国二年癸丑） 46岁

1月，赴长春，设立东三省筹边使署。

3月20日，宋教仁被刺，撰《宋教仁哀辞》。

4月，托事南行。

5月，赴武昌，劝黎元洪参加总统选举；致电袁世凯去梁士诒、陈宧、段芝贵、赵秉钧“四凶”。

6月15日，在上海与汤国梨举行婚礼。

6月18日，致电袁世凯，辞去东三省筹边使。

8月11日，抵北京，后被袁世凯软禁。

12月9日，开始在寓所开设国学讲习会。

1914年（民国三年甲寅） 47岁

1月3日，离京受阻。

1月7日，以大勋章作扇坠，赴总统府大骂袁世凯包藏祸心，被幽禁于石虎胡同军事教练处。

1月20日，迁于龙泉寺。

5月23日，绝食抗争半月。

6月16日，迁于东四牌楼本司胡同铁如意轩医院。

7月24日，迁于钱粮胡同。此后将《訄书》增删并更名为《检论》。

1915年（民国四年乙卯） 48岁

仍被幽禁，仅与吴承仕等少数在京弟子论学。

7月，《章氏丛书》之初编由上海右文社出版。

1916年（民国五年丙辰） 49岁

6月6日，袁世凯去世。

6月8日恢复自由。

6月18日，续任总统黎元洪来访，讨论经国大计。

6月25日，离开北京。

7月1日，抵达上海。

8月，赴肇庆，拜会护国军两广都司令岑春煊等人。

10月，两广都司令部宣告撤销，遂出游南洋群岛。

12月，由南洋返上海。

1917年（民国六年丁巳） 50岁

3月，在上海发起亚洲古学会。

7月1日，张勋复辟。段祺瑞讨逆，冯国璋取代黎元洪任总统。与孙中山等离沪赴粤。

7月17日，抵广州，发起护法运动。

9月1日，广东非常国会选举孙中山为大元帅，组织护法军政府，被任命为护法军政府秘书长。

10月下旬，经越南抵昆明，以护法军政府总代表名义联络唐继尧。

11月，唐继尧组织滇黔靖国联军进军四川，以总参议随军行动。

12月，联军克重庆，复泸州后由毕节赴川。

1918年（民国七年戊午） 51岁

1月，至巴县，吊邹容祠。

5月，由川入鄂。

9月，赴湘西。

10月11日，返上海。

11月底，发表《对于西南之言论》。

1919年（民国八年己未） 52岁

2月，南北代表在上海召开和平会议，组织护法后援会，反对议和。

8月后南北重新议和，依旧反对。

同年，《章氏丛书》浙江图书馆校刊本出版。

1920年（民国九年庚申） 53岁

1—3月，生黄疸。

4月，致信熊克武，主张川、湘结为同盟。后提倡建立各省自治同盟，后又接受张继建议，易其名联省自治。

10月14日，抵长沙，支持湖南自治。

11月，返上海，发表《联省自治虚置政府议》。

1921年（民国十年辛酉） 54岁

1月，发表《与各省区自治联合会电》。

4月，广东国会选举孙中山为非常大总统。

5月，孙中山致信章太炎，邀其赴广东，章氏拒绝前往，坚持联省自治主张。

6月，上海泰东图书馆出版《章太炎的白话文》。

1922年（民国十一年壬戌） 55岁

4—6月，应江苏省教育会之约，在上海讲授国学，每周一讲，共十讲。

1923年（民国十二年癸亥） 56岁

4月，为孙中山与西南各省代拟通电，声明西南各省决定以推诚相见，共议图存。

9月，创办《华国月刊》，任社长。

10月，曹锟贿赂议员当选总统，发表声讨意见。

1924年（民国十三年甲子）　57岁

1月，发表《与章行严论改革国会书》，重申代议制不适合中国。

11月，曹锟去职，两次发表《改革意见书》。

同年，《清建国别记》出版，撰成《猝病新论》。

1925年（民国十四年乙丑）　58岁

2月，与唐绍仪等组织辛亥同志俱乐部。

9月，应湖南省长赵恒惕之邀，赴长沙主持湖南县知事考试。

10月，在武昌会见吴佩孚，建议联省自治。

10月30日，在上海国民大学发表演说，反对“赤化”。

1926年（民国十五年丙寅）　59岁

4月7日，在上海发起“反赤”救国大联合，任理事。

6月，任上海国民大学校长，并在国学系授课。

7月，与太虚法师等组织佛化教育会。

8月8日，应五省联军总司令孙传芳之聘，任修订礼制会会长。

8月13日，通电反对广东革命政府蒋介石北伐，以为此举是为俄辟土。

1927年（民国十六年丁卯）　60岁

6月16日，被国民党上海特别市党部临时执委会列名学阀并呈请中央通缉。

1928年（民国十七年戊辰）　61岁

撰成《自定年谱》，止于1922年。

1929年（民国十八年己巳）　62岁

闭门不出。

1930年（民国十九年庚午）　63岁

撰成《春秋左氏疑义答问》。

1931年（民国二十年辛未）　64岁

九一八事变后，与人通信多次表示反对不抵抗政策。

1932年（民国二十一年壬申）　65岁

1月，与熊希龄、马相伯等人组织中华民国国难救济会，通电呼吁收复东北失地。后撰《书十九路军御日本事》。

2月23日，离沪北上，经天津，与段祺瑞论国事。

3月，在北平会见张学良、吴佩孚。并在燕京大学、北平师范大学、北京大学等高校演讲。

5月，南返途中，在青岛大学演讲。

1933年（民国二十二年癸酉）　66岁

3月3日，通电呼吁放弃私斗，积极抗日。

该年《章氏丛书续编》在北平出版，不取旧作。

1934年（民国二十三年甲戌）　67岁

秋，由上海迁居苏州。

冬，开始筹办章氏国学讲习会。

1935年（民国二十四年乙亥）　68岁

4月，开始在苏州举办章氏星期讲演会。

9月，苏州章氏国学讲习会开学，半月刊《制言》创刊。

9月，创办《制言》杂志。

12月21日，因为一二·九运动，致电宋哲元，反对镇压爱国学生。

12月24日，上海学生北上请愿，经过苏州时，派代表慰劳并嘱县长馈食。

1936年（民国二十五年丙子）　69岁

春，继续举办章氏国学讲习会。

6月4日，致信蒋介石。

6月14日，因病在苏州锦帆路寓所去世。

参考文献

刘揆一：《黄兴传记》，京津印书局1929年版。

冯自由：《革命逸史》，商务印书馆1947年版。

沈延国：《记章太炎先生》，永祥印书馆1948年版。

刘禺生：《世载堂杂忆》，中华书局1960年版。

赵尔巽：《清史稿》，中华书局1977年版。

朱维铮、姜义华等编注：《章太炎选集（注释本）》，上海人民出版社1981年版。

孙中山：《孙中山全集》，中华书局1981年版。

李义彬：《中国青年党》，中国社会科学出版社1982年版。

马叙伦：《我在六十岁以前》，生活·读书·新知三联书店1983年版。

高平叔编：《蔡元培全集》，中华书局1984年版。

吴承仕：《吴承仕文录》，北京师范大学出版社1984年版。

臧恺之：《吴承仕同志诞生百周年纪念文集》，北京师范大学出版社1984年版。

荣孟源、章伯锋：《近代稗海》，四川人民出版社1985年版。

宋云彬：《宋云彬杂文集》，生活·读书·新知三联书店1985年版。

郑逸梅：《梅庵谈荟》，黑龙江人民出版社1985年版。

任建树、张铃：《五卅运动简史》，上海人民出版社1985年版。

曹述敬：《钱玄同年谱》，齐鲁书社1986年版。

汤志钧编：《陶成章集》，中华书局1986年版。

杨度：《杨度集》，晴波主编，湖南人民出版社1986年版。

张中行：《负暄琐话》，黑龙江人民出版社1986年版。

张奚若：《张奚若文集》，清华大学出版社1989年版。

吴保初：《北山楼集》，孙文光点校，黄山书社1990年版。

毛注青：《黄兴年谱长编》，中华书局1991年版。

胡珠生编：《宋恕集》，中华书局1993年版。

陈正茂等编：《曾琦先生文集》，台湾“中研院”近代史研究所1993年版。

翟作君、蒋志彦：《中国学生运动史》，学林出版社1996年版。

刘以芬：《民国政史拾遗》，上海书店出版社1998年版。

钱玄同：《钱玄同文集》，中国人民大学出版社1999年版。

吴沃尧：《二十年目睹之怪现状》，人民文学出版社2000年版。

俞辛焞：《辛亥革命时期中日外交史》，天津人民出版社2000年版。

张国淦：《张国淦文集》，杜春和主编，北京燕山出版社2000年版。

章士钊：《章士钊全集》，章含之、白吉庵主编，文汇出版社2000年版。

胡春惠：《民初的地方主义与联省自治》，中国社会科学出版社2001年版。

谭献：《复堂日记》，河北教育出版社2001年版。

曾朴：《孽海花》，上海古籍出版社2001年版。

张昭军：《儒学近代之境：章太炎儒学思想研究》，社会科学文献出版社2002年版。

邹容：《革命军》，冯小琴评注，华夏出版社2002年版。

张玉法：《民国初年的政党》，岳麓书社2004年版。

鲁迅：《鲁迅全集》，人民文学出版社2005年版。

汪荣祖：《康章合论》，新星出版社2006年版。

章开沅：《辛亥革命史资料新编》，湖北人民出版社2006年版。

黄延祖重辑：《黄侃日记》，中华书局2007年版。

[日] 宗方小太郎：《辛壬日记》，冯正宝译，中华书局2007年版。

姜义华、张荣华编校：《康有为全集》，中国人民大学出版社2007年版。

杨树达:《积微翁回忆录》,北京大学出版社2007年版。

石劳勤编:《谭人凤集》,湖南人民出版社2008年版。

任建树主编:《陈独秀著作选编》,上海人民出版社2009年版。

陈平原、杜玲玲编:《追忆章太炎(修订本)》,生活·读书·新知三联书店2009年版。

熊十力:《读经示要》,上海书店出版社2009年版。

许寿裳:《章太炎传》,百花文艺出版社2009年版。

钟叔河编:《周作人散文全集》,广西师范大学出版社2009年版。

徐中煜:《清末新闻出版案件研究(1900—1911)》,上海古籍出版社2010年版。

丁文江、赵丰田编:《梁任公先生年谱长编(初稿)》,中华书局2010年版。

桑兵:《国学的历史》,国家图书馆出版社2010年版。

王敏:《苏报案研究》,上海人民出版社2010年版。

徐珂:《清稗类钞》,中华书局2010年版。

张翰仪:《湘雅摭残》,岳麓书社2010年版。

戴逸:《辛亥烈士诗文选》,巴蜀书社2011年版。

顾潮:《顾颉刚年谱(增订本)》,中华书局2011年版。

李剑农:《中国近百年政治史》,商务印书馆2011年版。

钱穆:《师友杂忆》,九州出版社2011年版。

钱穆:《学龠》,九州出版社2011年版。

钱穆:《中国学术思想史论丛》,九州出版社2011年版。

严昌洪编:《朱峙三日记》,华中师范大学出版社2011年版。

陈旭艺主编:《宋教仁集》,中华书局2011年版。

王汎森:《章太炎的思想:兼论其对儒学传统的冲击》,上海人民出版社2012年版。

谭嗣同:《谭嗣同集》,岳麓书社2012年版。

赵启霖:《赵启霖集》,易孟醇点校,湖南人民出版社2012年版。

朱希祖：《朱希祖日记》，朱元曙、朱乐川整理，中华书局2012年版。

陈明远：《鲁迅时代何以为生》，陕西人民出版社2013年版。

吴光主编：《马一浮全集》，浙江古籍出版社2013年版。

汤志钧编：《章太炎年谱长编（增订本）》，中华书局2013年版。

潘衍桐：《两浙輶轩续录》，夏勇、熊湘整理，浙江古籍出版社2014年版。

杨天石主编：《钱玄同日记（整理本）》，北京大学出版社2014年版。

桑兵：《清末新知识界的社团与活动》，北京师范大学出版社2014年版。

王锐：《章太炎晚年学术思想研究》，商务印书馆2014年版。

汪征鲁、方宝川、马勇主编：《严复全集》，福建人民出版社2014年版。

鲁小俊：《清代书院课艺总集叙录》，武汉大学出版社2015年版。

吕思勉：《吕思勉全集》，上海古籍出版社2015年版。

蒙默编：《蒙文通全集》，巴蜀书社2015年版。

孙宝瑄：《孙宝瑄日记》，童杨校订，中华书局2015年版。

曾国藩：《曾国藩家书》，岳麓书社2015年版。

章开沅：《章开沅文集》，华中师范大学出版社2015年版。

颜磊强主编：《汤国梨诗词集》，中国文史出版社2016年版。

陶希圣：《潮流与点滴》，中国大百科全书出版社2016年版。

清华大学国学研究院主编：《吴其昌文存》，江苏人民出版社2016年版。

章念驰编：《章太炎生平与学术》，上海人民出版社2016年版。

顾颉刚：《古史辨自序》，商务印书馆2017年版。

〔清〕吕留良：《四书讲义》，俞国林点校，中华书局2017年版。

桑兵：《孙中山史事编年》，中华书局2017年版。

沙孟海：《沙孟海序跋（手迹释文本）》，沙茂世、沙援整理，文津出版社2017年版。

上海图书馆编：《汪康年师友书札》，上海书店出版社2017年版。

吴莹岗主编：《近代期刊中的章太炎文献选辑》，上海辞书出版社2017年版。

赵一生主编：《俞樾全集》，浙江古籍出版社2017年版。

林少阳：《鼎革以文：清季革命与章太炎“复古”的新文化运动》，上海人民出版社2018年版。

［日］内藤湖南：《中国史通论》，夏应元、钱婉约等译，九州出版社2018年版。

钱超尘：《俞曲园章太炎论中医》，上海人民出版社2018年版。

邵元冲：《邵元冲日记》，王仰清、许映湖整理，上海人民出版社2018年版。

吴莹岗：《近代报刊中的余杭文学作品选辑》，上海辞书出版社2018年版。

徐凌霄、徐一士：《凌霄一士随笔》，中华书局2018年版。

小林武：《章太炎与明治思潮》，白雨田译，上海人民出版社2018年版。

章太炎：《章太炎全集》，上海人民出版社2018年版。

孟琢：《齐物论释疏证》，上海人民出版社2019年版。

王鹏：《恽铁樵医著大成》，中国中医药出版社2019年版。

章念驰：《后死之责：祖父章太炎与我》，上海人民出版社2019年版。

章太炎：《章太炎国学讲演录》，诸祖耿、王謇、王乘六等记录，中华书局2020年版。

陈平原：《中国现代学术之建立：以章太炎、胡适之为中心》，北京大学出版社2020年版。

苏艳萍：《孙中山与章太炎》，南京大学出版社2020年版。

吴玉章：《辛亥革命亲历记》，北京出版社2020年版。

张钰翰编：《章太炎家书》，上海人民出版社2020年版。

谢作拳编：《朱铎民师友书札》，浙江古籍出版社2020年版。

章伯锋、李宗一：《中国近代史资料丛刊：北洋军阀》，上海书店出版社2021年版。

彭春凌：《章太炎译〈斯宾塞尔文集〉研究、重译及校注》，上海人民出版社2021年版。

俞樾：《群经平议》，王其和整理，凤凰出版社2021年版。

章开沅：《张謇传》，浙江古籍出版社2021年版。

张九思编：《章太炎自述》，上海人民出版社2021年版。

王锐：《革命儒生：章太炎传》，广西师范大学出版社2022年版。

闻海鹰：《汤国梨传》，华文出版社2022年版。

朱维铮：《章太炎与近代学术》，上海人民出版社2022年版。

碍哥：《看朴学大师讲学记》，《论语》第14期，1933年4月1日。

白河：《章太炎与高尔基的死》，《中华月报》1936年第8期。

沈启无：《你也须要安静》，《中国文学》1944年第1卷第5期。

马叙伦：《太炎先生自定年谱补遗》，《近代史资料》1958年第1期。

汤志钧：《章太炎与馆森鸿》，王仲荦主编：《历史论丛》第3辑，齐鲁书社1983年版。

唐文权：《关于〈革命军〉的借资移植问题》，《中国文化研究集刊》第5辑，复旦大学出版社1987年版。

饶怀民：《刘拱一与辛亥革命》，《西南民族学院学报》1991年第5期。

郑师渠：《章太炎刘师培交谊论》，《近代史研究》1993年第6期。

杨法宝：《章太炎"七被追捕"考略》，《炎黄春秋》1999年第4期。

桑兵：《章太炎晚年北游讲学的文化象征》，《历史研究》2002年第4期。

张颂之：《孔教会始末汇考》，《文史哲》2008年第1期。

郑匡民：《社会主义讲习会与日本思想的关系》，《社会科学研究》2008年第3期。

王敏：《西方列强与苏报案关系述论》，《历史研究》2009年第2期。

华强：《章太炎与孙中山的政见分歧》，《近代中国》2011年第1期。

唐越：《容闳中国国会〈宣言〉足本全译并注》，《徐州师范大学学报》2012年第4期。

王锐：《1926年南京制礼事件述论——兼论身处其中的章太炎》，《上海档案史料研究》第二十一辑，上海三联书店2016年版。

桑兵：《马裕藻与1934年北大国文系教授解聘风波》，《近代史研究》2016年第3期。

俞国林、朱兆虎：《章太炎上曲园老人手札考释》，《文献》2016年第1期。

熊月之：《章太炎早年参加书院课艺活动钩沉》，《史林》2017年第4期。

王锐：《章太炎学识对清末民初蜀学界的影响》，娄林主编：《经典与解释、斯威夫特与启蒙》，华夏出版社2017年版。

张昭军：《武昌首义后章太炎在日革命活动补证：并介绍几篇重要佚文》，《史林》2019年第6期。

彭春凌：《章太炎与井上哲次郎的交往及思想地图》，《杭州师范大学学报》2020年第4期。

田丰：《新发现1915—1925年章太炎五则佚文佚简辑释》，《中国现代文学研究丛刊》2020年第12期。

刘明：《章太炎肄业诂经精舍考》，《近代中国》第32辑，上海社会科学院出版社2020年版。

王敏、甘慧杰：《苏报案交涉中的日本》，《学术月刊》2021年第4期。

沈治钧：《章太炎戏拟〈红楼梦〉中人诠疏》，《红楼梦学刊》2021年第1辑。

杨儒宾：《剥皮寮中的章太炎》，邓秉元主编：《新经学》第九辑，上海人民出版社2022年版。

张仲民：《私谊、舆论和政治：刘师培与章太炎关系再考察》，《近代史研究》2023年第3期。

后 记

姜义华先生指出，近代中国，所面临的是一次从未经历过的最伟大的、进步的变革，它是需要文化学术方面的巨人，并产生这样的巨人的时代，而康有为、严复、章太炎等人，便是近代中国第一批多才多艺、学识渊博的巨人。[①]

在第一批巨人之中，章太炎与严复之间不太具有可比性，而与康有为、梁启超更有可比性。贺麟与吕思勉两先生就曾进行过比论。就历史学来看，吕思勉指出：

> 康、梁、章三位先生，对于史学上的功绩，并不在于考据上。康长素本来不是讲考据的人。梁任公、章太炎，都是有一些考据的著作的。任公最为有名，然其所长实在通识方面，考据并无甚稀奇。章太炎是有一部分精确的见解的，然亦不过单辞碎义而已。这三位先生在史学上的功绩，倒还在经世致用方面。梁任公最能以新学理解旧史实，引旧史实证明新学理。这对于读者，影响最大。康长素的《官制议》《欧洲十一国游记》，章太炎发挥法治之说，如论古代监察制度之类，都能陈古以鉴今，对于时论，有很大针砭作用。[②]

---

① 姜义华：《章太炎思想研究》，第362页。

② 吕思勉：《吕思勉学术文集》，上海人民出版社2011年版，第98页。

吕思勉认为康、梁、章三人的史学功绩均在经世致用上，其中章太炎发挥“法治之说”与“论古代监察制度之类”，对于时论多有针砭作用。就哲学来看，哲学家贺麟指出：

> 据我看来，他的思想深刻缜密，均超出康、梁，在哲学方面亦达到相当高的境界，其新颖独到的思想……是当时革命党主要的哲学代言人，而且可以认作五四运动时期新思想的先驱……其对革新思想和纯学术研究的贡献，其深度远超出当时的今文学派，而开新文化运动时，打孔家店的潮流之先河。①

贺麟还具体指出章太炎提倡诸子之学，上承孙诒让、俞樾而有新的发展，故就哲学而言，章太炎的独特贡献超越了晚清最热门的今文学派，也即超越了康、梁二人，为新文化运动开了先河。思想史家侯外庐先生特别看重章太炎哲学体系之创造：“（章太炎）这种运用古今中外的学术，糅合而成一家言的哲学体系，在近世他是第一个博学深思的人。”“他对于极大极微的宇宙、人生、社会问题，表现出自我横冲的独行孤见，在中国思想史上这样有人格性的创造，实在数不上几人。”②章太炎对宇宙、人生、社会问题都有“独行孤见”，是“第一个博学深思的人”，其中人格性的创造非常难得。

至于章太炎的革命与学问，究竟哪一个更重要些？似乎也是值得探讨的问题，就章太炎的《自定年谱》来看，显然他更为看重革命思想与革命活动，《自定年谱》记录的主要就是他直接参与的各种政治事件，学术方面的记录则较为简略。日本学者近藤邦康也认为，章太炎是切断富贵利禄，推翻压迫、普度众生，使一切得以平等自由的菩萨式革命家，他的哲学思想的作用在于使得他的

① 贺麟：《五十年来的中国哲学》，商务印书馆2002年版，第4、5页。

② 侯外庐：《近代中国思想学说史》（四），生活·读书·新知三联书店2014年版，第1332、1337页。

革命思想能够更彻底、更明确。[①]鲁迅先生也明确指出："先生的业绩，留在革命史上的，实在比在学术史上还要大。"[②]

但是当代学者却并不这么认为。比如章开沅先生就指出，章太炎在历史上的地位与作用主要并不在于政治方面，而是在学术方面，终其一生，太炎先生可称得上是真诚爱国的大学问家、大思想家。[③]陈平原先生也指出，章太炎不只是政治家，更是近代中国最博学、思想最复杂高深的人物，也是最具传奇色彩、最有争议的人物，并且倾向于将其作为"有思想的学问家"来考察。[④]王汎森先生也指出，章太炎是一位国学大师，但其作为有学问的革命家，有两个主轴更为重要："章太炎是一位国学大师，最大的建树是对中国古代整体历史、文化进行广大而深刻的诠释。章氏也是一位革命家，而且是有学问的革命家，他用革命的观点去解释许多事物，如强烈的种族与反专制的观点即是他思想中常见的两个主轴。"[⑤]林少阳先生则强调，学界以现代主义解释框架中的"五四"一代的视野而观章太炎，或以鲁迅之先革命后保守之"章太炎"观章太炎，终究又是支离破碎的"章太炎"。[⑥]确实，章太炎在学问上是最博学、最高深的，在革命与政治上则是富有传奇的、有争议的。故而想要撰写一部传记，将其革命与学问等方面都说清楚，避免"支离破碎"，还是比较困难的。

记得《史记》中有一段孔子形容老子的话："鸟，吾知其能飞；鱼，吾知其能游；兽，吾知其能走。走者可以为罔，游者可以为纶，飞者可以为矰。至于龙，吾不能知，其乘风云而上天。吾今日见老子，其犹龙邪！"

这部《章太炎传》，总算是写完了。此时若有人问起，太炎先生是一个什么

① ［日］近藤邦康：《从一个日本人的眼睛看章太炎思想》，载《章太炎的生平与学术》上册，第523—524页。

② 鲁迅：《关于太炎先生二三事》，《鲁迅全集》（六），第565页。

③ 章开沅：《〈章太炎思想研究〉序言》，《章开沅文集》第11卷，华中师范大学出版社2015年版，第18页。

④ 陈平原：《后记》，载《追忆章太炎（修订本）》，第463、573页。

⑤ 王汎森：《章太炎的思想：兼论其对儒学传统的冲击》，上海人民出版社2012年版，第1页。

⑥ 林少阳：《鼎革以文：清季革命与章太炎"复古"的新文化运动》，上海人民出版社2018年版，第431页。

样的人？他是革命家，还是学问家？他最大的学问是在《齐物论释》，还是《訄书》《检论》或者《国故论衡》以及晚年国学讲习会之种种“略说”？留下革命史上的贡献到底有多少？这些问题，似乎都难以给出一个能令大多数人都信服的答案。所以说，为太炎先生写完此传之后，笔者不由自主地想起了《史记》中的那一番“说龙”，至于用《周易》“乾卦”之六爻来作本书之六章，其因缘亦起于此。太炎先生确实如人中之龙，其一生之学行云遮雾罩，实在是不容易看得清楚。更何况先生恰好属龙，还有书房壁挂“大鳄鱼”的独特趣味，他在《说龙》中也指出鳄为龙属，“潜龙”之憾也始终萦绕其一生。

此书的写作前前后后大概花了一年零两个月。在这段时间里，除了读几部西方学者写的传记以作取经之外，几乎都是在读太炎先生本人以及相关的研究专著，但说实话，《章太炎全集》洋洋洒洒的二十大册，还是没有全部读完，有几册则翻了不止十次、百次。相关研究专著，读得最多的还是姜义华先生的两种：《章太炎评传》与《章太炎思想研究》。还有著作最多的友人王锐兄，他是姜先生的高弟，以一人之力著有《章太炎晚年学术思想研究》《新旧之辨：章太炎学行论》《自国自心：章太炎与中国传统思想的更生》《探索“良政”：章太炎思想论集》《革命儒生：章太炎传》等书，对于其师尚未注意的问题又多有开拓。此外则有汤志钧先生的《章太炎年谱长编》、朱维铮先生的《章太炎与近代学术》与马勇先生的《民国遗民：章太炎传》，以及他们的多种近代史方面的论著。其他还有许多名家力作，在本书的参考文献中也都有说明，故在此不再赘述。

最初进入章太炎研究这一领域，当是2013年，在复旦大学哲学学院从事博士后工作之时，我的合作导师吴震先生强调，治学应当避免故步自封，需在硕、博期间熟悉的明清儒学研究之外，再去开辟一个新的方向。再做点什么研究才好？茫茫然间，正好遇见王锐兄，他那时还在攻读博士，兴致勃勃地说起章太炎以及民国风云的林林总总。恰好我服务的杭州师范大学已将校区搬到了太炎先生的故乡仓前古镇，恰好章夫人汤国梨的故乡浙江桐乡也正是我的故乡，于是在参观过章氏“扶雅堂”之后，笔者便对当时陆续出版的《章太炎全集》多有关注，也有缘参加多次相关学术会议，并且有幸认识姜义华、马勇等多位

“章学”名家，还有《全集》编辑张钰翰先生与太炎先生之哲孙章念驰先生，二位都曾提及《全集》中的许多文献尚未引起学界关注。于是笔者从章太炎“新四书”之说开始研究，再到其对阳明学的评判，渐渐积累“章学”相关书稿十多万字了。

去年的5月，恰逢《浙江文化名人传记》之“精选系列”主编卢敦基先生正在寻找撰写《章太炎传》的作者，我校的朱晓江、洪治纲二先生因为我已有多篇相关论文故而同我联系，经过再三思虑，还是决定暂停手中正在做的明清儒学，先抽出时间来完成此传记，来为我景仰的太炎先生，献上心香一瓣。

能够有缘完成这本近三十万字的小书，感谢上述各位的支持！感谢章太炎故居提供相关资料！感谢编辑老师的辛勤劳动！特别感谢章念驰先生赐序谬赞，实在有愧！

拙笔不足以表先生之学行于万一，其中必定多有谬误之处，恳请诸位批评指正！

张天杰

2023年7月7日